307
19

307
19

CANTO GENERAL

PABLO NERUDA

CANTO GENERAL

Prólogo y Cronología

FERNANDO ALEGRIA

BIBLIOTECA  AYACUCHO

1a. Edición: 14 Junio 1976
2a. Edición: Noviembre 1981

©de esta edición
BIBLIOTECA AYACUCHO
y MATILDE URRUTIA DE NERUDA
Apartado Postal 14413
Caracas 101 - Venezuela
Derechos reservados
conforme a la ley
Depósito Legal 1 f 81-0741   Diseño/Juan Fresán
ISBN 84-660-0076-3 (tela)   Impreso por **Carvajal S. A.**
ISBN 84-660-0075-5 (rústica)   Apto. 46, Cali, Colombia

PROLOGO

I

GENESIS DEL POEMA

DON ANDRÉS BELLO, refiriéndose a *La Araucana,* dijo que Chile es el "único hasta ahora de los pueblos modernos cuya fundación ha sido inmortalizada por un poema épico". [1]

Hoy pudiera afirmarse que Pablo Neruda (1904-1973), en tantos sentidos un digno continuador de don Alonso de Ercilla, creó en su *Canto general* (1950) la primera epopeya moderna fundamentada en una concepción dialéctica de la historia de los pueblos americanos.

Neruda fue siempre claro e inequívoco al comentar la génesis de este monumental poema. Observador perspicaz de la compleja línea evolutiva de su poesía, ha contado en sus *Memorias:* [2]

> "Pensé entregarme a mi trabajo literario con más devoción y fuerza. El contacto de España me había fortificado y madurado. Las horas amargas de mi poesía debían terminar. El subjetivismo melancólico de mis *20 poemas de amor* o el patetismo doloroso de *Residencia en la Tierra* tocaban a su fin. Me pareció encontrar una veta enterrada, no bajo las rocas subterráneas, sino bajo las hojas de los libros. ¿Puede la poesía servir a nuestros semejantes? ¿Puede acompañar las luchas de los hombres? Ya había caminado bastante por el terreno de lo irracional y de lo negativo. Debía detenerme y buscar el camino del humanismo, desterrado de la literatura contemporánea, pero enraizado profundamente a las aspiraciones del ser humano.
> "Comencé a trabajar en mi *Canto general*". (Pág. 190-191).

1 Andrés Bello, *Obras completas,* v. VI, *La Araucana,* Santiago, 1883, p. 468.
2 Pablo Neruda, *Confieso que he vivido: Memorias,* Buenos Aires: Losada, 1974.

Empezó su obra en años de arduas luchas políticas, perseguido por las fuerzas policiales de un tránsfuga, quien, elegido Presidente de la República con el voto de una coalición de partidos populares, se había transformado de pronto en enemigo implacable de sus aliados y, en particular, de Neruda. En 1948, "año de peligro y de escondite", dice Neruda, "terminé mi libro más importante, el *Canto general*", (Ibid, pág. 239). En realidad, el poema venía gestándose lentamente desde mucho antes. En 1938, poco después de la muerte de su padre, Neruda concibió la idea de escribir un largo poema sobre Chile, una especie de compendio de geografía e historia que debía proyectarse desde una nítida base ideológica hacia la formulación de una vasta visión revolucionaria. Es interesante anotar que, en esa misma época, Gabriela Mistral también comienza a escribir un "Canto a Chile", respondiendo a una visión mística y motivada por el sentimiento de nostalgia de la patria que la lleva a imaginar un viaje poético a lo largo de Chile acompañada de un huemul.

Dos hechos me parecen de importancia para comprender el significado de la concepción de Neruda y las consecuencias que alcanzará en el futuro. Por una parte, no podemos olvidar que la obra poética de Neruda siempre tuvo, aun en su primer período neo-romántico, un substrato social, reacción humanitaria ante las injusticias, prejuicios y persecuciones que sufría la clase trabajadora en su país. En segundo lugar, recordemos también que Neruda vuelve de la Guerra Civil Española con una actitud militante y dispuesto a cerrar el ciclo hermético de su poesía representado por *Residencia en la Tierra (Cf.* "Reunión bajo las nuevas banderas"). [3] Pero, en su caso, no se trata solamente de una conciencia de responsabilidad individual, sino también del reconocimiento de un proceso en el cual su poesía se transforma en expresión colectiva y dinámica de un humanismo socialista. Esta visión, a la vez histórica y cósmica, alcanza su forma definitiva en el poema "Alturas de Macchu-Picchu". [4]

Añádase a estos hechos un acto de examen interior y comprensión justa del período crítico en que entra su expresión poética. Neruda sabe que la saga oscura y densa de *Residencia en la Tierra,* con su caudal de ruina y su carga de angustia existencial, ha roto ya los diques de su propia retórica. Su poesía debe volver a ser río (así la define Neruda), no ya océano de destrucciones, y buscar cauces y originar estructuras que, sin desvirtuarse, puedan llegar a representar voces anónimas.

Es un instante crítico, transición fundamental. Su primera idea —el *Canto a Chile*— no basta; el poema se divide y ramifica, se dispara en múltiples direcciones. El río que empieza a correr despierta otros ríos. La isla que asomó entre las brumas del sur chileno va creciendo y de ella se desprenden otras, y el archipiélago es microcosmos de un continente viejo

3 *Tercera Residencia,* en *Obras completas,* 3a. ed., **Buenos Aires:** Losada, 1967, pp. 270.
4 *Cf.* Hernán Loyola, *Ser y morir en Pablo Neruda,* **Santiago de Chile: Editorial** Santiago, 1967, pp. 197-203.

y misterioso, poblado de héroes y esclavos, en medio de luces y tinieblas, despertando entre ciudades, puertos, desiertos, valles y montañas.

Neruda, como Walt Whitman, sabe que las *Democratic Vistas* [5] no pueden ser sino inicial armazón para sostener el testimonio poético de una nueva era en la emancipación del hombre. Whitman canta su *Song of Myself* no dudando ya que ese *Yo* poético que profetiza y se exalta a sí mismo en términos cósmicos, es en verdad el *Yo* de una hermandad de camaradas que comparten la misma conciencia de su condición humana. En el *Canto general* Neruda dirá "Yo soy" al redactar su testamento, sabiendo que el legado viene de un pueblo en el que se ha reconocido, al que se ha integrado y en cuya vida solamente podrá sobrevivir.

Es por todo esto que el *Canto a Chile,* iniciado en 1938, se convierte al fin en *Canto general,* que pudo llamarse "de América". Dice Neruda al respecto:

> "Muy pronto me sentí complicado, porque las raíces de todos los chilenos se extendían debajo de la tierra y salían en otros territorios. O'Higgins tenía raíces en Miranda. Lautaro se emparentaba con Cuauhtemoc. La alfarería de Oaxaca tenía el mismo fulgor negro de las gredas de Chillán". [6]

Y añade estos pormenores para explicar la ejecución misma de la obra:

> "Siempre estuve buscando tiempo para escribir el libro. Para escapar a la persecución no podía salir de un cuarto y debía cambiar de sitio muy a menudo. La prisión tiene algo definitivo en sí, una rutina y un término. La vida clandestina es más intranquilizadora y no se sabe cuándo va a terminar. Desde el primer momento comprendí que había llegado la hora de escribir mi libro. Fui estudiando los temas, disponiendo los capítulos y no dejé de escribir sino para cambiar de refugio.

> "En un año y dos meses de esta vida extraña quedó terminado el libro. Era un problema sacar los originales del país. Le hice una hermosa portada en que no estaba mi nombre. Le puse como título falso *Risas y lágrimas,* por Benigno Espinoza. En verdad, no le quedaba mal el título.

> "Muchas cosas curiosas pasaron con este libro. Fue algo nuevo para mí llegar a escribir poesía seis, siete y ocho horas seguidas. A medio camino me faltaron libros. A medida que profundizaba en la historia americana me hacían falta fuentes informativas. Es curioso cómo siempre aparecieron como por milagro las que yo necesitaba. En una casa hospitalaria y un poco campesina en que estuve encontré dentro de un viejo armario una *Enciclopedia Hispanoamericana.* Siempre he detestado estos libros que se venden a plazos. No me gusta ver esos lomos encuadernados para bufetes. Esta vez el hallazgo fue un tesoro. ¡Cuántas cosas que no sabía, nombres de ciudades, hechos históricos, plantas, volcanes, ríos!

5 Walt Whitman, *Democratic Vistas,* Washington D. C., 1871. Con respecto a la influencia de Whitman en la obra de Neruda, véase: Fernando Alegría, *Walt Whitman en Hispanoamérica,* México Stadium, 1954, pp. 314-334. Véase también: Gay Wilson Allen, *The New Walt Whitman Handbook,* New York: New York University Press, 1975.

6 Margarita Aguirre, *Genio y figura de Pablo Neruda,* Buenos Aires: Editorial Universitaria de Buenos Aires, 1964, p. 146.

"En una casa de gente de mar en que debía permanecer cerca de dos meses pregunté si tenían algún libro. Tenían uno solo y éste era el *Compendio de la historia de América* de Barros Arana. Justo lo que necesitaba.

"Los capítulos que escribía eran llevados inmediatamente y copiados a máquina. Había el peligro de que si se descubrían se perdieran los originales. Así pudo irse preservando este libro. Pero yo, en los últimos capítulos, no tenía nada de los anteriores, así es que no me di cuenta exacta de cuanto había hecho hasta pocos días antes de salir de Chile. Me hicieron también una copia especial que pude llevarme en mi viaje. Así crucé la cordillera, a caballo, sin más ropa que la puesta, con mi buen librote y dos botellas de vino en las alforjas". *(Ibid.,* pp. 146-147).

Los años de 1940 a 1950 fueron intensos para Neruda. Pudiera decirse que después de la crisis personal sufrida a raíz de la Guerra Civil Española, Neruda se siente acosado por circunstancias históricas que le demandan definiciones y decisiones. En 1940 va a México como Cónsul de Chile. Escribe poemas que van a formar parte de la *Tercera Residencia,* pero adelanta asimismo en su proyecto de *Canto:* de esta época son "América, no invoco tu nombre en vano", "Oratorio menor en la muerte de Silvestre Revueltas", "En los muros de México".

El fantasma que recorre el mundo en esos años no es rojo exactamente. es más bien un dinosaurio pardo que va reduciendo a cenizas lo que toca. Neruda, como la mayor parte de los escritores y artistas latinoamericanos, forma filas en el frente antifascista. En 1943 regresa a Chile y toma parte activa en las tareas políticas de las agrupaciones populares. Antes de llegar a Chile visita el Perú y sube a las ruinas de Macchu-Picchu:

"Ascendimos a caballo —cuenta Neruda—, por entonces no había carretera, y desde lo alto vi las antiguas construcciones de piedra rodeadas por las altísimas cumbres de Los Andes verdes. Desde la ciudadela carcomida y roída por el paso de los siglos se despeñaban torrentes, y masas de neblina blanca se levantaban desde el río Wilcamayo. Me sentí infinitamente pequeño en el centro de aquel ombligo de piedra, ombligo de un mundo deshabitado, mundo orgulloso y eminente, al que de algún modo yo pertenecía. Sentí que yo mismo había trabajado allí en alguna etapa lejana cavando surcos, alisando peñascos.

"Me sentí chileno, peruano, americano. Había encontrado en aquellas alturas difíciles, entre aquellas ruinas gloriosas y dispersas, una profesión de fe para la continuación de mi canto". [7]

En 1954 Neruda agregó estas palabras fundamentales para la comprensión del proceso de gestación del *Canto general:*

"Después de ver las ruinas de Macchu Picchu, las culturas fabulosas de la antigüedad me parecieron de cartón piedra, de *papier maché...* Ya no

7 Citado por Hernán Loyola, *Op. cit.,* pp. 194-195.

pude segregarme de aquellas construcciones. Comprendía que si pisábamos la misma tierra hereditaria, teníamos algo que ver con aquellos altos esfuerzos de la comunidad americana, que no podíamos ignorarlos. Pensé muchas cosas a partir de mi visita al Cuzco. Pensé en el antiguo hombre americano. Vi sus antiguas luchas enlazadas con las luchas actuales. Escribí mucho más tarde este poema de Macchu Picchu. El comienzo es una serie de recuerdos autobiográficos. También quise tocar allí por última vez el tema de la muertt. En la soledad de las ruinas, la muerte no puede apartarse de los pensamientos. Escribí Macchu Picchu en la Isla Negra, frente al mar". *(Ibid.,* p. 195).

Escribió el poema en 1945, el año en que fue elegido Senador por las provincias mineras del norte de Chile e ingresó oficialmente al Partido Comunista, el año en que obtuvo el Premio Nacional de Literatura de Chile. Al escribir este poema, Neruda tenía ya una concepción clara del *Canto general.*

II

TONO Y ESTRUCTURA

EL *Canto general* se divide en quince partes, cada una de las cuales incluye poemas en variado número y extensión. A primera vista pudiera pensarse que la estructura de la obra es desigual o desequilibrada. Es un engaño óptico producido por la proliferación de temas, títulos y subtítulos, y por la forma irregular de las diferentes secciones. Además, la crítica se ha ocupado de algunas partes más que de otras y ha popularizado ciertos poemas, tal vez tratando de imponer la necesidad de una reordenación antológica.

Una lectura cuidadosa del poema, con una perspectiva a la vez amplia y ceñida, nos convence de cuán injusta y errada es esa primera impresión, ya que Neruda, no obstante haber escrito su libro en la clandestinidad política, planeó cuidadosamente el texto, se documentó con gran paciencia y produjo un diseño de sólido equilibrio. Obviamente, no se trata de una estructura de armonía clásica; Neruda se mueve simultáneamente en multiplicidad de planos y destaca algunos motivos por su importancia histórica o por su proyección épica. Asimismo, la obra descansa en tres pilares fundamentales: "Alturas de Macchu Picchu", "El gran océano" y "Yo soy"; y es natural que estos poemas dominen el primer plano de la epopeya; pero de ellos arrancan estructuras menores de maestra composición que el lector debe evaluar en su contexto, pues la armonía creada por Neruda es preponderantemente barroca, de modo que las partes y el todo se sostienen mutuamente y llenan su espacio en estricto orden de contrapeso y balance.

El poema se mueve con el movimiento del mar, avanza y retrocede, construye y borra, se levanta y desciende, arrastra y entrega, visita la tierra con su lengua poderosa y deja sentencias escritas en la arena; penetra secretos pasajes, busca raíces, choca y se encrespa, amenaza y se desploma con peso cataclísmico, se extiende también y descansa para dejar el paso a voces modestas, rumores del hombre en su faena diaria; es, entonces, mar apacible bajo soles lejanos, o calma oscuridad reflejando el paso de lunas que miden el tiempo, pero vuelve siempre a recapturar la línea que se aproxima desde el horizonte.

El personaje que habla, o canta, desciende a las profundidades de la tierra y del océano a sentir la materia en el acto del génesis, [8] pero asciende, asimismo, a las alturas de la montaña buscando la suprema revelación, enfrentado al misterio de la enajenación histórica y de la muerte. Conquistadores se oponen a libertadores, dictadores a héroes populares, países doblegados hablan en nombre de la resistencia, hombres y mujeres expresan la solidaridad en el desempeño de sus oficios, de su rebelión, de la victoria o la derrota; son a veces ríos y, a veces, cereales, son pájaros o plantas o árboles, son piedras o son arena, son la integración o la división, el trabajo y la huelga, el amor, pero también la traición; son pasión y son olvido, en el mar se encuentran y regresan a poblar una tierra que debe ser libre para sobrevivir y dignificar al ser humano.

La unidad orgánica de este mundo trasciende los términos de la realidad inmediata; la fusión —eso que Walt Whitman llamaba *adhesiveness*— de los seres y las cosas resulta de una armonía en la acción, no en postulaciones, en la participación, no en la marginación.

Así se lee esta epopeya, de vaivén en vaivén, calmosamente; posiblemente con tranquilo arrebato, y así se escucha su poderoso mensaje oral, la voz única y múltiple en enunciación sonora, indivisible, coral, que el apasionado hablante deja sonar a través de un tiempo y un espacio ilimitado. Tal es su movimiento y su tono que a un oído le parecerá lírico, y a otro, épico, oratorio o íntimo. No hay razón para disminuirse y apartarse ante los vastos registros del poema, ni mucho menos para perderse en consideraciones retóricas sobre su índole literaria. Al *Canto general* se entra a convivir con un pueblo que revisa su historia, reconstruye ambientes y saca sus consecuencias.

Una somera descripción analítica de las quince partes del poema servirá para dar base a una definición más concreta de su estructura.

8 *Cf.* Jean Franco, "Orfeo en Utopía: el poeta y la colectividad en el *Canto general*", en *Simposio Pablo Neruda,* Actas, Columbia: University of South Carolina - Las Américas, 1975, pp. 267-289. Franco se refiere al mito de Orfeo, en su descenso al misterio de las raíces, y a la índole oral de esta poesía, nacida para ser dicha a un auditorio popular; el poema, dice, trata de devolver los poderes creativos del genio al pueblo.

CONTENIDO

Sección i: "La lámpara en la tierra".

El comienzo de la epopeya es también el comienzo del mundo americano. Antes del hombre, fueron los ríos, las cordilleras, la humedad y la espesura, las pampas planetarias. El hablante se presenta como un ser predestinado a contar la historia de este génesis. Vegetaciones, animales, ríos, pájaros, minerales, son los términos de este principio. La forma del discurso poético es la enumeración, y el recurso esencial: *nombrar*. Los hombres surgen como imágenes de razas iluminadas a relámpagos; a veces, la imagen vive captada en un instante de *acción* que la define; o bien queda flotando estática, cifra histórica no interpretada.

Sección ii: "Alturas de Macchu Picchu".

Este poema ha sido reconocido en su significado esencial por los críticos más estrictos y certeros del *Canto general*: Jaime Concha, Hernán Loyola y Nelson Osorio. Es el poema que señala la conjunción de los elementos ideológicos desde los cuales se hará posible desentrañar la significación del *Canto general*.

El personaje central está frente a las ruinas incaicas sobrecogido por el asombro, bajo el presentimiento de una revelación que habrá de llevarlo a una síntesis histórica de trascendencia épica. Como el héroe romántico del siglo xix, ante la majestad del paisaje se detiene a repasar las dolorosas alternativas de la persecución y el exilio, la angustia, soledad y nostalgia del proscrito. Esta actitud pasiva aparece envuelta en un tono de tristeza metafísica. El tema de las ruinas lo lleva a la conciencia de la muerte en la rutina enajenada del hombre. Nos vamos muriendo a diario, como el árbol pierde sus hojas otoñales. Pero no es tal confrontación con la muerte en sí lo que conmueve profundamente al personaje: es, más bien, el destino del hombre que habitó este mundo de piedra y construyó día a día la fortaleza de su propia muerte. He aquí, se dice, un imperio construido sobre explotación, sufrimiento y hambre. Invita, entonces, al anónimo esclavo a levantarse desde su tumba de granito y a encarnarse en la voz y en la sangre del poeta para reasumir su destino de lucha.

El poema —culminación de la expresión barroca nerudiana, cf. viii y xi— trasciende los límites del drama social americano para captar, en el instante de la revelación, la unidad del ser en el sufrimiento y en el acto de sacrificio por la libertad.

Sección III: "Los Conquistadores"

El hablante concibe la Conquista de América como un proceso de asalto, destrucción y violación cruel de los valores autóctonos. Reafirma, pues, la Leyenda Negra, pero en dos casos —Balboa y Ercilla— anuncia un espíritu de renovación que se levanta por encima del odio y la violencia, precursor de nuevos tiempos y nuevos pueblos; en ellos se guardará la herencia renacentista del aventurero español unida al estoicismo y al sentimiento de libertad de los pueblos aborígenes.

Sección IV: "Los Libertadores".

La actitud predominante en esta sección contrasta con la anterior: se trata ahora de una exaltación, lírica o épica, de los Padres de la Patria americana. La visión también varía y va desde una deslumbrante ambientación panorámica, al modo muralista mexicano, hasta la imagen estilizada de figuras históricas. Ejemplo de lo primero se encuentra en las breves introducciones destinadas a evocar el paisaje en que se movieron los héroes (Sandino, Morazán, Prestes); ejemplo de lo segundo lo ofrecen el retrato de criolla prestancia de O'Higgins, la romántica semblanza de Manuel Rodríguez, la barroca belleza de la imagen de Lautaro, el retrato multiplaneal, picassiano, de Miranda, los colores fuertes de Juárez y el decorado agrario de Zapata. En esta sección se liberan mitos para que hablen y actúen como personas y se dirijan al pueblo de hoy en los términos de la lucha política de cada día.

La sección comienza con los versos:

> Aquí viene el árbol, el árbol
> de la tormenta, el árbol del pueblo...

Este símbolo de crecimiento, fuerza, resistencia y fecundidad es elemento épico por excelencia y hay en él un eco inconfundible del trascendentalismo de Whitman en *Leaves of Grass*.

Cabe decir que esta sección —la más extensa del libro— incorpora un número de temas que el poeta va a reiterar en otras secciones. La versión del período colonial aparece, como en el caso de la Conquista, en dos tonos: blanco y negro. No se hace mención de aspectos positivos de la Colonia como el humanismo escolástico y el barroco poético del siglo XVIII. En cambio, la explicación del sistema económico de la encomienda es históricamente acertada, así como la descripción del desarrollo de la sociedad mercantil criolla. Los albores de la Independencia son tratados con remarcable visión histórica, pues l narrador relaciona la lucha de emancipación política de 1810 con los conflictos sociales del siglo XX.

Los poemas XXXVI y XXXVII son de especial significación para Chile, ya que tratan de la gesta revolucionaria de Luis Emilio Recabarren (1876-1925), fundador del movimiento obrero chileno.

Digno de anotarse también es el hecho de que Neruda ensaya en esta sección formas y motivos musicales, como la cueca a Manuel Rodríguez y "A Emiliano Zapata con música de Tata Nacho" (*Borrachita me voy...* etc.)

Sección v: "La arena traicionada".

Completa armoniosamente las dos secciones anteriores y contiene algunas de las sátiras más feroces que escribiera Neruda, maestro, como se sabe, en el arte de la caricatura y el esperpento mordaz. Estas caricaturas son de un realismo ácido y brutal; el sarcasmo posee la marca ilustre de Quevedo, así como los trazos y el ambiente sombrío parecen evocar la aguja implacable de los grabados de Goya.

La crítica no ha señalado con debida atención el significado de esta cadena de retratos "al ácido". Después de un breve exordio, la voz del hablante se enrosca para identificar épocas críticas de la historia de América en el comportamiento típico de algunos dictadores claves. Por medio de nombres y epítetos regionales, el narrador crea un ambiente para cada país y, al establecer una red de cifras lingüísticas, nos da el *mood* que corresponde a una época siniestra de implacables dictadores y caudillos. Cronológicamente, la sección se refiere al período que va de 1940 a 1948, de modo que las figuras de Francia, Rosas, García Moreno, no son sino máscaras introductorias.

Varios son los poemas que la crítica ha desgajado del contexto de esta sección, divulgándolos por su significación literaria —"Los poetas celestes"—, o política: "Diplomáticos", "La Standard Oil Co.", "La Anaconda Copper Mining Co.", "La United Fruit Co.". Sin embargo, no se ha destacado suficientemente el poema "Procesión en Lima", que parece inspirado por "La procesión de los lesos" de Fray Camilo Henríquez (1769-1825).

Sección vi: "América, no invoco tu nombre en vano".

La importancia de esta sección radica en que viene a ser una síntesis lírico-épica de las secciones precedentes. Además, deja en claro un hecho que sirve para desvirtuar la tendencia a interpretar el *Canto general* como un tratado de mitificación poética, tendencia que el mismo Neruda debió rechazar más de una vez en entrevistas y conferencias. El hablante se detiene en esta sección a examinar con ojo crítico el *lugar* de la historia que cuenta y, al hacerlo, va tomando nota de detalles reales y cotidianos para darle a la epopeya una base popular en que el lirismo de las imágenes descriptivas —océanos, volcanes, montañas— nunca apaga el acento social. El poeta se identifica con el hombre común, no en un plano cósmico o mitológico, sino en nítido sentido realista, compartiendo condiciones políticas y económicas. Esta poesía, y el hablante que la enuncia, funcionan en un determinado ámbito histórico, movidos por el dinamismo revolucionario que la realidad americana les impone (*Cf.* "Centroamérica", "Hambre en el sur").

SECCIÓN VII: "Canto general de Chile".

He aquí el núcleo original de la obra, semilla que debió crecer, estallar y esparcirse. Parece responder a esta sencilla pregunta: ¿En qué va quedando la esencia de un país como Chile? Para Mariano Latorre, Chile era un "país de rincones"; para Baldomero Lillo, un subterráneo de polvo negro, diamantes y sangre; para Manuel Rojas, una costa con la resaca que van dejando los océanos del mundo, ahí a la vera de la Antártida; para Gabriela Mistral, un valle interior, dulce y viejo, y una montaña-madre; para Vicente Huidobro, un cielo estrellado moviéndose rápido en el eje de la Cruz del Sur; para Pablo de Rokha, los frutos de la tierra cocinados en piedra; para Augusto D'Halmar, humo y espejos... ¿Y para Neruda?

Primero, el sur, que significa lluvias densas, interminables, bosques como antiguas y brillantes catedrales, la Frontera *cereal* y *oceánica*.

Luego, las artes manuales: la talabartería olorosa, la alfarería negra, blanca y roja de Quinchamalí y de Pomaire, los telares apretados de colores y de flores, y alguna figura rígida y geométrica en pesados ponchos de Temuco y de Osorno.

Después, los cataclismos, pues Chile no sólo se queda, sino que se va también en erosiones y temblores, y el mar le hace puesto para sus cerros, sus pueblos, plazas y cementerios.

En seguida, el norte, la pampa desolada y dura, ardiente y helada, sal y cielo, que ha dado cobre y nitrato, sindicatos y huelgas, las masacres de San Gregorio, la Coruña y Santa María, el Norte Rojo.

Algunos pájaros, muy pocos: chercanes, loicas, chucaos; "Botánica" realista, colección de flores, arbustos y plantas de mágicos poderes, el litre, el boldo, orégano y laurel, quila y quelenquelén, fucsias, canelos, ulmos, poleo, amapolas, paico, robles y araucarias.

Algunos amigos, pocos, poquísimos: Tomás Lago, alto y suave, co-autor de *Anillos* (1926); Rubén Azócar, casi hermano, bajo y rugoso narrador de *Gentes en la Isla* (1939); Juvencio Valle, poeta bucólico, nativista sureño y enamorado pastor *(Del monte en la ladera,* 1960); Diego Muñoz, recio, ronco batallador, novelista del *Carbón* (1953); compañeros de Neruda en diversas épocas, leales sostenedores de su fama, silenciosos padrinos de su obra y sus campañas.

¿Qué más? Un jinete en la lluvia, y mares, muchos mares; pero también una "Oda de invierno al río Mapocho", río de pobres, piedras y fogatas de la miseria santiaguina, camino del barrio alto a los suburbios de Las Hornillas y de las callampas obreras.

SECCIÓN VIII: "La tierra se llama Juan".

Adiós a la retórica, es el lema de esta sección de lenguaje simple y directo, reportaje esquemático, candente, en que hablan trabajadores del desierto, mineros del carbón y del estaño, pescadores de Colombia, poetas populares de Chile, campesinos de Costa Rica, toda gente llamada Juan.

XVIII

Es aquí donde se advierte con mayor claridad el desplazamiento misterioso del *yo* poético al *nosotros* popular y oral, a que se refiere el crítico chileno Nelson Osorio en su brillante ensayo "El problema del hablante poético en *Canto general*". [9] Es el hombre del pueblo quien habla, y su voz, enredada en sus raíces a la voz del poeta, se llena de armonías duras y planas, coro abierto, rítmico, como canto gregoriano, reiterado, monótono, retraído y franco. No hay caídas aquí, como dicen algunos inspirados académicos, sino obra gruesa, material gastado como el tiempo, y como el tiempo, sabio, parco, permanente.

SECCIÓN IX: "Que despierte el leñador".

Por segunda vez en el *Canto general*, [10] la sombra de Lincoln se levanta como símbolo de un país y una civilización que preocupan al personaje poético de Neruda por las ambiguas implicaciones de su llamado "destino manifiesto". Decimos Lincoln y debiéramos agregar Walt Whitman, porque ambos son para Neruda epítomes de la grandeza potencial de los Estados Unidos, paradigmas de una noble utopía democrática. Es posible que en esta sección Neruda partiese, con el eco en sus oídos, del gran poema de Whitman "When Lilacs Last in the Door-Yard Bloom'd". Pero pronto se aparta de la elegía, ya que su motivación inmediata es muy diversa: no se trata de la procesión funeral de un héroe, sino del fantasma de la guerra fría, amenaza de cataclismo nuclear provocado por los halcones del Pentágono.

El comienzo del poema es una declaración de amor:

> *Al Oeste de Colorado River*
> *hay un sitio que amo...*

Quien ama estas tierras de Norte América y las recorre con arrobada dedicación es un personaje que, obviamente, representa mucho más que la individual figura del poeta: es un pueblo transitando por otro pueblo, una voz múltiple buscando raíces en héroes que defendieron la paz y la democracia. Se enumeran aquí los elementos del poder material de una gran nación, se nombra a sus héroes literarios: Whitman, Melville, Poe, Dreiser, Wolfe, Lockridge, Mailer. Frente a esta grandeza intelectual arde la cruz maldita del prejuicio racial.

La voz poética se esfuerza por separar a la juventud norteamericana de quienes negocian con ella, la sacrifican en aventuras bélicas y, al regreso de los campos de batalla, la enmudecen entre las incomprensibles rejas del *establishment*.

El hablante vuelve, entonces, sus ojos hacia la Unión Soviética y ve en ella tierras que también admira, poder material igualmente inconmensura-

---

9 En *Simposio Neruda,* etc., pp. 171-187.
10 Véase "Los Libertadores", XXXI.

ble, jóvenes que vuelven de trincheras, y mártires de horcas y hornos crematorios en el holocausto de la Segunda Guerra Mundial.

> *Dáme tu voz y el peso de tu pecho enterrado,*
> *Walt Whitman, y las graves*
> *raíces de tu rostro*
> *para cantar estas reconstrucciones!*

En un fondo histórico vasto y dinámico las voces se entrelazan, y Neruda canta con Whitman y ambos con los pueblos de Estados Unidos y de la Unión Soviética: el coro enfrenta dos poderes que, sin riendas, pudieran arrastrar al mundo a una catástrofe nuclear. ¿Quién amenaza? ¿Quién negocia con vidas, vende y compra sangre para transformarla en cohetes y cañones?

¡Cuidado!, dice esa voz colectiva, que las fuerzas del fascismo no vuelvan a marchar sobre el mundo, que la joven Norteamérica no sirva de trampolín para los poderes destructores. Es un momento en que el hablante contrapone el mundo de los intereses multinacionales y el mundo socialista. Las voces continúan unidas y Juan es John y Juana es Jane:

> *Tú eres*
> *lo que soy, lo que fui, lo que debemos*
> *amparar, el fraternal subsuelo*
> *de América purísima...*

A garantizar la unidad en la paz y en la democracia vendrá Lincoln, El Leñador, "con su hacha y con su plato de madera".

El poema culmina en un himno de amor y alegría; se acallan los ruidos de la guerra y los exabruptos de la discordia, el tono vuelve a ser fraternal y la máquina del lenguaje amenazante detiene sus impulsos y canta, solamente canta, pues ha llegado a su destino.

"Que despierte el leñador" es un poema whitmaniano en su arte enumerativo, su concretismo obrero y agrario, su acento democrático y trascendentalista.

Sección x: *"El fugitivo"*.

La importancia fundamental de la Sección x es indiscutible. En un plano se destaca la materia anecdótica que da una dimensión popular y revolucionaria, nutrida en las peripecias que vive Neruda durante 1948. Perseguido por el gobierno de Videla, va de escondite en escondite, al amparo de anónimos camaradas que se arriesgan por él, lo protegen y lo mueven en las sombras sabiendo que el poeta, condenado en su patria, debe ser salvado en el corazón mismo de Chile.

En otro plano, "El fugitivo" sugiere la Pasión de un Cristo proletario por medio de símbolos que se repiten a modo de *leit motivs*: el pan, el vino, el agua, la corona de espinas.

Y en un tercer plano, conmovido por la solidaridad y el amor del pueblo chileno, sin recursos filosóficos ni místicos, el personaje poético comulga con las masas, se encarna en ellas, iguala los vocablos pueblo y pureza y le da a su enunciado una proyección social (*Cf.* XII, XIII).

> ...*tal vez soy vosotros, eso mismo,*
> *esa miga de tierra, harina y canto,*
> *ese amasijo natural que sabe*
> *de dónde sale y dónde pertenece.*
> *No soy una campana de tan lejos,*
> *ni un cristal enterrado tan profundo*
> *que tú no puedes descifrar, soy sólo*
> *pueblo, puerta escondida, pan oscuro,*
> *y cuando me recibes, te recibes*
> *a ti mismo, a ese huésped*
> *tantas veces golpeado*
> *y tantas veces*
> *renacido.*

"El fugitivo" encierra, acaso, el mensaje más profundo de la transmutación poética que constituye la base estructural de esta epopeya.

SECCIÓN XI: "Las flores de Punitaqui".

Los geranios son en Chile la flor de los pobres, bajo el polvo de los barrios, campos, aldeas y retenes. Esta vez son las flores rojas de la solidaridad obrera en las minas, color y aroma que conducen al poeta al amor de los camaradas. Se reiteran aquí temas ya enunciados en otras secciones: la huelga, la hospitalidad en los hogares humildes, la fuerza del pueblo en su unidad.

En el poema X, llamado "El poeta", se alude a un pasado de arte decadentista que debe superarse.

SECCIÓN XII: "Los ríos del canto".

Explica, una vez más, el cambio que ha experimentado su poesía y, como estos "ríos" son hombres —Otero Silva, Alberti, González Carbalho, Revueltas y Hernández—, son amigos predilectos, creadores de poesía y canto, música y acción, el examen interior se esparce en acordes y resonancias.

El hablante, que, en un comienzo, podrá ser Neruda y, de pronto, en el oratorio a Silvestre Revueltas y en la epístola de ultratumba a Miguel Hernández, retorna a la voz plural, reflexiona ahora sobre los temas de la amistad, los avatares de la guerra, los misterios de la creación estética, el sacrificio de los inocentes. La voz alcanza su expresión más profundamente lírica en su exaltación de Miguel Hernández, asombroso buceo en los secretos del amor, del acto expiatorio, de la comunión a través de la sangre y la palabra oculta, homenaje tierno y promesa de lucha en medio de imprecaciones y recuerdos que culminan en desgarradora ofrenda final. De Hernández se dice aquí lo que se empezó a decir de Neruda en septiembre de 1973: reconocimiento de una vida que derrotó a la muerte.

SECCIÓN XIII: "Coral de Año Nuevo para la patria en tinieblas".

Es el 31 de diciembre de 1949 y es hora de intentar nueva síntesis de las razones que justifican la epopeya y el canto. Chile sobrevive ahogado en el odio y la violencia de una dictadura bastarda. El pueblo ha sido traicionado, se abrió Pisagua, precursor de otros campos de concentración más feroces, el poeta marcha al destierro, los magnates y gestores se reparten el botín, el hablante airado los nombra y los acusa, y acusa también la intriga de los dólares y las maniobras de agentes secretos.

En el exilio evoca los paisajes entrañables del sur chileno, costas y mares, bosques y campos, la flor del espino y las estrellas, el perfume violento de las selvas antiguas; se compadece de los obreros engañados y perseguidos, admira su firmeza, señala al traidor mayor y, al grito de "Tú lucharás", llama al pueblo chileno a resistir:

Tú lucharás para borrar la mancha
de estiércol sobre el mapa, tú lucharás sin duda
para que la vergüenza de este tiempo termine
y se abran las prisiones del pueblo...

SECCIÓN XIV: "El gran océano".

Junto a "Alturas de Macchu Picchu", este poema representa el doble fondo estructural del *Canto general*. "Yo soy" será su tercera torre, en la altura.

El mar es medida del destierro del hombre, compendio de los misterios de su origen y de las alternativas de su lucha para comprender el dinamismo dialéctico que asegura su supervivencia a través de la historia.

XXII

El significado cosmogónico de este poema ha sido explicado en toda su profundidad por Jaime Concha:

"C'est une attention toute spéciale que mérite, dans ce contexte, la cosmogonie du *Grand océan*. Coïncidant approximativement avec les limites du Pacific Sud et de l'Océan Antartique, réactualisant en des grandioses images los probables migrations polynésiennes, le *Grand océan* comprende une meditation sur les origines de la vie... et des hymnes rituels autour de l'Ile de Pâques et des archipeles voisins. Le puissant symbole des statues —omniprésent tout au long du poème— se dresst comme un index d'inspiration matérialiste par laquelle la créativité humaine prolonge et perfectionne la capacité constructive de la matière elle-même". [11]

La primera idea que se plantea en el poema constituye, a la vez, una imagen: la permanencia eterna de la energía en el océano. El proceso a que se alude consiste en un darse sin acabarse, nacer y renacer, volver de las orillas a la esencia central. Pero no es simplemente un símbolo de permanencia el que aquí se expone: es la energía que nace de la unidad de dos movimientos contrarios:

> *es el central volumen de la fuerza,*
> *la potencia extendida de las aguas,*
> *la inmóvil soledad llena de vidas.*
> *Tiempo, tal vez, o copa acumulada*
> *de todo movimiento, unidad pura*
> *que no selló la muerte...*

De la plenitud a la vaciedad, identificados ambos términos en ritmo constante, del continente al contenido, como si la copa y el agua que canta José Gorostiza en *La muerte sin fin* se hicieran, a la postre, una sola existencia, vida sin término.

Cosmogónico es el canto en su descripción del nacimiento del océano y de sus vidas submarinas; histórico, en su evocación de puertos que guardan, como las piedras de Macchu Picchu, el historial combativo de una humanidad explotada, de barcos que avanzan con la imagen mitológica de sus mascarones al encuentro del tiempo, y de pájaros que representan la libertad sacrificada en el desierto, el asalto brutal de los garrotes sobre los nidos de sal y arena.

Mar es combate, síntesis suprema de vida-muerte-vida, espacio "que no puede gastarse" y donde se juntan los que reposan con los combatientes: "pureza y destrucción contra toda la muerte".

11 Jaime Concha, "Neruda et son continent natal" en *Études litteraires*, v. 8, Nº 1, avril 1975, pp. 129-140.

SECCIÓN XV: "Yo soy".

Lo que empezó con la génesis del mundo debe concluir con la afirmación de un *Yo* plural. Por eso la parte autobiográfica de esta sección es mínima crónica de algunas situaciones claves en diversas partes de Chile y de otros países: niñez en Temuco, imprecisos datos sobre sus libros, compañeros, viajes, guerras, cantos a España y a México, examen crítico de su vieja poesía, jubilosa profesión de solidaridad en el arte del porvenir, homenaje a sus maestros literarios, materia biográfica que plasmará mucho más tarde en *Memorial de Isla Negra*.

Lo fundamental de la sección está en los siguientes poemas: XX: "no escribo para que otros libros me aprisionen... escribo para el pueblo", afirmación de la índole oral de su creación poética; XXI: planteamiento inequívoco de su concepción materialista del mundo; XXXVI: transmutación de lo individual en colectivo; XXVII: reconocimiento de la supervivencia en la comunidad partidaria; la fe se afirma no sólo en un sentimiento de solidaridad, sino en la estructura de la congregación, del *Partido*, que asegura al militante la continuidad siempre creciente de su actividad creadora, más allá de la muerte:

> *Me has hecho indestructible porque*
> *contigo no termino en mí mismo.*

La epopeya se cierra con el símbolo que la abrió: el árbol de la vida, ahora pujante y frondoso árbol rojo. Este libro, puede afirmar el poeta repitiendo palabras de Whitman, *es* un pueblo y *es* un hombre:

> *quien lo toca, me toca a mí.*

Se ha cerrado el canto con sentencias testamentarias en 1949, cuando Neruda tiene tan sólo cuarenta y cinco años de edad: signo claro de que no es a su vida únicamente que ha cantado, sino a un continente, a un pueblo, a un mundo en el proceso de su emancipación.

No ha muerto el héroe de la epopeya porque no puede morir: como Gabriela Mistral en los "Motivos del barro", reconoce que su destino es permanecer eternamente en las cosas y los seres donde ha plantado su semilla, renacer en la tierra para perder y recibir forma con el ritmo de la muerte y de la vida, *puerta escondida* que todo lo oculta y todo lo revela, voz sostenida en su propio eco, hombre, en fin, que se hizo humanidad al repartirse en cuerpo y espíritu.

IV

CONCLUSIONES

¿QUÉ LUGAR ocupa el *Canto general* en la obra de Neruda? El mismo poeta ha dicho de él en sus *Memorias* que es su "libro más importante". [12]

En la evolución de su arte poético esta obra representa, sin duda, un punto culminante: en plena comprensión y uso de sus poderes, Neruda examina su pasado literario y hace profesión de fe en un lenguaje claro, un espíritu de júbilo y optimismo que serán las formas de la poesía del futuro. Pero no debemos sacar apresuradas conclusiones de esta declaración de principios. En realidad, Neruda no cierra ninguna puerta, no corta ninguna raíz; su "vieja" poesía seguirá enfrentándolo siempre, con tanto peso como el de sus antiguos y abatidos mascarones, su locomotora roja y su caballo de talabartería en el jardín de Isla Negra.

Ya hemos dicho que el *Canto general* contiene la expresión más alta de su arte barroco: poesía de alcurnia gongorina, retorcida maravilla de formas, colores y movimientos. Sí, dice Neruda, lenguaje que pasará como un cielo lejano por sobre las cabezas de sus compañeros. Sin embargo, llegará un día en que se encontrará el obrero con la magia de este otro artesano que saca desde adentro de las cosas el espíritu del hombre; se encontrarán para no separarse ya, después de un combate largo, duro y provechoso. No se habla de utopías. Nadie se hace ilusiones, ni el poeta ni el trabajador; los términos de esta compañía son concretos e inequívocos. Una condición esencial no permite compromisos: la libertad.

El *Canto general,* pues, no cierra ningún ciclo ni abre otro: los libros seguirán llegando, persiguiendo con ahinco la claridad difícil, defendiendo la integridad del combatiente, sosteniendo su estoica resistencia: vendrán las odas, los extravagarios, los cantos ceremoniales y memoriales. El *Canto*

---

12 La bibliografía sobre el *Canto general* es abundante; sin embargo, la mayoría de los estudios críticos tratan de secciones o poemas aislados. Me parece útil anotar aquí los siguientes trabajos, que presentan un examen de índole general sobre la obra: Juan Villegas: *Estructuras míticas y arquetipos en el Canto general*, Barcelona: Planeta, 1975. Juan Marinello: "Pablo Neruda, poète épique" en *Europe,* 52e Année, 537-553, Janvier-Février, 1974, pp. 29 30. Antonio Colinas: "Cosmogonías del *Canto general*", en *Insula* (Madrid), año XXIX, n. 330, mayo 1974, p. 3. Inés Arredondo: "La concepción de la tierra en el *Canto general"* en *Revista de Bellas Artes* (México) 11-12, Nueva Epoca, septiembre-diciembre 1973, pp. 87-91. Frank J. Riess: *The World and the Stone; Languaje and Imagery in Neruda's Canto general,* London: Oxford University Press, 1972. Elizabeth Siefer: *Epische Stilelemente im Canto general,* München: Wilhem Fink, 1970. Saúl Yurkievich: *Fundadores de la nueva poesía latinoamericana: Vallejo, Huidobro, Borges, Neruda, Paz,* Barcelona: Barral Editores, 1971, pp. 163-249. Mireya Camurati: "Significación del *Canto general* en la obra de Pablo Neruda", en *Revista Interamericana,* v. 2, n. 2, 1972, pp. 210-222. Luis A. Díez: "Grandeza telúrica y aliento épico del *Canto general"* en *Sin Nombre,* año IV, 1973, v. 4, n. 2, pp. 9-22. Para otras referencias, véase Enrico Mario Santí: "Fuentes para el conocimiento de Pablo Neruda, 1967-1974" en *Simposio Pablo Neruda, Actas,* New York: University of South Carolina, L. A. Publising Co., 1975, pp. 355-382.

general es completo en sí y es, también, nexo en un todo: es un movimiento en espacio sin fronteras.

La índole épica del poema es innegable: sus cantos, partes, secciones y capítulos se concentran en torno a un personaje cuyas acciones trascienden los planos circunstanciales y se sitúan en un espacio superior; su visión abarca el tiempo pasado y penetra los misterios del porvenir; el personaje no envejece ni muere, se sitúa apreciativamente en la eternidad material del mundo de sus hazañas. No es Neruda un poeta épico en el sentido en que Ercilla lo fue: *La Araucana* es escenario de acciones predominantemente guerreras e intermedios de amor, superimposición de un ideal renacentista en la sociedad primitiva de los araucanos. El *Canto general* es cosmogonía, historia política, exaltación lírica del paisaje americano, recreación de un pasado heroico y fundamentación dialéctica del proceso de emancipación anticolonial. Ambos poemas tienen un héroe colectivo y, a través de sus acciones, intentan cambiar el rumbo de la historia en una época determinada.

Neruda, consciente de este hecho, ha dicho que en su poema está patente la crisis que lleva a nuestros pueblos hacia una restructuración social. No dejemos, sin embargo, olvidado el reverso de esta medalla, porque, si bien es cierto que la poesía de Neruda se nutre de la savia revolucionaria americana, no es menos cierto que el destino de nuestros pueblos lleva hondamente grabado el sello del canto profético y fraternal de Neruda.

Debemos reconocer, en consecuencia, que en Neruda se da uno de los más nítidos ejemplos de la identificación básica del fenómeno estético y el fenómeno social. En él y en su poesía se cumple lo que parece ser condición esencial del auténtico arte revolucionario: Pablo Neruda es un hombre que ha hecho la revolución en su obra porque la hizo también, honrada, valientemente y sin compromisos, en su propia vida.

Fernando Alegría

CRITERIO DE ESTA EDICION

LA PRIMERA edición de *Canto General,* especial y limitada a 500 ejemplares, con guardas de Diego Rivera y D. A. Siqueiros, se imprimió —en formato de 36 cm. y 567 pp.— en los Talleres Gráficos de la Nación, México, D. F. (1950), bajo el cuidado de Miguel Prieto. De esa edición, con el sello de Ediciones Océano (México), se hizo el mismo año una reproducción facsimilar —pero en formato de 17 cm.—, con tiraje de 5.000 ejemplares, en los talleres de Gráficas Barcino, también de México, la cual se repitió en 1952.

En 1955 la Editorial Losada, de Buenos Aires, incorporó *Canto General,* en dos volúmenes —de 205 y 208 pp.—, a su Biblioteca Contemporánea (Nos. 86 y 87), reimprimiéndolo varias veces entre 1963 y 1971; a partir de 1957 lo incluyó en las sucesivas ediciones de *Obras Completas* del autor; y, por último, lo presentó en su Colección Cumbre (1968), mediante edición revisada por Hernán Loyola con la autorización del autor.

Esta edición de la BIBLIOTECA AYACUCHO se mantiene fiel a la edición de 1950, pero ha acogido las principales alteraciones hechas por Losada en su edición de 1968. Así, en la sección "Los Libertadores" aparecen los poemas "Artigas" y "Castro Alves del Brasil", que no figuraban en la edición original. Por otra parte, al igual que Losada, respeta los rasgos tipográficos de esa primera edición, salvo en lo relativo a la más bien oscilante disposición estrófica, así como en cuanto a la colocación de títulos en las diferentes secciones y a la numeración de los textos mismos.

B. A.

CANTO GENERAL

I

LA LÁMPARA EN LA TIERRA

AMOR
AMÉRICA
(1400)

Antes de la peluca y la casaca
fueron los ríos, ríos arteriales:
fueron las cordilleras, en cuya onda raída
el cóndor o la nieve parecían inmóviles:
fue la humedad y la espesura, el trueno
sin nombre todavía, las pampas planetarias.

El hombre tierra fue, vasija, párpado
del barro trémulo, forma de la arcilla,
fue cántaro caribe, piedra chibcha,
copa imperial o sílice araucana.
Tierno y sangriento fue, pero en la empuñadura
de su arma de cristal humedecido,
las iniciales de la tierra estaban
escritas.

Nadie pudo
recordar después: el viento
las olvidó, el idioma del agua
fue enterrado, las claves se perdieron
o se inundaron de silencio o sangre.

No se perdió la vida, hermanos pastorales.
Pero como una rosa salvaje
cayó una gota roja en la espesura,
y se apagó una lámpara de tierra.

Yo estoy aquí para contar la historia.
Desde la paz del búfalo
hasta las azotadas arenas

3

de la tierra final, en las espumas
acumuladas de la luz antártica,
y por las madrigueras despeñadas
de la sombría paz venezolana,
te busqué, padre mío,
joven guerrero de tiniebla y cobre,
o tú, planta nupcial, cabellera indomable,
madre caimán, metálica paloma.
Yo, incásico del légamo,
toqué la piedra y dije:

Quién
me espera? Y apreté la mano
sobre un puñado de cristal vacío.
Pero anduve entre flores zapotecas
y dulce era la luz como un venado,
y era la sombra como un párpado verde.

Tierra mía sin nombre, sin América,
estambre equinoccial, lanza de púrpura,
tu aroma me trepó por las raíces
hasta la copa que bebía, hasta la más delgada
palabra aún no nacida de mi boca.

VEGETACIONES A LAS tierras sin nombre y
sin números
bajaba el viento desde otros dominios,
traía la lluvia hilos celestes,
y el dios de los altares impregnados
devolvía las flores y las vidas.

En la fertilidad crecía el tiempo.

El jacarandá elevaba espuma
hecha de resplandores transmarinos,
la araucaria de lanzas erizadas
era la magnitud contra la nieve,
el primordial árbol caoba
desde su copa destilaba sangre,
y al Sur de los alerces,
el árbol trueno, el árbol rojo,
el árbol de la espina, el árbol madre,
el ceibo bermellón, el árbol caucho,
eran volumen terrenal, sonido,
eran territoriales existencias.

Un nuevo aroma propagado
llenaba, por los intersticios
de la tierra, las respiraciones
convertidas en humo y fragancia:
el tabaco silvestre alzaba
su rosal de aire imaginario.

Como una lanza terminada en fuego
apareció el maíz, y su estatura
se desgranó y nació de nuevo,
diseminó su harina, tuvo
muertos bajo sus raíces,
y, luego, en su cuna, miró
crecer los dioses vegetales.
Arruga y extensión diseminaba
la semilla del viento
sobre las plumas de la cordillera,
espesa luz de germen y pezones,
aurora ciega amamantada
por los ungüentos terrenales
de la implacable latitud lluviosa,
de las cerradas noches manantiales,
de las cisternas matutinas.
Y aún en las llanuras
como láminas de planeta,
bajo un fresco pueblo de estrellas,
rey de la hierba, el ombú detenía
el aire libre, el vuelo rumoroso
y montaba la pampa sujetándola
con su ramal de riendas y raíces.

América arboleda,
zarza salvaje entre los mares,
de polo a polo balanceabas,
tesoro verde, tu espesura.

Germinaba la noche
en ciudades de cáscaras sagradas,
en sonoras maderas,
extensas hojas que cubrían
la piedra germinal, los nacimientos.
Útero verde, americana
sabana seminal, bodega espesa,
una rama nació como una isla,
una hoja fue forma de la espada,
una flor fue relámpago y medusa,
un racimo redondeó su resumen,
una raíz descendió a las tinieblas.

Era el crepúsculo de la iguana.

Desde la arcoirisada crestería
su lengua como un dardo
se hundía en la verdura,
el hormiguero monacal pisaba
con melodioso pie la selva,
el guanaco fino como el oxígeno
en las anchas alturas pardas
iba calzando botas de oro,
mientras la llama abría cándidos
ojos en la delicadeza
del mundo lleno de rocío.
Los monos trenzaban un hilo
interminablemente erótico
en las riberas de la aurora,
derribando muros de polen
y espantando el vuelo violeta
de las mariposas de Muzo.
Era la noche de los caimanes,
la noche pura y pululante
de hocicos saliendo del légamo,
y de las ciénagas soñolientas
un ruido opaco de armaduras
volvía al origen terrestre.

El jaguar tocaba las hojas
con su ausencia fosforescente,
el puma corre en el ramaje
como el fuego devorador
mientras arden en él los ojos
alcohólicos de la selva.
Los tejones rascan los pies
del río, husmean el nido
cuya delicia palpitante
atacarán con dientes rojos.

Y en el fondo del agua magna,
como el círculo de la tierra,
está la gigante anaconda
cubierta de barros rituales,
devoradora y religiosa.

Todo era vuelo en nuestra tierra.
Como gotas de sangre y plumas
los cardenales desangraban
el amanecer de Anáhuac.
El tucán era una adorable
caja de frutas barnizadas,
el colibrí guardó las chispas
originales del relámpago
y sus minúsculas hogueras
ardían en el aire inmóvil.

Los ilustres loros llenaban
la profundidad del follaje
como lingotes de oro verde
recién salidos de la pasta
de los pantanos sumergidos,
y de sus ojos circulares
miraba una argolla amarilla,
vieja como los minerales.
Todas las águilas del cielo
nutrían su estirpe sangrienta
en el azul inhabitado,
y sobre las plumas carnívoras
volaba encima del mundo
el cóndor, rey asesino,
fraile solitario del cielo,
talismán negro de la nieve,
huracán de la cetrería.

La ingeniería del hornero
hacía del barro fragante
pequeños teatros sonoros
donde aparecía cantando.

El atajacaminos iba
dando su grito humedecido
a la orilla de los cenotes.
La torcaza araucana hacía
ásperos nidos matorrales
donde dejaba el real regalo
de sus huevos empavonados.

La loica del Sur, fragante,
dulce carpintera de otoño,
mostraba su pecho estrellado
de constelación escarlata,
y el austral chingolo elevaba
su flauta recién recogida
de la eternidad del agua.

Mas, húmedo como un nenúfar,
el flamenco abría sus puertas
de sonrosada catedral,
y volaba como la aurora,
lejos del bosque bochornoso
donde cuelga la pedrería
del quetzal, que de pronto despierta,
se mueve, resbala y fulgura
y hace volar su brasa virgen.

Vuela una montaña marina
hacia las islas, una luna
de aves que van hacia el Sur,
sobre las islas fermentadas
del Perú.
Es un río vivo de sombra,
es un cometa de pequeños
corazones innumerables
que oscurecen el sol del mundo
como un astro de cola espesa
palpitando hacia el archipiélago.

Y en el final del iracundo
mar, en la lluvia del océano,
surgen las alas del albatros
como dos sistemas de sal,
estableciendo en el silencio,
entre las rachas torrenciales,
con su espaciosa jerarquía
el orden de las soledades.

IV

LOS RIOS
ACUDEN

AMADA de los ríos, combatida
por agua azul y gotas transparentes,
como un árbol de venas es tu espectro
de diosa oscura que muerde manzanas:
al despertar desnuda entonces,
eras tatuada por los ríos,
y en la altura mojada tu cabeza
llenaba el mundo con nuevos rocíos.
Te trepidaba el agua en la cintura.
Eras de manantiales construida
y te brillaban lagos en la frente.
De tu espesura madre recogías
el agua como lágrimas vitales,
y arrastrabas los cauces a la arena
a través de la noche planetaria,
cruzando ásperas piedras dilatadas,
rompiendo en el camino
toda la sal de la geología,
cortando bosques de compactos muros,
apartando los músculos del cuarzo.

ORINOCO

Orinoco, déjame en tus márgenes
de aquella hora sin hora:
déjame como entonces ir desnudo,
entrar en tus tinieblas bautismales.
Orinoco de agua escarlata,
déjame hundir las manos que regresan
a tu maternidad, a tu transcurso,
río de razas, patria de raíces,
tu ancho rumor, tu lámina salvaje
viene de donde vengo, de las pobres
y altivas soledades, de un secreto
como una sangre, de una silenciosa
madre de arcilla.

AMAZONAS

Amazonas,
capital de las sílabas del agua,
padre patriarca, eres
la eternidad secreta
de las fecundaciones,
te caen ríos como aves, te cubren
los pistilos color de incendio,

los grandes troncos muertos te pueblan de perfume,
la luna no te puede vigilar ni medirte.
Eres cargado con esperma verde
como un árbol nupcial, eres plateado
por la primavera salvaje,
eres enrojecido de maderas,
azul entre la luna de las piedras,
vestido de vapor ferruginoso,
lento como un camino de planeta.

TEQUENDAMA   Tequendama, recuerdas
tu solitario paso en las alturas
sin testimonio, hilo
de soledades, voluntad delgada,
línea celeste, flecha de platino,
recuerdas paso a paso
abriendo muros de oro
hasta caer del cielo en el teatro
aterrador de la piedra vacía?

BÍO-BÍO   Pero háblame, Bío-Bío,
son tus palabras en mi boca
las que resbalan, tú me diste
el lenguaje, el canto nocturno
mezclado con lluvia y follaje.
Tú, sin que nadie mirara a un niño,
me contaste el amanecer
de la tierra, la poderosa
paz de tu reino, el hacha enterrada
con un ramo de flechas muertas,
lo que las hojas del canelo
en mil años te relataron,
y luego te vi entregarte al mar
dividido en bocas y senos,
ancho y florido, murmurando
una historia color de sangre.

V

MINERALES   Madre de los metales, te quemaron,
te mordieron, te martirizaron,
te corroyeron, te pudrieron
más tarde, cuando los ídolos

11

ya no pudieron defenderte.
Lianas trepando hacia el cabello
de la noche selvática, caobas
formadoras del centro de las flechas,
hierro agrupado en el desván florido,
garra altanera de las conductoras
águilas de mi tierra,
agua desconocida, sol malvado,
ola de cruel espuma,
tiburón acechante, dentadura
de las cordilleras antárticas,
diosa serpiente vestida de plumas
y enrarecida por azul veneno,
fiebre ancestral inoculada
por migraciones de alas y de hormigas,
tembladerales, mariposas
de aguijón ácido, maderas
acercándose al mineral,
por qué el coro de los hostiles
no defendió el tesoro?

Madre de las piedras
oscuras que teñirían
de sangre tus pestañas!
La turquesa
de sus etapas, del brillo larvario
nacía apenas para las alhajas
del sol sacerdotal, dormía el cobre
en sus sulfúricas estratas,
y el antimonio iba de capa en capa
a la profundidad de nuestra estrella.
La hulla brillaba de resplandores negros
como el total reverso de la nieve,
negro hielo enquistado en la secreta
tormenta inmóvil de la tierra,
cuando un fulgor de pájaro amarillo
enterró las corrientes del azufre
al pie de las glaciales cordilleras.
El vanadio se vestía de lluvia
para entrar a la cámara del oro,
afilaba cuchillos el tungsteno
y el bismuto trenzaba
medicinales cabelleras.

12

Las luciérnagas equivocadas
aún continuaban en la altura,
soltando goteras de fósforo
en el surco de los abismos
y en las cumbres ferruginosas.

Son las viñas del meteoro,
los subterráneos del zafiro.
El soldadito en las mesetas
duerme con ropa de estaño.

El cobre establece sus crímenes
en las tinieblas insepultas
cargadas de materia verde,
y en el silencio acumulado
duermen las momias destructoras.
En la dulzura chibcha el oro
sale de opacos oratorios
lentamente hacia los guerreros,
se convierte en rojos estambres,
en corazones laminados,
en fosforescencia terrestre,
en dentadura fabulosa.
Yo duermo entonces con el sueño
de una semilla, de una larva,
y las escalas de Querétaro
bajo contigo.
                    Me esperaron
las piedras de luna indecisa,
la joya pesquera del ópalo,
el árbol muerto en una iglesia
helada por las amatistas.

Cómo podías, Colombia oral,
saber que tus piedras descalzas
ocultaban una tormenta
de oro iracundo,
cómo, patria
de la esmeralda, ibas a ver
que la alhaja de muerte y mar,
el fulgor en su escalofrío,
escalaría las gargantas
de los dinastas invasores?

13

Eras pura noción de piedra,
rosa educada por la sal,
maligna lágrima enterrada,
sirena de arterias dormidas,
belladona, serpiente negra.
(Mientras la palma dispersaba
su columna en altas peinetas
iba la sal destituyendo
el esplendor de las montañas,
convirtiendo en traje de cuarzo
las gotas de lluvia en las hojas
y transmutando los abetos
en avenidas de carbón).

Corrí por los ciclones al peligro
y descendí a la luz de la esmeralda,
ascendí al pámpano de los rubíes,
pero callé para siempre en la estatua
del nitrato extendido en el desierto.
Vi cómo en la ceniza
del huesoso altiplano
levantaba el estaño
sus corales ramajes de veneno
hasta extender como una selva
la niebla equinoccial, hasta cubrir el sello
de nuestras cereales monarquías.

VI

LOS HOMBRES Como la copa de la arcilla era
la raza mineral, el hombre
hecho de piedras y de atmósfera,
limpio como los cántaros, sonoro.
La luna amasó a los caribes,
extrajo oxígeno sagrado,
machacó flores y raíces.
Anduvo el hombre de las islas
tejiendo ramos y guirnaldas
de polymitas azufradas,
y soplando el tritón marino
en la orilla de las espumas.

El tarahumara se vistió de aguijones
y en la extensión del Noroeste
con sangre y pedernales creó el fuego,
mientras el universo iba naciendo
otra vez en la arcilla del tarasco:
los mitos de las tierras amorosas,
la exuberancia húmeda de donde
lodo sexual y frutas derretidas
iban a ser actitud de los dioses
o pálidas paredes de vasijas.

Como faisanes deslumbrantes
descendían los sacerdotes
de las escaleras aztecas.
Los escalones triangulares
sostenían el innumerable
relámpago de las vestiduras.
Y la pirámide augusta,
piedra y piedra, agonía y aire,
en su estructura dominadora
guardaba como una almendra
un corazón sacrificado.
En un trueno como un aullido
caía la sangre por
las escalinatas sagradas.
Pero muchedumbres de pueblos
tejían la fibra, guardaban
el porvenir de las cosechas,
trenzaban el fulgor de la pluma,
convencían a la turquesa,
y en enredaderas textiles
expresaban la luz del mundo.

Mayas, habíais derribado
el árbol del conocimiento.
Con olor de razas graneras
se elevaban las estructuras
del examen y de la muerte,
y escrutabais en los cenotes,
arrojándoles novias de oro,
la permanencia de los gérmenes.

Chichén, tus rumores crecían
en el amanecer de la selva.

15

Los trabajos iban haciendo
la simetría del panal
en tu ciudadela amarilla,
y el pensamiento amenazaba
la sangre de los pedestales,
desmontaba el cielo en la sombra,
conducía la medicina,
escribía sobre las piedras.

Era el Sur un asombro dorado.
Las altas soledades
de Macchu Picchu en la puerta del cielo
estaban llenas de aceites y cantos,
el hombre había roto las moradas
de grandes aves en la altura,
y en el nuevo dominio entre las cumbres
el labrador tocaba las semillas
con sus dedos heridos por la nieve.

El Cuzco amanecía como un
trono de torreones y graneros
y era la flor pensativa del mundo
aquella raza de pálida sombra
en cuyas manos abiertas temblaban
diademas de imperiales amatistas.
Germinaba en las terrazas
el maíz de las altas tierras
y en los volcánicos senderos
iban los vasos y los dioses.
La agricultura perfumaba
el reino de las cocinas
y extendía sobre los techos
un manto de sol desgranado.

(Dulce raza, hija de sierras,
estirpe de torre y turquesa,
ciérrame los ojos ahora,
antes de irnos al mar
de donde vienen los dolores).

Aquella selva azul era una gruta
y en el misterio de árbol y tiniebla
el guaraní cantaba como
el humo que sube en la tarde,
el agua sobre los follajes,
la lluvia en un día de amor,
la tristeza junto a los ríos.

16

En el fondo de América sin nombre
estaba Arauco entre las aguas
vertiginosas, apartado
por todo el frío del planeta.
Mirad el gran Sur solitario.
No se ve humo en la altura.
Sólo se ven los ventisqueros
y el vendaval rechazado
por las ásperas araucarias.
No busques bajo el verde espeso
el canto de la alfarería.

Todo es silencio de agua y viento.

Pero en las hojas mira el guerrero.
Entre los alerces un grito.
Unos ojos de tigre en medio
de las alturas de la nieve.

Mira las lanzas descansando.
Escucha el susurro del aire
atravesado por las flechas.
Mira los pechos y las piernas
y las cabelleras sombrías
brillando a la luz de la luna.

Mira el vacío de los guerreros.

No hay nadie. Escucha. Trina la diuca.
como el agua en la noche pura.

Cruza el cóndor su vuelo negro.

No hay nadie. Escucha? Es el paso
del puma en el aire y las hojas.

No hay nadie. Escucha. Escucha el árbol,
escucha el árbol araucano.

No hay nadie. Mira las piedras.

Mira las piedras de Arauco.

No hay nadie, sólo son los árboles.

Sólo son las piedras, Arauco.

II
ALTURAS DE MACCHU PICCHU

Del aire al aire, como una red
vacía,
iba yo entre las calles y la atmósfera, llegando y
     despidiendo,
en el advenimiento del otoño la moneda extendida
de las hojas, y entre la primavera y las espigas,
lo que el más grande amor, como dentro de un guante
que cae, nos entrega como una larga luna.

(Días de fulgor vivo en la intemperie
de los cuerpos: aceros convertidos
al silencio del ácido:
noches deshilachadas hasta la última harina:
estambres agredidos de la patria nupcial).

Alguien que me esperó entre los violines
encontró un mundo como una torre enterrada
hundiendo su espiral más abajo de todas
las hojas de color de ronco azufre:
más abajo, en el oro de la geología,
como una espada envuelta en meteoros,
hundí la mano turbulenta y dulce
en lo más genital de lo terrestre.

Puse la frente entre las olas profundas,
descendí como gota entre la paz sulfúrica,
y, como un ciego, regresé al jazmín
de la gastada primavera humana.

19

II

Si la flor a la flor entrega el alto germen
y la roca mantiene su flor diseminada
en su golpeado traje de diamante y arena,
el hombre arruga el pétalo de la luz que recoge
en los determinados manantiales marinos
y taladra el metal palpitante en sus manos.
Y pronto, entre la ropa y el humo, sobre la mesa hundida
como una barajada cantidad, queda el alma:
cuarzo y desvelo, lágrimas en el océano
como estanques de frío: pero aún
mátala y agonízala con papel y con odio,
sumérgela en la alfombra cotidiana, desgárrala
entre las vestiduras hostiles del alambre.

No: por los corredores, aire, mar o caminos,
quién guarda sin puñal (como las encarnadas
amapolas) su sangre? La cólera ha extenuado
la triste mercancía del vendedor de seres,
y, mientras en la altura del ciruelo, el rocío
desde mil años deja su carta transparente
sobre la misma rama que lo espera, oh corazón, oh
      frente triturada
entre las cavidades del otoño:

Cuántas veces en las calles de invierno de una ciudad o en
un autobús o un barco en el crepúsculo, o en la soledad
más espesa, la de la noche de fiesta, bajo el sonido
de sombras y campanas, en la misma gruta del placer
      humano
me quise detener a buscar la eterna veta insondable
que antes toqué en la piedra o en el relámpago que
      el beso desprendía.

(Lo que en el cereal como una historia amarilla
de pequeños pechos preñados va repitiendo un número
que sin cesar es ternura en las capas germinales,
y que, idéntica siempre, se desgrana en marfil
y lo que en el agua es patria transparente, campana
desde la nieve aislada hasta las olas sangrientas.)

No pude asir sino un racimo de rostros o de máscaras
precipitadas, como anillos de oro vacío,
como ropas dispersas hijas de un otoño rabioso
que hiciera temblar el miserable árbol de las razas
              asustadas.
No tuve sitio donde descansar la mano
y que, corriente como agua de manantial encadenado,
o firme como grumo de antracita o cristal,
hubiera devuelto el calor o el frío de mi mano
              extendida.
Qué era el hombre? En qué parte de su conversación
              abierta
entre los almacenes y los silbidos, en cuál de sus
              movimientos metálicos
vivía lo indestructible, lo imperecedero, la vida?

III

El ser como el maíz se desgranaba en el inacabable
granero de los hechos perdidos, de los acontecimientos
miserables, del uno al siete, al ocho,
y no una muerte, sino muchas muertes llegaba a cada
              uno:
cada día una muerte pequeña, polvo, gusano, lámpara
que se apaga en el lodo del suburbio, una pequeña
              muerte de alas gruesas
entraba en cada hombre como una corta lanza
y era el hombre asediado del pan o del cuchillo,
el ganadero: el hijo de los puertos, o el capitán oscuro
              del arado,
o el roedor de las calles espesas:

todos fallecieron esperando su muerte, su corta muerte
              diaria:
y su quebranto aciago de cada día era
como una copa negra que bebían temblando.

21

IV

LA PODEROSA muerte me invitó muchas veces:
era como la sal invisible en las olas,
y lo que su invisible sabor diseminaba
era como mitades de hundimientos y altura
o vastas construcciones de viento y ventisquero.
Yo al férreo filo vine, a la angostura
del aire, a la mortaja de agricultura y piedra,
al estelar vacío de los pasos finales
y a la vertiginosa carretera espiral:
pero, ancho mar, oh muerte!, de ola en ola no vienes,
sino como un galope de claridad nocturna
o como los totales números de la noche.
Nunca llegaste a hurgar en el bolsillo, no era
posible tu visita sin vestimenta roja:
sin auroral alfombra de cercado silencio:
sin altos o enterrados patrimonios de lágrimas.

No pude amar en cada ser un árbol
con su pequeño otoño a cuestas (la muerte de mil hojas),
todas las falsas muertes y las resurrecciones
sin tierra, sin abismo:
quise nadar en las más anchas vidas,
en las más sueltas desembocaduras,
y cuando poco a poco el hombre fue negándome
y fue cerrando paso y puerta para que no tocaran
mis manos manantiales su inexistencia herida,
entonces fui por calle y calle y río y río,
y ciudad y ciudad y cama y cama,
y atravesó el desierto mi máscara salobre,
y en las últimas casas humilladas, sin lámpara, sin fuego,
sin pan, sin piedra, sin silencio, solo,
rodé muriendo de mi propia muerte.

V

NO ERES tú, muerte grave, ave de plumas férreas,
la que el pobre heredero de las habitaciones
llevaba entre alimentos apresurados, bajo la piel vacía:
era algo, un pobre pétalo de cuerda exterminada:
un átomo del pecho que no vino al combate
o el áspero rocío que no cayó en la frente.

Era lo que no pudo renacer, un pedazo
de la pequeña muerte sin paz ni territorio:
un hueso, una campana que morían en él.
Yo levanté las vendas del yodo, hundí las manos
en los pobres dolores que mataban la muerte,
y no encontré en la herida sino una racha fría
que entraba por los vagos intersticios del alma.

VI

Entonces en la escala de la tierra he subido
entre la atroz maraña de las selvas perdidas
hasta ti, Macchu Picchu.
Alta ciudad de piedras escalares,
por fin morada del que lo terrestre
no escondió en las dormidas vestiduras.
En ti, como dos líneas paralelas,
la cuna del relámpago y del hombre
se mecían en un viento de espinas.

Madre de piedra, espuma de los cóndores.

Alto arrecife de la aurora humana.

Pala perdida en la primera arena.

Esta fue la morada, éste es el sitio:
aquí los anchos granos del maíz ascendieron
y bajaron de nuevo como granizo rojo.

Aquí la hebra dorada salió de la vicuña
a vestir los amores, los túmulos, las madres,
el rey, las oraciones, los guerreros.

Aquí los pies del hombre descansaron de noche
junto a los pies del águila en las altas guaridas
carniceras, y en la aurora
pisaron con los pies del trueno la niebla enrarecida
y tocaron las tierras y las piedras
hasta reconocerlas en la noche o la muerte.

Miro las vestiduras y las manos,
el vestigio del agua en la oquedad sonora,
la pared suavizada por el tacto de un rostro
que miró con mis ojos las lámparas terrestres,

que aceitó con mis manos las desaparecidas
maderas: porque todo, ropaje, piel, vasijas,
palabras, vino, panes,
se fue, cayó a la tierra.

Y el aire entró con dedos
de azahar sobre todos los dormidos:
mil años de aire, meses, semanas de aire,
de viento azul, de cordillera férrea,
que fueron como suaves huracanes de pasos
lustrando el solitario recinto de la piedra.

VII

Muertos de un solo abismo, sombras de una
       hondonada,
la profunda, es así como al tamaño
de vuestra magnitud
vino la verdadera, la más abrasadora
muerte y desde las rocas taladradas,
desde los capiteles escarlata,
desde los acueductos escalares
os desplomasteis como en un otoño
en una sola muerte.
Hoy el aire vacío ya no llora,
ya no conoce vuestros pies la arcilla,
ya olvidó vuestros cántaros que filtraban el cielo
cuando lo derramaban los cuchillos del rayo,
y el árbol poderoso fue comido
por la niebla, y cortado por la racha.
Él sostuvo una mano que cayó de repente
desde la altura hasta el final del tiempo.
Ya no sois, manos de araña, débiles
hebras, tela enmarañada:
cuanto fuisteis cayó: costumbres, sílabas
raídas, máscaras de luz deslumbradora.

Pero una permanencia de piedra y de palabra:
la ciudad como un vaso se levantó en las manos
de todos, vivos, muertos, callados, sostenidos
de tanta muerte, un muro, de tanta vida un golpe
de pétalos de piedra: la rosa permanente, la morada:
este arrecife andino de colonias glaciales.

Cuando la mano de color de arcilla
se convirtió en arcilla, y cuando los pequeños párpados
        se cerraron
llenos de ásperos muros, poblados de castillos,
y cuando todo el hombre se enredó en su agujero,
quedó la exactitud enarbolada:
el alto sitio de la aurora humana:
la más alta vasija que contuvo el silencio:
una vida de piedra después de tantas vidas.

VIII

SUBE conmigo, amor americano.

Besa conmigo las piedras secretas.
La plata torrencial del Urubamba
hace volar el polen a su copa amarilla.
Vuela el vacío de la enredadera,
la planta pétrea, la guirnalda dura
sobre el silencio del cajón serrano.
Ven, minúscula vida, entre las alas
de la tierra, mientras —cristal y frío, aire golpeado
apartando esmeraldas combatidas,
oh, agua salvaje, bajas de la nieve.

Amor, amor, hasta la noche abrupta,
desde el sonoro pedernal andino,
hacia la aurora de rodillas rojas,
contempla el hijo ciego de la nieve.

Oh, Wilkamayu de sonoros hilos,
cuando rompes tus truenos lineales
en blanca espuma, como herida nieve,
cuando tu vendaval acantilado
canta y castiga despertando al cielo,
qué idiomas traes a la oreja apenas
desarraigada de tu espuma andina?

Quién apresó el relámpago del frío
y lo dejó en la altura encadenado,
repartido en sus lágrimas glaciales,
sacudido en sus rápidas espadas,

golpeando sus estambres aguerridos,
conducido en su cama de guerrero,
sobresaltado en su final de roca?

Qué dicen tus destellos acosados?
Tu secreto relámpago rebelde
antes viajó poblado de palabras?
Quién va rompiendo sílabas heladas,
idiomas negros, estandartes de oro,
bocas profundas, gritos sometidos,
en tus delgadas aguas arteriales?

Quién va cortando párpados florales
que vienen a mirar desde la tierra?
Quién precipita los racimos muertos
que bajan en tus manos de cascada
a desgranar su noche desgranada
en el carbón de la geología?

Quién despeña la rama de los vínculos?
Quién otra vez sepulta los adioses?

Amor, amor, no toques la frontera,
ni adores la cabeza sumergida:
deja que el tiempo cumpla su estatura
en su salón de manantiales rotos,
y, entre el agua veloz y las murallas,
recoge el aire del desfiladero,
las paralelas láminas del viento,
el canal ciego de las cordilleras,
el áspero saludo del rocío,
y sube, flor a flor, por la espesura,
pisando la serpiente despeñada.

En la escarpada zona, piedra y bosque,
polvo de estrellas verdes, selva clara,
Mantur estalla como un lago vivo
o como un nuevo piso del silencio.

Ven a mi propio ser, al alba mía,
hasta las soledades coronadas.
El reino muerto vive todavía.

Y en el Reloj la sombra sanguinaria
del cóndor cruza como una nave negra.

IX

Águila sideral, viña de bruma.
Bastión perdido, cimitarra ciega.
Cinturón estrellado, pan solemne.
Escala torrencial, párpado inmenso.
Túnica triangular, polen de piedra.
Lámpara de granito, pan de piedra.
Serpiente mineral, rosa de piedra.
Nave enterrada, manantial de piedra.
Caballo de la luna, luz de piedra.
Escuadra equinoccial, vapor de piedra.
Geometría final, libro de piedra.
Témpano entre las ráfagas labrado.
Madrépora del tiempo sumergido.
Muralla por los dedos suavizada.
Techumbre por las plumas combatida.
Ramos de espejo, bases de tormenta.
Tronos volcados por la enredadera.
Régimen de la garra encarnizada.
Vendaval sostenido en la vertiente.
Inmóvil catarata de turquesa.
Campana patriarcal de los dormidos.
Argolla de las nieves dominadas.
Hierro acostado sobre sus estatuas.
Inaccesible temporal cerrado.
Manos de puma, roca sanguinaria.
Torre sombrera, discusión de nieve.
Noche elevada en dedos y raíces.
Ventanas de la niebla, paloma endurecida.
Planta nocturna, estatua de los truenos.
Cordillera esencial, techo marino.
Arquitectura de águilas perdidas.
Cuerda del cielo, abeja de la altura.
Nivel sangriento, estrella construida.
Burbuja mineral, luna de cuarzo.
Serpiente andina, frente de amaranto.
Cúpula del silencio, patria pura.
Novia del mar, árbol de catedrales.
Ramo de sal, cerezo de alas negras.
Dentadura nevada, trueno frío.
Luna arañada, piedra amenazante.
Cabellera del frío, acción del aire.
Volcán de manos, catarata oscura.
Ola de plata, dirección del tiempo.

27

X

Piedra en la piedra, el hombre, dónde estuvo?
Aire en el aire, el hombre, dónde estuvo?
Tiempo en el tiempo, el hombre, dónde estuvo?
Fuiste también el pedacito roto
del hombre inconcluso, de águila vacía
que por las calles de hoy, que por las huellas,
que por las hojas del otoño muerto
va machacando el alma hasta la tumba?
La pobre mano, el pie, la pobre vida...
Los días de la luz deshilachada
en ti, como la lluvia
sobre las banderillas de la fiesta,
dieron pétalo a pétalo de su alimento oscuro
en la boca vacía?

          Hambre, coral del hombre,
hambre, planta secreta, raíz de los leñadores,
hambre, subió tu raya de arrecife
hasta estas altas torres desprendidas?

Yo te interrogo, sal de los caminos,
muéstrame la cuchara, déjame, arquitectura,
roer con un palito los estambres de piedra,
subir todos los escalones del aire hasta el vacío,
rascar la entraña hasta tocar el hombre.

Macchu Picchu, pusiste
piedras en la piedra, y en la base, harapo?
Carbón sobre carbón, y en el fondo la lágrima?
Fuego en el oro, y en él, temblando el rojo
goterón de la sangre?
Devuélveme el esclavo que enterraste!
Sacude de las tierras el pan duro
del miserable, muéstrame los vestidos
del siervo y su ventana.
Dime cómo durmió cuando vivía.
Dime si fue su sueño
ronco, entreabierto, como un hoyo negro
hecho por la fatiga sobre el muro.
El muro, el muro! Si sobre su sueño
gravitó cada piso de piedra, y si cayó bajo ella
como bajo una luna, con el sueño!

Antigua América, novia sumergida,
también tus dedos,
al salir de la selva hacia el alto vacío de los dioses,
bajo los estandartes nupciales de la luz y el decoro,
mezclándose al trueno de los tambores y de las lanzas,
también, también tus dedos,
los que la rosa abstracta y la línea del frío, los
que el pecho sangriento del nuevo cereal trasladaron
hasta la tela de materia radiante, hasta las duras cavidades,
también, también, América enterrada, guardaste en lo
      más bajo,
en el amargo intestino, como un águila, el hambre?

XI

A TRAVÉS del confuso esplendor,
a través de la noche de piedra, déjame hundir la mano
y deja que en mí palpite, como un ave mil años prisionera,
el viejo corazón del olvidado!
Déjame olvidar hoy esta dicha, que es más ancha que
      el mar,
porque el hombre es más ancho que el mar y que sus islas,
y hay que caer en él como en un pozo para salir del fondo
con un ramo de agua secreta y de verdades sumergidas.
Déjame olvidar, ancha piedra, la proporción poderosa,
la trascendente medida, las piedras del panal,
y de la escuadra déjame hoy resbalar
la mano sobre la hipotenusa de áspera sangre y cilicio
Cuando, como una herradura de élitros rojos, el cóndor
      furibundo
me golpea las sienes en el orden del vuelo
y el huracán de plumas carniceras barre el polvo sombrío
de las escalinatas diagonales, no veo a la bestia veloz,
no veo el ciego ciclo de sus garras,
veo el antiguo ser, servidor, el dormido
en los campos, veo un cuerpo, mil cuerpos, un hombre,
     mil mujeres,
bajo la racha negra, negros de lluvia y noche,

con la piedra pesada de la estatua:
Juan Cortapiedras, hijo de Wiracocha,
Juan Comefrío, hijo de estrella verde,
Juan Piesdescalzos, nieto de la turquesa,
sube a nacer conmigo, hermano.

XII

Sube a nacer conmigo, hermano.

Dame la mano desde la profunda
zona de tu dolor diseminado.
No volverás del fondo de las rocas.
No volverás del tiempo subterráneo.
No volverá tu voz endurecida.
No volverán tus ojos taladrados.
Mírame desde el fondo de la tierra,
labrador, tejedor, pastor callado:
domador de guanacos tutelares:
albañil del andamio desafiado:
aguador de las lágrimas andinas:
joyero de los dedos machacados:
agricultor temblando en la semilla:
alfarero en tu greda derramado:
traed a la copa de esta nueva vida
vuestros viejos dolores enterrados.
Mostradme vuestra sangre y vuestro surco,
decidme: aquí fui castigado,
porque la joya no brilló o la tierra
no entregó a tiempo la piedra o el grano:
señaladme la piedra en que caísteis
y la madera en que os crucificaron,
encendedme los viejos pedernales,
las viejas lámparas, los látigos pegados
a través de los siglos en las llagas
y las hachas de brillo ensangrentado.
Yo vengo a hablar por vuestra boca muerta.
A través de la tierra juntad todos
los silenciosos labios derramados
y desde el fondo habladme toda esta larga noche,
como si yo estuviera con vosotros anclado,
contadme todo, cadena a cadena,
eslabón a eslabón, y paso a paso,
afilad los cuchillos que guardasteis,

ponedlos en mi pecho y en mi mano,
como un río de rayos amarillos,
como un río de tigres enterrados,
y dejadme llorar, horas, días, años,
edades ciegas, siglos estelares.

Dadme el silencio, el agua, la esperanza.

Dadme la lucha, el hierro, los volcanes.

Apegadme los cuerpos como imanes.

Acudid a mis venas y a mi boca.

Hablad por mis palabras y mi sangre.

III

LOS CONQUISTADORES

> *¡Ccollanan Pachacutec! ¡Ricuy*
> *anceacunac yahuarniy richacaucuta!*
>
> Tupac Amaru i

VIENEN POR
LAS ISLAS
(1943)

Los carniceros desolaron las islas.
Guanahaní fue la primera
en esta historia de martirios.
Los hijos de la arcilla vieron rota
su sonrisa, golpeada
su frágil estatura de venados,
y aún en la muerte no entendían.
Fueron amarrados y heridos,
fueron quemados y abrasados,
fueron mordidos y enterrados.
Y cuando el tiempo dio su vuelta de vals
bailando en las palmeras,
el salón verde estaba vacío.

Sólo quedaban huesos
rígidamente colocados
en forma de cruz, para mayor
gloria de Dios y de los hombres.

De las gredas mayorales
y el ramaje de Sotavento
hasta las agrupadas coralinas
fue cortando el cuchillo de Narváez.
Aquí la cruz, aquí el rosario,
aquí la Virgen del Garrote.
La alhaja de Colón, Cuba fosfórica,
recibió el estandarte y las rodillas
en su arena mojada.

II

AHORA ES
CUBA

Y LUEGO fue la sangre y la ceniza.

Después quedaron las palmeras solas.

Cuba, mi amor, te amarraron al potro,
te cortaron la cara,
te apartaron las piernas de oro pálido,
te rompieron el sexo de granada,
te atravesaron con cuchillos,
te dividieron, te quemaron.

Por los valles de la dulzura
bajaron los exterminadores,
y en los altos mogotes la cimera
de tus hijos se perdió en la niebla,
pero allí fueron alcanzados
uno a uno hasta morir,
despedazados en el tormento
sin su tierra tibia de flores
que huía bajo sus plantas.

Cuba, mi amor, qué escalofrío
te sacudió de espuma a espuma,
hasta que te hiciste pureza,
soledad, silencio, espesura,
y los huesitos de tus hijos
se disputaron los cangrejos.

III

LLEGAN AL
MAR DE MEXICO
(1519)

A VERACRUZ va el viento asesino.
En Veracruz desembarcaron los caballos.
Las barcas van apretadas de garras
y barbas rojas de Castilla.
Son Arias, Reyes, Rojas, Maldonados,
hijos del desamparo castellano,
conocedores del hambre en invierno
y de los piojos en los mesones.

Qué miran acodados al navío?
Cuánto de lo que viene y del perdido
pasado, del errante
viento feudal en la patria azotada?

34

No salieron de los puertos del Sur
a poner las manos del pueblo
en el saqueo y en la muerte:
ellos ven verdes tierras, libertades,
cadenas rotas, construcciones,
y desde el barco, las olas que se extinguen
sobre las costas de compacto misterio.

Irían a morir o a revivir detrás
de las palmeras, en el aire caliente
que, como un horno extraño, la total bocanada
hacia ellos dirigen las tierras quemadoras?
Eran pueblo, cabezas hirsutas de Montiel,
manos duras y rotas de Ocaña y Piedrahita,
brazos de herreros, ojos de niños
que miraban el sol terrible y las palmeras.

El hambre antigua de Europa, hambre como la cola
de un planeta mortal, poblaba el buque,
el hambre estaba allí, desmantelada,
errabunda hacha fría, madrastra
de los pueblos, el hambre echa los dados
en la navegación, sopla las velas:
"Más allá, que te como, más allá
que regresas
a la madre, al hermano, al Juez y al Cura,
a los inquisidores, al infierno, a la peste.
Más allá, más allá, lejos del piojo,
del látigo feudal, del calabozo,
de las galeras llenas de excremento".

Y los ojos de Núñez y Bernales
clavaban en la ilimitada
luz el reposo,
una vida, otra vida,
la innumerable y castigada
familia de los pobres del mundo.

IV

CORTÉS Cortés no tiene pueblo, es rayo frío,
corazón muerto en la armadura.
"Feraces tierras, mi Señor y Rey,
templos en que el oro, cuajado
está por manos del indio".

Y avanza hundiendo puñales, golpeando
las tierras bajas, las piafantes
cordilleras de los perfumes,
parando su tropa entre orquídeas
y coronaciones de pinos,
atropellando los jazmines,
hasta las puertas de Tlaxcala.

(Hermano aterrado, no tomes
como amigo al buitre rosado:
desde el musgo te hablo, desde
las raíces de nuestro reino.
Va a llover sangre mañana,
las lágrimas serán capaces
de formar nieblas, vapor, ríos,
hasta que derritas los ojos.)

Cortés recibe una paloma,
recibe un faisán, una cítara
de los músicos del monarca,
pero quiere la cámara del oro,
quiere otro paso, y todo cae
en las arcas de los voraces.
El Rey se asoma a los balcones:
"Es mi hermano", dice. Las piedras
del pueblo vuelan contestando,
y Cortés afila puñales
sobre los besos traicionados.

Vuelve a Tlaxcala, el viento ha traído
un sordo rumor de dolores.

V

CHOLULA   En Cholula los jóvenes visten
su mejor tela, oro y plumajes,
calzados para el festival
interrogan al invasor.

La muerte les ha respondido.

Miles de muertos allí están.

36

Corazones asesinados
que palpitan allí tendidos
y que, en la húmeda sima que abrieron,
guardan el hilo de aquel día.
(Entraron matando a caballo,
cortaron la mano que daba
el homenaje de oro y flores,
cerraron la plaza, cansaron
los brazos hasta agarrotarse,
matando la flor del reinado,
hundiendo hasta el codo en la sangre
de mis hermanos sorprendidos.)

VI

ALVARADO   ALVARADO, con garras y cuchillos,
cayó sobre las chozas, arrasó
el patrimonio del orfebre,
raptó la rosa nupcial de la tribu,
agredió razas, predios, religiones,
fue la caja caudal de los ladrones,
el halcón clandestino de la muerte.
Hacia el gran río verde, el Papaloapan,
Río de Mariposas, fue más tarde
llevando sangre en su estandarte.

El grave río vio sus hijos
morir o sobrevivir esclavos,
vio arder en las hogueras junto al agua
raza y razón, cabezas juveniles.
Pero no se agotaron los dolores
como a su paso endurecido
hacia nuevas capitanías.

VII

GUATEMALA   GUATEMALA la dulce, cada losa
de tu mansión lleva una gota
de sangre antigua devorada
por el hocico de los tigres.
Alvarado machacó tu estirpe,
quebró las estelas astrales,
se revolcó en tus martirios.

Y en Yucatán entró el obispo
detrás de los pálidos tigres.
Juntó la sabiduría
más profunda oída en el aire
del primer día del mundo,
cuando el primer maya escribió
anotando el temblor del río,
la ciencia del polen, la ira
de los Dioses del Envoltorio,
las migraciones a través
de los primeros universos,
las leyes de la colmena,
el secreto del ave verde,
el idioma de las estrellas,
secretos del día y la noche
cogidos en las orillas
del desarrollo terrenal!

VIII

UN
OBISPO

EL OBISPO levantó el brazo,
quemó en la plaza los libros
en nombre de su Dios pequeño
haciendo humo las viejas hojas
gastadas por el tiempo oscuro.

Y el humo no vuelve del cielo.

IX

LA CABEZA
EN EL PALO

BALBOA, muerte y garra
llevaste a los rincones de la dulce
tierra central, y entre los perros
cazadores, el tuyo era tu alma:
Leoncico de belfo sangriento
recogió al esclavo que huía,
hundió colmillos españoles
en las gargantas palpitantes,
y de las uñas de los perros
salía la carne al martirio
y la alhaja caía en la bolsa.

Malditos sean perro y hombre,
el aullido infame en la selva
original, el acechante
paso del hierro y del bandido.
Maldita sea la espinosa
corona de la zarza agreste
que no saltó como un erizo
a defender la cuna invadida.

Pero entre los capitanes
sanguinarios se alzó en la sombra
la justicia de los puñales,
la acerba rama de la envidia.

Y al regreso estaba en medio
de tu camino el apellido
de Pedrarias como una soga.

Te juzgaron entre ladridos
de perros matadores de indios.
Ahora que mueres, oyes
el silencio puro, partido
por tus lebreles azuzados?
Ahora que mueres en las manos
de los torvos adelantados,
sientes el aroma dorado
del dulce reino destruido?

Cuando cortaron la cabeza
de Balboa, quedó ensartada
en un palo. Sus ojos muertos
descompusieron su relámpago
y descendieron por la lanza
en un goterón de inmundicia
que desapareció en la tierra.

X

*HOMENAJE
A BALBOA*

Descubridor, el ancho mar, mi espuma,
latitud de la luna, imperio del agua,
después de siglos te habla por boca mía.
Tu plenitud llegó antes de la muerte.
Elevaste hasta el cielo la fatiga,

y de la dura noche de los árboles
te condujo el sudor hasta la orilla
de la suma del mar, del gran océano.
En tu mirada se hizo el matrimonio
de la luz extendida y del pequeño
corazón del hombre, se llenó una copa
antes no levantada, una semilla
de relámpagos llegó contigo
y un trueno torrencial llenó la tierra.
Balboa, capitán, qué diminuta
tu mano en la visera, misterioso
muñeco de la sal descubridora,
novio de la oceánica dulzura,
hijo del nuevo útero del mundo.

Por tus ojos entró como un galope
de azahares el olor oscuro
de la robada majestad marina,
cayó en tu sangre una aurora arrogante
hasta poblarte el alma, poseído!
Cuando volviste a las hurañas tierras.
sonámbulo del mar, capitán verde,
eras un muerto que esperaba
la tierra para recibir tus huesos.

Novio mortal, la traición cumplía.

No en balde por la historia
entraba el crimen pisoteando, el halcón devoraba
su nido, y se reunían las serpientes
atacándose con lenguas de oro.

Entraste en el crepúsculo frenético
y los perdidos pasos que llevabas,
aún empapado por las profundidades,
vestido de fulgor y desposado
por la mayor espuma, te traían
a las orillas de otro mar: la muerte.

DUERME
UN SOLDADO

Extraviado en los límites espesos
llegó el soldado. Era total fatiga
y cayó entre las lianas y las hojas,
al pie del Gran Dios emplumado:
éste
estaba solo con su mundo apenas
surgido de la selva.
                    Miró al soldado
extraño nacido del océano.
Miró sus ojos, su barba sangrienta,
su espada, el brillo negro
de la armadura, el cansancio caído
como la bruma sobre esa cabeza
de niño carnicero.
Cuántas zonas
de oscuridad para que el Dios de Pluma
naciera y enroscara su volumen
sobre los bosques, en la piedra rosada,
cuánto desorden de aguas locas
y de noche salvaje, el desbordado
cauce de la luz sin nacer, el fermento rabioso
de las vidas, la destrucción, la harina
de la fertilidad y luego el orden,
el orden de la planta y de la secta,
la elevación de las rocas cortadas,
el humo de las lámparas rituales,
la firmeza del suelo para el hombre,
el establecimiento de las tribus,
el tribunal de los dioses terrestres.
Palpitó cada escama de la piedra,
sintió el pavor caído
como una invasión de insectos,
recogió todo su poderío,
hizo llegar la lluvia a las raíces,
habló con las corrientes de la tierra,
oscuro en su vestido
de piedra cósmica inmovilizada,
y no pudo mover garras ni dientes,
ni ríos, ni temblores,

ni meteoros que silbaran
en la bóveda del reinado,

y quedó allí, piedra inmóvil, silencio,

mientras Beltrán de Córdoba dormía.

XII

*XIMÉNEZ
DE QUESADA
(1536)*

YA VAN, ya van, ya llegan,
corazón mío, mira las naves,
las naves por el Magdalena,
las naves de Gonzalo Jiménez
ya llegan, ya llegan las naves,
deténlas río, cierra
tus márgenes devoradoras,
sumérgelas en tu latido,
arrebátales la codicia,
échales tu trompa de fuego,
tus vertebrados sanguinarios,
tus anguilas comedoras de ojos,
atraviesa el caimán espeso
con sus dientes color de légamo
y su primordial armadura,
extiéndelo como un puente
sobre tus aguas arenosas,
dispara el fuego del jaguar
desde tus árboles, nacidos
de tus semillas, río madre,
arrójales moscas de sangre,
ciégalos con estiércol negro,
húndelos en tu hemisferio,
sujétalos entre las raíces
en la oscuridad de tu cama,
y púdreles toda la sangre
devorándoles los pulmones
y los labios con tus cangrejos.

Ya entraron en la floresta:
ya roban, ya muerden, ya matan.
Oh Colombia! Defiende el velo
de tu secreta selva roja.

Ya levantaron el cuchillo
sobre el oratorio de Iraka,
ahora agarran al zipa.
ahora lo amarran. "Entrega
las alhajas del dios antiguo",
las alhajas que florecían
y brillaban con el rocío
de la mañana de Colombia.

Ahora atormentan al príncipe.
Lo han degollado, su cabeza
me mira con ojos que nadie
puede cerrar, ojos amados
de mi patria verde y desnuda.
Ahora queman la casa solemne,
ahora siguen los caballos,
los tormentos, las espadas,
ahora quedan unas brasas
y entre las cenizas los ojos
del príncipe que no se han cerrado.

XIII

CITA DE
CUERVOS

En Panamá se unieron los demonios.
Allí fue el pacto de los hurones.
Una bujía apenas alumbraba,
cuando los tres llegaron uno a uno.
Primero llegó Almagro antiguo y tuerto,
Pizarro, el mayoral porcino
y el fraile Luque, canónigo entendido
en tinieblas. Cada uno
escondía un puñal para la espalda
del asociado, cada uno
con mugrienta mirada en las oscuras
paredes adivinaba sangre,
y el oro del lejano imperio los atraía
como la luna a las piedras malditas.
Cuando pactaron, Luque levantó
la hostia en la eucaristía,
los tres ladrones amasaron
la oblea con torva sonrisa.
"Dios ha sido dividido, hermanos,
entre nosotros", sostuvo el canónigo,
y los carniceros de dientes
morados dijeron "Amén".

Golpearon la mesa escupiendo.
Como no sabían de letras
llenaron de cruces la mesa,
el papel, los bancos, los muros.

El Perú oscuro, sumergido,
estaba señalado y las cruces,
pequeñas, negras, negras cruces,
al Sur salieron navegando:
cruces para las agonías,
cruces peludas y filudas
cruces con ganchos de reptil,
cruces salpicadas de pústulas,
cruces como piernas de araña,
sombrías cruces cazadoras.

XIV

LAS AGONIAS En Cajamarca empezó la agonía.

El joven Atahualpa, estambre azul,
árbol insigne, escuchó al viento
traer rumor de acero.
Era un confuso
brillo y temblor desde la costa,
un galope increíble
—piafar y poderío—
de hierro y hierro entre la hierba.
Llegaron los adelantados.
El Inca salió de la música
rodeado por los señores.

Las visitas
de otro planeta, sudadas y barbudas,
iban a hacer la reverencia.
El capellán
Valverde, corazón traidor, chacal podrido,
adelanta un extraño objeto, un trozo
de cesto, un fruto
tal vez de aquel planeta
de donde vienen los caballos.
Atahualpa lo toma. No conoce
de qué se trata: no brilla, no suena,
y lo deja caer sonriendo.

"Muerte,
venganza, matad, que os absuelvo",
grita el chacal de la cruz asesina.
El trueno acude hacia los bandoleros.
Nuestra sangre en su cuna es derramada.
Los príncipes rodean como un coro
al Inca, en la hora agonizante.

Diez mil peruanos caen
bajo cruces y espadas, la sangre
moja las vestiduras de Atahualpa.
Pizarro, el cerdo de Extremadura,
hace amarrar los delicados brazos
del Inca. La noche ha descendido
sobre el Perú como una brasa negra.

XV

*LA LINEA
COLORADA*

Más tarde levantó la fatigada
mano el monarca, y más arriba
de las frentes de los bandidos,
tocó los muros.
              Allí trazaron
la línea colorada.
                  Tres cámaras
había que llenar de oro y de plata,
hasta esa línea de su sangre.
Rodó la rueda de oro, noche y noche.
La rueda del martirio día y noche.

Arañaron la tierra, descolgaron
alhajas hechas con amor y espuma,
arrancaron la ajorca de la novia,
desampararon a sus dioses.
El labrador entregó su medalla,
el pescador su gota de oro,
y las rejas temblaron respondiendo
mientras mensaje y voz por las alturas
iba la rueda del oro rodando.
Entonces tigre y tigre se reunieron
y repartieron la sangre y las lágrimas.

Atahualpa esperaba levemente
triste en el escarpado día andino.

45

No se abrieron las puertas. Hasta la última
joya los buitres dividieron:
las turquesas rituales, salpicadas
por la carnicería, el vestido
laminado de plata: las uñas bandoleras
iban midiendo y la carcajada
del fraile entre los verdugos
escuchaba el Rey con tristeza.

Era su corazón un vaso lleno
de una congoja amarga como
la esencia amarga de la quina.
Pensó en sus límites, en el alto Cuzco,
en las princesas, en su edad,
en el escalofrío de su reino.
Maduro estaba por dentro, su paz
desesperada era tristeza. Pensó en Huáscar.
Vendrían de él los extranjeros?
Todo era enigma, todo era cuchillo,
todo era soledad, sólo la línea roja
viviente palpitaba,
tragando las entrañas amarillas
del reino enmudecido que moría.

Entró Valverde con la Muerte entonces.
"Te llamarás Juan", le dijo
mientras preparaban la hoguera.
Gravemente respondió: "Juan,
Juan me llamo para morir",
sin comprender ya ni la muerte.

Le ataron el cuello y un garfio

entró en el alma del Perú.

XVI

ELEGÍA Solo, en las soledades
quiero llorar como los ríos, quiero
oscurecer, dormir
como tu antigua noche mineral.
Por qué llegaron las llaves radiantes
hasta las manos del bandido? Levántate
materna Ocllo, descansa tu secreto
en la fatiga larga de esta noche
y echa en mis venas tu consejo.

Aún no te pido el sol de los Yupanquis.
Te hablo dormido, llamando
de tierra a tierra, madre
peruana, matriz cordillera.
Cómo entró en tu arenal recinto
la avalancha de los puñales?

Inmóvil en tus manos,
siento extenderse los metales
en los canales del subsuelo.

Estoy hecho de tus raíces,
pero no entiendo, no me entrega
la tierra su sabiduría,
no veo sino noche y noche
bajo las tierras estrelladas.
Qué sueño sin sentido, de serpiente,
se arrastró hasta la línea colorada?
Ojos del duelo, planta tenebrosa.
Cómo llegaste a este viento vinagre,
cómo entre los peñascos de la ira
no levantó Capac su tiara
de arcilla deslumbrante?

Dejadme bajo los pabellones
padecer y hundirme como
la raíz muerta que no dará esplendor.
Bajo la dura noche dura
bajaré por la tierra hasta llegar
a la boca del oro.

Quiero extenderme en la piedra nocturna.

Quiero llegar allí con la desdicha.

XVII

LAS GUERRAS Más tarde al Reloj de granito
llegó una llama incendiaria.
Almagros y Pizarros y Valverdes,
Castillos y Urías y Beltranes
se apuñaleaban repartiéndose
las traiciones adquiridas,
se robaban la mujer y el oro,
disputaban la dinastía.

Se ahorcaban en los corrales,
se desgranaban en la plaza,
se colgaban en los Cabildos.
Caía el árbol del saqueo
entre estocadas y gangrena.

De aquel galope de Pizarros
en los lunares territorios
nació un silencio estupefacto.

Todo estaba lleno de muerte
y sobre la agonía arrasada
de sus hijos desventurados,
en el territorio (roído
hasta los huesos por las ratas),
se sujetaban las entrañas
antes de matar y matarse.

Matarifes de cólera y horca,
centauros caídos al lodo
de la codicia, ídolos
quebrados por la luz del oro,
exterminasteis vuestra propia
estirpe de uñas sanguinarias
y junto a las rocas murales
del alto Cuzco coronado,
frente al sol de espigas más altas,
representasteis en el polvo
dorado del Inca, el teatro
de los infiernos imperiales:
la Rapiña de hocico verde,
la Lujuria aceitada en sangre,
la Codicia con uñas de oro,
la Traición, aviesa dentadura,
la Cruz como un reptil rapaz,
la Horca en un fondo de nieve,

y la Muerte fina como el aire

inmóvil en su armadura.

Del norte trajo Almagro su arrugada centella.
Y sobre el territorio, entre explosión y ocaso,
se inclinó día y noche como sobre una carta.
Sombra de espinas, sombra de cardo y cera,
el español reunido con su seca figura,
mirando las sombrías estrategias del suelo.
Noche, nieve y arena hacen la forma
de mi delgada patria.
Todo el silencio está en su larga línea,
toda la espuma sale de su barba marina,
todo el carbón la llena de misteriosos besos.
Como una brasa de oro arde en sus dedos
y la plata ilumina como una luna verde
su endurecida forma de tétrico planeta.
El español sentado junto a la rosa un día,
junto al aceite, junto al vino, junto al antiguo cielo
no imaginó este punto de colérica piedra
nacer bajo el estiércol del águila marina.

Primero resistió la tierra.

La nieve araucana quemó
como una hoguera de blancura
el paso de los invasores.
Caían de frío los dedos,
las manos, los pies de Almagro
y las garras que devoraron
y sepultaron monarquías
eran en la nieve un punto
de carne helada, eran silencio.
Fue en el mar de las cordilleras.

El aire chileno azotaba
marcando estrellas, derribando
codicias y caballerías.

Luego el hambre caminó detrás
de Almagro como una invisible
mandíbula que golpeaba.

Los caballos eran comidos
en aquella fiesta glacial.

Y la muerte del Sur desgranó
el galope de los Almagros,
hasta que volvió su caballo
hacia el Perú donde esperaba
al descubridor rechazado,
la muerte del Norte, sentada
en el camino, con un hacha.

XX

SE UNEN
LA TIERRA Y EL
HOMBRE

Araucanía, ramo de robles torrenciales,
oh Patria despiadada, amada oscura,
solitaria en tu reino lluvioso:
eras sólo gargantas minerales,
manos de frío, puños
acostumbrados a cortar peñascos,
eras, Patria, la paz de la dureza
y tus hombres eran rumor,
áspera aparición, viento bravío.

No tuvieron mis padres araucanos
cimeras de plumaje luminoso,
no descansaron en flores nupciales,
no hilaron oro para el sacerdote:
eran piedra y árbol, raíces
de los breñales sacudidos,
hojas con forma de lanza,
cabezas de metal guerrero.
Padres, apenas levantasteis
el oído al galope, apenas en la cima
de los montes, cruzó el rayo
de Araucanía.
Se hicieron sombra los padres de piedra,
se anudaron al bosque, a las tinieblas
naturales, se hicieron luz de hielo,
asperezas de tierras y de espinas,
y así esperaron en las profundidades
de la soledad indomable:
uno era un árbol rojo que miraba,
otro un fragmento de metal que oía,
otro una ráfaga de viento y taladro,

50

otro tenía el color del sendero.
Patria, nave de nieve,
follaje endurecido:
allí naciste, cuando el hombre tuyo
pidió a la tierra su estandarte,
y cuando tierra y aire y piedra y lluvia,
hoja, raíz, perfume, aullido,
cubrieron como un manto al hijo,
lo amaron o lo defendieron.
Así nació la patria unánime:
la unidad antes del combate.

XXI

VALDIVIA
(1544)

Pero volvieron.
              (Pedro se llamaba).
Valdivia, el capitán intruso,
cortó mi tierra con la espada
entre ladrones: "Esto es tuyo,
esto es tuyo Valdés, Montero,
esto es tuyo Inés, este sitio
es el cabildo".
Dividieron mi patria
como si fuera un asno muerto.
"Llévate
este trozo de luna y arboleda,
devórate este río con crepúsculo",
mientras la gran cordillera
elevaba bronce y blancura.

Asomó Arauco. Adobes, torres,
calles, el silencioso
dueño de casa levantó sonriendo.
Trabajó con las manos empapadas
por su agua y su barro, trajo
la greda y vertió el agua andina:
pero no pudo ser esclavo.
Entonces Valdivia, el verdugo,
atacó a fuego y a muerte.
Así empezó la sangre,
la sangre de tres siglos, la sangre océano,
la sangre atmósfera que cubrió mi tierra
y el tiempo inmenso, como ninguna guerra.

51

Salió el buitre iracundo
de la armadura enlutada
y mordió al promauca, rompió
el pacto escrito en el silencio
de Huelén, en el aire andino.
Arauco comenzó a hervir su plato
de sangre y piedras.
                              Siete príncipes
vinieron a parlamentar.
                              Fueron encerrados.
Frente a los ojos de la Araucanía,
cortaron las cabezas cacicales.
Se daban ánimo los verdugos. Toda
empapada de vísceras, aullando,
Inés de Suárez, la soldadera,
sujetaba los cuellos imperiales
con sus rodillas de infernal harpía.
Y las tiró sobre la empalizada,
bañándose de sangre noble,
cubriéndose de barro escarlata.
Así creyeron dominar Arauco.
Pero aquí la unidad sombría
de árbol y piedra, lanza y rostro,
trasmitió el crimen en el viento.
Lo supo el árbol fronterizo,
el pescador, el rey, el mago,
lo supo el labrador antártico,
lo supieron las aguas madres
del Bío-Bío.
                              Así nació la guerra patria.
Valdivia entró la lanza goteante
en las entrañas pedregosas
de Arauco, hundió la mano
en el latido, apretó los dedos
sobre el corazón araucano,
derramó las venas silvestres
de los labriegos,
                              exterminó
el amanecer pastoril,
                              mandó martirio
al reino del bosque, incendió
la casa del dueño del bosque,

52

cortó las manos del cacique,
devolvió a los prisioneros
con narices y orejas cortadas,
empaló al Toqui, asesinó
a la muchacha guerrillera
y con su guante ensangrentado
marcó las piedras de la patria,
dejándola llena de muertos,
y soledad y cicatrices.

XXII

ERCILLA   Piedras de Arauco y desatadas rosas
fluviales, territorios de raíces,
se encuentran con el hombre que ha llegado de España.
Invaden su armadura con gigantesco liquen.
Atropellan su espada las sombras del helecho.
La yedra original pone manos azules
en el recién llegado silencio del planeta.
Hombre, Ercilla sonoro, oigo el pulso del agua
de tu primer amanecer, un frenesí de pájaros
y un trueno en el follaje.
Deja, deja tu huella
de águila rubia, destroza
tu mejilla contra el maíz salvaje,
todo será en la tierra devorado.
Sonoro, sólo tú no beberás la copa
de sangre, sonoro, sólo al rápido
fulgor de ti nacido
llegará la secreta boca del tiempo en vano
para decirte: en vano.
En vano, en vano
sangre por los ramajes de cristal salpicado,
en vano por las noches del puma
el desafiante paso del soldado,
las órdenes,
los pasos
del herido.
Todo vuelve al silencio coronado de plumas
en donde un rey remoto devora enredaderas.

XXIII

*SE ENTIERRAN
LAS LANZAS*

Así QUEDÓ repartido el patrimonio.
La sangre dividió la patria entera.
(Contaré en otras líneas
la lucha de mi pueblo.)
Pero cortada fue la tierra
por los invasores cuchillos.
Después vinieron a poblar la herencia
usureros de Euzkadi, nietos
de Loyola. Desde la cordillera
hasta el océano
dividieron con árboles y cuerpos,
la sombra recostada del planeta.
Las encomiendas sobre la tierra
sacudida, herida, incendiada,
el reparto de selva y agua
en los bolsillos, los Errázuriz
que llegan con su escudo de armas:
un látigo y una alpargata.

XXIV

*EL CORAZÓN
MAGALLÁNICO
(1519)*

DE DÓNDE soy, me pregunto a veces, de dónde diablos
vengo, qué día es hoy, qué pasa,
ronco, en medio del sueño, del árbol, de la noche,
y una ola se levanta como un párpado, un día
nace de ella, un relámpago con hocico de tigre.

*DESPIERTO
DE PRONTO EN
LA NOCHE
PENSANDO EN
EL EXTREMO SUR*

Viene el día y me dice: "Oyes
el agua lénta, el agua,
el agua,
sobre la Patagonia?"
Y yo contesto: "Sí, señor, escucho."
Viene el día y me dice: "Una oveja salvaje
lejos, en la región, lame el color helado
de una piedra. No escuchas el balido, no reconoces
el vendaval azul en cuyas manos
la luna es una copa, no ves la tropa, el dedo
rencoroso del viento
tocar la ola y la vida con su anillo vacío?"

La larga noche, el pino, vienen adonde voy.
Y se trastorna el ácido sordo, la fatiga,
la tapa del tonel, cuanto tengo en la vida.
Una gota de nieve llora y llora en mi puerta
mostrando su vestido claro y desvencijado
de pequeño cometa que me busca y solloza.
Nadie mira la ráfaga, la extensión, el aullido
del aire en las praderas.
Me acerco y digo: vamos. Toco el Sur, desemboco
en la arena, veo la planta seca y negra, todo raíz y roca,
las islas arañadas por el agua y el cielo,
el Río del Hambre, el Corazón de Ceniza,
el Patio del Mar lúgubre, y donde silba
la solitaria serpiente, donde cava
el último zorro herido y esconde su tesoro sangriento
encuentro la tempestad y su voz de ruptura,
su voz de viejo libro, su boca de cien labios,
algo me dice, algo que el aire devora cada día.

*LOS
DESCUBRIDORES
APARECEN Y
DE ELLOS NO
QUEDA NADA*

Recuerda el agua cuanto le sucedió al navío.
La dura tierra extraña guarda sus calaveras
que suenan en el pánico austral como cornetas
y ojos de hombre y de buey dan al día su hueco,
su anillo, su sonido de implacable estelaje.
El viejo cielo busca la vela,
                              nadie
ya sobrevive: el buque destruido
vive con la ceniza del marinero amargo,
y de los puestos de oro, de las casas de cuero
del trigo pestilente, y de
la llama fría de las navegaciones
(cuánto golpe en la noche [roca y bajel] al fondo)
sólo queda el dominio quemado y sin cadáveres,
la incesante intemperie apenas rota
por un negro fragmento
de fuego fallecido.

*SÓLO SE IMPONE
LA DESOLACIÓN*

Esfera que destroza lentamente la noche, el agua, el hielo,
extensión combatible por el tiempo y el término,
con su marca violeta, con el final azul
del arco iris salvaje
se sumergen los pies de mi patria en tu sombra
y aúlla y agoniza la rosa triturada.

RECUERDO
AL VIEJO
DESCUBRIDOR

Por el canal navega nuevamente
el cereal helado, la barba del combate,
el Otoño glacial, el transitorio herido.
Con él, con el antiguo, con el muerto,
con el destituido por el agua rabiosa,
con él, en su tormenta, con su frente.
Aún lo sigue el albatros y la soga de cuero
comida, con los ojos fuera de la mirada,
y el ratón devorado ciegamente mirando
entre los palos rotos el esplendor iracundo,
mientras en el vacío la sortija y el hueso
caen, resbalan sobre la vaca marina.

MAGALLANES

Cuál es el dios que pasa? Mirad su barba llena de gusanos
y sus calzones en que la espesa atmósfera
se pega y muerde como un perro náufrago:
y tiene peso de ancla maldita su estatura,
y silba el piélago y el aquilón acude
hasta sus pies mojados.
                                        Caracol de la oscura
sombra del tiempo,
                                espuela
carcomida, viejo señor de luto litoral, aguilero
sin estirpe, manchado manantial, el estiércol
del Estrecho te manda,
y no tiene de cruz tu pecho sino un grito
del mar, un grito blanco, de luz marina,
y de tenaza, de tumbo en tumbo, de aguijón demolido

LLEGA AL
PACIFICO

Porque el siniestro día del mar termina un día,
y la mano nocturna corta uno a uno sus dedos
hasta no ser, hasta que el hombre nace
y el capitán descubre dentro de sí el acero
y la América sube su burbuja
y la costa levanta su pálido arrecife
sucio de aurora, turbio de nacimiento
hasta que de la nave sabe un grito y se ahoga
y otro grito y el alba que nace de la espuma.

TODOS HAN MUERTO

Hermanos de agua y piojo, de planeta carnívoro:
visteis, al fin, el árbol del mástil agachado
por la tormenta? Visteis la piedra machacada
bajo la loca nieve brusca de la ráfaga?
Al fin, ya tenéis vuestro paraíso perdido,
al fin, tenéis vuestra guarnición maldiciente,
al fin, vuestros fantasmas atravesados del aire
besan sobre la arena la huella de la foca.
Al fin, a vuestros dedos sin sortija
llega el pequeño sol del páramo, el día muerto,
temblando, en su hospital de olas y piedras.

XXV

A PESAR DE LA IRA

Roídos yelmos, herraduras muertas:

Pero a través del fuego y la herradura
como de un manantial iluminado
por la sangre sombría,
con el metal hundido en el tormento
se derramó una luz sobre la tierra:
número, nombre, línea y estructura.

Páginas de agua, claro poderío
de idiomas rumorosos, dulces gotas
elaboradas como los racimos,
sílabas de platino en la ternura
de unos aljofarados pechos puros,
y una clásica boca de diamantes
dio su fulgor nevado al territorio.

Allá lejos la estatua deponía
su mármol muerto,
           y en la primavera
del mundo, amaneció la maquinaria.

La técnica elevaba su dominio
y el tiempo fue velocidad y ráfaga
en la bandera de los mercaderes.

Luna de geografía
que descubrió la planta y el planeta
extendiendo geométrica hermosura
en su desarrollado movimiento.
Asia entregó su virginal aroma.
La inteligencia con un hilo helado
fue detrás de la sangre hilando el día.
El papel repartió la miel desnuda
guardada en las tinieblas.

Un vuelo
de palomar salió de la pintura
con arrebol y azul ultramarino.
Y las lenguas del hombre se juntaron
en la primera ira, antes del canto.

Así, con el sangriento
titán de piedra,
halcón encarnizado,
no sólo llegó sangre sino trigo.

La luz vino a pesar de los puñales.

IV

LOS LIBERTADORES

LOS
LIBERTADORES A<small>QUÍ</small> *viene el árbol, el árbol*
de la tormenta, el árbol del pueblo.
De la tierra suben sus héroes
como las hojas por la savia,
y el viento estrella los follajes
de muchedumbre rumorosa,
hasta que cae la semilla
del pan otra vez a la tierra.

> *Aquí viene el árbol, el árbol*
> *nutrido por muertos desnudos,*
> *muertos azotados y heridos,*
> *muertos de rostros imposibles,*
> *empalados sobre una lanza,*
> *desmenuzados en la hoguera,*
> *decapitados por el hacha,*
> *descuartizados a caballo,*
> *crucificados en la iglesia.*

Aquí viene el árbol, el árbol
cuyas raíces están vivas,
sacó salitre del martirio,
sus raíces comieron sangre,
y extrajo lágrimas del suelo:
las elevó por sus ramajes,
las repartió en su arquitectura.
Fueron flores invisibles,
a veces, flores enterradas,
otras veces iluminaron
sus pétalos, como planetas.

59

Y el hombre recogió en las ramas
las corolas endurecidas,
las entregó de mano en mano
como magnolias o granadas
y de pronto, abrieron la tierra,
crecieron hasta las estrellas.

Este es el árbol de los libres.
El árbol tierra, el árbol nube.
El árbol pan, el árbol flecha,
el árbol puño, el árbol fuego.
Lo ahoga el agua tormentosa
de nuestra época nocturna,
pero su mástil balancea
el ruedo de su poderío.

Otras veces, de nuevo caen
las ramas rotas por la cólera,
y una ceniza amenazante
cubre su antigua majestad:
así pasó desde otros tiempos,
así salió de la agonía
hasta que una mano secreta,
unos brazos innumerables,
el pueblo, guardó los fragmentos,
escondió troncos invariables,
y sus labios eran las hojas
del inmenso árbol repartido,
diseminado en todas partes,
caminando con sus raíces.
Este es el árbol, el árbol
del pueblo, de todos los pueblos
de la libertad, de la lucha.

Asómate a su cabellera:
toca sus rayos renovados:
hunde la mano en las usinas
donde su fruto palpitante
propaga su luz cada día.
Levanta esta tierra en tus manos,
participa de este esplendor,
toma tu pan y tu manzana,
tu corazón y tu caballo
y monta guardia en la frontera,
en el límite de sus hojas.

Defiende el fin de sus corolas,
comparte las noches hostiles,
vigila el ciclo de la aurora,
respira la altura estrellada,
sosteniendo el árbol, el árbol
que crece en medio de la tierra.

CUAUHTEMOC
(1520)

JOVEN hermano hace ya tiempo y tiempo
nunca dormido, nunca consolado,
joven estremecido en las tinieblas
metálicas de México, en tu mano
recibo el don de tu patria desnuda.

En ella nace y crece tu sonrisa
como una línea entre la luz y el oro.

Son tus labios unidos por la muerte
el más puro silencio sepultado.

El manantial hundido
bajo todas las bocas de la tierra.

Oíste, oíste, acaso,
hacia Anáhuac lejano,
un rumbo de agua, un viento
de primavera destrozada?
Era tal vez la palabra del cedro.
Era una ola blanca de Acapulco.

Pero en la noche huía
tu corazón como un venado
hacia los límites, confuso,
entre los monumentos sanguinarios,
bajo la luna zozobrante.

Toda la sombra preparaba sombra.
Era la tierra una oscura cocina.
piedra y caldera, vapor negro,
muro sin nombre, pesadumbre
que te llamaba desde los nocturnos
metales de tu patria.

Pero no hay sombra en tu estandarte.

Ha llegado la hora señalada,
y en medio de tu pueblo
eres pan y raíz, lanza y estrella.
El invasor ha detenido el paso.
No es Moctezuma extinto
como una copa muerta,
es el relámpago y su armadura,
la pluma de Quetzal, la flor del pueblo,
la cimera encendida entre las naves.

Pero una mano dura como siglos de piedra
apretó tu garganta. No cerraron
tu sonrisa, no hicieron
caer los granos del secreto
maíz, y te arrastraron,
vencedor cautivo,
por las distancias de tu reino,
entre cascadas y cadenas,
sobre arenales y aguijones
como una columna incesante,

    como un testigo doloroso,
    hasta que una soga enredó
    la columna de la pureza
    y colgó el cuerpo suspendido
    sobre la tierra desdichada.

II

*FRAY
BARTOLOMÉ
DE LAS
CASAS*

PIENSA uno, al llegar a su casa, de noche, fatigado,
entre la niebla fría de mayo, a la salida
del sindicato (en la desmenuzada
lucha de cada día, la estación
lluviosa que gotea del alero, el sordo
latido del constante sufrimiento)
esta resurrección enmascarada,
astuta, envilecida,
del encadenador, de la cadena,
y cuando sube la congoja
hasta la cerradura a entrar contigo,
surge una luz antigua, suave y dura
como un metal, como un astro enterrado.
Padre Bartolomé, gracias por este
regalo de la cruda medianoche,

    gracias porque tu hilo fue invencible:

pudo morir aplastado, comido
por el perro de fauces iracundas,
pudo quedar en la ceniza
de la casa incendiada,
pudo cortarlo el filo frío
del asesino innumerable
o el odio administrado con sonrisas
(la traición del próximo cruzado).
la mentira arrojada en la ventana.
Pudo morir el hilo cristalino,
la irreductible transparencia
convertida en acción, en combatiente
y despeñado acero de cascada.
Pocas vidas da el hombre como la tuya, pocas
sombras hay en el árbol como tu sombra, en ella
todas las ascuas vivas del continente acuden,
todas las arrasadas condiciones, la herida
del mutilado, las aldeas
exterminadas, todo bajo tu sombra
renace, desde el límite
de la agonía fundas la esperanza.
Padre, fue afortunado para el hombre y su especie
que tú llegaras a la plantación,
que mordieras los negros cereales
del crimen, que bebieras
cada día la copa de la cólera.
Quién te puso, mortal desnudo,
entre los dientes de la furia?
Cómo asomaron otros ojos,
de otro metal, cuando nacías?

Cómo se cruzan los fermentos
en la escondida harina humana
para que tu grano inmutable
se amasara en el pan del mundo?

Eras realidad entre fantasmas
encarnizados, eras
la eternidad de la ternura
sobre la ráfaga del castigo.
De combate en combate tu esperanza
se convirtió en precisas herramientas:
la solitaria lucha se hizo rama,
el llanto inútil se agrupó en partido.

63

No sirvió la piedad. Cuando mostrabas
tus columnas, tu nave amparadora,
tu mano para bendecir, tu manto,
el enemigo pisoteó las lágrimas
y quebrantó el color de la azucena.
No sirvió la piedad alta y vacía
como una catedral abandonada.
Fue tu invencible decisión, la activa
resistencia, el corazón armado.

Fue la razón tu material titánico.

Fue flor organizada tu estructura.

Desde arriba quisieron contemplarte
(desde su altura) los conquistadores,
apoyándose como sombras de piedra
sobre sus espadones, abrumando
con sus sarcásticos escupos
las tierras de tu iniciativa,
diciendo: "Ahí va el agitador",
mintiendo: "Lo pagaron
los extranjeros",
"No tiene patria", "Traiciona",
pero tu prédica no era
frágil minuto, peregrina
pauta, reloj del pasajero.
Tu madera era bosque combatido,
hierro en su cepa natural, oculto
a toda luz por la tierra florida,
y más aún, era más hondo:
en la unidad del tiempo, en el transcurso
de la vida, era tu mano adelantada
estrella zodiacal, signo del pueblo.
Hoy a esta casa, Padre, entra conmigo.
Te mostraré las cartas, el tormento
de mi pueblo, del hombre perseguido.
Te mostraré los antiguos dolores.

Y para no caer, para afirmarme
sobre la tierra, continuar luchando,
deja en mi corazón el vino errante
y el implacable pan de tu dulzura.

ESPAÑA entró hasta el Sur del Mundo. Agobiados
exploraron la nieve los altos españoles.
El Bío-Bío, grave río,
le dijo a España: "Deténte",
el bosque de maitenes cuyos hilos
verdes cuelgan como temblor de lluvia
dijo a España: "No sigas". El alerce,
titán de las fronteras silenciosas,
dijo en un trueno su palabra.
Pero hasta el fondo de la patria mía,
puño y puñal, el invasor llegaba.
Hacia el río Imperial, en cuya orilla
mi corazón amaneció en el trébol,
entraba el huracán en la mañana.
El ancho cauce de las garzas iba
desde las islas hacia el mar furioso,
lleno como una copa interminable,
entre las márgenes de cristal sombrío.
En sus orillas erizaba el polen
una alfombra de estambres turbulentos
y desde el mar el aire conmovía
todas las sílabas de la primavera.
El avellano de la Araucanía
enarbolaba hogueras y racimos
hacia donde la lluvia resbalaba
sobre la agrupación de la pureza.
Todo estaba enredado de fragancias,
empapado de luz verde y lluviosa
y cada matorral de olor amargo
era un ramo profundo del invierno
o una extraviada formación marina
aún llena de oceánico rocío.

De los barrancos se elevaban
torres de pájaros y plumas
y un ventarrón de soledad sonora,
mientras en la mojada intimidad,
entre las cabelleras encrespadas
del helecho gigante, era la topa-topa florecida
un rosario de besos amarillos.

ALLÍ GERMINABAN los toquis.
De aquellas negras humedades,
de aquella lluvia fermentada
en la copa de los volcanes
salieron los pechos augustos,
las claras flechas vegetales,
los dientes de piedra salvaje,
los pies de estaca inapelable,
la glacial unidad del agua.

Arauco fue un útero frío,
hecho de heridas, machacado
por el ultraje, concebido
entre las ásperas espinas,
arañado en los ventisqueros,
protegido por las serpientes.

Así la tierra extrajo al hombre.

Creció como una fortaleza.
Nació de la sangre agredida.
Amontonó su cabellera
como un pequeño puma rojo
y los ojos de piedra dura
brillaban desde la materia
como fulgores implacables
salidos de la cacería.

V

*TOQUI
CAUPOLICÁN*
EN LA cepa secreta del raulí
creció Caupolicán, torso y tormenta
y cuando hacia las armas invasoras
su pueblo dirigió,
anduvo el árbol,
anduvo el árbol duro de la patria.
Los invasores vieron el follaje
moverse en medio de la bruma verde,
las gruesas ramas y la vestidura
de innumerables hojas y amenazas,
el tronco terrenal hacerse pueblo,
las raíces salir del territorio.

Supieron que la hora había acudido
al reloj de la vida y de la muerte.

Otros árboles con él vinieron.

Toda la raza de ramajes rojos,
todas las trenzas del dolor silvestre,
todo el nudo del odio en la madera.
Caupolicán, su máscara de lianas
levanta frente al invasor perdido:
no es la pintada pluma emperadora,
no es el trono de plantas olorosas,
no es el resplandeciente collar del sacerdote,
no es el guante ni el príncipe dorado:
es un rostro del bosque,
un mascarón de acacias arrasadas,
una figura rota por la lluvia,
una cabeza con enredaderas.

De Caupolicán el Toqui es la mirada
hundida, de universo montañoso,
los ojos implacables de la tierra,
y las mejillas del titán son muros
escalados por rayos y raíces.

VI

LA GUERRA
PATRIA
LA ARAUCANÍA estranguló el cantar
de la rosa en el cántaro, cortó
los hilos
en el telar de la novia de plata.
Bajó la ilustre Machi de su escala,
y en los dispersos ríos, en la arcilla,
bajo la copa hirsuta
de las araucarias guerreras,
fue naciendo el clamor de las campanas
enterradas. La madre de la guerra
saltó las piedras dulces del arroyo,
recogió a la familia pescadora,
y el novio labrador besó las piedras
antes de que volaran a la herida.

Detrás del rostro forestal del Toqui
Arauco amontonaba su defensa:
eran ojos y lanzas, multitudes
espesas de silencio y amenaza,
cinturas imborrables, altaneras
manos oscuras, puños congregados.

Detrás del alto Toqui, la montaña,
y en la montaña, innumerable Arauco.

Arauco era el rumor del agua errante.

Arauco era el silencio tenebroso.

El mensajero en su mano cortada
iba juntando las gotas de Arauco.

Arauco fue la ola de la guerra.
Arauco los incendios de la noche.

Todo hervía detrás del Toqui augusto,
y cuando él avanzó, fueron tinieblas,
arenas, bosques, tierras,
unánimes hogueras, huracanes,
aparición fosfórica de pumas.

VII

EL EMPALADO   Pero Caupolicán llegó al tormento.

Ensartado en la lanza del suplicio,
entró en la muerte lenta de los árboles.

Arauco replegó su ataque verde,
sintió en las sombras el escalofrío,
clavó en la tierra la cabeza,
se agazapó con sus dolores.
El Toqui dormía en la muerte.
Un ruido de hierro llegaba
del campamento, una corona
de carcajadas extranjeras,
y hacia los bosques enlutados
sólo la noche palpitaba.

Veló a los pies de Valdivia.

Oyó su sueño carnicero
crecer en la noche sombría
como una columna implacable.
Adivinó aquellos sueños.
Pudo levantar la dorada
barba del capitán dormido,
cortar el sueño en la garganta,
pero aprendió —velando sombras—
la ley nocturna del horario.

Marchó de día acariciando
los caballos de piel mojada
que iban hundiéndose en su patria.
Adivinó aquellos caballos.
Marchó con los dioses cerrados.
Adivinó las armaduras.
Fue testigo de las batallas,
mientras entraba paso a paso
al fuego de la Araucanía.

XI

LAUTARO CONTRA
EL CENTAURO
(1554)

Atacó entonces Lautaro de ola en ola.
Disciplinó las sombras araucanas:
antes entró el cuchillo castellano
en pleno pecho de la masa roja.
Hoy estuvo sembrada la guerrilla
bajo todas las alas forestales,
de piedra en piedra y vado en vado,
mirando desde los copihues,
acechando bajo las rocas.
    Valdivia quiso regresar.
    Fue tarde.
    Llegó Lautaro en traje de relámpago.
Siguió el Conquistador acongojado.
Se abrió paso en las húmedas marañas
del crepúsculo austral.
                Llegó Lautaro,
en un galope negro de caballos.

La fatiga y la muerte conducían
la tropa de Valdivia en el follaje.

71

Se acercaban las lanzas de Lautaro.

Entre los muertos y las hojas iba
como en un túnel Pedro de Valdivia.

En las tinieblas llegaba Lautaro.

Pensó en Extremadura pedregosa,
en el dorado aceite, en la cocina,
en el jazmín dejado en ultramar.

Reconoció el aullido de Lautaro.

Las ovejas, las duras alquerías,
los muros blancos, la tarde extremeña.

Sobrevino la noche de Lautaro.

Sus capitanes tambaleaban ebrios
de sangre, noche y lluvia hacia el regreso.

Palpitaban las flechas de Lautaro.

De tumbo en tumbo la capitanía
iba retrocediendo desangrada.

Ya se tocaba el pecho de Lautaro.

Valdivia vio venir la luz, la aurora.
tal vez la vida, el mar.
                                        Era Lautaro.

XII

EL CORAZÓN
DE PEDRO
DE VALDIVIA
Llevamos a Valdivia bajo el árbol.

Era un azul de lluvia, la mañana con fríos
filamentos de sol deshilachado.
Toda la gloria, el trueno,
turbulentos yacían
en un montón de acero herido.
El canelo elevaba su lenguaje
y un fulgor de luciérnaga mojada
en toda su pomposa monarquía.

Trajimos tela y cántaro, tejidos
gruesos como las trenzas conyugales,
alhajas como almendras de la luna,
y los tambores que llenaron
la Araucanía con su luz de cuero.
Colmamos las vasijas de dulzura
y bailamos golpeando los terrones
hechos de nuestra propia estirpe oscura.

Luego golpeamos el rostro enemigo.

Luego cortamos el valiente cuello.

Qué hermosa fue la sangre del verdugo
que repartimos como una granada,
mientras ardía viva todavía.
Luego, en el pecho entramos una lanza
y el corazón alado como un ave
entregamos al árbol araucano.
Subió un rumor de sangre hasta su copa.

Entonces, de la tierra
hecha de nuestros cuerpos, nació el canto
de la guerra, del sol, de las cosechas,
hacia la magnitud de los volcanes.
Entonces repartimos el corazón sangrante.
Yo hundí los dientes en aquella corola
cumpliendo el rito de la tierra:

"Dame tu frío, extranjero malvado.
Dame tu valor de gran tigre.
Dame en tu sangre tu cólera.
Dame tu muerte para que me siga
y lleve el espanto a los tuyos.
Dame la guerra que trajiste.
Dame tu caballo y tus ojos.
Dame la tiniebla torcida.
Dame la madre del maíz.
Dame la lengua del caballo.
Dame la patria sin espinas.
Dame la paz vencedora.
Dame el aire donde respira
el canelo, señor florido".

*LA DILATADA
GUERRA*

LUEGO tierra y océanos, ciudades,

naves y libros, conocéis la historia
que desde el territorio huraño
como una piedra sacudida
llenó de pétalos azules
las profundidades del tiempo.
Tres siglos estuvo luchando
la raza guerrera del roble,
trescientos años la centella
de Arauco pobló de cenizas
las cavidades imperiales.
Tres siglos cayeron heridas
las camisas del capitán,
trescientos años despoblaron
los arados y las colmenas,
trescientos años azotaron
cada nombre del invasor,
tres siglos rompieron la piel
de las águilas agresoras,
trescientos años enterraron
como la boca del océano
techos y huesos, armaduras,
torres y títulos dorados.
A las espuelas iracundas,
de las guitarras adornadas
llegó un galope de caballos
y una tormenta de ceniza.
Las naves volvieron al duro
territorio, nacieron espigas,
crecieron ojos españoles
en el reinado de la lluvia,
pero Arauco bajó las tejas,
molió las piedras, abatió
los paredones y las vides,
las voluntades y los trajes.
Ved cómo caen en la tierra
los hijos ásperos del odio.
Villagras, Mendozas, Reinosos,
Reyes, Morales, Alderetes,
rodaron hacia el fondo blanco
de las Américas glaciales.

Y en la noche del tiempo augusto
cayó Imperial, cayó Santiago,
cayó Villarrica en la nieve,
rodó Validivia sobre el río,
hasta que el reinado fluvial
del Bío-Bío se detuvo
sobre los siglos de la sangre
y estableció la libertad
en las arenas desangradas.

XIV

(INTERMEDIO)

LA COLONIA
CUBRE NUESTRAS
TIERRAS (1)

Cuando *la espada descansó y los hijos*
de España dura, como espectros,
desde reinos y selvas, hacia el trono,
montañas de papel con aullidos
enviaron al monarca ensimismado:
después que en la calleja de Toledo
o del Guadalquivir en el recodo,
toda la historia pasó de mano en mano,
y por la boca de los puertos anduvo
el ramal harapiento
de los conquistadores espectrales,
y los últimos muertos fueron puestos
dentro del ataúd, con procesiones,
en las iglesias construidas a sangre,
llegó la ley al mundo de los ríos
y vino el mercader con su bolsita.

Se oscureció la extensión matutina,
trajes y telarañas propagaron
la oscuridad, la tentación, el fuego
del diablo en las habitaciones.
Una vela alumbró la vasta América
llena de ventisqueros y panales,
y por siglos al hombre habló en voz baja,
tosió trotando por las callejuelas,
se persignó persiguiendo centavos.

Llegó el criollo a las calles del mundo,
esmirriado, lavando las acequias,
suspirando de amor entre las cruces,
buscando el escondido
sendero de la vida
bajo la mesa de la sacristía.
La ciudad en la esperma del cerote
fermentó, bajo los paños negros,
y de las raspaduras de la cera
elaboró manzanas infernales.

América, la copa de caoba,
entonces fue un crepúsculo de llagas,
un lazareto anegado de sombras
y en la antigua extensión de la frescura
creció la reverencia del gusano.
El oro levantó sobre las pústulas
macizas flores, hiedras silenciosas,
edificios de sombra sumergida.

Una mujer recolectaba pus,
y el vaso de substancia
bebió en honor del cielo cada día,
mientras el hambre bailaba en las minas
de México dorado,
y el corazón andino del Perú
lloraba dulcemente
de frío bajo los harapos.

En las sombras del día tenebroso
el mercader hizo su reino
apenas alumbrado por la hoguera
en que el hereje, retorcido,
hecho pavesas, recibía
su cucharadita de Cristo.
Al día siguiente las señoras,
arreglando las crinolinas,
recordaban el cuerpo enloquecido,
golpeado y devorado por el fuego,
mientras el alguacil examinaba
la minúscula mancha del quemado,
grasa, ceniza, sangre,
que lamían los perros.

XV

LAS HACIENDAS (2)　La tierra *andaba entre los mayorazgos*
de doblón en doblón, desconocida,
pasta de apariciones y conventos,
hasta que toda la azul geografía
se dividió en haciendas y encomiendas.
Por el espacio muerto iba la llaga
del mestizo y el látigo
del chapetón y del negrero.
El criollo era un espectro desangrado
que recogía las migajas
hasta que con ellas reunidas
adquiría un pequeño título
pintado con letras doradas.

Y en el carnaval tenebroso
salía vestido de conde,
orgulloso entre otros mendigos,
con un bastoncito de plata.

XVI

LOS NUEVOS
PROPIETARIOS (3)　Así *se estancó el tiempo en la cisterna.*

El hombre dominado en las vacías
encrucijadas, piedra del castillo,
tinta del tribunal, pobló de bocas
la cerrada ciudad americana.

Cuando ya todo fue paz y concordia,
hospital y virrey, cuando Arellano,
Rojas, Tapia, Castillo, Núñez, Pérez,
Rosales, López, Jorquera, Bermúdez,
los últimos soldados de Castilla,
envejecieron detrás de la Audiencia,
cayeron muertos bajo el mamotreto,
se fueron con sus piojos a la tumba
donde hilaron el sueño
de las bodegas imperiales, cuando
era la rata el único peligro

77

de las tierras encarnizadas,
se asomó el vizcaíno con un saco,
el Errázuriz con sus alpargatas,
el Fernández Larraín a vender velas,
el Aldunate de la bayeta,
el Eyzaguirre, rey del calcetín.

Entraron todos como pueblo hambriento,
huyendo de los golpes, del gendarme.

Pronto, de camiseta en camiseta,
expulsaron al conquistador
y establecieron la conquista
del almacén de ultramarinos.
Entonces adquirieron orgullo
comprado en el mercado negro.
Se adjudicaron
haciendas, látigos, esclavos,
catecismos, comisarías,
cepos, conventillos, burdeles,
y a todo esto denominaron
santa cultura occidental.

XVII

COMUNEROS
DEL SOCORRO
(1781)

Fue Manuela Beltrán (cuando rompió los bandos
del opresor, y gritó "Mueran los déspotas")
la que los nuevos cereales
desparramó por nuestra tierra.
Fue en Nueva Granada, en la villa
del Socorro. Los comuneros
sacudieron el virreinato
en un eclipse precursor.

Se unieron contra los estancos,
contra el manchado privilegio,
y levantaron la cartilla
de las peticiones forales.
Se unieron con armas y piedras,
milicia y mujeres, el pueblo,
orden y furia, encaminados
hacia Bogotá y su linaje.

Entonces bajó el Arzobispo.

"Tendréis todos vuestros derechos,
en nombre de Dios lo prometo".

El pueblo se juntó en la plaza.

Y el Arzobispo celebró
una misa y un juramento.

El era la paz justiciera.
"Guardad las armas. Cada uno
a vuestra casa", sentenció.

Los comuneros entregaron
las armas. En Bogotá
festejaron al Arzobispo,
celebraron su traición,
su perjurio, en la misa pérfida,
y negaron pan y derecho.
Fusilaron a los caudillos,
repartieron entre los pueblos
sus cabezas recién cortadas,
con bendiciones del Prelado
y bailes en el Virreynato.

Primeras, pesadas semillas
arrojadas a las regiones,
permanecéis, ciegas estatuas,
incubando en la noche hostil
la insurrección de las espigas.

XVIII

TUPUC AMARU
(1781)

Condorcanqui Tupac Amaru,
sabio señor, padre justo,
viste subir a Tungasuca
la primavera desolada
de los escalones andinos,
y con ella sal y desdicha,
iniquidades y tormentos.

Señor Inca, padre cacique,
todo en tus ojos se guardaba
como en un cofre calcinado
por el amor y la tristeza.

El indio te mostró la espalda
en que las nuevas mordeduras
brillaban en las cicatrices
de otros castigos apagados,
y era una espalda y otra espalda,
toda la altura sacudida
por las cascadas del sollozo.

Era un sollozo y otro sollozo.
Hasta que armaste la jornada
de los pueblos color de tierra
recogiste el llanto en tu copa
y endureciste los senderos.
Llegó el padre de las montañas,
la pólvora levantó caminos,
y hacia los pueblos humillados
llegó el padre de la batalla.
Tiraron la manta en el polvo,
se unieron los viejos cuchillos,
y la caracola marina
llamó los vínculos dispersos.
Contra la piedra sanguinaria,
contra la inercia desdichada,
contra el metal de las cadenas.
Pero dividieron tu pueblo
y al hermano contra el hermano
enviaron, hasta que cayeron
las piedras de tu fortaleza.
Ataron tus miembros cansados
a cuatro caballos rabiosos
y descuartizaron la luz
del amanecer implacable.

Tupac Amaru, sol vencido,
desde tu gloria desgarrada
sube como el sol en el mar
una luz desaparecida.
Los hondos pueblos de la arcilla,
los telares sacrificados,
las húmedas casas de arena
dicen en silencio: "Tupac",
y Tupac es una semilla,
y Tupac se guarda en el surco,
dicen en silencio: "Tupac",
y Tupac germina en la tierra.

AMÉRICA
INSURRECTA
(1800)

Nuestra tierra, ancha tierra, soledades,
se pobló de rumores, brazos, bocas.
Una callada sílaba iba ardiendo,
congregando la rosa clandestina,
hasta que las praderas trepidaron
cubiertas de metales y galopes.

Fue dura la verdad como un arado.

Rompió la tierra, estableció el deseo,
hundió sus propagandas germinales
y nació en la secreta primavera.
Fue callada su flor, fue rechazada
su reunión de luz, fue combatida
la levadura colectiva, el beso
de las banderas escondidas,
pero surgió rompiendo las paredes,
apartando las cárceles del suelo.

El pueblo oscuro fue su copa,
recibió la substancia rechazada,
la propagó en los límites marítimos,
la machacó en morteros indomables.
Y salió con las páginas golpeadas
y con la primavera en el camino.
Hora de ayer, hora de mediodía,
hora de hoy otra vez, hora esperada
entre el minuto muerto y el que nace,
en la erizada edad de la mentira.

Patria, naciste de los leñadores,
de hijos sin bautizar, de carpinteros,
de los que dieron como un ave extraña
una gota de sangre voladora,
y hoy nacerás de nuevo duramente,
desde donde el traidor y el carcelero
te creen para siempre sumergida.

Hoy nacerás del pueblo como entonces.

81

Hoy saldrás del carbón y del rocío.
Hoy llegarás a sacudir las puertas
con manos maltratadas, con pedazos
de alma sobreviviente, con racimos
de miradas que no extinguió la muerte,
con herramientas hurañas
armadas bajo los harapos.

XX

BERNARDO
O'HIGGINS
RIQUELME
(1810)

O' HIGGINS, para celebrarte
a media luz hay que alumbrar la sala.
A media luz del sur en otoño
con temblor infinito de álamos.

Eres Chile, entre patriarca y huaso,
eres un poncho de provincia, un niño
que no sabe su nombre todavía,
un niño férreo y tímido en la escuela,
un jovencito triste de provincia.
En Santiago te sientes mal, te miran
el traje negro que te queda largo,
y al cruzarte la banda, la bandera
de la patria que nos hiciste,
tenía olor de yugo matutino,
para tu pecho de estatua campestre.

Joven, tu profesor Invierno
te acostumbró a la lluvia
y en la Universidad de las calles de Londres
la niebla y la pobreza te otorgaron sus títulos
y un elegante pobre, errante incendio
de nuestra libertad,
te dio consejos de águila prudente
y te embarcó en la Historia.

"Cómo se llama Ud.", reían
los "caballeros" de Santiago:
hijo de amor, de una noche de invierno,
tu condición de abandonado
te construyó con argamasa agreste,
con seriedad de casa o de madera
trabajada en el Sur, definitiva.
Todo lo cambia el tiempo, todo menos tu rostro.

Eres, O'Higgins, reloj invariable
con una sola hora en tu cándida esfera:
la hora de Chile, el único minuto
que permanece en el horario rojo
de la dignidad combatiente.

Así estarás igual entre los muebles
de palisandro y las hijas de Santiago,
que rodeado en Rancagua por la muerte y la pólvora.

Eres el mismo sólido retrato
de quien no tiene padre sino patria,
de quien no tiene novia sino aquella
tierra con azahares
que te conquistará la artillería.

Te veo en el Perú escribiendo cartas.
No hay desterrado igual, mayor exilio.
Es toda la provincia desterrada.

Chile se iluminó como un salón
cuando no estabas. En derroche,
un rigodón de ricos substituye
tu disciplina de soldado ascético,
y la patria ganada por tu sangre
sin ti fue gobernada como un baile
que mira el pueblo hambriento desde fuera.

Ya no podías entrar en la fiesta
con sudor, sangre y polvo de Rancagua.
Hubiera sido de mal tono
para los caballeros capitales.
Hubiera entrado contigo el camino,
un olor de sudor y de caballos,
el olor de la patria en Primavera.

No podías estar en este baile.
Tu fiesta fue un castillo de explosiones.
Tu baile desgreñado es la contienda.
Tu fin de fiesta fue la sacudida
de la derrota, el porvenir aciago
hacia Mendoza, con la patria en brazos.

Ahora mira en el mapa hacia abajo,
hacia el delgado cinturón de Chile
y coloca en la nieve soldaditos,
jóvenes pensativos en la arena,
zapadores que brillan y se apagan.

Cierra los ojos, duerme, sueña un poco,
tu único sueño, el único que vuelve
hacia tu corazón: una bandera
de tres colores en el Sur, cayendo
la lluvia, el sol rural sobre tu tierra,
los disparos del pueblo en rebeldía
y dos o tres palabras tuyas cuando
fueran estrictamente necesarias.
Si sueñas, hoy tu sueño está cumplido.
Suéñalo, por lo menos, en la tumba.
No sepas nada más porque, como antes,
después de las batallas victoriosas,
bailan los señoritos en Palacio
y el mismo rostro hambriento
mira desde la sombra de las calles.

Pero hemos heredado tu firmeza,
tu inalterable corazón callado,
tu indestructible posición paterna,
y tú, entre la avalancha cegadora
de húsares del pasado, entre los ágiles
uniformes azules y dorados,
estás hoy con nosotros, eres nuestro,
padre del pueblo, inmutable soldado.

XXI

SAN MARTÍN
(1810)

Anduve, San Martín, tanto y de sitio en sitio,
que descarté tu traje, tus espuelas, sabía
que alguna vez, andando en los caminos
hechos para volver, en los finales
de cordillera, en la pureza
de la intemperie que de ti heredamos,
nos íbamos a ver de un día a otro.

Cuesta diferenciar entre los nudos
de ceibo, entre raíces,
entre senderos señalar tu rostro,
entre los pájaros distinguir tu mirada,
encontrar en el aire tu existencia.

Eres la tierra que nos diste, un ramo
de cedrón que golpea con su aroma,
que no sabemos dónde está, de dónde
llega su olor de patria a las praderas.
Te galopamos, San Martín, salimos
amaneciendo a recorrer tu cuerpo,
respiramos hectáreas de tu sombra,
hacemos fuego sobre tu estatura.

Eres extenso entre todos los héroes.

Otros fueron de mesa en mesa,
de encrucijada en torbellino,
tú fuiste construido de confines,
y empezamos a ver tu geografía,
tu planicie final, tu territorio.

Mientras mayor el tiempo disemina
como agua eterna los terrones
del rencor, los afilados
hallazgos de la hoguera,
más terreno comprendes, más semillas
de tu tranquilidad pueblan los cerros,
más extensión das a la primavera.

El hombre que construye es luego el humo
de lo que construyó, nadie renace
de su propio brasero consumido:
de su disminución hizo existencia,
cayó cuando no tuvo más que polvo.

Tú abarcaste en la muerte más espacio.

Tu muerte fue un silencio de granero.
Pasó la vida tuya, y otras vidas,
se abrieron puertas, se elevaron muros
y la espiga salió a ser derramada.

San Martín, otros capitanes
fulguran más que tú, llevan bordados
sus pámpanos de sal fosforescente,
otros hablan aún como cascadas,
pero no hay uno como tú, vestido
de tierra y soledad, de nieve y trébol.
Te encontramos al retornar del río,
te saludamos en la forma agraria
de la Tucumania florida,
y en los caminos, a caballo
te cruzamos corriendo y levantando
tu vestidura, padre polvoriento.

Hoy el sol y la luna, el viento grande
maduran tu linaje, tu sencilla
composición: tu verdad era
verdad de tierra, arenoso amasijo,
estable como el pan, lámina fresca
de greda y cereales, pampa pura.

Y así eres hasta hoy, luna y galope,
estación de soldados, intemperie,
por donde vamos otra vez guerreando,
caminando entre pueblos y llanuras,
estableciendo tu verdad terrestre,
esparciendo tu germen espacioso,
aventando las páginas del trigo.

Así sea, y que no nos acompañe
la paz hasta que entremos
después de los combates, a tu cuerpo
y duerma la medida que tuvimos
en tu extensión de paz germinadora.

XXII

MINA
(1817)

Mina, de las vertientes montañosas
llegaste como un hilo de agua dura.
España clara, España transparente
te parió entre dolores, indomable,
y tienes la dureza luminosa
del agua torrencial de las montañas.

Largamente, en los siglos y las tierras,
sombra y fulgor en tu cuna lucharon,
uñas rampantes degollaban
la claridad del pueblo,
y los antiguos halconeros,
en sus almenas eclesiásticas,
acechaban el pan, negaban
entrada al río de los pobres.

Pero siempre en la torre despiadada,
España, hiciste un hueco
al diamante rebelde y a su estirpe
de luz agonizante y renaciente.

No en vano el estandarte de Castilla
tiene el color del viento comunero,
no en vano por tus cuencas de granito
corre la luz azul de Garcilaso,
no en vano en Córdoba, entre arañas
sacerdotales, deja Góngora
sus bandejas de pedrería
aljofaradas por el hielo.

España, entre tus garras
de cruel antigüedad, tu pueblo puro
sacudió las raíces del tormento,
sufragó las acémilas feudales
con invencible sangre derramada,
y en ti la luz, como la sombra, es vieja,
gastada en devorantes cicatrices.
Junto a la paz del albañil cruzada
por la respiración de las encinas,
junto a los manantiales estrellados
en que cintas y sílabas relucen,
sobre tu edad, como un temblor sombrío,
vive en su escalinata el gerifalte.

  Hambre y dolor fueron la sílice
  de tus arenas ancestrales
  y un tumulto sordo; enredado
  a las raíces de tus pueblos,
  dio a la libertad del mundo
  una eternidad de relámpagos,
  de cantos y de guerrilleros.

Las hondonadas de Navarra
guardaron el rayo reciente.
Mina sacó del precipicio
el collar de sus guerrilleros:
de las aldeas invadidas,
de las poblaciones nocturnas
extrajo el fuego, alimentó
la abrasadora resistencia,
atravesó fuentes nevadas,
atacó en rápidos recodos,
surgió de los desfiladeros,
brotó de las panaderías.

Lo sepultaron en prisiones,
y al alto viento de la sierra
retornó, revuelto y sonoro,
su manantial intransigente.

A América lo lleva el viento
de la libertad española,
y de nuevo atraviesa bosques
y fertiliza las praderas
su corazón inagotable.

En nuestra lucha, en nuestra tierra
se desangraron sus cristales,
luchando por la libertad
indivisible y desterrada.

En México ataron el agua
de las vertientes españolas.
Y quedó inmóvil y callada
su transparencia caudalosa.

XXIII

MIRANDA
MUERE EN
LA NIEBLA
(1816)

Sı ENTRÁIS a Europa tarde con sombrero
de copa en el jardín condecorado
por más de un Otoño junto al mármol
de la fuente mientras caen hojas
de oro harapiento en el Imperio

si la puerta recorta una figura
sobre la noche de San Petersburgo
tiemblan los cascabeles del trineo
y alguien en la soledad blanca alguien
el mismo paso la misma pregunta
si tú sales por la florida puerta
de Europa un caballero sombra traje
inteligencia signo cordón de oro
Libertad Igualdad mira su frente
entre la artillería que truena
si en las Islas la alfombra lo conoce
la que recibe océanos Pase Ud. Ya lo creo
Cuántas embarcaciones Y la niebla
siguiendo paso a paso su jornada
si en las cavidades de logias librerías
hay alguien guante espada con un mapa
con la carpeta pululante llena
de poblaciones de navíos de aire
si en Trinidad hacia la costa el humo
de un combate y de otro el mar de nuevo
y otra vez la escalera de Bay Street la atmósfera
que lo recibe impenetrable
como un compacto interior de manzana
y otra vez esta mano patricia este azulado
guante guerrero en la antesala
largos caminos guerras y jardines
la derrota en sus labios otra sal
otra sal otro vinagre ardiente
si en Cádiz amarrado al muro
por la gruesa cadena su pensamiento el frío
horror de espada el tiempo el cautiverio
si bajáis subterráneos entre ratas
y la mampostería leprosa otro cerrojo
en un cajón de ahorcado el viejo rostro
en donde ha muerto ahogada una palabra
una palabra nuestro nombre la tierra
hacia donde querían ir sus pasos
la libertad para su fuego errante
lo bajan con cordeles a la mojada
tierra enemiga nadie saluda hace frío
hace frío de tumba en Europa

XXIV

EPISODIO

JOSÉ MIGUEL
CARRERA
(1810)

Dijiste Libertad antes que nadie,
cuando el susurro iba de piedra en piedra,
escondido en los patios, humillado.

Dijiste Libertad antes que nadie.
Liberaste al hijo del esclavo.
Iban como las sombras mercaderes
vendiendo sangre de mares extraños.
Liberaste al hijo del esclavo.

Estableciste la primera imprenta.
Llegó la letra al pueblo oscurecido,
la noticia secreta abrió los labios.
Estableciste la primera imprenta.
Implantaste la escuela en el convento.
Retrocedió la gorda telaraña
y el rincón de los diezmos sofocantes.
Implantaste la escuela en el convento.

CORO

Conózcase tu condición altiva,
Señor centelleante y aguerrido.
Conózcase lo que cayó brillando
de tu velocidad sobre la patria.
Vuelo bravío, corazón de púrpura.

Conózcanse tus llaves desbocadas
abriendo los cerrojos de la noche.
Jinete verde, rayo tempestuoso.
Conózcase tu amor a manos llenas,
tu lámpara de luz vertiginosa.
Racimo de una cepa desbordante.
Conózcase tu esplendor instantáneo,
tu errante corazón, tu fuego diurno.

Hierro iracundo, pétalo patricio.
Conózcase tu rayo de amenaza
destrozando las cúpulas cobardes.

Torre de tempestad, ramo de acacia.
Conózcase tu espada vigilante,
tu fundación de fuerza y meteoro.
Conózcase tu rápida grandeza.
Conózcase tu indomable apostura.

EPISODIO

Va por los mares, entre idiomas,
vestidos, aves extranjeras,
trae naves libertadoras,
escribe fuego, ordena nubes,
desentraña sol y soldados,
cruza la niebla en Baltimore
gastándose de puerta en puerta,
créditos y hombres lo desbordan,
lo acompañan todas las olas.
Junto al mar de Montevideo,
en su habitación desterrada,
abre una imprenta, imprime balas.
Hacia Chile vive la flecha
de su dirección insurgente,
arde la furia cristalina
que lo conduce, y endereza
la cabalgata del rescate
montado en las crines ciclónicas
de su despeñada agonía
Sus hermanos aniquilados
le gritan desde el paredón
de la venganza. Sangre suya
tiñe como una llamarada
en los adobes de Mendoza
su trágico trono vacío
Sacude la paz planetaria
de la pampa como un circuito
de luciérnagas infernales.
Azota las ciudadelas
con el aullido de las tribus.
Ensarta cabezas cautivas
en el huracán de las lanzas.
Su poncho desencadenado
relampaguea en la humareda
y en la muerte de los caballos.

91

Joven Pueyrredón, no relates
el desolado escalofrío
de su final, no me atormentes
con la noche del abandono,
cuando lo llevan a Mendoza
mostrando el marfil de su máscara
la soledad de su agonía.

CORO

Patria, presérvalo en tu manto,
recoge este amor peregrino:
no lo dejes rodar al fondo
de su tenebrosa desdicha:
sube a tu frente este fulgor,
esta lámpara inolvidable,
repliega esta rienda frenética,
llama a este párpado estrellado,
guarda el ovillo de esta sangre
para tus telas orgullosas.
Patria, recoge esta carrera,
la luz, la gota mal herida,
este cristal agonizante,
esta volcánica sortija
Patria, galopa y defiéndelo,
galopa, corre, corre, corre.

EXODO

Lo llevan a los muros de Mendoza,
al árbol cruel, a la vertiente
de sangre inaugurada, al solitario
tormento, al final frío de la estrella.
Va por las carreteras inconclusas,
zarza y tapiales desdentados,
álamos que le arrojan oro muerto,
rodeado por su orgullo inútil
como por una túnica harapienta
a la que el polvo de la muerte llega.
Piensa en su desangrada dinastía,
en la luna inicial sobre los robles
desgarradores de la infancia,
la escuela castellana y el escudo
rojo y viril de la milicia hispana,

su tribu asesinada, la dulzura
del matrimonio, entre los azahares
el destierro, las luchas por el mundo,
O'Higgins el enigma abanderado,
Javiera sin saber en los remotos
jardines de Santiago.
Mendoza insulta su linaje negro,
golpea su vencida investidura,
y entre las piedras arrojadas sube
hacia la muerte.

        Nunca un hombre tuvo
un final más exacto. De las ásperas
embestidas, entre viento y bestias,
hasta este callejón donde sangraron
todos los de su sangre.

        Cada grada
del cadalso lo ajusta a su destino.
Ya nadie puede continuar la cólera.
La venganza, el amor cierran sus puertas.
Los caminos ataron al errante.
Y cuando le disparan, y a través
de su paño de príncipe del pueblo
asoma sangre, es sangre que conoce
la tierra infame, sangre que ha llegado
donde tenía que llegar, al suelo
de lagares sedientos que esperaban
las uvas derrotadas de su muerte.

        Indagó hacia la nieve de la patria.
Todo era niebla en la erizada altura.

Vio los fusiles cuyo hierro
hizo hacer su amor desmoronado,
se sintió sin raíces, pasajero
del humo, en la batalla solitaria,
y cayó envuelto en polvo y sangre
como en dos brazos de bandera.

CORO

Húsar infortunado, alhaja ardiente,
zarza encendida en la patria nevada.

93

Llorad por él, llorad hasta que mojen,
mujeres, vuestras lágrimas la tierra,
la tierra que él amó, su idolatría.
Llorad, guerreros ásperos de Chile,
acostumbrados a montaña y ola,
este vacío es como un ventisquero,
esta muerte es el mar que nos golpea.
No preguntéis por qué, nadie diría
la verdad destrozada por la pólvora.
No preguntéis quién fue, nadie arrebata
el crecimiento de la primavera,
nadie mató la rosa del hermano.
Guardemos cólera, dolor y lágrimas,
llenemos el vacío desolado
y que la hoguera en la noche recuerde
la luz de las estrellas fallecidas.
Hermana, guarda tu rencor sagrado.
La victoria del pueblo necesita
la voz de tu ternura triturada.
Extended mantos en su ausencia
para que pueda —frío y enterrado—
con su silencio sostener la patria.

Más de una vida fue su vida.

Buscó su integridad como una llama.
La muerte fue con él hasta dejarlo
para siempre completo y consumido.

ANTISTROFA

Guarde el laurel doloroso su extrema substancia de
    invierno.
A su corona de espinas llevemos arena radiante,
hilos de estirpe araucana resguarden la luna mortuoria,
hojas de boldo fragante resuelvan la paz de su tumba,
nieve nutrida en las aguas inmensas y oscuras de Chile,
plantas que amó, toronjiles en tazas de greda silvestre,
ásperas plantas amadas por el amarillo centauro,
negros racimos colmados de eléctrico otoño en la tierra,
ojos sombríos qu eardieron bajo sus besos terrestres.
Levante la patria sus aves, sus alas injustas, sus párpados
    rojos,
vuele hacia el húsar herido la voz del queltehue en el
    agua,

sangre la loica su mancha de aroma escarlata rindiendo
    tributo
a aquel cuyo vuelo extendiera la noche nupcial de la
    patria
y el cóndor colgado en la altura inmutable corone con
    plumas sangrientas
el pecho dormido, la hoguera que yace en las gradas de
    la cordillera,
rompa el soldado la rosa iracunda aplastada en el muro
    abrumado,
salte el paisano al caballo de negra montura y hocico de
    espuma,
vuelva al esclavo del campo su paz de raíces, su escudo
    enlutado,
levante el mecánico su pálida torre tejida de estaño
    nocturno:
el pueblo que nace en la cuna torcida por mimbres y
    manos del héroe,
el pueblo que sube de negros adobes de minas y bocas
    sulfúricas,
el pueblo levante el martirio y la urna y envuelva el
    recuerdo desnudo
con su ferroviaria grandeza y su eterna balanza de piedras
    y heridas
hasta que la tierra fragante decrete copihues mojados y
    libros abiertos,
al niño invencible, a la ráfaga insigne, al tierno temible
    y acerbo soldado.
Y guarde su nombre en el duro dominio del pueblo en
    su lucha,
como el nombre en la nave resiste el combate marino:
la patria en su proa lo inscriba y lo bese el relámpago
porque así fue su libre y delgada y ardiente materia.

XXV

CUECA

MANUEL
RODRIGUEZ

Señora, dicen que donde,
mi madre dicen, dijeron,
el agua y el viento dicen
que vieron al guerrillero.

95

VIDA   Puede ser un obispo
puede y no puede,
puede ser sólo el viento
sobre la nieve:
sobre la nieve, sí,
madre, no mires,
que viene galopando
Manuel Rodríguez.
Ya viene el guerrillero
por el estero.

CUECA

PASION   Saliendo de Melipilla,
corriendo por Talagante,
cruzando por San Fernando,
amaneciendo en Pomaire.

Pasando por Rancagua,
por San Rosendo,
Por Cauquenes, por Chena,
por Nacimiento:
por Nacimiento, sí,
desde Chiñigüe,
por todas partes viene
Manuel Rodríguez.
Pásale este clavel.
Vamos con él.

CUECA

Que se apague la guitarra,
que la patria está de duelo.
Nuestra tierra se oscurece.
Mataron al guerrillero.

Y MUERTE   En Til-Til lo mataron
los asesinos,
su espalda está sangrando
sobre el camino:
sobre el camino, sí.

96

Quién lo diría,
el que era nuestra sangre,
nuestra alegría.

La tierra está llorando.
Vamos callando.

XXVI

(1)

ARTIGAS Artigas crecía entre los matorrales y fue tempestuoso
su paso porque en las praderas creciendo el galope de
    piedra o campana
llegó a sacudir la inclemencia del páramo como repetida
    centella,
llegó a acumular el color celestial extendiendo los cascos
    sonoros
hasta que nació una bandera empapada en el uruguayano
    rocío.

(2)

Uruguay, Uruguay, uruguayan los cantos del río
    uruguayo,
las aves turpiales, la tórtola de voz malherida, la torre
    del trueno uruguayo
proclaman el grito celeste que dice Uruguay en el viento
y si la cascada redobla y repite el galope de los caballeros
    amargos
que hacia la frontera recogen los últimos granos de su
    victoriosa derrota
se extiende el unísono nombre de pájaro puro,
la luz de violín que bautiza la patria violenta.

(3)

Oh Artigas, soldado del campo creciente, cuando para
    toda la tropa bastaba

tu poncho estrellado por constelaciones que tú conocías,
hasta que la sangre corrompe y redime la aurora, y
despiertan tus hombres
marchando agobiados por los polvorientos ramales del
del día.
Oh padre constante del itinerario, caudillo del rumbo,
centauro de la polvareda!

(4)

Pasaron los días de un siglo y siguieron las horas detrás
de tu exilio:
detrás de la selva enredada por mil telarañas de hierro:
detrás del silencio en que sólo caían los frutos podridos
sobre los pantanos,
las hojas, la lluvia desencadenada, la música del urutaú,
los pasos descalzos de los paraguayos entrando y saliendo
en el sol de la sombra,
la trenza del látigo, los cepos, los cuerpos roídos por
escarabajos:
un grave cerrojo se impuso apartando el color de la selva
y el amoratado crepúsculo cerraba con sus cinturones
los ojos de Artigas que buscan en su desventura la luz
uruguaya.

(5)

"Amargo trabajo el exilio" escribió aquel hermano de mi
alma
y así el entretanto de América cayó como párpado oscuro
sobre la mirada de Artigas, jinete del escalofrío,
opreso en la inmóvil mirada de vidrio de un déspota,
en un reino vacío.

(6)

América tuya temblaba con penitenciales dolores:
Oribes, Alveares, Carreras, desnudos corrían hacia el
sacrificio:
morían, nacían, caían: los ojos del ciego mataban: la
voz de los mudos

hablaba. Los muertos, por fin, encontraron partido,
por fin conocieron su bando patricio en la muerte.
Y todos aquellos sangrientos supieron que pertenecían
a la misma fila: la tierra no tiene adversarios.

(7)

Uruguay es palabra de pájaro, o idioma del agua,
es sílaba de una cascada, es tormento de cristalería,
Uruguay es la voz de las frutas en la primavera fragante,
es un beso fluvial de los bosques y la máscara azul del
    Atlántico.
Uruguay es la ropa tendida en el oro de un día de viento,
es el pan en la mesa de América, la pureza del pan en
    la mesa.

(8)

Y si Pablo Neruda, el cronista de todas las cosas, te
    debía, Uruguay, este canto,
este canto, este cuento, esta miga de espiga, este Artigas,
no falté a mis deberes ni acepté los escrúpulos del
    intransigente:
esperé una hora quieta, acechè una hora inquieta, recogí
    los herbarios del río,
sumergí mi cabeza en tu arena y en la plata de los
    pejerreyes,
en la clara amistad de tus hijos, en tus destartalados
    mercados
me acendré hasta sentirme deudor de tu olor y tu amor.
Y tal vez está escrito el rumor que tu amor y tu olor
    me otorgaron
en estas palabras oscuras, que dejo en memoria de tu
    capitán luminoso.

XXVII

GUAYAQUIL
(1822)

Cuando entró San Martín, algo nocturno
de camino impalpable, sombra, cuero,
entró en la sala.
      Bolívar esperaba.

99

Bolívar olfateó lo que llegaba.
Él era aéreo, rápido, metálico,
todo anticipación, ciencia de vuelo,
su contenido ser temblaba
allí, en el cuarto detenido
en la oscuridad de la historia.

Venía de la altura indecible,
de la atmósfera constelada,
iba su ejército adelante
quebrantando noche y distancia,
capitán de un cuerpo invisible,
de la nieve que lo seguía.
La lámpara tembló, la puerta
detrás de San Martín mantuvo
la noche, sus ladridos, un rumor
tibio de desembocadura.
Las palabras abrieron un sendero
que iba y volvía en ellos mismos.
Aquellos dos cuerpos se hablaban,
se rechazaban, se escondían,
se incomunicaban, se huían.

San Martín traía del Sur
un saco de números grises,
la soledad de las monturas
infatigables, los caballos
batiendo tierras, agregándose
a su fortaleza arenaria.
Entraron con él los ásperos
arrieros de Chile, un lento
ejército ferruginoso,
el espacio preparatorio,
las banderas con apellidos
envejecidos en la pampa.

Cuanto hablaron cayó de cuerpo a cuerpo
en el silencio, en el hondo intersticio.
No eran palabras, era la profunda
emanación de las tierras adversas,
de la piedra humana que toca
otro metal inaccesible.
Las palabras volvieron a su sitio.

Cada uno, delante de sus ojos
veía sus banderas.

100

Uno, el tiempo con flores deslumbrantes,
otro, el roído pasado,
los desgarrones de la tropa.

Junto a Bolívar una mano blanca
lo esperaba, lo despedía,
acumulaba su acicate ardiente,
extendía el lino en el tálamo.
San Martín era fiel a su pradera.
Su sueño era un galope,
una red de correas y peligros.
Su libertad era una pampa unánime.
Un orden cereal fue su victoria.

Bolívar construía un sueño,
una ignorada dimensión, un fuego
de velocidad duradera,
tan incomunicable, que lo hacía
prisionero, entregado a su substancia.

Cayeron las palabras y el silencio.

Se abrió otra vez la puerta, otra vez toda
la noche americana, el ancho río
de muchos labios palpitó un segundo.

San Martín regresó de aquella noche
hacia las soledades, hacia el trigo.
Bolívar siguió solo.

XXVIII

SUCRE Sucre en las altas tierras, desbordando
el amarillo perfil de los montes,
Hidalgo cae, Morelos recoge
el sonido, el temblor de una campana
propagado en la tierra y en la sangre.
Páez recorre los caminos
repartiendo aire conquistado,
cae el rocío en Cundinamarca
sobre la fraternidad de las heridas,
el pueblo insurge inquieto
desde la latitud a la secreta
célula, emerge un mundo
de despedidas y galopes,

101

nace a cada minuto una bandera
como una flor anticipada:
banderas hechas de pañuelos
sangrientos y de libros libres,
banderas arrastradas al polvo
de los caminos, destrozadas
por la caballería, abiertas
por estampidos y relámpagos.

LAS BANDERAS   Nuestras banderas de aquel tiempo
fragante, bordadas apenas,
nacidas apenas, secretas
como un profundo amor, de pronto
encarnizadas en el viento
azul de la pólvora amada.

América, extensa cuna, espacio
de estrella, granada madura.
de pronto se llenó de abejas
tu geografía, de susurros
conducidos por los adobes
y las piedras, de mano en mano,
se llenó de trajes la calle
como un panal atolondrado.

En la noche de los disparos
el baile brillaba en los ojos,
subía como una naranja
el azahar a las camisas,
besos de adiós, besos de harina,
el amor amarraba besos,
y la guerra cantaba con
su guitarra por los caminos.

XXIX

CASTRO
ALVES
DEL BRASIL
    CASTRO *Alves del Brasil, tú para quién cantaste?*
Para la flor cantaste? Para el agua
cuya hermosura dice palabras a las piedras?

102

Cantaste para los ojos, para el perfil cortado
de la que amaste entonces? Para la primavera?

Sí, pero aquellos pétalos no tenían rocío,
aquellas aguas negras no tenían palabras,
aquellos ojos eran los que vieron la muerte,
ardían los martirios aun detrás del amor,
la primavera estaba salpicada de sangre.

—Canté para los esclavos, ellos sobre los barcos
como el racimo oscuro del árbol de la ira
viajaron, y en el puerto se desangró el navío
dejándonos el peso de una sangre robada.

—Canté en aquellos días contra el infierno,
contra las afiladas lenguas de la codicia,
contra el oro empapado en el tormento,
contra la mano que empuñaba el látigo,
contra los directores de tinieblas.

—Cada rosa tenía un muerto en sus raíces.
La luz, la noche, el cielo se cubrían de llanto,
los ojos se apartaban de las manos heridas
y era mi voz la única que llenaba el silencio.

—Yo quise que del hombre nos salváramos,
yo creía que la ruta pasaba por el hombre,
y que de allí tenía que salir el destino.
Yo canté para aquellos que no tenían voz.
Mi voz golpeó las puertas hasta entonces cerradas
para que, combatiendo, la Libertad entrase.

Castro Alves del Brasil, hoy que tu libro puro
vuelve a nacer para la tierra libre,
déjame a mí, poeta de nuestra pobre América,
coronar tu cabeza con el laurel del pueblo.
Tu voz se unió a la eterna y alta voz de los hombres.
Cantaste bien. Cantaste como debe cantarse.

TOUSSAINT
L'OUVERTURE

Haití, de su dulzura enmarañada,
extrae pétalos patéticos,
rectitud de jardines, edificios
de la grandeza, arrulla
el mar como un abuelo oscuro
su antigua dignidad de piel y espacio.

Toussaint L'Ouverture anuda
la vegetal soberanía,
la majestad encadenada,
la sorda voz de los tambores
y ataca, cierra el paso, sube,
ordena, expulsa, desafía
como un monarca natural,
hasta que en la red tenebrosa
cae y lo llevan por los mares
arrastrado y atropellado
como el regreso de su raza,
tirado a la muerte secreta
de las sentinas y los sótanos.

Pero en la Isla arden las peñas,
hablan las ramas escondidas,
se transmiten las esperanzas,
surgen los muros del baluarte.
La libertad es bosque tuyo,
oscuro hermano, preserva
tu memoria de sufrimientos
y que los héroes pasados
custodien tu mágica espuma.

MORAZÁN
(1842)

Alta es la noche y Morazán vigila.
Es hoy, ayer, mañana? Tú lo sabes.

Cinta central. América angostura
que los golpes azules de dos mares
fueron haciendo, levantando en vilo
cordilleras y plumas de esmeralda:
territorio, unidad, delgada diosa
nacida en el combate de la espuma.

Te desmoronan hijos y gusanos,
se extienden sobre ti las alimañas
y una tenaza te arrebata el sueño
y un puñal con tu sangre te salpica
mientras se despedaza tu estandarte.

Alta es la noche y Morazán vigila.

Ya viene el tigre enarbolando un hacha.
Vienen a devorarte las entrañas.
Vienen a dividir la estrella.
                              Vienen,
pequeña América olorosa,
a clavarte en la cruz, a desollarte,
a tumbar el metal de tu bandera.

Alta es la noche y Morazán vigila.

Invasores llenaron tu morada.
Y te partieron como fruta muerta,
y otros sellaron sobre tus espaldas
los dientes de una estirpe sanguinaria,
y otros te saquearon en los puertos
cargando sangre sobre tus dolores.

Es hoy, ayer, mañana? Tú lo sabes.

Hermanos, amanece. (Y Morazán vigila.)

XXXII

VIAJE POR LA
NOCHE DE
JUÁREZ

Juárez, si recogiéramos
la íntima estrata, la materia
de la profundidad, si cavando tocáramos
el profundo metal de las repúblicas,
esta unidad sería tu estructura,
tu impasible bondad, tu terca mano.
Quien mira tu levita,
tu parca ceremonia, tu silencio,
tu rostro hecho de tierra americana,
si no es de aquí, si no ha nacido en estas
llanuras, en la greda montañosa
de nuestras soledades, no comprende.

105

Te hablarán divisando una cantera.
Te pasarán como se pasa un río.
Darán la mano a un árbol, a un sarmiento,
a un sombrío camino de la tierra.

Para nosotros eres pan y piedra,
horno y producto de la estirpe oscura.
Tu rostro fue nacido en nuestro barro.
Tu majestad es mi región nevada,
tus ojos la enterrada alfarería.

Otros tendrán el átomo y la gota
de eléctrico fulgor, de brasa inquieta:
tú eres el muro hecho de nuestra sangre,
tu rectitud impenetrable
sale de nuestra dura geología.

No tienes nada que decir al aire,
al viento de oro que viene de lejos,
que lo diga la tierra ensimismada,
la cal, el mineral, la levadura.

Yo visité los muros de Querétaro,
toqué cada peñasco en la colina,
la lejanía, cicatriz y cráter,
los cactus de ramales espinosos:
nadie persiste allí, se fue el fantasma,
nadie quedó dormido en la dureza:
sólo existen la luz, los aguijones
del matorral, y una presencia pura:
Juárez, tu paz de noche justiciera,
definitiva, férrea y estrellada.

XXXIII

EL
VIENTO
SOBRE
LINCOLN

A veces el viento del Sur resbala
sobre la sepultura de Lincoln trayendo
voces y briznas de ciudades y árboles
nada pasa en su tumba las letras no se mueven
el mármol se suaviza con lentitud de siglos
el viejo caballero ya no vive
no existe el agujero de su antigua camisa
se han mezclado las fibras de tiempo y polvo humano

qué vida tan cumplida dice una temblorosa
señora de Virginia una escuela que canta
más de una escuela canta pensando en otras cosas
pero el viento del Sur la emanación de tierras
de caminos a veces se detiene en la tumba
su transparencia es un periódico moderno
vienen sordos rencores lamentos como aquéllos
el sueño inmóvil vencedor yacía
bajo los pies llenos de lodo que pasaron
cantando y arrastrando tanta fatiga y sangre
pues bien esta mañana vuelve al mármol el odio
el odio del Sur blanco hacia el viejo dormido
en las iglesias los negros están solos con Dios
con Dios según lo creen en las plazas
en los trenes el mundo tiene ciertos letreros
que dividen el cielo el agua el aire
qué vida tan perfecta dice la delicada
señorita y en Georgia matan a palos
cada semana a un joven negro
mientras Paul Robeson canta como la tierra
como el comienzo del mar y de la vida
canta sobre la crueldad y los avisos
de coca-cola canta para hermanos
de mundo a mundo entre los castigos
canta para los nuevos hijos para
que el hombre oiga y detenga su látigo
la mano cruel la mano que Lincoln abatiera
la mano que resurge como una blanca víbora
el viento pasa el viento sobre la tumba trae
conversaciones restos de juramentos algo
que llora sobre el mármol como una lluvia fina
de antiguos de olvidados dolores insepultos
el Klan mató a un bárbaro persiguiéndolo
colgando al pobre negro que aullaba quemándolo
vivo y agujereado por los tiros
bajo sus capuchones los prósperos rotarios
no saben así creen que sólo son verdugos
cobardes carniceros detritus del dinero
con la cruz de Caín regresan
a lavarse las manos a rezar el domingo
telefonean al Senado contando sus hazañas
de esto no sabe nada el muerto de Illinois
porque el viento de hoy habla un lenguaje
de esclavitud de furia de cadena

107

y a través de las losas el hombre ya no existe
es un desmenuzado polvillo de victoria
de victoria arrasada después de triunfo muerto
no sólo la camisa del hombre se ha gastado
no sólo el agujero de la muerte nos mata
sino la primavera repetida el transcurso
que roe al vencedor con su canto cobarde
muere el valor de ayer se derraman de nuevo
las furiosas banderas del malvado
alguien canta junto al monumento es un coro
de niñas escolares voces ácidas
que suben sin tocar el polvo externo
que pasan sin bajar al leñador dormido
a la victoria muerta bajo las reverencias
mientras el burlón y viajero viento del Sur sonríe.

XXXIV

MARTI
(1890)

CUBA, flor espumosa, efervescente
azucena escarlata, jazminero,
cuesta encontrar bajo la red florida
tu sombrío carbón martirizado,
la antigua arruga que dejó la muerte,
la cicatriz cubierta por la espuma.

Pero dentro de ti como una clara
geometría de nieve germinada,
donde se abren tus últimas cortezas,
yace Martí como una almendra pura.

Está en el fondo circular del aire,
está en el centro azul del territorio,
y reluce como una gota de agua
su dormida pureza de semilla.

Es de cristal la noche que lo cubre.
Llanto y dolor, de pronto, crueles gotas
atraviesan la tierra hasta el recinto
de la infinita claridad dormida.
El pueblo a veces baja sus raíces
a través de la noche hasta tocar
el agua quieta en su escondido manto.

A veces cruza el rencor iracundo
pisoteando sembradas superficies
y un muerto cae en la copa del pueblo.

A veces vuelve el látigo enterrado
a silbar en el aire de la cúpula
y una gota de sangre como un pétalo
cae a la tierra y desciende al silencio.
Todo llega al fulgor inmaculado.
Los temblores minúsculos golpean
las puertas de cristal del escondido.

Toda lágrima toca su corriente.

Todo fuego estremece su estructura.
Y así de la yacente fortaleza,
del escondido germen caudaloso
salen los combatientes de la isla.

Vienen de un manantial determinado.

Nacen de una vertiente cristalina.

XXXV

BALMACEDA
DE CHILE
(1819)

Mr. North ha llegado de Londres.

Es un magnate del nitrato.
Antes trabajó en la pampa,
de jornalero, algún tiempo,
pero se dio cuenta y se fue.
Ahora vuelve, envuelto en libras.
Trae dos caballitos árabes
y una pequeña locomotora
toda de oro. Son regalos
para el Presidente, un tal
José Manuel Balmaceda.

"You are very clever, Mr. North".

Rubén Darío entra por esta casa,
por esta Presidencia como quiere.
Una botella de coñac le aguarda.

El joven Minotauro envuelto en niebla
de ríos, traspasado de sonidos
sube la gran escala que será
tan difícil subir a Mr. North.
El Presidente regresó hace poco
del desolado Norte salitroso,
allí dijo: "Esa tierra, esta riqueza
será de Chile, esta materia blanca
convertiré en escuelas, en caminos,
en pan para mi pueblo".
Ahora entre papeles, en palacio,
su fina forma, su intensa mirada
mira hacia los desiertos del salitre.

Su noble rostro no sonríe.

La cabeza, de pálida apostura,
tiene la antigua calidad de un muerto,
de un viejo antepasado de la patria.

Todo su ser es examen solemne.

Algo inquieta como una racha fría,
su paz, su movimiento pensativo.

Rechazó los caballos, la maquinita de oro
de Mr. North. Los alejó sin verlos
hacia su dueño, el poderoso gringo.
Movió apenas la desdeñosa mano.
"Ahora, Mr. North, no puedo
entregarle estas concesiones,
no puedo amarrar a mi patria
a los misterios de la City".

Mr. North se instala en el Club.
Cien whiskies van para su mesa,
cien comidas para abogados,
para el Parlamento, champaña
para los tradicionalistas.
Corren agentes hacia el Norte,
las hebras van, vienen y vuelven.
Las suaves libras esterlinas
tejen como arañas doradas
una tela inglesa, legítima,
para mi pueblo, un traje sastre
de sangre, pólvora y miseria.

"You are very clever, Mr. North".
Sitia la sombra a Balmaceda.

Cuando llega el día lo insultan,
lo escarnecen los aristócratas,
le ladran en el Parlamento,
lo fustigan y lo calumnian.
Dan la batalla, y han ganado.
Pero no basta: hay que torcer
la historia. Las buenas viñas
se "sacrifican" y el alcohol
llena la noche miserable.
Los elegantes jovencitos
marcan las puertas y una horda
asalta las casas, arroja
los pianos desde los balcones.
Aristocrático picnic
con cadáveres en la acequia
y champagne francés en el Club.

"You are very clever, Mr. North".

La Embajada argentina abrió
sus puertas al Presidente.

Esa tarde escribe con la misma
seguridad de mano fina,
la sombra entra en sus grandes ojos
como una oscura mariposa,
de profundidad fatigada.

Y la magnitud de su frente
sale del mundo solitario,
de la pequeña habitación,
ilumina la noche oscura.
Escribe su nítido nombre,
las letras de largo perfil
de su doctrina traicionada.

Tiene el revólver en su mano.

Mira a través de la ventana
un trozo postrero de patria,
pensando en todo el largo cuerpo
de Chile, oscurecido
como una página nocturna.

111

Viaja, y sin ver cruzan sus ojos,
como en los vidrios de un tren,
rápidos campos, caseríos,
torres, riberas anegadas,
pobreza, dolores, harapos.
Él soñó un sueño preciso,
quiso cambiar el desgarrado
paisaje, el cuerpo consumido
del pueblo, quiso defenderlo.

Es tarde ya, escucha disparos
aislados, los gritos vencedores,
el salvaje malón, los aullidos
de la "aristocracia", escucha
el último rumor, el gran silencio,
y entra con él, recostado, a la muerte.

XXXVI

A EMILIANO
ZAPATA
CON MÚSICA DE
TATA NACHO

CUANDO arreciaron los dolores
en la tierra, y los espinares desolados
fueron la herencia de los campesinos,
y como antaño, las rapaces
barbas ceremoniales, y los látigos,
entonces, flor y fuego galopando...

Borrachita me voy
hacia la capital

se encabritó en el alba transitoria
la tierra sacudida de cuchillos,
el peón de sus amargas madrigueras
cayó como un elote desgranado
sobre la soledad vertiginosa.

a pedirle al patrón
que me mandó llamar

Zapata entonces fue tierra y aurora.
En todo el horizonte aparecía
la multitud de su semilla armada.

112

En un ataque de aguas y fronteras
el férreo manantial de Coahuila,
las estelares piedras de Sonora:
todo vino a su paso adelantado,
a su agraria tormenta de herraduras.

> *que si se va del rancho*
> *muy pronto volverá*

Reparte el pan, la tierra:
                              te acompaño.
Yo renuncio a mis párpados celestes.
Yo, Zapata, me voy con el rocío
de las caballerías matutinas,
en un disparo desde los nopales
hasta las casas de pared rosada.

> *...cintitas pa tu pelo*
> *no llores por tu Pancho...*

La luna duerme sobre las monturas.
La muerte amontonada y repartida
yace con los soldados de Zapata.
El sueño esconde bajo los baluartes
de la pesada noche su destino,
su incubadora sábana sombría.
La hoguera agrupa el aire desvelado:
grasa, sudor y pólvora nocturna.

> *...Borrachita me voy*
> *para olvidarte...*

Pedimos patria para el humillado.
Tu cuchillo divide el patrimonio
y tiros y corceles amedrentan
los castigos, la barba del verdugo.
La tierra se reparte con un rifle.
No esperes, campesino polvoriento,
después de tu sudor la luz completa
y el cielo parcelado en tus rodillas.
Levántate y galopa con Zapata.

> *...Yo la quise traer*
> *dijo que no...*

México, huraña agricultura, amada
tierra entre los oscuros repartida:
de las espadas del maíz salieron
al sol tus centuriones sudorosos.

De la nieve del Sur vengo a cantarte.

Déjame galopar en tu destino
y llenarme de pólvora y arados.

...Que si habrá de llorar
pa qué volver...

XXXVII

SANDINO
(1926)

Fue cuando en tierra nuestra
se enterraron
las cruces, se gastaron
inválidas, profesionales.
Llegó el dólar de dientes agresivos
a morder territorio,
en la garganta pastoril de América.
Agarró Panamá con fauces duras,
hundió en la tierra fresca sus colmillos,
chapoteó en barro, whisky, sangre,
y juró un Presidente con levita:
"Sea con nosotros el soborno
de cada día".
Luego, llegó el acero,
y el canal dividió las residencias,
aquí los amos, allí la servidumbre.

Corrieron hacia Nicaragua.

Bajaron, vestidos de blanco,
tirando dólares y tiros.
Pero allí surgió un capitán
que dijo: "No, aquí no pones
tus concesiones, tu botella".
Le prometieron un retrato
de Presidente, con guantes,
banda terciada y zapatitos
de charol recién adquiridos.

114

Sandino se quitó las botas,
se hundió en los trémulos pantanos,
se terció la banda mojada
de la libertad en la selva,
y, tiro a tiro, respondió
a los "civilizadores".

La furia norteamericana
fue indecible: documentados
embajadores convencieron
al mundo que su amor era
Nicaragua, que alguna vez
el orden debía llegar
a sus entrañas soñolientas.

Sandino colgó a los intrusos.

Los héroes de Wall Street
fueron comidos por la ciénaga,
un relámpago los mataba,
más de un machete los seguía,
una soga los despertaba
como una serpiente en la noche,
y colgando de un árbol eran
acarreados lentamente
por coleópteros azules
y enredaderas devorantes.

Sandino estaba en el silencio,
en la Plaza del Pueblo, en todas
partes estaba Sandino,
matando norteamericanos,
ajusticiando invasores.
Y cuando vino la aviación
la ofensiva de los ejércitos
acorazados, la incisión
de aplastadores poderíos,
Sandino, con sus guerrilleros,
como un espectro de la selva,
era un árbol que se enroscaba
o una tortuga que dormía
o un río que se deslizaba.

Pero árbol, tortuga, corriente
fueron la muerte vengadora,
fueron sistemas de la selva,
mortales síntomas de araña.

(En 1948
un guerrillero
de Grecia, columna de Esparta,
fue la urna de luz atacada
por los mercenarios del dólar.
Desde los montes echó fuego
sobre los pulpos de Chicago,
y como Sandino, el valiente
de Nicaragua, fue llamado
"bandolero de las montañas").

Pero cuando fuego, sangre
y dólar no destruyeron
la torre altiva de Sandino,
los guerreros de Wall Street
hicieron la paz, invitaron
a celebrarla al guerrillero,

y un traidor recién alquilado

le disparó su carabina.

Se llama Somoza. Hasta hoy
está reinando en Nicaragua:
los treinta dólares crecieron
y aumentaron en su barriga.

Esta es la historia de Sandino,
capitán de Nicaragua,
encarnación desgarradora
de nuestra arena traicionada,
dividida y acometida,
martirizada y saqueada.

XXXVIII

(1)

HACIA
RECABARREN

La tierra, el metal de la tierra, la compacta
hermosura, la paz ferruginosa
que será lanza, lámpara o anillo,
materia pura, acción
del tiempo, salud
de la tierra desnuda.

El mineral fue como estrella
hundida y enterrada.
A golpes de planeta, gramo a gramo,
fue escondida la luz.
Áspera capa, arcilla, arena
cubrieron tu hemisferio.

Pero yo amé tu sal, tu superficie.
Tu goterón, tu párpado, tu estatua.

En el quilate de pureza dura
cantó mi mano: en la égloga
nupcial de la esmeralda fui citado,
y en el hueco del hierro puse mi rostro un día
hasta emanar abismo, resistencia y aumento.

Pero yo no sabía nada.

El hierro, el cobre, las sales lo sabían.

Cada pétalo de oro fue arrancado con sangre.
Cada metal tiene un soldado.

(2)

EL COBRE   Yo llegué al cobre, a Chuquicamata.

Era tarde en las cordilleras.
El aire era como una copa
fría, de seca transparencia.
Antes viví en muchos navíos,
pero en la noche del desierto
la inmensa mina resplandecía
como un navío cegador
con el rocío deslumbrante
de aquellas alturas nocturnas.

117

Cerré los ojos: sueño y sombra
extendían sus gruesas plumas
sobre mí como aves gigantes.
Apenas y de tumbo en tumbo,
mientras bailaba el automóvil,
la oblicua estrella, el penetrante
planeta, como una lanza,
me arrojaban un rayo helado
de fuego frío, de amenaza.

(3)

LA NOCHE Era alta noche ya, noche profunda,
EN como interior vacío de campana.
CHUQUICAMATA Y ante mis ojos vi los muros implacables,
el cobre derribado en la pirámide.
Era verde la sangre de esas tierras.

Alta hasta los planetas empapados
era la magnitud nocturna y verde.
Gota a gota una leche de turquesa,
una aurora de piedra,
fue construida por el hombre
y ardía en la inmensidad,
en la estrellada tierra abierta
de toda la noche arenosa.

Paso a paso, entonces, la sombra
me llevó
de la mano hacia el Sindicato.
Era el mes de julio
en Chile, en la estación fría.
Junto a mis pasos, muchos días
(o siglos) (o simplemente meses
de cobre, piedra y piedra y piedra,
es decir, de infierno en el tiempo:
del infinito sostenido
por una mano sulfurosa),
iban otros pasos y pies
que sólo el cobre conocía.

Era una multitud grasienta,
hambre y harapo, soledades,
la que cavaba el socavón.

118

Aquella noche no vi
desfilar su herida sin número
en la costa cruel de la mina.

Pero yo fui de esos tormentos.

Las vértebras del cobre estaban húmedas,
descubiertas a golpes de sudor
en la infinita luz del aire andino.
Para excavar los huesos minerales
de la estatua enterrada por los siglos,
el hombre construyó las galerías
de un teatro vacío.
Pero la esencia dura,
la piedra en su estatura, la victoria
del cobre huyó dejando un cráter
de ordenado volcán, como si aquella
estatua, estrella verde,
fuera arrancada al pecho de un dios ferruginoso
dejando un hueco pálido socavado en la altura.

(4)

LOS CHILENOS   Todo eso fue tu mano.

Tu mano fue la uña
del compatriota mineral, del "roto"
combatido, del pisoteado
material humano, del hombrecito con harapos.
Tu mano fue como la geografía:
cavó este cráter de tiniebla verde,
fundó un planeta de piedra oceánica.

Anduvo por las maestranzas
manejando las palas rotas
y poniendo pólvora en todas
partes, como huevos
de gallina ensordecedora.

Se trata de un cráter remoto:
aun desde la luna llena
se vería su profundidad
hecha mano a mano por

119

un tal Rodríguez, un tal Carrasco,
un tal Díaz Iturrieta,
un tal Abarca, un tal Gumersindo,
un tal chileno llamado Mil.

Esta inmensidad, uña a uña,
el desgarrado chileno, un día
y otro día, otro invierno, a pulso,
a velocidad, en la lenta
atmósfera de las alturas,
la recogió de la argamasa,
la estableció entre las regiones.

(5)

EL HÉROE   No fue sólo firmeza tumultuosa
de muchos dedos, no sólo fue la pala,
no sólo el brazo, la cadera, el peso
de todo el hombre y su energía:
fueron dolor, incertidumbre y furia
los que cavaron el centímetro
de altura calcárea, buscando
las venas verdes de la estrella,
los finales fosforescentes
de los cometas enterrados.

Del hombre gastado en su abismo
nacieron las sales sangrientas.
Porque es el Reinaldo agresivo,
busca piedras, el infinito
Sepúlveda, tu hijo, sobrino de
tu tía Eduviges Rojas,
el héroe ardiendo, el que desvencija
la cordillera mineral.

Así fue como conociendo,
entrando como a la uterina
originalidad de la entraña,
en tierra y vida, fui venciéndome:
hasta sumirme en hombre, en agua
de lágrimas como estalactitas,
de pobre sangre despeñada,
de sudor caído en el polvo.

120

OFICIOS Otras veces con Lafertte, más lejos,
entramos en Tarapacá,
desde Iquique azul y ascético,
por los límites de la arena.

Me mostró Elías las palas
de los derripiadores, hundido
en las maderas cada dedo
del hombre: estaban gastadas
por el roce de cada yema.
Las presiones de aquellas manos derritieron
los pedernales de la pala,
y así abrieron los corredores
de tierra y piedra, metal y ácido,
estas uñas amargas, estos
ennegrecidos cinturones
de manos que rompen planetas,
y elevan las sales al cielo,
diciendo como en el cuento,
en la historia celeste: "Éste
es el primer día de la tierra".

Así aquel que nadie vio antes
(antes de aquel día de origen),
el prototipo de la pala,
se levantó sobre las cáscaras
del infierno; las dominó
con sus rudas manos ardientes,
abrió las hojas de la tierra,
y apareció en camisa azul
el capitán de dientes blancos,
el conquistador de salitre.

(7)

EL DESIERTO El duro mediodía de las grandes arenas
ha llegado:
el mundo está desnudo,
ancho, estéril y limpio hasta las últimas
fronteras arenales:
escuchad el sonido quebradizo
de la sal viva, sola en los salares:
el sol rompe sus vidrios en la extensión vacía
y agoniza la tierra con un seco
y ahogado ruido de la sal que gime.

(NOCTURNO)

Ven al circuito del desierto,
a la alta aérea noche de la pampa,
al círculo nocturno, espacio y astro,
donde la zona del Tamarugal recoge
todo el silencio perdido en el tiempo.

Mil años de silencio en una copa
de azul calcáreo, de distancia y luna,
labran la geografía desnuda de la noche.

Yo te amo, pura tierra, como tantas
cosas amé contrarias:
la flor, la calle, la abundancia, el rito.

Yo te amo, hermana pura del océano.
Para mí fue difícil esta escuela vacía
en que no estaba el hombre, ni el muro, ni la planta
para apoyarme en algo.

Estaba solo.
Era llanura y soledad la vida.

Era éste el pecho varonil del mundo.

Y amé el sistema de tu forma recta,

la extensa precisión de tu vacío.

(9)

EL PÁRAMO   En el páramo el hombre vivía
mordiendo tierra, aniquilado.
Me fui derecho a la madriguera,
metí la mano entre los piojos,
anduve por los rieles hasta
el amanecer desolado,
dormí sobre las tablas duras,
bajé de la faena en la tarde,
me quemaron el vapor y el yodo,
estreché la mano del hombre,
conversé con la mujercita,
puertas adentro entre gallinas,
entre harapos, en el olor
de la pobreza abrasadora.

Y cuando tantos dolores
reuní, cuando tanta sangre
recogí en el cuenco del alma,
vi venir del espacio puro
de las pampas inabarcables
un hombre hecho de su misma arena,
un rostro inmóvil y extendido,
un traje con un ancho cuerpo,
unos ojos entrecerrados
como lámparas indomables.

Recabarren era su nombre.

XXXIX

RECABARREN
(1921)

Su nombre era Recabarren.

Bonachón, corpulento, espacioso,
clara mirada, frente firme,
su ancha compostura cubría,
como la arena numerosa,
los yacimientos de la fuerza.
Mirad en la pampa de América
(ríos ramales, clara nieve,
cortaduras ferruginosas)
a Chile con su destrozada
biología, como un ramaje
arrancado, como un brazo
cuyas falanges dispersó
el tráfico de las tormentas.

Sobre las áreas musculares
de los metales y el nitrato,
sobre la atlética grandeza
del cobre recién excavado,
el pequeño habitante vive,
acumulado en el desorden,
con un contrato apresurado,
lleno de niños andrajosos,
extendidos por los desiertos
de la superficie salada.

Es el chileno interrumpido
por la cesantía o la muerte.

Es el durísimo chileno
sobreviviente de las obras
o amortajado por la sal.

Allí llegó con sus panfletos
este capitán del pueblo.
Tomó al solitario ofendido
que, envolviendo sus mantas rotas
sobre sus hijos hambrientos,
aceptaba las injusticias
encarnizadas, y le dijo:
"Junta tu voz a otra voz",
"Junta tu mano a otra mano".
Fue por los rincones aciagos
del salitre, llenó la pampa
con su investidura paterna
y en el escondite invisible
lo vio toda la minería.

Llegó cada "gallo" golpeado,
vino cada uno de los lamentos:
entraron como fantasmas
de pálida voz triturada
y salieron de sus manos
con una nueva dignidad.
En toda la pampa se supo.
Y fue por la patria entera
fundando pueblo, levantando
los corazones quebrantados.
Sus periódicos recién impresos
entraron en las galerías
del carbón, subieron al cobre,
y el pueblo besó las columnas
que por primera vez llevaban
la voz de los atropellados.

Organizó las soledades.
Llevó los libros y los cantos
hasta los muros del terror,
juntó una queja y otra queja,
y el esclavo sin voz ni boca,

el extendido sufrimiento,
se hizo nombre, se llamó Pueblo,
Proletariado, Sindicato,
tuvo persona y apostura.

Y este habitante transformado
que se construyó en el combate,
este organismo valeroso,
esta implacable tentativa,
este metal inalterable,
esta unidad de los dolores,
esta fortaleza del hombre,
este camino hacia mañana,
esta cordillera infinita,
esta germinal primavera,
este armamento de los pobres,
salió de aquellos sufrimientos,
de lo más hondo de la patria,
de lo más duro y más golpeado,
de lo más alto y más eterno
y se llamó Partido.

                              Partido

Comunista.

                         Ése fue su nombre.
Fue grande la lucha. Cayeron
como buitres los dueños del oro.
Combatieron con la calumnia.
"Este Partido Comunista
está pagado por el Perú,
por Bolivia, por extranjeros".
Cayeron sobre las imprentas,
adquiridas gota por gota
con sudor de los combatientes,
y las atacaron quebrándolas,
quemándolas, desparramando
la tipografía del pueblo.
Persiguieron a Recabarren.
Le negaron entrada y paso.
Pero él congregó su semilla
en los socavones desiertos
y fue defendido el baluarte.

Entonces, los empresarios
norteamericanos e ingleses,
sus abogados, senadores,
sus diputados, presidentes,
vertieron la sangre en la arena,
acorralaron, amarraron,
asesinaron nuestra estirpe,
la fuerza profunda de Chile,
dejaron junto a los senderos
de la inmensa pampa amarilla
cruces de obreros fusilados,
cadáveres amontonados
en los repliegues de la arena.

Una vez a Iquique, en la costa,
hicieron venir a los hombres
que pedían escuela y pan.
Allí confundidos, cercados
en un patio, los dispusieron
para la muerte.
                    Dispararon
con silbante ametralladora,
con fusiles tácticamente
dispuestos, sobre el hacinado
montón de dormidos obreros.
La sangre llenó como un río
la arena pálida de Iquique,
y allí está la sangre caída,
ardiendo aún sobre los años
como una corola implacable.

Pero sobrevivió la resistencia.
La luz organizada por las manos
de Recabarren, las banderas rojas
fueron desde las minas a los pueblos,
fueron a las ciudades y a los surcos,
rodaron con las ruedas ferroviarias,
asumieron las bases del cemento,
ganaron calles, plazas, alquerías,
fábricas abrumadas por el polvo,
llagas cubiertas por la primavera:
todo cantó y luchó para vencer
en la unidad del tiempo que amanece.

Cuánto ha pasado desde entonces.
Cuánta sangre sobre la sangre,
cuántas luchas sobre la tierra.
Horas de espléndida conquista,
triunfos ganados gota a gota,
calles amargas, derrotadas,
zonas oscuras como túneles,
traiciones que parecían
cortar la vida con su filo,
represiones armadas de odio,
coronadas militarmente.

Parecía hundirse la tierra.

Pero la lucha permanece.

ENVÍO
(1949)

Recabarren, en estos días
de persecución, en la angustia
de mis hermanos relegados,
combatidos por un traidor,
y con la patria envuelta en odio,
herida por la tiranía,
recuerdo la lucha terrible
de tus prisiones, de tus pasos
primeros, tu soledad
de torreón irreductible,
y cuando, saliendo del páramo,
un hombre y otro a ti vinieron
a congregar el amasijo
del pan humilde defendido
por la unidad del pueblo augusto.

PADRE DE CHILE

Recabarren, hijo de Chile,
padre de Chile, padre nuestro,
en tu construcción, en tu línea
fraguada en tierras y tormentos
nace la fuerza de los días
venideros y vencedores.

Tú eres la patria, pampa y pueblo,
arena, arcilla, escuela, casa,
resurrección, puño, ofensiva,
orden, desfile, ataque, trigo,
lucha, grandeza, resistencia.

Recabarren, bajo tu mirada
juramos limpiar las heridas
mutilaciones de la patria.

Juramos que la libertad
levantará su flor desnuda
sobre la arena deshonrada.

Juramos continuar tu camino
hasta la victoria del pueblo.

XL

PRESTES
DEL BRASIL
(1949)

Brasil augusto, cuánto amor quisiera
para extenderme en tu regazo,
para envolverme en tus ojos gigantes,
en desarrollo vegetal, en vivo
detritus de esmeraldas: acecharte,
Brasil, desde los ríos
sacerdotales que te nutren,
bailar en los terrados a la luz
de la luna fluvial, y repartirme
por tus inhabitados territorios
viendo salir del barro el nacimiento
de gruesas bestias rodeadas
por metálicas aves blancas.

Cuánto recodo me darías.
Entrar de nuevo en la alfandega
salir a los barrios, oler
tu extraño rito, descender
a tus centros circulatorios,
a tu corazón generoso.

Pero no puedo.

Una vez, en Bahía, las mujeres
del barrio dolorido,
del antiguo mercado de esclavos
(donde hoy la nueva esclavitud, el hambre,
el harapo, la condición doliente,
viven como antes en la misma tierra),
me dieron unas flores y una carta,
unas palabras tiernas y unas flores.

128

No puedo apartar mi voz de cuanto sufre.
Sé cuánto me darían
de invisible verdad tus espaciosas
riberas naturales.
Sé que la flor secreta, la agitada
muchedumbre de mariposas,
todos los fértiles fermentos
de las vidas y de los bosques
me esperan con su teoría
de inagotables humedades,

pero no puedo, no puedo

sino arrancar de tu silencio
una vez más la voz del pueblo,
elevarla como la pluma
más fulgurante de la selva,
dejarla a mi lado y amarla
hasta que cante por mis labios.

Por eso veo a Prestes caminando
hacia la libertad, hacia las puertas
que parecen en ti, Brasil, cerradas,
clavadas al dolor, impenetrables.
Veo a Prestes, a su columna vencedora
del hambre, cruzando la selva,
hacia Bolivia, perseguida
por el tirano de ojos pálidos.
Cuando vuelve a su pueblo y toca
su campanario combatiente
lo encierran, y su compañera
entregan al pardo verdugo
de Alemania.

(Poeta, buscas en tu libro
los antiguos dolores griegos,
los orbes encadenados
por las antiguas maldiciones,
corren tus párpados torcidos
por los tormentos inventados,
y no ves en tu propia puerta
los océanos que golpean
el oscuro pecho del pueblo).
En el martirio nace su hija.

Pero ella desaparece
bajo el hacha, en el gas, tragada
por las ciénagas asesinas
de la Gestapo.
                    Oh, tormento
del prisionero! Oh, indecibles
padecimientos separados
de nuestro herido capitán!
(Poeta, borra de tu libro
a Prometeo y su cadena.
La vieja fábula no tiene
tanta grandeza calcinada,
tanta tragedia aterradora).

Once años guardan a Prestes
detrás de las barras de hierro,
en el silencio de la muerte,
sin atreverse a asesinarlo.

No hay noticias para su pueblo.
La tiranía borra el nombre
de Prestes en su mundo negro.

Y once años su nombre fue mudo.
Vivió su nombre como un árbol
en medio de todo su pueblo,
reverenciado y esperado.

Hasta que la Libertad
llegó a buscarlo a su presidio,
y salió de nuevo a la luz,
amado, vencedor y bondadoso,
despojado de todo el odio
que echaron sobre su cabeza.
Recuerdo que en 1945
estuve con él en São Paulo.
(Frágil y firme su estructura,
pálido como el marfil
desenterrado en la cisterna,
fino como la pureza
del aire en las soledades,
puro como la grandeza
custodiada por el dolor).

Por primera vez a su pueblo
hablaba, en Pacaembú.
El gran estadio pululaba
con cien mil corazones rojos
que esperaban verlo y tocarlo.
Llegó en una indecible
ola de canto y de ternura,
cien mil pañuelos saludaban
como un bosque su bienvenida.
El miró con ojos profundos
a mi lado, mientras hablé.

XLI

*DICHO EN
PACAEMBÚ
(Brasil 1945)*

CUÁNTAS cosas quisiera decir hoy, brasileños,
cuántas historias, luchas, desengaños, victorias
que he llevado por años en el corazón para decirlos,
            pensamientos
y saludos. Saludos de las nieves andinas,
saludos del Océano Pacífico, palabras que me han dicho
al pasar los obreros, los mineros, los albañiles, todos
los pobladores de mi patria lejana.
Qué me dijo la nieve, la nube, la bandera?
Qué secreto me dijo el marinero?
Qué me dijo la niña pequeñita dándome unas espigas?

Un mensaje tenían: Era: Saluda a Prestes.
Búscalo, me decían, en la selva o el río.
Aparta sus prisiones, busca su celda, llama.
Y si no te permiten hablarle, míralo hasta cansarte
y cuéntanos mañana lo que has visto.

Hoy estoy orgulloso de verlo rodeado
de un mar de corazones victoriosos.
Voy a decirle a Chile: Lo saludé en el aire
de las banderas libres de su pueblo.

Yo recuerdo en París, hace años, una noche
hablé a la multitud, vine a pedir ayuda,
para España Republicana, para el pueblo en su lucha.
España estaba llena de ruinas y de gloria.
Los franceses oían mi llamado en silencio.

131

Les pedí ayuda en nombre de todo lo que existe
y les dije: Los nuevos héroes, los que en España luchan,
        mueren.
Modesto, Líster, Pasionaria, Lorca,
son hijos de los héroes de América, son hermanos
de Bolívar, de O'Higgins, de San Martín, de Prestes.
Y cuando dije el nombre de Prestes fue como un rumor
        inmenso
en el aire de Francia: París lo saludaba.
Viejos obreros con los ojos húmedos
miraban hacia el fondo del Brasil y hacia España.

Os voy a contar aún otra pequeña historia.

Junto a las grandes minas de carbón, que avanzan bajo
        el mar
en Chile, en el frío puerto de Talcahuano,
llegó una vez, hace tiempo, un carguero soviético.
(Chile no establecía aún relaciones
con la Unión de Repúblicas Socialistas Soviéticas.
Por eso la policía estúpida
prohibió bajar a los marinos rusos,
subir a los chilenos).
Cuando llegó la noche
vinieron por millares los mineros, desde las grandes
        minas,
hombres, mujeres, niños, y desde las colinas
con sus pequeñas lámparas mineras,
toda la noche hicieron señales encendiendo y apagando
hacia el barco que venía de los puertos soviéticos.

Aquella noche oscura tuvo estrellas:
las estrellas humanas, las lámparas del pueblo.

Hoy también desde todos los rincones
de nuestra América, desde México libre, desde el Perú
        sediento,
desde Cuba, desde Argentina populosa,
desde Uruguay, refugio de hermanos asilados,
el pueblo te saluda, Prestes, con sus pequeñas lámparas
en que brillan las altas esperanzas del hombre.

Por eso me mandaron por el aire de América,
para que te mirara y les contara luego
cómo eras, qué decía su capitán callado
por tantos años duros de soledad y sombra.

Voy a decirles que no guardas odio.
Que sólo quieres que tu patria viva.

Y que la libertad crezca en el fondo
del Brasil como un árbol eterno.

Yo quisiera contarte, Brasil, muchas cosas calladas,
llevadas estos años entre la piel y el alma,
sangre, dolores, triunfos, lo que deben decirse
los poetas y el pueblo: será otra vez, un día.

Hoy pido un gran silencio de volcanes y ríos.

Un gran silencio pido de tierras y varones.

Pido silencio a América de la nieve a la pampa.

Silencio: la palabra al Capitán del Pueblo.

Silencio: Que el Brasil hablará por su boca.

XLII

DE NUEVO
LOS TIRANOS

Hoy de nuevo la cacería
se extiende por el Brasil,
lo busca la fría codicia
de los mercaderes de esclavos:
en Wall Street decretaron
a sus satélites porcinos
que enterraran sus colmillos
en las heridas del pueblo,
y comenzó la cacería
en Chile, en Brasil, en todas
nuestras Américas arrasadas
por mercaderes y verdugos.

Mi pueblo escondió mi camino,
cubrió mis versos con sus manos,
me preservó de la muerte,
y en Brasil la puerta infinita
del pueblo cierra los caminos
en donde Prestes otra vez
rechaza de nuevo al malvado.

Brasil, que te sea salvado
tu capitán doloroso,
Brasil, que no tengas mañana
que recoger de su recuerdo
brizna por brizna su efigie
para elevarla en piedra austera,
sin haberlo dejado en medio
de tu corazón disfrutar
la libertad que aún, aún
puede conquistarte, Brasil.

XLIII

*LLEGARA
EL DIA*

Libertadores, en este crepúsculo
de América, en la despoblada
oscuridad de la mañana,
os entrego la hoja infinita
de mis pueblos, el regocijo
de cada hora de la lucha.

Húsares azules, caídos
en la profundidad del tiempo,
soldados en cuyas banderas
recién bordadas amanece,
soldados de hoy, comunistas,
combatientes herederos
de los torrentes metalúrgicos,
escuchad mi voz nacida
en los glaciares, elevada
a la hoguera de cada día
por simple deber amoroso:
somos la misma tierra, el mismo
pueblo perseguido,
la misma lucha ciñe la cintura
de nuestra América:
                      Habéis visto
por las tardes la cueva sombría
del hermano?
                      Habéis traspasado
su tenebrosa vida?
                      El corazón disperso
del pueblo abandonado y sumergido!

Alguien que recibió la paz del héroe
la guardó en su bodega, alguien robó los frutos
de la cosecha ensangrentada
y dividió la geografía
estableciendo márgenes hostiles,
zonas de desolada sombra ciega.

Recoged de las tierras el confuso
latido del dolor, las soledades,
el trigo de los suelos desgranados:
algo germina bajo las banderas:
la voz antigua nos llama de nuevo.

Bajad a las raíces minerales,
y a las alturas del metal desierto,
tocad la lucha del hombre en la tierra,
a través del martirio que maltrata
las manos destinadas a la luz.

No renunciéis al día que os entregan
los muertos que lucharon. Cada espiga
nace de un grano entregado a la tierra,
y como el trigo, el pueblo innumerable
junta raíces, acumula espigas,
y en la tormenta desencadenada
sube a la claridad del universo.

V

LA ARENA TRAICIONADA

TAL VEZ, *tal vez el olvido sobre la tierra como una*
        capa
puede desarrollar el crecimiento y alimentar la vida
(puede ser), como el humus sombrío en el bosque.

Tal vez, tal vez el hombre como un herrero acude
a la brasa, a los golpes del hierro sobre el hierro,
sin entrar en las ciegas ciudades del carbón,
sin cerrar la mirada, precipitarse abajo
en hundimientos, aguas, minerales, catástrofes.
Tal vez, pero mi plato es otro, mi alimento es distinto:
mis ojos no vinieron para morder olvido
mis labios se abren sobre todo el tiempo, y todo el
        tiempo,
no sólo una parte del tiempo ha gastado mis manos.

Por eso te hablaré de estos dolores que quisiera apartar,
te obligaré a vivir una vez más entre sus quemaduras,
no para detenernos como en una estación, al partir,
ni tampoco para golpear con la frente la tierra,
ni para llenarnos el corazón con agua salada,
sino para caminar conociendo, para tocar la rectitud
con decisiones infinitamente cargadas de sentido,
para que la severidad sea una condición de la alegría,
        para
que así seamos invencibles.

LOS
VERDUGOS

Sauria, escamosa América enrollada
al crecimiento vegetal, al mástil
erigido en la ciénaga:
amamantaste hijos terribles
con venenosa leche de serpiente,
tórridas cunas incubaron
y cubrieron con barro amarillo
una progenie encarnizada.
El gato y la escorpiona fornicaron
en la patria selvática.

Huyó la luz de rama en rama,
pero no despertó el dormido.

Olía a caña la frazada,
habían rodado los machetes
al más huraño sitio de la siesta,
y en el penacho enrarecido
de las cantinas escupía
su independencia jactanciosa
el jornalero sin zapatos.

EL DOCTOR
FRANCIA

El Paraná en las zonas marañosas,
húmedas, palpitantes de otros ríos
donde la red del agua, Yabebiri,
Acaray, Igurey, joyas gemelas
teñidas de quebracho, rodeadas
por las espesas copas del copal,
transcurre hacia las sábanas atlánticas
arrastrando el delirio
del nazaret morado, las raíces
del curupay en su sueño arenoso.

Del légamo caliente, de los tronos
del yacaré devorador, en medio
de la pestilencia silvestre
cruzó el doctor Rodríguez de Francia
hacia el sillón del Paraguay.
Y vivió entre los rosetones
de rosada mampostería
como una estatua sórdida y cesárea
cubierta por los velos de la araña sombría.

Solitaria grandeza en el salón
lleno de espejos, espantajo
negro sobre felpa roja
y ratas asustadas en la noche.
Falsa columna, perversa
academia, agnosticismo
de rey leproso, rodeado
por la extensión de los yerbales
bebiendo números platónicos
en la horca del ajusticiado,
contando triángulos de estrellas,
midiendo claves estelares,
acechando el anaranjado
atardecer del Paraguay
con un reloj en la agonía
del fusilado en su ventana,
con una mano en el cerrojo
del crepúsculo maniatado.

Los estudios sobre la mesa,
los ojos en el acicate
del firmamento, en los volcados
cristales de la geometría,
mientras la sangre intestinal
del hombre muerto a culatazos
bajaba por los escalones
chupada por verdes enjambres
de moscas que centelleaban.

Cerró el Paraguay como un nido
de su majestad, amarró
tortura y barro a las fronteras.
Cuando en las calles su silueta
pasa, los indios se colocan
con la mirada hacia los muros:
su sombra resbala dejando
dos paredes de escalofríos.

Cuando la muerte llega a ver
al doctor Francia, está mudo,
inmóvil, atado en sí mismo,
solo en su cueva, detenido
por las sogas de la parálisis,

y muere solo, sin que nadie
entre en la cámara: nadie se atreve
a tocar la puerta del amo.

Y amarrado por sus serpientes,
deslenguado, hervido en su médula,
agoniza y muere perdido
en la soledad del palacio,
mientras la noche establecida
como una cátedra, devora
los capiteles miserables
salpicados por el martirio.

ROSAS
(1829-1849)
Es tan difícil ver a través de la tierra
(no del tiempo, que eleva su copa transparente
iluminando el alto resumen del rocío),
pero la tierra espesa de harinas y rencores,
bodega endurecida con muertos y metales,
no me deja mirar hacia abajo, en el fondo
donde la entrecruzada soledad me rechaza.

Pero hablaré con ellos, los míos, los que un día
a mi bandera huyeron, cuando era la pureza
estrella de cristal en su tejido.

Sarmiento, Alberdi, Oro, del Carril:
mi patria pura, después mancillada,
guardó para vosotros
la luz de su metálica angostura
y entre pobres y agrícolas adobes
los desterrados pensamientos
fueron hilándose con dura minería,
y aguijones de azúcar viñatera.

Chile los repartió en su fortaleza,
les dio la sal de su ruedo marino,
y esparció las simientes desterradas.

Mientras tanto el galope en la llanura.
La argolla se partió sobre las hebras
de la cabellera celeste,
y la pampa mordió las herraduras
de las bestias mojadas y frenéticas.

140

Puñales, carcajadas de mazorca
sobre el martirio. Luna coronada
de río a río sobre la blancura
con un penacho de sombra indecible!

Argentina robada a culatazos
en el vapor del alba, castigada
hasta sangrar y enloquecer, vacía,
cabalgada por agrios capataces!

Te hiciste procesión de viñas rojas,
fuiste una máscara, un temblor sellado,
y te substituyeron en el aire
por una mano trágica de cera.
Salió de ti una noche, corredores,
losas de piedra ennegrecida, escaleras
donde se hundió el sonido, encrucijadas
de carnaval, con muertos y bufones,
y un silencio de párpado que cae
sobre todos los ojos de la noche.

Dónde huyeron tus trigos espumosos?
Tu apostura frutal, tu extensa boca,
todo lo que se mueve por tus cuerdas
para cantar, tu cuero trepidante
de gran tambor, de estrella sin medida,
enmudecieron bajo la implacable
soledad de la cúpula encerrada.

Planeta, latitud, claridad poderosa,
en tu borde, en la cinta de nieve compartida
se recogió el silencio nocturno que llegaba
montado sobre un mar vertiginoso,
y ola tras ola el agua desnuda, relataba,
el viento gris temblando desataba su arena,
la noche nos hería con su llanto estepario.

Pero el pueblo y el trigo se amasaron: entonces
se alisó la cabeza terrenal, se peinaron
las hebras enterradas de la luz, la agonía
probó las puertas libres, destrozadas del viento,
y de las polvaredas en el camino, una
a una, dignidades sumergidas, escuelas,
inteligencias, rostros en el polvo ascendieron
hasta hacerse unidades estrelladas,
estatuas de la luz, puras praderas.

ECUADOR   Dispara Tunguragua aceite rojo,
          Sangay sobre la nieve
          derrama miel ardiendo,
          Imbabura de tus cimeras
          iglesias nevadas arroja
          peces y plantas, ramas duras
          del infinito inaccesible,
          y hacia los páramos, cobriza
          luna, edificación crepitante,
          deja caer tus cicatrices
          como venas sobre Antisana,
          en la arrugada soledad
          de Pumachaca, en la sulfúrica
          solemnidad de Pambamarca,
          volcán y luna, frío y cuarzo,
          llamas glaciales, movimiento
          de catástrofes, vaporoso
          y huracanado patrimonio.

          Ecuador, Ecuador, cola violeta
          de un astro ausente, en la irisada
          muchedumbre de pueblos que te cubren
          con infinita piel de frutería,
          ronda la muerte con su embudo,
          arde la fiebre en los poblados pobres,
          el hambre es un arado
          de ásperas púas en la tierra,
          y la misericordia te golpea
          el pecho con sayales y conventos,
          como una enfermedad humedecida
          en las fermentaciones de las lágrimas.

GARCIA   De allí salió el tirano.
MORENO   García Moreno es su nombre.
          Chacal enguantado, paciente
          murciélago de sacristía,
          recoge ceniza y tormento
          en su sombrero de seda
          y hunde las uñas en la sangre
          de los ríos ecuatoriales.

          Con los pequeños pies metidos
          en escarpines charolados,
          santiguándose y encerándose

142

en las alfombras del altar,
con los faldones sumergidos
en las aguas procesionales,
baila en el crimen arrastrando
cadáveres recién fusilados,
desgarra el pecho de los muertos,
pasea sus huesos volando
sobre los féretros, vestido
con plumas de paño agorero.

En los pueblos indios, la sangre
cae sin dirección, hay miedo
en todas las calles y sombras
(bajo las campanas hay miedo
que suena y sale hacia la noche),
y pesan sobre Quito las gruesas
paredes de los monasterios,
rectas, inmóviles, selladas.

Todo duerme con los florones
de oro oxidado en las cornisas,
los ángeles duermen colgados
en sus perchas sacramentales,
todo duerme como una tela
de sacerdocio, todo sufre
bajo la noche membranosa.

Pero no duerme la crueldad.
La crueldad de bigotes blancos
pasea con guantes y garras
y clava oscuros corazones
sobre la verja del dominio.
Hasta que un día entra la luz
como un puñal en el palacio
y abre el chaleco hundiendo un rayo
en la pechera inmaculada.

Así salió García Moreno
del palacio una vez más, volando
a inspeccionar las sepulturas,
empeñosamente mortuorio,
pero esta vez rodó hasta el fondo
de las masacres, retenido,
entre las víctimas sin nombre,
a la humedad del pudridero.

143

LOS BRUJOS
DE AMÉRICA

Centro América hollada por los buhos,
engrasada por ácidos sudores,
antes de entrar en tu jazmín quemado
considérame fibra de tu nave,
ala de tu madera combatida
por la espuma gemela,
y lléname de arrobador aroma
polen y pluma de tu copa,
márgenes germinales de tus aguas,
líneas rizadas de tu nido.
Pero los brujos matan los metales
de la resurrección, cierran las puertas
y entenebrecen la morada
de las aves deslumbradoras.

ESTRADA

Viene tal vez Estrada, chiquito,
en su chaqué de antiguo enano
y entre una tos y otra los muros
de Guatemala fermentan
regados incesantemente
por los orines y las lágrimas.

UBICO

O es Ubico por los senderos,
atravesando los presidios
en motocicleta, frío
como una piedra, mascarón
de la jerarquía del miedo.

GÓMEZ

Gómez, tembladeral de Venezuela,
sumerge lentamente rostros,
inteligencias, en su cráter.
El hombre cae de noche en él
moviendo los brazos, tapándose
el rostro de los golpes crueles,
y se lo tragan cenagales,
se hunde en bodegas subterráneas,
aparece en las carreteras
cavando cargado de hierro,
hasta morir despedazado,
desaparecido, perdido.

144

MACHADO   Machado en Cuba arreó su Isla
con máquinas, importó tormentos
hechos en Estados Unidos,
silbaron las ametralladoras
derribando la florescencia,
el néctar marino de Cuba,
y el estudiante apenas herido
era tirado al agua donde
los tiburones terminaban
la obra del benemérito.
Hasta México llegó la mano
del asesino, y rodó Mella
como un discóbolo sangrante
sobre la calle criminal
mientras la Isla ardía, azul,
empapelada en lotería,
hipotecada con azúcar.

MELGAREJO   Bolivia muere en sus paredes
como una flor enrarecida:
se encaraman en sus monturas
los generales derrotados
y rompen cielos a pistolazos.
Máscara de Melgarejo,
bestia borracha, espumarajo
de minerales traicionados,
barba de infamia, barba horrenda
sobre los montes rencorosos,
barba arrastrada en el delirio,
barba cargada de coágulos,
barba hallada en las pesadillas
de la gangrena, barba errante
galopada por los potreros,
amancebada en los salones,
mientras el indio y su carga cruzan
la última sábana de oxígeno
trotando por los corredores
desangrados de la pobreza.

BOLIVIA   Belzu ha triunfado. Es de noche. La Paz arde
(22 de marzo   con los últimos tiros. Polvo seco
de 1865)   y baile triste hacia la altura
suben trenzados con alcohol lunario
y horrenda púrpura recién mojada.

Melgarejo ha caído, su cabeza
golpea contra el filo mineral
de la cima sangrienta, los cordones
de oro, la casaca
tejida de oro, la camisa
rota empapada de sudor maligno,
yacen junto al detritus del caballo
y a los sesos del nuevo fusilado.
Belzu en Palacio, entre los guantes
y las levitas, recibe sonrisas,
se reparte el dominio del oscuro
pueblo en la altura alcoholizada,
los nuevos favoritos se deslizan
por los salones encerados
y las luces de lágrimas y lámparas
caen al terciopelo despeinado
por unos cuantos fogonazos.

Entre la muchedumbre
va Melgarejo, tempestuoso espectro
apenas sostenido por la furia.
Escucha el ámbito que fuera suyo,
la masa ensordecida, el grito
despedazado, el fuego de la hoguera
alto sobre los montes, la ventana
del nuevo vencedor.

       Su vida (trozo
de fuerza ciega y ópera desatada
sobre los cráteres y las mesetas,
sueño de regimiento, en que los trajes
se vierten sobre tierras indefensas
con sables de cartón, pero hay heridas
que mancillan, con muerte verdadera
y degollados, las plazas rurales,
dejando tras el coro enmascarado
y los discursos del Eminentísimo,
estiércol de caballos, seda, sangre
y los muertos de turno, rotos, rígidos
atravesados por el atronante
disparo de los rápidos rifleros)
ha caído en lo más hondo del polvo,
de lo desestimado y lo vacío,
de una tal muerte inundada
de humillación, pero de la derrota

146

como un toro imperial saca las fauces,
escarba las metálicas arenas
y empuja el bestial paso vacilante
el minotauro boliviano andando
hacia las salas de oro clamoroso.
Entre la multitud cruza cortando
masa sin nombre, escala
pesadamente el trono enajenado,
y al vencedor caudillo asalta. Rueda
Belzu, manchado el almidón, roto el cristal
que cae derramando su luz líquida
agujereado el pecho para siempre,
mientras el asaltante solitario
búfalo ensangrentado del incendio
sobre el balcón apoya su estatura,
gritando: "Ha muerto Belzu", "Quién vive",
"Responded". Y de la plaza,
ronco un grito de tierra, un grito negro
de pánico y horror, responde: "Viva,
sí, Melgarejo, viva Melgarejo",
la misma multitud del muerto, aquella
que festejó el cadáver desangrándose
en la escalera del palacio: "Viva",
grita el fantoche colosal, que cubre
todo el balcón con traje desgarrado,
barro de campamento y sangre sucia.

MARTÍNEZ   Martínez, el curandero
   (1932)   de El Salvador reparte frascos
            de remedios multicolores,
            que los ministros agradacen
            con prosternación y zalemas.
            El brujito vegetariano
            vive recetando en palacio
            mientra el hambre tormentosa
            aúlla en los cañaverales.
            Martínez entonces decreta:
            y en unos días veinte mil
            campesinos asesinados
            se pudren en las aldeas
            que Martínez manda incendiar
            con ordenanzas de higiene.
            De nuevo en Palacio retorna
            a sus jarabes, y recibe

las rápidas felicitaciones
del Embajador norteamericano.
"Está asegurada —le dice—
la cultura occidental,
el cristianismo de occidente
y además los buenos negocios,
las concesiones de bananas
y los controles aduaneros".

Y beben juntos una larga
copa de champagne, mientras cae
la lluvia caliente en las pútridas
agrupaciones del osario.

LAS SATRAPÍAS Trujillo, Somoza, Carías,
hasta hoy, hasta este amargo
mes de septiembre
del año 1948,
con Moriñigo (o Natalicio)
en Paraguay, hienas voraces
de nuestra historia, roedores
de las banderas conquistadas
con tanta sangre y tanto fuego,
encharcados en sus haciendas,
depredadores infernales,
sátrapas mil veces vendidos
y vendedores, azuzados
por los lobos de Nueva York.
Máquinas hambrientas de dólares,
manchadas en el sacrificio
de sus pueblos martirizados,
prostituidos mercaderes
del pan y el aire americanos,
cenagales verdugos, piara
de prostibularios caciques,
sin otra ley que la tortura
y el hambre azotada del pueblo.

Doctores "honoris causa"
de Columbia University,
con la toga sobre las fauces
y sobre el cuchillo, feroces
trashumantes del Waldorf Astoria

148

y de las cámaras malditas
donde se pudren las edades
eternas del encarcelado.
Pequeños buitres recibidos
por Mr. Truman, recargados
de relojes, condecorados
por "Loyalty", desangradores
de patrias, sólo hay uno
peor que vosotros, sólo hay uno
y ése lo dio mi patria un día
para desdicha de mi pueblo.

II

*LAS
OLIGARQUIAS*

No, aún no secaban las banderas,
aún no dormían los soldados
cuando la libertad cambió de traje,
se transformó en hacienda:
de las tierras recién sembradas
salió una casta, una cuadrilla
de nuevos ricos con escudo,
con policía y con prisiones.

Hicieron una línea negra:
"Aquí nosotros, porfiristas
de México, 'caballeros'
de Chile, pitucos
del Jockey Club de Buenos Aires,
engomados filibusteros
del Uruguay, pisaverdes
ecuatorianos, clericales
señoritos de todas partes".

"Allá vosotros, rotos, cholos,
pelados de México, gauchos,
amontonados en pocilgas,
desamparados, andrajosos,
piojentos, pililos, canalla,
desbaratados, miserables,
sucios, perezosos, pueblo".

Todo se edificó sobre la línea.

El Arzobispo bautizó este muro
y estableció anatemas incendiarios
sobre el rebelde que desconociera
la pared de la casta.
Quemaron por la mano del verdugo
los libros de Bilbao.
              El policía
custodió la muralla, y al hambriento
que se acercó a los mármoles sagrados
le dieron con un palo en la cabeza
o lo enchufaron en un cepo agrícola
o a puntapiés lo nombraron soldado.

Se sintieron tranquilos y seguros.
El pueblo fue por calles y campiñas
a vivir hacinado, sin ventanas,
sin suelo, sin camisa,
sin escuela, sin pan.

Anda por nuestra América un fantasma
nutrido de detritus, iletrado,
errante, igual en nuestras latitudes,
saliendo de las cárceles fangosas,
arrabalero y prófugo, marcado
por el temible compatriota lleno
de trajes, órdenes y corbatines.

En México produjeron pulque
para él, en Chile
vino litriado de color violeta,
lo envenenaron, le rasparon
el alma pedacito a pedacito,
le negaron el libro y la luz,
hasta que fue cayendo en polvo,
hundido en el desván tuberculoso,
y entonces no tuvo entierro
litúrgico: su ceremonia
fue meterlo desnudo entre otras
carroñas que no tienen nombre.

PROMULGACIÓN
DE LA LEY
DEL EMBUDO

Ellos se declararon patriotas.
En los clubs se condecoraron
y fueron escribiendo la historia.
Los Parlamentos se llenaron

de pompa, se repartieron
después la tierra, la ley,
las mejores calles, el aire,
la Universidad, los zapatos.

Su extraordinaria iniciativa
fue el Estado erigido en esa
forma, la rígida impostura.
Lo debatieron, como siempre,
con solemnidad y banquetes,
primero en círculos agrícolas,
con militares y abogados.
Y al fin llevaron al Congreso
la Ley suprema, la famosa,
la respetada, la intocable
Ley del Embudo.
                    Fue aprobada.

Para el rico la buena mesa.

La basura para los pobres.

El dinero para los ricos.

Para los pobres el trabajo.

Para los ricos la casa grande.

El tugurio para los pobres.

El fuero para el gran ladrón.

La cárcel al que roba un pan.

París, París para los señoritos.

El pobre a la mina, al desierto.

El señor Rodríguez de la Crota
habló en el Senado con voz
meliflua y elegante.
                "Esta ley, al fin, establece
la jerarquía obligatoria
y sobre todo los principios
de la cristiandad.

Era

tan necesaria como el agua.
Sólo los comunistas, venidos
del infierno, como se sabe,
pueden discutir este código
del Embudo, sabio y severo.
Pero esta oposición asiática,
venida del sub-hombre, es sencillo
refrenarla: a la cárcel todos,
al campo de concentración,
así quedaremos sólo
los caballeros distinguidos
y los amables yanaconas
del Partido Radical".

Estallaron los aplausos
de los bancos aristocráticos:
qué elocuencia, qué espiritual,
qué filósofo, qué lumbrera!
Y corrió cada uno a llenarse
los bolsillos en su negocio,
uno acaparando la leche,
otro estafando en el alambre,
otro robando en el azúcar
y todos llamándose a voces
patriotas, con el monopolio
del patriotismo, consultado
también en la Ley del Embudo.

ELECCION EN
CHIMBARONGO
(1947)

En Chimbarongo, en Chile, hace tiempo
fui a una elección senatorial.
Vi cómo eran elegidos
los pedestales de la patria.
A las once de la mañana
llegaron del campo las carretas
atiborradas de inquilinos.
Era en invierno, mojados,
sucios, hambrientos, descalzos,
los siervos de Chimbarongo
descienden de las carretas.
Torvos, tostados, harapientos,
son apiñados, conducidos
con una boleta en la mano,
vigilados y apretujados

vuelven a cobrar la paga,
y otra vez hacia las carretas
enfilados como caballos
los han conducido.
                    Más tarde
les han tirado carne y vino
hasta dejarlos bestialmente
envilecidos y olvidados.

Escuché más tarde el discurso,
del senador así elegido:
"Nosotros, patriotas cristianos,
nosotros, defensores del orden,
nosotros, hijos del espíritu".
Y estremecía su barriga
su voz de vaca aguardentosa
que parecía tropezar
como una trompa de mamuth
en las bóvedas tenebrosas
de la silbante prehistoria.

LA CREMA   Grotescos, falsos aristócratas
de nuestra América, mamíferos
recién estucados, jóvenes
estériles, pollinos sesudos,
hacendados malignos, héroes
de la borrachera en el Club,
salteadores de banca y bolsa,
pijes, granfinos, pitucos,
apuestos tigres de Embajada,
pálidas niñas principales,
flores carnívoras, cultivos
de la cavernas perfumadas,
enredaderas chupadoras
de sangre, estiércol y sudor,
lianas estranguladoras,
cadenas de boas feudales.

Mientras temblaban las praderas
con el galope de Bolívar,
o de O'Higgins (soldados pobres,
pueblo azotado, héroes descalzos),
vosotros formasteis las filas
del rey, del pozo clerical,
de la traición a las banderas,

pero cuando el viento arrogante
del pueblo, agitando sus lanzas,
nos dejó la patria en los brazos,
surgisteis alambrando tierras,
midiendo cercas, hacinando
áreas y seres, repartiendo
la policía y los estancos.

El pueblo volvió de las guerras,
se hundió en las minas, en la oscura
profundidad de los corrales,
cayó en los surcos pedregosos,
movió las fábricas grasientas,
procreando en los conventillos,
en las habitaciones repletas
con otros seres desdichados.

Naufragó en vino hasta perderse,
abandonado, invadido
por un ejército de piojos
y de vampiros, rodeado
de muros y comisarías,
sin pan, sin música, cayendo
en la soledad desquiciada
donde Orfeo le deja apenas
una guitarra para su alma,
una guitarra que se cubre
de cintas y desgarraduras
y canta encima de los pueblos
como el ave de la pobreza.

LOS POETAS   Qué hicisteis vosotros gidistas,
CELESTES   intelectualistas, rilkistas,
misterizantes, falsos brujos
existenciales, amapolas
surrealistas encendidas
en una tumba, europeizados
cadáveres de la moda,
pálidas lombrices del queso
capitalista, qué hicisteis
ante el reinado de la angustia,
frente a este oscuro ser humano,
a esta pateada compostura,

154

a esta cabeza sumergida
en el estiércol, a esta esencia
de ásperas vidas pisoteadas?

No hicisteis nada sino la fuga:
vendisteis hacinado detritus,
buscasteis cabellos celestes,
plantas cobardes, uñas rotas,
"Belleza pura", "sortilegio",
obra de pobres asustados
para evadir los ojos, para
enmarañar las delicadas
pupilas, para subsistir
con el plato de restos sucios
que os arrojaron los señores,
sin ver la piedra en agonía,
sin defender, sin conquistar,
más ciegos que las coronas
del cementerio, cuando cae
la lluvia sobre las inmóviles
flores podridas de las tumbas.

LOS
EXPLOTADORES

Así fue devorada,
negada, sometida, arañada, robada,
joven América, tu vida.

De los despeñaderos de la cólera
donde el caudillo pisoteó cenizas
y sonrisas recién tumbadas,
hasta las máscaras patriarcales
de los bigotudos señores
que presidieron la mesa dando
la bendición a los presentes,
y ocultando los verdaderos
rostros de oscura saciedad,
de concupiscencia sombría
y cavidades codiciosas:
fauna de fríos mordedores
de la ciudad, tigres terribles,
comedores de carne humana,
expertos en la cacería
del pueblo hundido en las tinieblas,
desamparado en los rincones,
en los sótanos de la tierra.

LOS
SIÚTICOS

Entre la miasma ganadera
o papelera, o cocktelera
vivió el producto azul, el pétalo
de la podredumbre altanera.

Fue el "siútico" de Chile, el Raúl
Aldunatillo (conquistador
de revistas con manos ajenas,
con manos que mataron indios),
el Teniente cursi, el Mayor
Negocio, el que compra letras
y se estima letrado, compra
sable y se cree soldado,
pero no puede comprar pureza
y escupe entonces como víbora.

Pobre América revendida
en los mercados de la sangre,
por los mugrones enterrados
que resurgen en el salón
de Santiago, de Minas Geraes
haciendo "elegancia", caninos
caballeretes de "boudoir",
pecheras inútiles, palos
del golf de la sepultura.
Pobre América, enmascarada
por elegantes transitorios,
falsificadores de rostros,
mientras, abajo, el viento negro
hiere el corazón derribado
y rueda el héroe del carbón
hacia el osario de los pobres,
barrido por la pestilencia,
cubierto por la oscuridad,
dejando siete hijos hambrientos
que arrojarán a los caminos.

LOS VALIDOS

En el espeso queso cárdeno
de la tiranía amanece
otro gusano: el favorito.

Es el cobardón arrendado
apara alabar las manos sucias.
Es orador o periodista.

156

Despierta de pronto en palacio,
y mastica con entusiasmo
las deyecciones del soberano,
elucubrando largamente
sobre sus gestos, enturbiando
el agua y pescando sus peces
en la laguna purulenta.
Llamémoslo Darío Poblete,
o Jorge Delano "Coke".
(Es igual, podría llamarse
de otra manera, existió cuando
Machado calumniaba a Mella,
después de haberlo asesinado).

　　　　Allí Poblete hubiera escrito
　　　　sobre los "Viles enemigos"
　　　　del "Pericles de La Habana".
　　　　Más tarde Poblete besaba
　　　　las herraduras de Trujillo,
　　　　la montura de Moriñigo,
　　　　el ano de Gabriel González.

Fue ayer igual, recién salido
de la montonera, alquilado
para mentir, para ocultar
ejecuciones y saqueos,
que hoy, levantando su cobarde
pluma sobre los tormentos
de Pisagua, sobre el dolor
de miles de hombres y mujeres.

Siempre el tirano en nuestra negra
geografía martirizada
halló un bachiller cenagoso
que repartiera la mentira
y que dijera: *El Serenísimo,*
el Constructor, el Gran Repúblico
que nos gobierna, y deslizara
entre la tinta emputecida
sus garras negras de ladrón.
Cuando el queso está consumido
y el tirano cae al infierno,
el Poblete desaparece,
el Delano "Coke" se esfuma,

el gusano vuelve al estiércol,
esperando la rueda infame
que aleja y trae tiranías,
para aparecer sonriente
con un nuevo discurso escrito
para el déspota que despunta.

Por eso, pueblo, antes que a nadie,
busca al gusano, rompe su alma
y que su líquido aplastado,
su oscura materia viscosa
sea la última escritura,
la despedida de una tinta
que borraremos de la tierra.

LOS   Infierno americano, pan nuestro
ABOGADOS empapado en veneno, hay otra
DEL DÓLAR lengua en tu pérfida fogata:
es el abogado criollo
de la compañía extranjera.

Es el que remacha los grillos
de la esclavitud en su patria,
y desdeñoso se pasea
con la casta de los gerentes
mirando con aire supremo
nuestras banderas harapientas.

Cuando llegan de Nueva York
las avanzadas imperiales,
ingenieros, calculadores,
agrimensores, expertos,
y miden tierra conquistada,
estaño, petróleo, bananas,
nitrato, cobre, manganeso,
azúcar, hierro, caucho, tierra,
se adelanta un enano oscuro,
con una sonrisa amarilla,
y aconseja, con suavidad,
a los invasores recientes:

No es necesario pagar tanto
a estos nativos, sería
torpe, señores, elevar
estos salarios. No conviene.

158

Estos rotos, estos cholitos
no sabrían sino embriagarse
con tanta plata. No, por Dios.
Son primitivos, poco más
que bestias, los conozco mucho.
No vayan a pagarles tanto.

Es adoptado. Le ponen
librea. Viste de gringo,
escupe como gringo. Baila
como gringo, y sube.

Tiene automóvil, whisky, prensa,
lo eligen juez y diputado,
lo condecoran, es Ministro,
y es escuchado en el Gobierno.
El sabe quién es sobornable.
El sabe quién es sobornado.
El lame, unta, condecora,
halaga, sonríe, amenaza.
Y así vacían por los puertos
las repúblicas desangradas.

Dónde habita, preguntaréis,
este virus, este abogado,
este fermento del detritus,
este duro piojo sanguíneo,
engordado con nuestra sangre?
Habita las bajas regiones
ecuatoriales, el Brasil,
pero también es su morada
el cinturón central de América.

Lo encontraréis en la escarpada
altura de Chuquicamata.
Donde huele riqueza sube
los montes, cruza los abismos,
con las recetas de su código
para robar la tierra nuestra.
Lo hallaréis en Puerto Limón,
en Ciudad Trujillo, en Iquique,
en Caracas, en Maracaibo,
en Antofagasta, en Honduras,

encarcelando a nuestro hermano,
acusando a su compatriota,
despojando peones, abriendo
puertas de jueces y hacendados,
comprando prensa, dirigiendo
la policía, el palo, el rifle
contra su familia olvidada.

Pavoneándose, vestido
de smoking, en las recepciones,
inaugurando monumentos
con esta frase: *Señores,*
la Patria antes que la vida,
es nuestra madre, es nuestro suelo,
defendamos el orden, hagamos
nuevos presidios, otras cárceles.

Y muere glorioso, "el patriota"
senador, patricio, eminente,
condecorado por el Papa,
ilustre, próspero, temido,
mientras la trágica ralea
de nuestros muertos, los que hundieron
la mano en el cobre, arañaron
la tierra profunda y severa,
mueren golpeados y olvidados,
apresuradamente puestos
en sus cajones funerales:
un nombre, un número en la cruz
que el viento sacude, matando
hasta la cifra de los héroes.

DIPLOMÁTICOS Si usted nace tonto en Rumania
(1948) sigue la carrera de tonto,
si usted es tonto en Avignon
su calidad es conocida
por las viejas piedras de Francia,
por las escuelas y los chicos
irrespetuosos de las granjas.
Pero si usted nace tonto en Chile
pronto lo harán Embajador.

160

Llámese usted tonto Mengano,
tonto Joaquín Fernández, tonto
Fulano de Tal, si es posible
tenga una barba acrisolada.
Es todo cuanto se le exige
para "entablar negociaciones".

Informará después, sabihondo,
sobre su espectacular
presentación de credenciales
diciendo: *Etc., la carroza,
etc., Su Excelencia, etc.,
frases, etc., benévolas.*

Tome una voz ahuecada
tono de vaca protectiva,
condecórese mutuamente
con el enviado de Trujillo,
mantenga discretamente
una "garçonnière" ("Usted sabe,
las conveniencias de estas cosas
para los Tratados de Límites"),
remita en algo disfrazado
el editorial del periódico
doctoral, que desayunando
leyó anteayer: es un "informe".

Júntese con lo "granado"
de la "sociedad", con los tontos
de aquel país, adquiera cuanta
platería pueda comprar,
hable en los aniversarios
junto a los caballos de bronce,
diciendo: *Ejem, los vínculos,
etc., ejem, etc.,
ejem, los descendientes,
etc., la raza, ejem, el puro,
el sacrosanto, ejem, etc.*

Y quédese tranquilo, tranquilo:
es usted un buen diplomático
de Chile, es usted un tonto
condecorado y prodigioso.

LOS BURDELES De la prosperidad nació el burdel,
acompañando el estandarte
de los billetes hacinados:
sentina respetada
del capital, bodega de la nave
de mi tiempo.

Fueron mecanizados
burdeles en la cabellera
de Buenos Aires, carne fresca
exportada por el infortunio
de las ciudades y los campos
remotos, en donde el dinero
acechó los pasos del cántaro
y aprisionó la enredadera.
Rurales lenocinios, de noche,
en invierno, con los caballos
a la puerta de las aldeas
y las muchachas atolondradas
que cayeron de venta en venta
en la mano de los magnates.
Lentos prostíbulos provinciales
en que los hacendados del pueblo
—dictadores de la vendimia—
aturden la noche venérea
con espantosos estertores.
Por los rincones, escondidas,
grey de rameras, inconstantes
fantasmas, pasajeras
del tren mortal, ya os tomaron,
ya estáis en la red mancillada,
ya no podéis volver al mar,
ya os acecharon y cazaron,
ya estáis muertas en el vacío
de lo más vivo de la vida,
ya podéis deslizar la sombra
por las paredes: a ninguna
otra parte sino a la muerte
van estos muros por la tierra.

**PROCESIÓN
EN LIMA
(1947)** Eran muchos, llevaban el ídolo
sobre los hombros, era espesa
la cola de la muchedumbre
como una salida del mar
con morada fosforescencia.

162

Saltaban bailando, elevando
graves murmullos masticados
que se unían a la fritanga
y a los tétricos tamboriles.

Chalecos morados, zapatos
morados, sombreros
llenaban de manchas violetas
las avenidas como un río
de enfermedades pustulosas
que desembocaba en los vidrios
inútiles de la catedral.
Alfo infinitamente lúgubre
como el incienso, la copiosa
aglomeración de las llagas
hería los ojos uniéndose
con las llamas afrodisíacas
del apretado río humano.

Vi al obeso terrateniente
sudando en los sobrepellices,
rascándose los goterones
de sagrada esperma en la nuca.

Vi al zaparrastroso gusano
de las estériles montañas,
al indio de rostro perdido
en las vasijas, al pastor
de llamas dulces, a las niñas
cortantes de las sacristías,
a los profesores de aldea
con rostros azules y hambrientos.
Narcotizados bailadores
con camisones purpurinos
iban los negros pataleando
sobre tambores invisibles.
Y todo Perú se golpeaba
el pecho mirando la estatua
de una señora remilgada,
azul-celeste y rosadilla
que navegaba las cabezas
en su barco de confitura
hinchado de aire sudoroso.

LA
STANDARD
OIL Co.

Cuando el barreno se abrió paso
hacia las simas pedregales
y hundió su intestino implacable
en las haciendas subterráneas,
y los años muertos, los ojos
de las edades, las raíces
de las plantas encarceladas
y los sistemas escamosos
se hicieron estratas del agua,
subió por los tubos el fuego
convertido en líquido frío,
en la aduana de las alturas
a la salida de su mundo
de profundidad tenebrosa,
encontró un pálido ingeniero
y un título de propietario.

Aunque se enreden los caminos
del petróleo, aunque las napas
cambien su sitio silencioso
y muevan su soberanía
entre los vientres de la tierra,
cuando sacude el surtidor
su ramaje de parafina,
antes llegó la Standard Oil
con sus letrados y sus botas.
con sus cheques y sus fusiles,
con sus gobiernos y sus presos.

Sus obesos emperadores
viven en New York, son suaves
y sonrientes asesinos,
que compran seda, nylon, puros,
tiranuelos y dictadores.

Compran países, pueblos, mares,
policías, diputaciones,
lejanas comarcas en donde
los pobres guardan su maíz
como los avaros el oro:
la Standard Oil los despierta,
los uniforma, les designa
cuál es el hermano enemigo,

y el paraguayo hace su guerra
y el boliviano se deshace
con su ametralladora en la selva.

Un presidente asesinado
por una gota de petróleo,
una hipoteca de millones
de hectáreas, un fusilamiento
rápido en una mañana
mortal de luz, petrificada,
un nuevo campo de presos
subversivos en Patagonia,
una traición, un tiroteo
bajo la luna petrolada,
un cambio sutil de ministros
en la capital, un rumor
como una marea de aceite,
y luego el zarpazo, y verás
cómo brillan, sobre las nubes,
sobre los mares, en tu casa,
las letras de la Standard Oil
iluminando sus dominios.

LA
ANACONDA
COPPER
MINING Co.
Nombre enrollado de serpiente,
fauce insaciable, monstruo verde,
en las alturas agrupadas,
en la montura enrarecida
de mi país, bajo la luna
de la dureza, excavadora,
abres los cráteres lunarios
del mineral, las galerías
del cobre virgen, enfundado
en sus arenas de granito.

Yo he visto arder en la noche eterna
de Chuquicamata, en la altura,
el fuego de los sacrificios,
la crepitación desbordante
del cíclope que devoraba
la mano, el peso, la cintura
de los chilenos, enrollándolos
bajo sus vértebras de cobre,

165

vaciándoles la sangre tibia,
triturando los esqueletos
y escupiéndolos en los montes
de los desiertos desolados.

El aire suena en las alturas
de Chuquicamata estrellada.
Los socavones aniquilan
con manos pequeñitas de hombre
la resistencia del planeta,
trepida el ave sulfurosa
de las gargantas, se amotina
el férreo frío del metal
con sus hurañas cicatrices,
y cuando aturden las bocinas
la tierra se traga un desfile
de hombres minúsculos que bajan
a las mandíbulas del cráter.

Son pequeñitos capitanes,
sobrinos míos, hijos míos,
y cuando vierten los lingotes
hacia los mares, y se limpian
la frente y vuelven trepidando
en el último escalofrío,
la gran serpiente se los come,
los disminuye, los tritura,
los cubre de baba maligna,
los arroja por los caminos,
los mata con la policía,
los hace pudrir en Pisagua,
los encarcela, los escupe,
compra un Presidente traidor
que los insulta y los persigue,
los mata de hambre en las llanuras
de la inmensidad arenosa.

Y hay una y otra cruz torcida
en las laderas infernales
como única leña dispersa
del árbol de la minería.

166

Cuando sonó la trompeta, estuvo
todo preparado en la tierra,
y Jehová repartió el mundo
a Coca-Cola Inc., Anaconda,
Ford Motors, y otras entidades:
la Compañía Frutera Inc.
se reservó lo más jugoso,
la costa central de mi tierra,
la dulce cintura de América.
Bautizó de nuevo sus tierras
como "Repúblicas Bananas",
y sobre los muertos dormidos,
sobre los héroes inquietos
que conquistaron la grandeza,
la libertad y las banderas,
estableció la ópera bufa:
enajenó los albedríos,
regaló coronas de César,
desenvainó la envidia, atrajo
la dictadura de las moscas,
moscas Trujillos, moscas Tachos,
moscas Carías, moscas Martínez,
moscas Ubico, moscas húmedas
de sangre humilde y mermelada,
moscas borrachas que zumban
sobre las tumbas populares,
moscas de circo, sabias moscas
entendidas en tiranía.

Entre las moscas sanguinarias
la Frutera desembarca,
arrasando el café y las frutas,
en sus barcos que deslizaron
como bandejas el tesoro
de nuestras tierras sumergidas.

Mientras tanto, por los abismos
azucarados de los puertos,
caían indios sepultados
en el vapor de la mañana:
un cuerpo rueda, una cosa
sin nombre, un número caído,
un racimo de fruta muerta
derramada en el pudridero.

Viejos terratenientes incrustados
en la tierra como huesos
de pavorosos animales,
supersticiosos herederos
de la encomienda, emperadores
de una tierra oscura, cerrada
con odio y cercados de púa.

Entre los cercos el estambre
del ser humano fue ahogado,
el niño fue enterrado vivo,
se le negó el pan y la letra,
se le marcó como inquilino,
se le condenó a los corrales.
Pobre peón infortunado
entre las zarzas, amarrado
a la no existencia, a la sombra
de las praderías salvajes.

Sin libro fuiste carne inerme,
y luego insensato esqueleto,
comprado de una vida a otra,
rechazado en la puerta blanca
sin más amor que una guitarra
desgarradora en su tristeza
y el baile apenas encendido
como una ráfaga mojada.

Pero no sólo fue en los campos
la herida del hombre. Más lejos,
más cerca, más hondo clavaron:
en la ciudad, junto al palacio,
creció el conventillo leproso,
pululante de porquería,
con su acusadora gangrena.

Yo he visto en los agrios recodos
de Talcahuano, en la encharcada
cenicería de los cerros,
hervir los pétalos inmundos
de la pobreza, el amasijo
de corazones degradados,
la pústula abierta en la sombra

del atardecer submarino,
la cicatriz de los harapos,
y la substancia envejecida
del hombre hirsuto y apaleado.

Yo entré en las casas profundas,
como cuevas de ratas, húmedas
de salitre y de sal podrida,
vi arrastrarse seres hambrientos,
oscuridades desdentadas,
que trataban de sonreírme
a través del aire maldito.

Me atravesaron los dolores
de mi pueblo, se me enredaron
como alambrados en el alma:
me crisparon el corazón:
salí a gritar por los caminos,
salí a llorar envuelto en humo,
toqué las puertas y me hirieron
como cuchillos espinosos,
llamé a los otros impasibles
que antes adoré como estrellas
y me mostraron su vacío.

Entonces me hice soldado:
número oscuro, regimiento,
orden de puños combatientes,
sistema de la inteligencia,
fibra del tiempo innumerable,
árbol armado, indestructible
camino del hombre en la tierra.

Y vi cuántos éramos, cuántos
estaban junto a mí, no eran
nadie, eran todos los hombres,
no tenían rostro, eran pueblo,
eran metal, eran caminos.
Y anduve con los mismos pasos
de la primavera en el mundo.

LOS
MENDIGOS
Junto a las catedrales, anudados
al muro, acarrearon
sus pies, sus bultos, sus miradas negras,
su crecimientos lívidos de gárgolas,

169

sus latas andrajosas de comida,
y desde allí, desde la dura
santidad de la piedra,
se hicieron flora de la calle, errantes
flores de las legales pestilencias.

El parque tiene sus mendigos
como sus árboles de torturados
ramajes y raíces:
a los pies del jardín vive el esclavo,
como al final del hombre, hecho basura,
aceptada su impura simetría,
listo para la escoba de la muerte.

La caridad lo entierra
en su agujero de tierra leprosa:
sirve de ejemplo al hombre de mis días.
Debe aprender a pisotear, a hundir
la especie en los pantanos del desprecio,
a poner los zapatos en la frente
del ser con uniforme de vencido,
o por lo menos debe comprenderlo
en los productos de la naturaleza.
Mendigo americano, hijo del año
1948, nieto
de catedrales, yo no te venero,
yo no voy a poner marfil antiguo,
barbas de rey en tu escrita figura,
como te justifican en los libros,
yo te voy a borrar con esperanza:
no entrarás a mi amor organizado,
no entrarás a mi pecho con los tuyos,
con los que te crearon escupiendo
tu forma degradada,
yo apartaré tu arcilla de la tierra
hasta que te construyan los metales
y salgas a brillar como una espada.

LOS INDIOS   El indio huyó desde su piel al fondo
                de antigua inmensidad de donde un día
                subió como las islas: derrotado,
                se transformó en atmósfera invisible,
                se fue abriendo en la tierra, derramando
                su secreta señal sobre la arena.

170

El que gastó la luna, el que peinaba
la misteriosa soledad del mundo,
el que no transcurrió sin levantarse
en altas piedras de aire coronadas,
el que duró como la luz celeste
bajo la magnitud de su arboleda,
se gastó de repente hasta ser hilo,
se convirtió en arrugas,
desmenuzó sus torres torrenciales
y recibió su paquete de harapos.

Yo lo vi en las alturas imantadas
de Amatitlán, royendo las orillas
del agua impenetrable: anduve un día
sobre la majestad abrumadora
del monte boliviano, con sus restos
de pájaro y raíz.
        Yo vi llorar
a mi hermano de loca poesía,
Alberti, en los recintos araucanos,
cuando lo rodearon como a Ercilla
y eran, en vez de aquellos dioses rojos,
una cadena cárdena de muertos.

Más lejos, en la red de agua salvaje
de la Tierra del Fuego,
los vi subir, oh lobos, desgreñados,
a las piraguas rotas,
a mendigar el pan en el Océano.

Allí fueron matando cada fibra
de sus desérticos dominios,
y el cazador de indios recibía
sucios billetes por traer cabezas,
de los dueños del aire, de los reyes
de la nevada soledad antártica.

Los que pagaron crímenes se sientan
hoy en el Parlamento, matriculan
sus matrimonios en las Presidencias,
viven con Cardenales y Gerentes,
y sobre la garganta acuchillada
de los dueños del Sur crecen las flores.

Ya de la Araucanía los penachos
fueron desbaratados por el vino,
raídos por la pulpería,
ennegrecidos por los abogados
al servicio del robo de su reino,
y a los que fusilaron a la tierra,
a los que en los caminos defendidos
por el gladiador deslumbrante
de nuestra propia orilla
entraron disparando y negociando,
llamaron "Pacificadores"
y les multiplicaron charreteras.

Así perdió sin ver, así invisible
fue para el indio el desmoronamiento
de su heredad: no vio los estandartes,
no echó a rodar la flecha ensangrentada,
sino que lo royeron, poco a poco,
magistrados, rateros, hacendados,
todos tomaron su imperial dulzura,
todos se le enredaron en la manta
hasta que lo tiraron desangrándose
a las últimas ciénagas de América.

Y de las verdes láminas, del cielo
innumerable y puro del follaje,
de la inmortal morada construida
con pétalos pesados de granito,
fue conducido a la cabaña rota,
al árido albañal de la miseria.
De la fulguradora desnudez,
dorados pechos, pálida cintura,
o de los ornamentos minerales
que unieron a su piel todo el rocío,
lo llevaron al hilo del andrajo,
le repartieron pantalones muertos
y así paseó su majestad parchada
por el aire del mundo que fue suyo.

Así fue cometido este tormento.

El hecho fue invisible como entrada
de traidor, como impalpable cáncer,
hasta que fue agobiado nuestro padre,

hasta que le enseñaron a fantasma
y entró a la única puerta que le abrieron,
la puerta de otros pobres, la de todos
los azotados pobres de la tierra.

LOS JUECES   Por el alto Perú, por Nicaragua,
sobre la Patagonia, en las ciudades,
no tuviste razón, no tienes nada:
copa de miseria, abandonado
hijo de las Américas, no hay
ley, no hay juez que te proteja
la tierra, la casita con maíces.

Cuando llegó la casta de los tuyos,
de los señores tuyos, ya olvidado
el sueño antiguo de garras y cuchillos,
vino la ley a despoblar tu cielo,
a arrancarte terrones adorados,
a discutir el agua de los ríos,
a robarte el reinado de los árboles.

Te atestiguaron, te pusieron sellos
en la camisa, te forraron
el corazón con hojas y papeles,
te sepultaron en edictos fríos,
y cuando despertaste en la frontera
de la más despeñada desventura,
desposeído, solitario, errante,
te dieron calabozo, te amarraron,
te maniataron para que nadando
no salieras del agua de los pobres,
sino que te ahogaras pataleando.

El juez benigno te lee el inciso
número Cuatromil, Tercer acápite,
el mismo usado en toda
la geografía azul que libertaron
otros que fueron como tú y cayeron,
y te instituye por su codicilo
y sin apelación, perro sarnoso.

Dice tu sangre, cómo entretejieron
al rico y a la ley? Con qué tejido
de hierro sulfuroso, cómo fueron
cayendo pobres al juzgado?

Cómo se hizo la tierra tan amarga
para los pobres hijos, duramente
amamantados con piedra y dolores?
Así pasó y así lo dejo escrito.
Las vidas lo escribieron en mi frente.

III

LOS MUERTOS
DE LA PLAZA
28 de enero 1946
Santiago de Chile

Yo no vengo a llorar aquí donde cayeron:
vengo a vosotros, acudo a los que viven.
Acudo a ti y a mí y en tu pecho golpeo.
Cayeron otros antes. Recuerdas? Sí, recuerdas.
Otros que el mismo nombre y apellido tuvieron.
En San Gregorio, en Lonquimay lluvioso,
en Ranquil, derramados por el viento,
en Iquique, enterrados en la arena,
a lo largo del mar y del desierto,
a lo largo del humo y de la lluvia,
desde las pampas a los archipiélagos
fueron asesinados otros hombres,
otros que como tú se llamaban Antonio
y que eran como tú pescadores o herreros:
carne de Chile, rostros
cicatrizados por el viento,
martirizados por la pampa,
firmados por el sufrimiento.

Yo encontré por los muros de la patria,
junto a la nieve y su cristalería,
detrás del río de ramaje verde,
debajo del nitrato y de la espiga,
una gota de sangre de mi pueblo
y cada gota, como el fuego, ardía.

LAS
MASACRES

Pero entonces la sangre fue escondida
                            detrás de las raíces, fue lavada
y negada
(fue tan lejos), la lluvia del Sur la borró de la tierra
(tan lejos fue), el salitre la devoró en la pampa:
y la muerte del pueblo fue como siempre ha sido:
como si no muriera nadie, nada,
como si fueran piedras las que caen
sobre la tierra, o agua sobre el agua.

174

De Norte a Sur, adonde trituraron
o quemaron los muertos,
fueron en las tinieblas sepultados,
o en la noche quemados en silencio,
acumulados en un pique
o escupidos al mar sus huesos:
nadie sabe dónde están ahora,
no tienen tumba, están dispersos
en las raíces de la patria
sus martirizados dedos:
sus fusilados corazones:
la sonrisa de los chilenos:
los valerosos de la pampa:
los capitanes del silencio.

Nadie sabe dónde enterraron
los asesinos estos cuerpos,
pero ellos saldrán de la tierra
a cobrar la sangre caída
en la resurrección del pueblo.

En medio de la Plaza fue este crimen.

No escondió el matorral la sangre pura
del pueblo, ni la tragó la arena de la pampa.

Nadie escondió este crimen.

Este crimen fue en medio de la Patria.

LOS HOMBRES
DEL NITRATO

Yo estaba en el salitre, con los héroes oscuros,
con el que cava nieve fertilizante y fina
en la corteza dura del planeta,
y estreché con orgullo sus manos de tierra.

Ellos me dijeron: "Mira,
hermano, cómo vivimos,
aquí en "Humberstone", aquí en "Mapocho",
en "Ricaventura", en "Paloma",
en "Pan de Azúcar", en "Piojillo".

Y me mostraron sus raciones
de miserables alimentos,
su piso de tierra en las casas,
el sol, el polvo, las vinchucas,
y la soledad inmensa.

Yo vi el trabajo de los derripiadores,
que dejan sumida, en el mango
de la madera de la pala,
toda la huella de sus manos.

Yo escuché una voz que venía
desde el fondo estrecho del pique,
como de un útero infernal,
y después asomar arriba
una criatura sin rostro,
una máscara polvorienta
de sudor, de sangre y de polvo.

Y ése me dijo: "Adonde vayas,
habla tú de estos tormentos,
habla tú, hermano, de tu hermano
que vive abajo, en el infierno".

LA MUERTE   Pueblo, aquí decidiste dar tu mano
al perseguido obrero de la pampa, y llamaste,
llamaste al hombre, a la mujer, al niño,
hace un año, a esta Plaza.
                              Y aquí cayó tu sangre.
En medio de la patria fue vertida,
frente al palacio, en medio de la calle,
para que la mirara todo el mundo
y no pudiera borrarla nadie,
y quedaran sus manchas rojas
como planetas implacables.

Fue cuando mano y mano de chileno
alargaron sus dedos a la pampa,
y con el corazón entero
iría la unidad de sus palabras:
fue cuando ibas, pueblo, a cantar
una vieja canción con lágrimas,
con esperanza y con dolores:
vino la mano del verdugo
y empapó de sangre la plaza!

CÓMO NACEN   Están así hasta hoy nuestras banderas.
LAS BANDERAS   El pueblo las bordó con su ternura,
               cosió los trapos con su sufrimiento.

               Clavó la estrella con su mano ardiente.
               Y cortó, de camisa o firmamento,
               azul para la estrella de la patria.

               El rojo, gota a gota, iba naciendo.

LOS LLAMO   Uno a uno hablaré con ellos esta tarde.
               Uno a uno, llegáis en el recuerdo,
               esta tarde, a esta plaza.

               Manuel Antonio López,
               camarada.

               Lisboa Calderón,
               otros te traicionaron, nosotros continuamos tu jornada.

               Alejandro Gutiérrez,
               el estandarte que cayó contigo
               sobre toda la tierra se levanta.

               César Tapia,
               tu corazón está en estas banderas,
               palpita hoy en el viento de la plaza.

               Filomeno Chávez,
               nunca estreché tu mano, pero aquí está tu mano:
               es una mano pura que la muerte no mata.

               Ramona Parra, joven
               estrella iluminada,
               Ramona Parra, frágil heroína,
               Ramona Parra, flor ensangrentada,
               amiga nuestra, corazón valiente,
               niña ejemplar, guerrillera dorada:
               juramos en tu nombre continuar esta lucha
               para que así florezca tu sangre derramada.

LOS ENEMIGOS   Ellos aquí trajeron los fusiles repletos
de pólvora, ellos mandaron el acerbo exterminio,
ellos aquí encontraron un pueblo que cantaba,
un pueblo por deber y por amor reunido,
y la delgada niña cayó con su bandera,
y el joven sonriente rodó a su lado herido,
y el estupor del pueblo vio caer a los muertos
con furia y con dolor.
Entonces, en el sitio
donde cayeron los asesinados,
bajaron las banderas a empaparse de sangre
para alzarse de nuevo frente a los asesinos.

Por estos muertos, nuestros muertos,
pido castigo.

Para los que de sangre salpicaron la patria,
pido castigo.

Para el verdugo que mandó esta muerte,
pido castigo,

Para el traidor que ascendió sobre el crimen,
pido castigo,

Para el que dio la orden de agonía,
pido castigo,

Para los que defendieron este crimen,
pido castigo,

> No quiero que me den la mano
> empapada con nuestra sangre.
> Pido castigo.
> No los quiero de Embajadores,
> tampoco en su casa tranquilos,
> los quiero ver aquí juzgados,
> en esta plaza, en este sitio.

Quiero castigo.

ESTÁN AQUI   He de llamar aquí como si aquí estuvieran.
Hermanos: sabed que nuestra lucha
continuará en la tierra.

178

Continuará en la fábrica, en el campo,
en la calle, en la salitrera.

En el cráter del cobre verde y rojo,
en el carbón y su terrible cueva.
Estará nuestra lucha en todas partes,
y en nuestro corazón, estas banderas
que presenciaron vuestra muerte,
que se empaparon en la sangre vuestra,
se multiplicarán como las hojas
de la infinita primavera.

SIEMPRE   Aunque los pasos toquen mil años este sitio,
no borrarán la sangre de los que aquí cayeron.

Y no se extinguirá la hora en que caísteis,
aunque miles de voces crucen este silencio.
La lluvia empapará las piedras de la plaza,
pero no apagará vuestros nombres de fuego.

Mil noches caerán con sus alas oscuras,
sin destruir el día que esperan estos muertos.

El día que esperamos a lo largo del mundo
tantos hombres, el día final del sufrimiento.

Un día de justicia conquistada en la lucha,
y vosotros, hermanos caídos, en silencio,
estaréis con nosotros en ese vasto día
de la lucha final, en ese día inmenso.

IV

CRÓNICA   Mal año, *año de ratas, año impuro!*
DE 1948
(América)   Alta y metálica es tu línea
en las orillas del océano
y del aire, como un alambre
de tempestades y tensión.
Pero, América, también eres
nocturna, azul y pantanosa:
ciénaga y cielo, una agonía
de corazones aplastados
como negras naranjas rotas
en tu silencio de bodega.

PARAGUAY Desenfrenado Paraguay!
De qué sirvió la luna pura
iluminando los papeles
de la geometría dorada?
Para qué sirvió el pensamiento
heredado de las columnas
y de los números solemnes?

Para este agujero abrumado
de sangre podrida, para
este hígado equinoccial
arrebatado por la muerte.
Para Moriñigo reinante,
sentado sobre las prisiones
en su charca de parafina,
mientras las plumas escarlatas
de los colibríes eléctricos
vuelan y fulguran sobre
los pobres muertos de la selva.

Mal año, año de rosas desmedradas,
año de carabinas, mira, bajo tus ojos
no te ciegue
el aluminio del avión, la música
de su velocidad seca y sonora:
mira tu pan, tu tierra, tu multitud raída,
tu estirpe rota!
                Miras ese valle
verde y ceniza desde el alto cielo?
Pálida agricultura, minería
harapienta, silencio y llanto
como el trigo, cayendo
y naciendo
                en una eternidad malvada.

BRASIL Brasil, el Dutra, el pavoroso
pavo de las tierras calientes,
engordado por las amargas
ramas del aire venenoso:
sapo de las negras ciénagas
de nuestra luna americana:
botones dorados, ojillos
de rata gris amoratada:

180

Oh, Señor, de los intestinos
de nuestra pobre madre hambrienta,
de tanto sueño y resplandecientes
libertadores, de tanto
sudor sobre los agujeros
de la mina, de tanta y tanta
soledad en las plantaciones,
América, elevas de pronto
a tu claridad planetaria
a un Dutra sacado del fondo
de tus reptiles, de tu sorda
profundidad y prehistoria.

Y así sucedió!
          Albañiles
del Brasil, golpead la frontera,
pescadores, llorad de noche
sobre las aguas litorales,
mientras Dutra, con sus pequeños
ojos de cerdo selvático,
rompe con un hacha la imprenta,
quema los libros en la plaza,
encarcela, persigue y fustiga
hasta que el silencio se hace
en nuestra noche tenebrosa.

CUBA   En Cuba están asesinando!

Ya tienen a Jesús Menéndez
en un cajón recién comprado.
El salió, como un rey, del pueblo,
y anduvo mirando raíces,
deteniendo a los transeúntes,
golpeando el pecho a los dormidos,
estableciendo las edades,
componiendo las almas rotas,
y levantando del azúcar
los sangrientos cañaverales,
el sudor que pudre las piedras,
preguntando por las cocinas
pobres: quién eres?, cuánto comes?,

181

tocando este brazo, esta herida,
y acumulando estos silencios
en una sola voz, la ronca
voz entrecortada de Cuba.

Lo asesinó un capitancito,
un generalito: en un tren
le dijo: ven, y por la espalda
hizo fuego el generalito,
para que callara la voz
ronca de los cañaverales.

CENTRO-
AMÉRICA
*Mal año, ves más allá de la espesa
sombra de matorrales la cintura
de nuestra geografía?*
                *Una ola estrella
como un panal sus abejas azules
contra la costa y vuelan los destellos
del doble mar sobre la tierra angosta...*

Delgada tierra como un látigo,
calentada como un tormento,
tu paso en Honduras, tu sangre
en Santo Domingo, de noche,
tus ojos desde Nicaragua
me tocan, me llaman, me exigen,
y por la tierra americana
toco las puertas para hablar
toco las lenguas amarradas,
levanto las cortinas, hundo
la mano en la sangre:
                Oh, dolores
de tierra mía, oh, estertores
del gran silencio establecido,
oh, pueblos de larga agonía,
oh, cintura de los sollozos.

PUERTO
RICO
Mr. Truman llega a la Isla
de Puerto Rico,
                viene al agua
azul de nuestros mares puros
a lavar sus dedos sangrientos.

Acaba de ordenar la muerte
de doscientos jóvenes griegos,
sus ametralladoras funcionan
estrictamente,
        cada día
por sus órdenes las cabezas
dóricas —uva y oliva—,
ojos del mar antiguo, pétalos
de la corola corinthiana,
caen al polvo griego.
           Los asesinos
alzan la copa
dulce de Chipre con los
expertos norteamericanos
entre grandes risotadas, con
los bigotes chorreantes
de aceite frito y sangre griega.

Truman a nuestras aguas llega
a lavarse las manos rojas
de la sangre lejana. Mientras,
decreta, predica y sonríe
en la Universidad, en su idioma,
cierra la boca castellana,
cubre la luz de las palabras
que allí circularon como un
río de estirpe cristalina
y estatuye: "Muerte a tu lengua,
Puerto Rico".

GRECIA   (La sangre griega
baja en esta hora. Amanece
en las colinas.
        Es un simple
arroyo entre el polvo y las piedras:
los pastores pisan la sangre
de otros pastores:
          es un simple
hilo delgado que desciende
desde los montes hasta el mar,
hasta el mar que conoce y canta.)

...A tu tierra, a tu mar vuelve los ojos,
mira la claridad en las australes
aguas y nieves, construye el sol las uvas,
brilla el desierto, el mar de Chile surge
con su línea golpeada...

En Lota están las bajas minas
del carbón: es un puerto frío,
del grave invierno austral, la lluvia
cae y cae sobre los techos, alas
de gaviotas color de niebla,
y bajo el mar sombrío el hombre
cava y cava el recinto negro.
La vida del hombre es oscura
como el carbón, noche andrajosa,
pan miserable, duro día.

Yo por el mundo anduve largo,
pero jamás por los caminos
o las ciudades, nunca vi
más maltratados a los hombres.
Doce duermen en una pieza.
Las habitaciones tienen
techos de restos sin nombre:
pedazos de hojalata, piedras,
cartones, papeles mojados.
Niños y perros, en el vapor
húmedo de la estación fría,
se agrupan hasta darse el fuego
de la pobre vida que un día
será otra vez hambre y tinieblas.

LOS   Una huelga más, los salarios
TORMENTOS no alcanzan, las mujeres lloran
en las cocinas, los mineros
juntan una a una sus manos
y sus dolores.
          Es la huelga
de los que bajo el mar excavaron,
tendidos en la cueva húmeda,
y extrajeron con sangre y fuerza
el terrón negro de las minas.
Esta vez vinieron soldados.

Rompieron sus casas, de noche.
Los condujeron a las minas
como a un presidio y saquearon
la pobre harina que guardaban,
el grano de arroz de los hijos.

Luego, golpeando las paredes,
los exilaron, los hundieron,
los acorralaron, marcándolos
como a bestias, y en los caminos,
en un éxodo de dolores,
los capitanes del carbón
vieron expulsados sus hijos,
atropelladas sus mujeres
y a centenares de mineros
trasladados y encarcelados,
a Patagonia, en el frío antártico,
o a los desiertos de Pisagua.

EL TRAIDOR Y encima de estas desventuras
un tirano que sonreía
escupiendo las esperanzas
de los mineros traicionados.

Cada pueblo con sus dolores,
cada lucha con sus tormentos,
pero venid aquí a decirme
si entre los sanguinarios,
entre todos los desmandados
déspotas, coronados de odio,
con cetros de látigos verdes,
alguno fue como el de Chile?
Este traicionó pisoteando
sus promesas y sus sonrisas,
éste del asco hizo su cetro,
éste bailó sobre los dolores
de su pobre pueblo escupido.

Y cuando en las prisiones llenas
por sus desleales decretos
se acumularon ojos negros
de agraviados y de ofendidos,
él bailaba en Viña del Mar,
rodeado de alhajas y copas.

Pero los negros ojos miran
a través de la noche negra.

> *Tú qué hiciste? No vino tu palabra*
> *para el hermano de las bajas minas,*
> *para el dolor de los traicionados,*
> *no vino a ti la sílaba de llamas*
> *para clamar y defender tu pueblo?*

ACUSO   Acusé entonces al que había
estrangulado la esperanza,
llamé a los rincones de América
y puse su nombre en la cueva
de las deshonras.
                  Entonces crímenes
me reprocharon, la jauría
de los vendidos y alquilados:
los "secretarios de gobierno",
los policías, escribieron
con alquitrán su espeso insulto
contra mí, pero las paredes
miraban cuando los traidores
escribían con grandes letras
mi nombre, y la noche borraba,
con sus manos innumerables,
manos del pueblo y de la noche,
la ignominia que vanamente
quieren arrojar a mi canto.

Fueron de noche a quemar entonces
mi casa (el fuego marca ahora
el nombre de quien los enviara),
y los jueces se unieron todos
para condenarme, buscándome,
para crucificar mis palabras
y castigar estas verdades.

Cerraron las cordilleras
de Chile para que no partiera
a contar lo que aquí sucede,
y cuando México abrió sus puertas
para recibirme y guardarme,
Torres Bodet, pobre poeta,
ordenó que se me entregara
a los carceleros furiosos.

Pero mi palabra está viva,
y mi libre corazón acusa.

Qué pasará, qué pasará? En la noche
de Pisagua, la cárcel, las cadenas,
el silencio, la patria envilecida,
y este mal año, año de ratas ciegas,
este mal año de ira y de rencores,
qué pasará, preguntas, me preguntas?

EL
PUEBLO
VICTORIOSO

Está mi corazón en esta lucha.
Mi pueblo vencerá. Todos los pueblos
vencerán, uno a uno.
                            Estos dolores
se exprimirán como pañuelos hasta
estrujar tantas lágrimas vertidas
en socavones del desierto, en tumbas,
en escalones del martirio humano.
Pero está cerca el tiempo victorioso.
Que sirva el odio para que no tiemblen
las manos del castigo,
                            que la hora
llegue a su horario en el instante puro,
y el pueblo llene las calles vacías
con sus frescas y firmes dimensiones.

Aquí está mi ternura para entonces.
La conocéis. No tengo otra bandera.

V

GONZÁLEZ VIDELA
EL TRAIDOR
DE CHILE
(Epílogo) 1949

DE LAS antiguas cordilleras salieron los verdugos,
como huesos, como espinas americanas en el hirsuto lomo
de una genealogía de catástrofes: establecidos fueron,
enquistados en la miseria de nuestras poblaciones.
Cada día la sangre manchó sus alamares.
Desde las cordilleras como bestias huesudas
fueron procreadas por nuestra arcilla negra.
Aquéllos fueron los saurios tigres, los dinastas glaciales,
recién salidos de nuestras cavernas y de nuestras
        derrotas.

187

Así desenterraron los maxilares de Gómez
bajo las carreteras manchadas por cincuenta años de
        nuestra sangre.

La bestia oscurecía las tierras con sus costillas
cuando después de las ejecuciones se torcía el bigote
junto al Embajador Norteamericano que le servía el té.

Los monstruos envilecieron, pero no fueron viles. Ahora
en el rincón que la luz reservó a la pureza,
en la nevada patria blanca de Araucanía,
un *traidor* sonríe sobre un trono podrido.

En mi patria preside la vileza.

        Es González Videla la rata que sacude
        su pelambrera llena de estiércol y de sangre
        sobre la tierra mía que vendió. Cada día
        saca de sus bolsillos las monedas robadas
        y piensa si mañana venderá territorio
        o sangre.
                Todo lo ha *traicionado*.
        Subió como una rata a los hombros del pueblo
        y desde allí, royendo la bandera sagrada
        de mi país, ondula su cola roedora
        diciendo al hacendado, al extranjero, dueño
        del subsuelo de Chile: "Bebed toda la sangre
        de este pueblo, yo soy el mayordomo
        de los suplicios".
                        Triste clown, miserable
        mezcla de mono y rata, cuyo rabo
        peinan en Wall Street con pomada de oro,
        no pasarán los días sin que caigas del árbol
        y seas el montón de inmundicia evidente
        que el transeúnte evita pisar en las esquinas!

        Así ha sido. La *traición* fue Gobierno de Chile.
        Un traidor ha dejado su nombre en nuestra historia.
        Judas enarbolando dientes de calavera
        vendió a mi hermano,
                        dio veneno a mi patria,
        fundó Pisagua, demolió nuestra estrella,
        escupió los colores de una bandera pura.

Gabriel González Videla. Aquí dejo su nombre,
para que cuando el tiempo haya borrado
la ignominia, cuando mi patria limpie
su rostro iluminado por el trigo y la nieve,
más tarde, los que aquí busquen la herencia
que en estas líneas dejo como una brasa verde
hallen también el nombre del traidor que trajera
la copa de agonía que rechazó mi pueblo.

Mi pueblo, pueblo mío, levanta tu destino!
Rompe la cárcel, abre los muros que te cierran!
Aplasta el paso torvo de la rata que manda
desde el Palacio: sube tus lanzas a la aurora,
y en lo más alto deja que tu estrella iracunda
fulgure, iluminando los caminos de América.

AMERICA, NO INVOCO TU NOMBRE EN VANO

DESME   L O RECORRIDO, el aire
ARRIBA   indefinible, la luna de los cráteres,
(1924)   la seca luna derramada

sobre las cicatrices,
el calcáreo agujero de la túnica rota,
el ramaje de venas congeladas, el pánico del cuarzo,
del trigo, de la aurora,
las llaves extendidas en las rocas secretas,
la aterradora línea
del Sur despedazado,
el sulfato dormido en su estatura
de larga geografía,
y las disposiciones de turquesa
rodando en torno de la luz cortada,
del acre ramo sin cesar florido,
de la espaciosa noche de espesura.

II

UN ASESINO   L A CINTURA manchada por el vino
DUERME   cuando el dios tabernario
pisa los vasos rotos y desgreña
la luz del alba desencadenada:
la rosa humedecida en el sollozo
de la pequeña prostituta, el viento de los días febriles
que entra por la ventana sin cristales
donde el vengado duerme con los zapatos puestos
en un olor amargo de pistolas,
en un color azul de ojos perdidos.

III

EN LA COSTA En Santos, entre el olor dulceagudo de los plátanos
que, como un río de oro blando, abierto en las espaldas,
deja en las márgenes la estúpida saliva
del paraíso desquiciado,
y un clamor férreo de sombras, de agua y locomotora,
una corriente de sudor y plumas,
algo que baja y corre desde el fondo de las hojas ardientes
como desde un sobaco palpitante:
una crisis de vuelos, una remota
espuma.

IV

INVIERNO
EN EL
SUR, A
CABALLO

Yo he traspasado la corteza mil
veces agredida por los golpes australes:
he sentido el cogote del caballo dormirse
bajo la piedra fría de la noche del Sur,
tiritar en la brújula del monte deshojado,
ascender en la pálida mejilla que comienza:
yo conozco el final del galope en la niebla,
el harapo del pobre caminante:
y para mí no hay dios sino la arena oscura,
el lomo interminable de la piedra y la noche,
el insociable día
con un advenimiento
de mala ropa, de alma exterminada.

V

LOS CRÍMENES

Tal vez tú, de las noches oscuras has recorrido
el grito con puñal, la pisada en la sangre:
el solitario filo de nuestra cruz mil veces
pisoteada,
los grandes golpes en la callada puerta,
el abismo o el rayo que tragó al asesino
cuando ladran los perros y la violenta policía
llega entre los dormidos
a torcer fuertemente los hilos de la lágrima
tirándolos del párpado aterrado.

VI

JUVENTUD U N PERFUME como una ácida espada
de ciruelas en un camino,
los besos del azúcar en los dientes,
las gotas vitales resbalando en los dedos,
la dulce pulpa erótica,
las eras, los pajares, los incitantes
sitios secretos de las casas anchas,
los colchones dormidos en el pasado, el agrio valle verde
mirado desde arriba, desde el vidrio escondido:
toda la adolescencia mojándose y ardiendo
como una lámpara derribada en la lluvia.

VII

LOS
CLIMAS E N EL otoño caen desde el álamo
las altas flechas, el renovado olvido:
se hunden los pies en su frazada pura:
el frío de las hojas irritadas
es un espeso manantial de oro,
y un esplendor de espinas pone cerca del cielo
los secos candelabros de estatura erizada,
y el jaguar amarillo, entre las uñas,
huele una gota viva.

VIII

VARADERO
EN CUBA F ULGOR de Varadero desde la costa eléctrica
cuando, despedazándose, recibe en la cadera
la Antilla, el mayor golpe de luciérnaga y agua,
el sinfín fulgurario del fósforo y la luna,
el intenso cadáver de la turquesa muerta:
y el pescador oscuro saca de los metales
una cola erizada de violetas marinas.

IX

LOS
DICTADORES H A QUEDADO un olor entre los cañaverales:
una mezcla de sangre y cuerpo, un penetrante
pétalo nauseabundo.
Entre los cocoteros las tumbas están llenas
de huesos demolidos, de estertores callados.

El delicado sátrapa conversa
con copas, cuellos y cordones de oro.
El pequeño palacio brilla como un reloj
y las rápidas risas enguantadas
atraviesan a veces los pasillos
y se reúnen a las voces muertas
y a las bocas azules, frescamente enterradas.
El llanto está escondido como una planta
cuya semilla cae sin cesar sobre el suelo
y hace crecer sin luz sus grandes hojas ciegas.
El odio se ha formado escama a escama,
golpe a golpe, en el agua terrible del pantano,
con un hocico lleno de légamo y silencio.

X

*CENTRO-
AMÉRICA*

QUÉ LUNA como una culata ensangrentada,
    qué ramaje de látigos,
qué luz atroz de párpado arrancado
te hacen gemir sin voz, sin movimiento,
rompen tu padecer sin voz, sin boca:
oh, cintura central, oh, paraíso
de llagas implacables.
De noche y día veo los martirios,
de día y noche veo al encadenado,
al rubio, al negro, al indio
escribiendo con manos golpeadas y fosfóricas
en las interminables paredes de la noche.

XI

*HAMBRE
EN EL SUR*

VEO el sollozo en el carbón de Lota
y la arrugada sombra del chileno humillado
picar la amarga veta de la entraña, morir,
vivir, nacer en la dura ceniza
agachados, caídos como si el mundo
entrara así y saliera así
entre polvo negro, entre llamas,
y sólo sucediera
la tos en el invierno, el paso
de un caballo en el agua negra, donde ha caído
una hoja de eucaliptus como un cuchillo muerto.

194

PATAGONIA LAS FOCAS están pariendo
en la profundidad de las zonas heladas,
en las crepusculares grutas que forman
los últimos hocicos del océano,
las vacas de la Patagonia
se destacan del día
como un tumulto, como un vapor pesado
que levanta en el frío su caliente columna
hacia las soledades.

Desierta eres, América, como una campana:
llena por dentro de un canto que no se eleva,
el pastor, el llanero, el pescador
no tienen una mano, ni una oreja, ni un piano,
ni una mejilla cerca: la luna los vigila,
la extensión los aumenta, la noche los acecha,
y un viejo día lento como los otros, nace.

XIII

UNA ROSA VEO una rosa junto al agua, una pequeña copa
de párpados bermejos,
sostenida en la altura por un sonido aéreo:
una luz de hojas verdes toca los manantiales
y transfigura el bosque con solitarios seres
de transparentes pies:
el aire está poblado de claras vestiduras
y el árbol establece su magnitud dormida.

VIDA Y MUERTE VUELA la mariposa de Muzo en la tormenta:
DE UNA todos los hilos equinocciales,
MARIPOSA la pasta helada de las esmeraldas,
todo vuela en el rayo,
se sacuden las últimas consecuencias del aire
y entonces una lluvia de estambres verdes
el polen asustado de la esmeralda sube:
sus grandes terciopelos de fragancia mojada
caen en las riberas azules del ciclón,
se unen a las caídas levaduras terrestres,
regresan a la patria de las hojas.

XV

*EL HOMBRE·
ENTERRADO
EN LA PAMPA*

De tango a tango, si alcanzara
a rayar el dominio, las praderas,
si ya dormido
saliendo de mi boca el cereal salvaje,
si yo escuchara en las llanuras
un trueno de caballos,
una furiosa tempestad de patas
pasar sobre mis dedos enterrados,
besaría sin labios la semilla
y amarraría a ella los vestigios
de mis ojos
para ver el galope que amó mi turbulencia:
mátame, vidalita,
mátame y se derrame mi substancia
como el ronco metal de las guitarras.

XVI

*OBREROS
MARITIMOS*

En Valparaíso, los obreros del mar
me invitaron: eran pequeños y duros,
y sus rostros quemados eran la geografía
del Océano Pacífico: eran una corriente
adentro de las inmensas aguas, una ola muscular,
un ramo de alas marinas en la tormenta.
Era hermoso verlos como pequeños dioses pobres,
semidesnudos, malnutridos, era hermoso
verlos luchar y palpitar con otros hombres más allá
    del océano,
con otros hombres de otros puertos miserables, y oírlos,
era el mismo lenguaje de españoles y chinos,
el lenguaje de Baltimore y Kronstadt,
y cuando cantaron "La Internacional" canté con ellos:
me subía del corazón un himno, quise decirles: "Hermanos",
pero no tuve sino ternura que se me hacía canto
y que iba con su canto desde mi boca hasta el mar.
Ellos me reconocían, me abrazaban con sus poderosas
    miradas
sin decirme nada, mirándome y cantando.

XVII

UN RIO   Yo quiero ir por el Papaloapán
como tantas veces por el terroso espejo,
tocando con las uñas el agua poderosa:
quiero ir hacia las matrices, hacia la contextura
de sus originales ramajes de cristal:
ir, mojarme la frente, hundir en la secreta
confusión del rocío
la piel, la sed, el sueño.
El sábalo saliendo del agua
como un violín de plata,
y en la orilla las flores atmosféricas
y las alas inmóviles
en un calor de espacio defendido
por espadas azules.

XVIII

AMÉRICA   Estoy, estoy rodeado
por madreselva y páramo, por chacal y centella,
por el encadenado perfume de las lilas:
estoy, estoy rodeado
por días, meses, aguas que sólo yo conozco,
por uñas, peces, meses que sólo yo establezco,
estoy, estoy rodeado
por la delgada espuma combatiente
del litoral poblado de campanas.
La camisa escarlata del volcán y del indio,
el camino, que el pie desnudo levantó entre las hojas
y las espinas entre las raíces,
llega a mis pies de noche para que lo camine.
La oscura sangre como en un otoño
derramada en el suelo,
el temible estandarte de la muerte en la selva,
los pasos invasores deshaciéndose, el grito
de los guerreros, el crepúsculo de las lanzas dormidas,
el sobresaltado sueño de los soldados, los grandes
ríos en que la paz del caimán chapotea,
tus recientes ciudades de alcaldes imprevistos,
el coro de los pájaros de costumbre indomable,
en el pútrido día de la selva, el fulgor
tutelar de la luciérnaga,

197

cuando en tu vientre existo, en tu almenada
tarde, en tu descanso, en el útero de tus nacimientos,
     en el
terremoto, en el diablo de los campesinos, en la ceniza
que cae de los ventisqueros, en el espacio,
en el espacio puro, circular, inasible,
en la garra sangrienta de los cóndores, en la paz humillada
de Guatemala, en los negros,
en los muelles de Trinidad, en La Guayra:
todo es mi noche, todo
es mi día, todo
es mi aire, todo
es lo que vivo, sufro, levanto y agonizo.
América, no de noche
ni de luz están hechas las sílabas que canto.
De tierra es la materia apoderada
del fulgor y del pan de mi victoria,
y no es sueño mi sueño sino tierra.
Duermo rodeado de espaciosa arcilla
y por mis manos corre cuando vivo
un manantial de caudalosas tierras.
Y no es vino el que bebo sino tierra,
tierra escondida, tierra de mi boca,
tierra de agricultura con rocío,
vendaval de legumbres luminosas,
estirpe cereal, bodega de oro.

XIX

AMÉRICA
NO INVOCO
TU NOMBRE
EN VANO

AMÉRICA, no invoco tu nombre en vano.
Cuando sujeto al corazón la espada,
cuando aguanto en el alma la gotera,
cuando por las ventanas
un nuevo día tuyo me penetra,
soy y estoy en la luz que me produce,
vivo en la sombra que me determina,
duermo y despierto en tu esencial aurora:
dulce como las uvas, y terrible,
conductor del azúcar y el castigo,
empapado en esperma de tu especie,
amamantado en sangre de tu herencia.

VII
CANTO GENERAL DE CHILE

ETERNIDAD

Escribo *para una tierra recién secada, recién*
fresca de flores, de polen, de argamasa,
escribo para unos cráteres cuyas cúpulas de tiza
repiten su redondo vacío junto a la nieve pura,
dictamino de pronto para lo que apenas
lleva el vapor ferruginoso recién salido del abismo,
hablo para las praderas que no conocen apellido
sino la pequeña campanilla del liquen o el estambre
quemado
o la áspera espesura donde la yegua arde.

De dónde vengo, sino de estas primerizas, azules
materias que se enredan o se encrespan o se destituyen
o se esparcen a gritos o se derraman sonámbulas,
o se trepan y forman el baluarte del árbol,
o se sumen y amarran la célula del cobre
o saltan a la rama de los ríos, o sucumben
en la raza enterrada del carbón o relucen
en las tinieblas verdes de la uva?

En las noches duermo como los ríos, recorriendo
algo incesantemente, rompiendo, adelantando
la noche natatoria, levantando las horas
hacia la luz, palpando las secretas
imágenes que la cal ha desterrado, subiendo por el bronce
hasta las cataratas recién disciplinadas, y toco
en un camino de ríos lo que no distribuye
sino la rosa nunca nacida, el hemisferio ahogado.

199

La tierra es una catedral de párpados pálidos,
eternamente unidos y agregados en un
vendaval de segmentos, en una sal de bóvedas,
en un color final de otoño perdonado.

No habéis, no habéis tocado jamás en el camino
lo que la estalactita desnuda determina,
la fiesta entre las lámparas glaciales,
el alto frío de las hojas negras,
no habéis entrado conmigo en las fibras
que la tierra ha escondido,
no habéis vuelto a subir después de muertos
grano a grano las gradas de la arena
hasta que las coronas del rocío
de nuevo cubran una rosa abierta,
no podéis existir sin ir muriendo
con el vestuario usado de la dicha.

Pero yo soy el nimbo metálico, la argolla
encadenada a espacios, a nubes, a terrenos
que toca despeñadas y enmudecidas aguas,
y vuelve a desafiar la intemperie infinita.

PATRIA, mi patria, vuelvo hacia ti la sangre.
Pero te pido, como a la madre el niño
lleno de llanto.
      Acoge
esta guitarra ciega
y esta frente perdida.
Salí a encontrarte hijos por la tierra,
salí a cuidar caídos con tu nombre de nieve,
salí a hacer una casa con tu madera pura,
salí a llevar tu estrella a los héroes heridos.

Ahora quiero dormir en tu substancia.
Dame tu clara noche de penetrantes cuerdas,
tu noche de navío, tu estatura estrellada.

Patria mía: quiero mudar de sombra.
Patria mía: quiero cambiar de rosa.
Quiero poner mi brazo en tu cintura exigua
y sentarme en tus piedras por el mar calcinadas,
a detener el trigo y mirarlo por dentro.
Voy a escoger la flora delgada del nitrato,
voy a hilar el estambre glacial de la campana,
y mirando tu ilustre y solitaria espuma
un ramo litoral tejeré a tu belleza.

Patria, mi patria
toda rodeada de agua combatiente
y nieve combatida,
en ti se junta el águila al azufre,

y en tu antártica mano de armiño y de zafiro
una gota de pura luz humana
brilla encendiendo el enemigo cielo.

Guarda tu luz, oh patria!, mantén
tu dura espiga de esperanza en medio
del ciego aire temible.
En tu remota tierra ha caído toda esta luz difícil,
este destino de los hombres,
que te hace defender una flor misteriosa
sola, en la inmensidad de América dormida.

II

*QUIERO
VOLVER
AL SUR
(1941)*
Enfermo en Veracruz, recuerdo un día
del Sur, mi tierra, un día de plata
como un rápido pez en el agua del cielo.
Loncoche, Lonquimay, Carahue, desde arriba
esparcidos, rodeados por silencio y raíces,
sentados en sus tronos de cueros y maderas.
El Sur es un caballo echado a pique
coronado con lentos árboles y rocío,
cuando levanta el verde hocico caen las gotas,
la sombra de su cola moja el gran archipiélago
y en su intestino crece el carbón venerado.
Nunca más, dime, sombra, nunca más, dime, mano,
nunca más, dime, pie, puerta, pierna, combate,
trastornarás la selva, el camino, la espiga,
la niebla, el frío, lo que, azul, determinaba
cada uno de tus pasos sin cesar consumidos?
Cielo, déjame un día de estrella a estrella irme
pisando luz y pólvora, destrozando mi sangre
hasta llegar al nido de la lluvia!

Quiero ir
detrás de la madera por el río
Toltén fragante, quiero salir de los aserraderos,
entrar en las cantinas con los pies empapados,
guiarme por la luz del avellano eléctrico,
tenderme junto al excremento de las vacas,
morir y revivir mordiendo trigo.

Océano, tráeme
un día del Sur, un día agarrado a tus olas,
un día de árbol mojado, trae un viento
azul polar a mi bandera fría!

MELANCOLIA
CERCA DE
ORIZABA
(1942)

Qué hay para ti en el Sur sino un río, una noche,
unas hojas que el aire frío manifiesta
y extiende hasta cubrir las riberas del cielo?
Es que la cabellera del amor desemboca
como otra nieve o agua del deshecho archipiélago,
como otro movimiento subterráneo del fuego
y espera en los galpones otra vez,
donde las hojas caen tantas veces
temblando, devoradas por esa boca espesa,
y el brillo de la lluvia cierra su enredadera
desde la reunión de los granos secretos
hasta el follaje lleno de campanas y gotas?

Donde la primavera trae una voz mojada
que zumba en las orejas del caballo dormido
y luego cae al oro del trigo triturado
y luego asoma un dedo transparente en la uva.
Qué hay para ti esperándote, dónde, sin corredores
sin paredes, te llama el Sur?
Como el llanero escuchas en tu mano la copa
de la tierra, poniendo tu oído en las raíces:
desde lejos un viento de hemisferio temible,
el galope en la escarcha de los carabineros:
donde la aguja cose con agua fina el tiempo
y su desmenuzada costura se destruye:
qué hay para ti en la noche de costado salvaje
aullando con la boca toda llena de azul?

Hay un día tal vez detenido, una espina
clava en el viejo día su aguijón degradado
y su antigua bandera nupcial se despedaza.
Quién ha guardado un día de bosque negro, quién
ha esperado unas horas de piedra, quién rodea
la herencia lastimada por el tiempo, quién huye
sin desaparecer en el centro del aire?
Un día, un día lleno de hojas desesperadas,
un día, una luz rota por el frío zafiro,
un silencio de ayer preservado en el hueco
de ayer, en la reserva del territorio ausente.

Amo tu enmarañada cabellera de cuero,
tu antártica hermosura de intemperie y ceniza,
tu doloroso peso de cielo combatiente:
amo el vuelo del aire del día en que me esperas,

sé que no cambia el beso de la tierra, y no cambia,
sé que no cae la hoja del árbol, y no cae:
sé que el mismo relámpago detiene sus metales
y la desamparada noche es la misma noche,
pero es mi noche, pero es mi planta, el agua
de las glaciales lágrimas que conocen mi pelo.

Sea yo lo que ayer me esperaba en el hombre:
lo que en laurel, ceniza, cantidad, esperanza,
desarrolla su párpado en la sangre,
en la sangre que puebla la cocina y el bosque,
las fábricas que el hierro cubre de plumas negras,
las minas taladradas por el sudor sulfúrico.

No sólo el aire agudo del vegetal me espera:
no sólo el trueno sobre el nevado esplendor:
lágrimas y hambre como dos escalofríos
suben al campanario de la patria y repican:
de ahí que en medio del fragante cielo,
de ahí que cuando Octubre estalla, y corre
la primavera antártica sobre el fulgor del vino,
hay un lamento y otro y otro lamento y otro
hasta que cruzan nieve, cobre, caminos, naves,
y pasan a través de la noche y la tierra
hasta mi desangrada garganta que los oye.

Pueblo mío, qué dices? Marinero,
peón, alcalde, obrero del salitre, me escuchas?
Yo te oigo, hermano muerto, hermano vivo, te oigo,
lo que tú deseabas, lo que enterraste, todo,
la sangre que en la arena y en el mar derramabas,
el corazón golpeado que resiste y asusta.

Qué hay para ti en el Sur? La lluvia dónde cae?
Y desde el intersticio, qué muertos ha azotado?
Los míos, los del Sur, los héroes solos,
el pan diseminado por la cólera amarga,
el largo luto, el hambre, la dureza y la muerte,
las hojas sobre ellos han caído, las hojas,
la luna sobre el pecho del soldado, la luna,
el callejón del miserable, y el silencio
del hombre en todas partes, como un mineral duro
cuya veta de frío hiela la luz de mi alma
antes de construir la campana en la altura.
Patria llena de gérmenes, no me llames, no puedo
dormir sin tu mirada de cristal y tiniebla.

Tu ronco grito de aguas y seres me sacude
y ando en el sueño al borde de tu espuma solemne
hasta la última isla de tu cintura azul.
Me llamas dulcemente como una novia pobre.
Tu larga luz de acero me enceguece y me busca
como una espada llena de raíces.
Patria, tierra estimable, quemada luz ardiendo:
como el carbón adentro del fuego precipita
tu sal temible, tu desnuda sombra.
Sea yo lo que ayer me esperaba, y mañana
resista en un puñado de amapolas y polvo.

IV

OCÉANO   S i tu desnudo aparecido y verde,
si tu manzana desmedida, si
en las tinieblas tu mazurca, dónde
está tu origen?
Noche
más dulce que la noche,
                  sal
madre, sal sangrienta, curva madre del agua,
planeta recorrido por la espuma y la médula:
titánica dulzura de estelar longitud:
noche con una sola ola en la mano:
tempestad contra el águila marina,
ciega bajo las manos del sulfato insondable:
bodega en tanta noche sepultada,
corola fría toda de invasión y sonido,
catedral enterrada a golpes en la estrella.

Hay el caballo herido que en la edad de tu orilla
recorre, por el fuego glacial substituido,
hay el abeto rojo transformado en plumaje
y deshecho en tus manos de atroz cristalería,
y la incesante rosa combatida en las islas
y la diadema de agua y luna que estableces.
Patria mía, a tu tierra
todo este cielo oscuro!
Toda esta fruta universal, toda esta
delirante corona!
Para ti esta copa de espumas donde el rayo
se pierde como un albatros ciego, y donde el sol del Sur
se levanta mirando tu condición sagrada.

V

TALABARTERÍA PARA mí esta montura dibujada
como pesada rosa en plata y cuero,
suave de hondura, lisa y duradera.
Cada recorte es una mano, cada
costura es una vida, en ella vive
la unidad de las vidas forestales,
una cadena de ojos y caballos.
Los granos de la avena la formaron,
la hicieron dura matorrales y agua,
la cosecha opulenta le dio orgullo,
metal y tafiletes trabajados:
y así de desventuras y dominio
este trono salió por las praderas.

ALFARERÍA Torpe paloma, alcancía de greda,
en tu lomo de luto un signo, apenas
algo que te descifra. Pueblo mío,
cómo con tus dolores a la espalda,
apaleado y rendido, cómo fuiste
acumulando ciencia deshojada?
Prodigio negro, mágica materia
elevada a la luz por dedos ciegos,
mínima estatua en que lo más secreto
de la tierra nos abre sus idiomas,
cántaro de Pomaire en cuyo beso
tierra y piel se congregan, infinitas
formas del barro, luz de las vasijas,
la forma de una mano que fue mía,
el paso de una sombra que me llama,
sois reunión de sueños escondidos,
cerámica, paloma indestructible!

TELARES Sabéis que allí la nieve vigilando
los valles, o más bien
la primavera oscura del Sur, las aves negras
a cuyo pecho sólo una gota de sangre
vino a temblar, la bruma
de un gran invierno que extendió las alas,
así es el territorio, y su fragancia
sube de flores pobres, derribadas
por el peso de cobre y cordilleras.
Y allí el telar hilo a hilo, buscando
reconstruyó la flor, subió la pluma

206

a su imperio escarlata, entretejiendo
azules y azafranes, la madeja
del fuego y su amarillo poderío,
la estirpe del relámpago violeta,
el verde enarenado del lagarto.
Manos del pueblo mío en los telares,
manos pobres que tejen, uno a uno,
los plumajes de estrella que faltaron
a tu piel, Patria de color oscuro,
substituyendo hebra por hebra el cielo
para que cante el hombre sus amores
y galope encendiendo cereales!

VI

INUNDACIONES   Los pobres viven abajo esperando que el río
se levante en la noche y se los lleve al mar.
He visto pequeñas cunas que flotaban, destrozos
de viviendas, sillas, y una cólera augusta
de lívidas aguas en que se confunden el cielo y el terror.
Sólo es para ti, pobre, para tu esposa y tu sembrado,
para tu perro y tus herramientas, para que aprendas
    a mendigo.
El agua no sube hasta las casas de los caballeros
cuyos nevados cuellos vuelan desde las lavanderías.
Come este fango arrollador y estas ruinas que nadan
con tus muertos vagando dulcemente hacia el mar,
entre las pobres mesas y los perdidos árboles
que van de tumbo en tumbo mostrando sus raíces.

TERREMOTO   Desperté cuando la tierra de los sueños faltó bajo mi
    cama.
Una columna ciega de ceniza se tambaleaba en medio
de la noche,
            yo te pregunto: he muerto?
Dame la mano en esta ruptura del planeta
mientras la cicatriz del cielo morado se hace estrella.
Ay!, pero recuerdo, dónde están?, dónde están?
Por qué hierve la tierra llenándose de muerte?
Oh máscaras bajo las viviendas arrolladas, sonrisas
que no alcanzaron el espanto, seres despedazados
bajo las vigas, cubiertos por la noche.

Y hoy amaneces, oh día azul, vestido
para un baile, con tu cola de oro
sobre el mar apagado de los escombros, ígneo
buscando el rostro perdido de los insepultos.

VII

ATACAMA   Voz insufrible, diseminada
sal, substituida
ceniza, ramo negro
en cuyo extremo aljófar aparece la luna
ciega, por corredores enlutados de cobre.
Qué material, qué cisne hueco
hunde en la arena su desnudo agónico
y endurece su luz líquida y lenta?
Qué rayo duro rompe su esmeralda
entre sus piedras indomables hasta
cuajar la sal perdida?
Tierra, tierra
sobre el mar, sobre el aire, sobre el galope
de la amazona llena de corales:
bodega amontonada donde el trigo
duerme en la temblorosa raíz de la campana:
oh madre del océano!, productora
del ciego jaspe y la dorada sílice:
sobre tu pura piel de pan, lejos del bosque
nada sino tus líneas de secreto,
nada sino tu frente de arena,
nada sino las noches y los días del hombre,
pero junto a la sed del cardo, allí
donde un papel hundido y olvidado, una piedra
marca las hondas cunas de la espada y la copa,
indica los dormidos pies del calcio.

VIII

TOCOPILLA   De Tocopilla al sur, al norte, arena,
cales caídas, el lanchón, las tablas
rotas, el torcido hierro.
Quién a la línea pura del planeta,
áurea y cocida, sueño, sal y pólvora
agregó el utensilio deshecho, la inmundicia?

Quién puso el techo hundido, quién dejó las paredes
abiertas, con un ramo
de papeles pisados?
Lóbrega luz del hombre en ti destituido,
siempre volviendo al cuenco de tu luna cálcarea,
apenas recibido por tu letal arena!
Gaviota enrarecida de las obras, arenque
petrel ensortijado,
frutos, vosotros, hijos del espinel sangriento
y de la tempestad, habéis visto al chileno?
Habéis visto al humano, entre las dobles líneas del frío
y de las aguas, bajo la dentadura
de la línea de tierra, en la bahía?

Piojos, piojos ardientes atacando la sal,
piojos, piojos de costa, poblaciones, mineros,
desde una cicatriz del desierto hasta otra,
contra la costa de la luna, fuera!,
picando el sello frío sin edad.
Más allá de los pies de alcatraz, cuando
agua ni pan ni sombra tocan la dura etapa,
el ejercicio del salitre asoma
o la estatua del cobre decide su estatura.
Es todo como estrellas enterradas
como puntas amargas, como infernales
flores
blancas, nevadas de luz temblorosa
o verde y negra rama de esplendores pesados.
No vale allí la pluma sino la mano rota
del oscuro chileno, no sirve allí la duda.
Sólo la sangre. Sólo ese golpe duro
que en la vena pregunta por el hombre.
En la vena, en la mina, en la horadada cueva
sin agua y sin laurel.

Oh pequeños
compatriotas quemados por esta luz más agria
que el baño de la muerte, héroes oscurecidos
por el amanecer de la sal en la tierra,
dónde hacéis vuestro nido, errantes hijos?
Quién os ha visto entre las hebras rotas
de los puertos desérticos?
                                        Bajo
la niebla de salmuera
o detrás de la costa metálica,

209

o tal vez o tal vez,
bajo el desierto ya, bajo
su palabra de polvo
para siempre!
Chile, Metal y Cielo,
y vosotros, chilenos,
semilla, hermanos duros,
todo dispuesto en orden y silencio
como la permanencia de las piedras.

IX

PEUMO Quebré una hoja enlosada de matorral: un dulce
aroma de los bordes cortados
me tocó como un ala profunda que volara
desde la tierra, desde lejos, desde nunca.
Peumo, entonces vi tu follaje, tu verdura
minuciosa, encrespada, cubrir con sus impulsos
tu tronco terrenal y tu anchura olorosa.
Pensé cómo eres toda mi tierra: mi bandera
debe tener aroma de peumo al desplegarse,
un olor de fronteras que de pronto
entran en ti con toda la patria en su corriente.
Peumo puro, fragancia de años y cabelleras
en el viento, en la lluvia, bajo la curvatura
de la montaña, con un ruido de agua que baja
hasta nuestras raíces, oh amor, oh tiempo agreste
cuyo perfume puede nacer, desenredarse
desde una hoja y llenarnos hasta que derramamos
la tierra, como viejos cántaros enterrados!

QUILAS Entre las hojas rectas que no saben sonreír
escondes tu plantel de lanzas clandestinas.
Tú no olvidaste. Cuando paso por tu follaje
murmura la dureza, y despiertan palabras
que hieren, sílabas que amamantan espinas.
Tú no olvidas. Eras argamasa mojada
con sangre, eras columna de la casa y la guerra,
eras bandera, techo de mi madre araucana,
espada del guerrero silvestre, araucanía
erizada de flores que hirieron y mataron.

210

Asperamente escondes las lanzas que fabricas
y que conoce el viento de la región salvaje,
la lluvia, el águila de los bosques quemados,
y el furtivo habitante recién desposeído.
Tal vez, tal vez: no digas a nadie tu secreto.
Guárdame a mí una lanza silvestre, o la madera
de una flecha. Yo tampoco he olvidado.

DRIMIS
WINTEREI

Plantas sin nombre, hojas
y cuerdas montañosas,
ramas tejidas de aire verde, hilos
recién bordados, ganchos de metales oscuros,
innumerable flora coronaria
de la humedad, del vasto vapor, del agua inmensa.
Y entre toda la forma que buscó esta enramada,
entre estas hojas cuyo molde intacto
equilibró en la lluvia su prodigio,
oh árbol, despertaste como un trueno
y en tu copa poblada por toda la verdura
se durmió como un pájaro el invierno.

X

ZONAS
ERIALES

Término abandonado! Línea loca
en que la hoguera o cardo enfurecido
forman capas de azul electrizado.

Piedras golpeadas por
las agujas del cobre, carreteras
de material silencio, ramas hundidas
en la sal de las piedras.

Aquí estoy, aquí estoy,
boca humana entregada al paso pálido
de un detenido tiempo como copa o cadera,
central presidio de agua sin salida,
árbol de corporal flor derribada,
únicamente sorda y brusca arena.
Patria mía, terrestre y ciega como
nacidos aguijones de la arena, para ti toda
la fundación de mi alma, para ti los perpetuos
párpados de mi sangre, para ti de regreso
mi plato de amapolas.

211

Dame de noche, en medio de las plantas terrestres,
la huraña rosa de rocío que duerme en tu bandera,
dame de luna o tierra tu pan espolvoreado
con tu temible sangre oscura:
bajo tu luz de arena
no hay muertos, sino largos ciclos de sal, azules
ramas de misterioso metal muerto.

XI

CHERCANES   ME GUSTARÍA, que no desconfiarais: es verano,
el agua me regó y levantó un deseo
como una rama, un canto mío me sostiene
como un tronco arrugado, con ciertas cicatrices.
Minúsculos, amados, venid a mi cabeza.
Anidad en mis hombros en los que pasea
el fulgor de un lagarto, en mis pensamientos
sobre los que han caído tantas hojas,
oh círculos pequeños de la dulzura, granos
de alado cereal, huevecillo emplumado,
formas purísimas en que el ojo
certero dirige vuelo y vida,
aquí, anidad en mi oreja, desconfiados
y diminutos: ayudadme:
quiero ser más pájaro cada día.

LOICA   Cerca de mí, sangrienta, pero ausente.
Con tu máscara cruel y tus ojos guerreros,
entre los terrones, saltando de un tesoro
a otro, en la plenitud pura y salvaje.
Cuéntame cómo entre todas,
entre toda la oscura formación anidada
en nuestros matorrales que la lluvia
tiñó con sus lamentos, cómo, sola,
tu pechera recoge todo el carmín del mundo?
Ay, eres espolvoreada por el verano rojo,
has entrado en la gruta del polen escarlata
y tu mancha recoge todo el fuego.
Y a esta mirada más que al firmamento
y a la noche nevada en su baluarte andino
cuando abre el abanico de cada día, nada
la detiene: sólo tu zarza
que sigue ardiendo sin quemar la tierra.

CHUCAO   En el frío follaje multiplicado, de pronto
         la voz del chucao como si nadie existiera
         sino ese grito de toda la soledad unida,
         como esa voz de todos los árboles mojados.
         Pasó la voz temblando sobre mi caballo,
         más lenta y más profunda que un vuelo: me detuve,
         dónde estaba? Qué días eran ésos?
         Todo lo que viví galopando en aquellas
         estaciones perdidas, el mundo de la lluvia
         en las ventanas, el puma en la intemperie
         rondando con dos puntas de fuego sanguinario,
         y el mar de los canales, entre túneles verdes
         de empapada hermosura, la soledad, el beso
         de la que amé más joven bajo los avellanos,
         todo surgió de pronto cuando en la selva el grito
         del chucao cruzó con sus sílabas húmedas.

                          XII

BOTÁNICA   EL SANGUINARIO litre y el benéfico boldo
           diseminan su estilo
           en irritantes besos de animal esmeralda
           o antologías de agua oscura entre las piedras.

           El chupón en la cima del árbol establece
           su dentadura nívea
           y el salvaje avellano construye su castillo
           de páginas y gotas.
           La altamisa y la chépica rodean
           los ojos del orégano
           y el radiante laurel de la frontera
           perfuma las lejanas intendencias.

               Quila y quelenquelén de las mañanas.
               Idioma frío de las fucsias,
               que se va por las piedras tricolores
               gritando viva Chile con la espuma!

           El dedal de oro espera
           los dedos de la nieve
           y rueda el tiempo sin su matrimonio
           que uniría a los ángeles del fuego y del azúcar.

                          213

El mágico canelo
lava en la lluvia su racial ramaje,
y precipita sus lingotes verdes
bajo la vegetal agua del Sur.

La dulce aspa del ulmo
con fanegas de flores
sube las gotas del copihue rojo
a conocer el sol de las guitarras.

La agreste delgadilla
y el celestial poleo
bailan en las praderas con el joven rocío
recientemente armado por el río Toltén.

La indescifrable doca
decapita su púrpura en la arena
y conduce sus triángulos marinos
hacia las secas lunas litorales.

La bruñida amapola,
relámpago y herida, dardo y boca,
sobre el quemante trigo
pone sus puntuaciones escarlata.

La patagua evidente
condecora sus muertos
y teje sus familias
con manantiales aguas y medallas de río.

El paico arregla lámparas
en el clima del Sur, desamparado,
cuando viene la noche
del mar nunca dormido.

El roble duerme solo,
muy vertical, muy pobre, muy mordido,
muy decisivo en la pradera pura
con su traje de roto maltratado
y su cabeza llena de solemnes estrellas.

XIII

ARAUCARIA   Todo el invierno, toda la batalla,
todos los nidos del mojado hierro,
en tu firmeza atravesada de aire,
en tu ciudad silvestre se levantan.

La cárcel renegada de las piedras,
los hilos sumergidos de la espiña,
hacen de tu alambrada cabellera
un pabellón de sombras minerales.

Llanto erizado, eternidad del agua,
monte de escamas, rayo de herraduras,
tu atormentada casa se construye
con pétalos de pura geología.

El alto invierno besa tu armadura
y te cubre de labios destruidos:
la primavera de violento aroma
rompe su red en tu implacable estatua:
y el grave otoño espera inútilmente
derramar oro en tu estatura verde.

XIV

TOMAS
LAGO   Otras gentes se acostaron entre las páginas durmiendo
como insectos elzevirianos, entre ellos
se han disputado ciertos libros recién impresos
como en el foot-ball, dándose goles de sabiduría.
Nosotros cantamos entonces en la primavera,
junto a los ríos que arrastran piedras de los Andes,
y estábamos trenzados con nuestras mujeres sorbiendo
más de un panal, devorando hasta el azufre del mundo.
No sólo eso sino mucho más: compartimos
la vida con humildes amigos que amamos,
y que nos enseñaron con las fechas del vino
el alfabeto honrado de la arena, el reposo
de los que han conseguido en la dureza
salir cantando. Oh días en que juntos
visitamos la cueva y los tugurios,

215

destrozamos las telas de araña, y en las márgenes
del Sur bajo la noche y su argamasa
removida viajamos:
todo era flor y patria pasajera,
todo era lluvia y material del humo.
Qué ancha carretera caminamos, deteniendo
el paso en las posadas, dirigiendo
la atención a un extremo crepúsculo, a una piedra,
a una pared escrita por un carbón, a un grupo
de fogoneros que de pronto
nos enseñaron todas las canciones de invierno.
Pero no sólo el orugo andaba camaleando,
en nuestras ventanas, bañado en celulosas,
cada vez más celestial en su papel de culto,
sino el ferruginoso, el iracundo, el vaquero
que nos quería cobrar con dos pistolas al pecho,
amenazándonos con comerse a nuestras madres
y empeñar nuestras posesiones
(llamando a todo esto *heroísmo* y otras cosas).
Los dejamos pasar mirándolos, no pudieron
sacarnos una cáscara, doblegar un latido,
y se dirigieron cada uno a su tumba,
de diarios europeos o pesos bolivianos.
Nuestras lámparas siguen encendidas, ardiendo
más altas que el papel y que los forajidos.

**RUBÉN
AZÓCAR**

Hacia las islas!, dijimos. Eran días de confianza
y estábamos sostenidos por árboles ilustres:
nada nos parecía lejano, todo podía enredarse
de un momento a otro en la luz que producíamos.
Llegamos con zapatos de cuero grueso: llovía,
llovía en las islas, así se mantenía el territorio
como una mano verde, como un guante
cuyos dedos flotaban
                                    entre las algas rojas.
Llenamos de tabaco el archipiélago, fumábamos
hasta tarde en el Hotel Nilsson, y disparábamos
ostras frescas hacia todos los puntos cardinales.
La ciudad tenía una fábrica religiosa
de cuyas puertas grandes, en la tarde inanimada,
salía como un largo coleóptero un desfile
negro, de sotanillas bajo la triste lluvia:
acudíamos a todos los borgoñas, llenábamos
el papel con los signos de un dolor jeroglífico.

216

Yo me evadí de pronto: por muchos años, distante,
en otros climas que acaudalaron mis pasiones
recordé las barcas bajo la lluvia, contigo,
que allí te quedabas para que tus grandes cejas
echaran sus raíces mojadas en las islas.

JUVENCIO
VALLE

Juvencio, nadie sabe como tú y yo el secreto
del bosque de Boroa: nadie
conoce ciertos senderos de tierra enrojecida
sobre los que despierta la luz del avellano.
Cuando la gente no nos oye no sabe
que escuchamos llover sobre árboles y techos
de zinc, y que aún amamos a la telegrafista,
aquella, aquella muchacha que como nosotros
conoce el grito hundido de las locomotoras
de invierno, en las comarcas.

Solo tú, silencioso,
entraste en el aroma que la lluvia derriba,
incitaste el aumento dorado de la flora,
recogiste el jazmín antes de que naciera.
El barco triste, frente a los almacenes,
el barro triturado por las graves carretas
como la negra arcilla de ciertos sufrimientos,
está, quién como tú lo sabe?, derramado
detrás de la profunda primavera.

También
tenemos en secreto otros tesoros:
hojas que como lenguas escarlata
cubren la tierra, y piedras suavizadas
por la corriente, piedras de los ríos.

DIEGO
MUÑOZ

No sólo nos defendimos, así parece, con descubrimientos
y signos extendidos en papel tempestuoso,
sino que, capitanes, corregimos
a puñetazos la calle maligna
y luego entre acordeones elevamos
el corazón con aguas y cordajes.
Marinero, ya has regresado de tus puertos,
de Guayaquil, olores de frutas polvorientas,
y de toda la tierra un sol de acero
que te hizo derramar victoriosas espadas.
Hoy sobre los carbones de la patria ha llegado
una hora —dolores y amor— que compartimos,
y del mar sobresale sobre tu voz el hilo
de una fraternidad más ancha que la tierra.

217

XV

JINETE EN
LA LLUVIA

FUNDAMENTALES aguas, paredes de agua, trébol
y avena combatida,
cordelajes ya unidos a la red de una noche
húmeda, goteante, salvajemente hilada,
gota desgarradora repetida en lamento,
cólera diagonal cortando cielo.
Galopan los caballos de perfume empapado,
bajo el agua, golpeando el agua, interviniéndola
con sus ramajes rojos de pelo, piedra y agua:
y el vapor acompaña como una leche loca
el agua endurecida con fugaces palomas.
No hay día sino los cisternales
del clima duro, del verde movimiento
y las patas anudan veloz tierra y transcurso
entre bestial aroma de caballo con lluvia.
Mantas, monturas, pellones agrupados
en sombrías granadas sobre los
ardientes lomos de azufre que golpean
la selva diciéndola.
            Más allá, más allá, más allá, más allá,
más allá, más allá, más allá, más alláaaaaa,
los jinetes derriban la lluvia, los jinetes
pasan bajo los avellanos amargos, la lluvia
tuerce en trémulos rayos su trigo sempiterno.
Hay luz del agua, relámpago confuso
derramado en la hoja, y del mismo sonido del galope
sale un agua sin vuelo, herida por la tierra.
Húmeda rienda, bóveda enramada,
pasos de pasos, vegetal nocturno
de estrellas rotas como hielo o luna, ciclónico caballo
cubierto por las flechas como un helado espectro,
lleno de nuevas manos nacidas en la furia,
golpeante manzana rodeada por el miedo
y su gran monarquía de temible estandarte.

XVI

MARES
DE
CHILE

EN LEJANAS regiones
tus pies de espuma, tu esparcida orilla
regué con llanto desterrado y loco.

    Hoy a tu boca vengo, hoy a tu frente.

218

No al coral sanguinario, no a la quemada estrella,
ni a las incandescentes y derribadas aguas
entregué el respetuoso secreto, ni la sílaba.
Guardé tu voz enfurecida, un pétalo
de tutelar arena
entre los muebles y los viejos trajes.

Un polvo de campanas, una mojada rosa.

Y muchas veces era el agua misma
de Arauco, el agua dura:
pero yo conservaba mi sumergida piedra
y en ella, el palpitante sonido de tu sombra.

Oh, mar de Chile, oh, agua
alta y ceñida como aguda hoguera,
presión y sueño y uñas de zafiro,
oh, terremoto de sal y leones!
Vertiente, origen, costa
del planeta, tus párpados
abren el mediodía de la tierra
atacando el azul de las estrellas.
La sal y el movimiento se desprenden de ti
y reparten océano a las grutas del hombre
hasta que más allá de las islas tu peso
rompe y extiende un ramo de substancias totales.
Mar del desierto norte, mar que golpea el cobre
y adelanta la espuma hacia la mano
del áspero habitante solitario,
entre alcatraces, rocas de frío sol y estiércol,
costa quemada al paso de una aurora inhumana!

Mar de Valparaíso, ola
de luz sola y nocturna,
ventana del océano
en que se asoma
la estatua de mi patria
viendo con ojos todavía ciegos.

Mar del Sur, mar océano,
mar, luna misteriosa,
por Imperial aterrador de robles,
por Chiloé a la sangre asegurado
y desde Magallanes hasta el límite
todo el silbido de la sal, toda la luna loca,
y el estelar caballo desbocado del hielo.

219

ODA DE
INVIERNO
AL RÍO
MAPOCHO

Oh, sí, nieve imprecisa,
oh, sí, temblando en plena flor de nieve,
párpado boreal, pequeño rayo helado
quién, quién te llamó hacia el ceniciento valle,
quién, quién te arrastró desde el pico del águila
hasta donde tus aguas puras tocan
los terribles harapos de mi patria?
Río, por qué conduces
agua fría y secreta,
agua que el alba dura de las piedras
guardó en su catedral inaccesible,
hasta los pies heridos de mi pueblo?
Vuelve, vuelve a tu copa de nieve, río amargo,
vuelve, vuelve a tu copa de espaciosas escarchas,
sumerge tu plateada raíz en tu secreto origen
o despéñate y rómpete en otro mar sin lágrimas!
Río Mapocho cuando la noche llega
y como negra estatua echada
duerme bajo tus puentes como un racimo negro
de cabezas golpeadas por el frío y el hambre
como por dos inmensas águilas, oh río,
oh duro río parido por la nieve,
por qué no te levantas como inmenso fantasma
o como nueva cruz de estrellas para los olvidados?
No, tu brusca ceniza corre ahora
junto al sollozo echado al agua negra,
junto a la manga rota que el viento endurecido
hace temblar debajo de las hojas de hierro.
Río Mapocho, adónde llevas
plumas de hielo para siempre heridas,
siempre junto a tu cárdena ribera
la flor salvaje nacerá mordida por los piojos
y tu lengua de frío raspará las mejillas
de mi patria desnuda?
                    Oh, que no sea,
oh, que no sea, y que una gota de tu espuma negra
salte del légamo a la flor del fuego
y precipite la semilla del hombre!

VIII

LA TIERRA SE LLAMA JUAN

*CRISTÓBAL
MIRANDA*
*(Palero-
Tocopilla)*

Te conocí, Cristóbal, en las lanchas
de la bahía, cuando baja
el salitre, hacia el mar, en la quemante
vestidura de un día de Noviembre.
Recuerdo aquella extática apostura,
los cerros de metal, el agua quieta.
Y sólo el hombre de las lanchas, húmedo
de sudor, moviendo nieve.
Nieve de los nitratos, derramada
sobre los hombros del dolor, cayendo
a la barriga ciega de las naves.
Allí paleros, héroes de una aurora
carcomida por ácidos, sujeta
a los destinos de la muerte, firmes,
recibiendo el nitrato caudaloso.
Cristóbal, este recuerdo para ti.
Para los camaradas de la pala,
a cuyos pechos entra el ácido
y las emanaciones asesinas,
hinchando como águilas aplastadas
los corazones, hasta que cae el hombre,
hasta que rueda el hombre hacia las calles,
hacia las cruces rotas de la pampa.
Bien, no digamos más, Cristóbal, ahora
este papel que te recuerda, a todos,
a los lancheros de bahía, al hombre
ennegrecido de los barcos, mis ojos
van con vosotros en esta jornada
y mi alma es una pala que levanta
cargando y descargando sangre y nieve,
junto a vosotros, vidas del desierto.

221

II

JESÚS
GUTIÉRREZ
(Agrarista)

Eɴ Moɴᴛᴇʀʀᴇʏ murió mi padre,
Genovevo Gutiérrez, se fue
con Zapata. De noche los caballos
cerca de casa, el humo
de los federales, los tiros en el viento,
el huracán que sale del maíz,
llevó el fusil de lado a lado,
desde las tierras de Sonora,
a ratos dormíamos, medíamos
ríos y bosques, a caballo,
entre muertos, a defender
la tierra del pobre, frijoles,
tortilla, guitarra, rodábamos
hasta el límite, éramos polvo,
los señores nos madrugaban,
hasta que de cada piedra
nacían nuestros fusiles.
Aquí está mi casa, mi tierra
pequeña, el certificado
firmado por mi general
Cárdenas, los guajalotes,
los patitos en la laguna,
ahora ya no se pelea,
mi padre quedó en Monterrey
y aquí colgado en la pared
junto a la puerta la canana,
el fusil listo, el caballo listo,
por la tierra, por nuestro pan,
mañana tal vez de galope,
si mi general lo aconseja.

III

LUIS
CORTÉS
(de Tocopilla)

Cᴀᴍᴀʀᴀᴅᴀ, me llamo Luis Cortés.
Cuando vino la represión, en Tocopilla
me agarraron. Me tiraron a Pisagua.
Usted sabe, camarada, cómo es eso.
Muchos cayeron enfermos, otros
enloquecieron. Es el peor
campo de concentración de González
Videla. Vi morir a Angel Veas,

del corazón, una mañana. Fue terrible
verlo morir en esa arena asesina,
rodeados de alambradas, después de toda
su vida generosa. Cuando me sentí enfermo
también del corazón, me trasladaron
a Garitaya. Usted no conoce, camarada.
Es en lo alto, en la frontera con Bolivia.
Un punto desolado, a 5.000 metros de altura.
Hay un agua salobre para beber, salobre
más que el agua del mar, y llena de pulgones
como gusanos rosados que pululan.
Hace frío y el cielo parece que encima
de la soledad cayera sobre nosotros,
sobre mi corazón que ya no pudo más.
Los mismos carabineros tuvieron piedad,
y contra las órdenes de dejarnos morir
sin que jamás quisieran enviar una camilla
me amarraron a una mula y bajamos las montañas:
26 horas caminó la mula, y mi cuerpo
ya no resistía, camarada, entre la cordillera sin caminos,
y mi corazón enfermo, aquí me tiene, fíjese
en las magulladuras, no sé cuánto viviré,
pero a usted le toca, no pienso pedir nada,
diga usted, camarada, lo que hace al pueblo el maldito,
a los que lo llevamos a la altura en que ríe
con risa de hiena sobre nuestros dolores,
usted, camarada, dígalo, dígalo, no importa mi muerte
ni nuestros sufrimientos porque la lucha es larga,
pero que se conozcan estos padecimientos,
que se conozcan, camarada, no se olvide.

IV

OLEGARIO
SEPÚLVEDA
(Zapatero,
Talcahuano)

OLEGARIO SEPÚLVEDA me llamo.
Soy zapatero, estoy
cojo desde el gran terremoto.
Sobre el conventillo un pedazo de cerro
y el mundo sobre mi pierna.
Allí grité dos días,
pero la boca se me llenó de tierra,
grité más suavemente
hasta que me dormí para morir.

223

Fue un gran silencio el terremoto,
el terror en los cerros,
las lavanderas lloraban,
una montaña de polvo
enterró las palabras.
Aquí me ve con esta suela
frente al mar, lo único limpio,
las olas no debieran
llegar azules a mi puerta.
Talcahuano, tus gradas sucias,
tus corredores de pobreza,
en las colinas agua podrida,
madera rota, cuevas negras
donde el chileno mata y muere.
(Oh!, dolores del filo abierto
de la miseria, lepra del mundo,
arrabal de muertos, gangrena
acusadora y venenosa!
habéis llegado del sombrío
Pacífico, de noche, al puerto?
Habéis tocado entre las pústulas
la mano del niño, la rosa
salpicada de sal y orina?
Habéis levantado los ojos
por los escalones torcidos?
Habéis visto la limosnera
como un alambre en la basura
temblar, levantar las rodillas
y mirar desde el fondo donde
ya no quedan lágrimas ni odio?)
Soy zapatero en Talcahuano.
Sepúlveda, frente al Dique grande.
Cuando quiera, señor, los pobres
nunca cerramos la puerta.

V

ARTURO
CARRIÓN
(Navegante,
Iquique)
Junio 1948. Querida Rosaura, aquí
me tienes, en Iquique, preso, mándame una camisa
y tabaco. No sé
hasta cuándo durará este baile.
Cuando me embarqué en el "Glenfoster"

pensé en ti, te escribí desde Cádiz,
allí fusilaban a gusto, luego fue más
triste en Atenas, aquella mañana
en la cárcel a bala mataron
a doscientos setenta y tres muchachos:
la sangre corría fuera del muro,
vimos salir a los oficiales
griegos con los jefes norteamericanos, venían riéndose:
la sangre del pueblo les gusta,
pero había como un humo negro
en la ciudad, estaba escondido el llanto, el dolor, el luto,
te compré un tarjetero, allí
conocí a un paisano chilote,
tiene un pequeño restaurant, me dijo
están mal las cosas, hay odio:
luego fue mejor en Hungría,
los campesinos tienen tierra,
reparten libros, en Nueva York
encontré tu carta, pero todos
se juntan, palo y palo al pobre,
ya ves, yo marinero viejo
y porque soy del sindicato,
apenas desde la cubierta
me sacaron, me preguntaron
sandeces, me dejaron preso,
policía por todas partes,
lágrimas también en la pampa:
hasta cuándo estas cosas
duran, todos se preguntan, hoy es uno
y el otro palo para el pobre,
dicen que en Pisagua hay dos mil,
yo pregunto qué le pasa al mundo,
pero no hay derecho a preguntas
así, dice la policía: no te olvides el tabaco, habla con
    Rojas
si no está preso, no llores,
el mundo tiene demasiadas
lágrimas, hace falta otra cosa
y aquí te digo hasta pronto, te
abraza y besa tu esposo amante
Arturo Carrión Cornejo, cárcel
de Iquique.

VI

ABRAHAM
JESÚS
BRITO
(Poeta Popular)

Jesús Brito es su nombre, Jesús Parrón o pueblo,
y fue haciéndose agua por los ojos,
y por las manos se fue haciendo raíces,
hasta que lo plantaron de nuevo donde estuvo
antes de ser, antes de que brotara
del territorio, entre las piedras pobres.

Y fue entre mina y marinero un ave
nudosa, un patriarcal talabartero
de la corteza suave de la patria terrible:
mientras más fría, más azul la hallaba:
mientras más duro el suelo, más luna le salía:
cuanto más hambre, más cantaba.

Y todo el mundo ferroviario abría
con su llave y su lira sarmentosa,
y por la espuma de la patria andaba
lleno de paquetitos estrellados,
él, el árbol del cobre, iba regando
cada pequeño trébol sucedido,
el espantoso crimen, el incendio,
y el ramo de los ríos tutelares.

Su voz era la de los roncos gritos
perdidos en la noche de los raptos,
él llevaba campanas torrenciales
recogidas de noche en su sombrero,
y recogía en su harapiento saco
las desbordantes lágrimas del pueblo.
Iba por los ramales arenosos,
por la extensión hundida del salitre,
por los ásperos cerros litorales
construyendo el romance clavo a clavo,
y teja a teja levantando el verso:
dejando en él la mancha de las manos
y las goteras de la ortografía.

Brito, por las paredes capitales,
entre el rumor de las cafeterías,
andabas como un árbol peregrino
buscando tierra con los pies profundos,
hasta que fuiste haciéndote raíces,
piedra y terrón y minería oscura.

226

Brito, tu majestad fue golpeada
como un tambor de majestuoso cuero
y era una monarquía a la intemperie
tu señorío de arboleda y pueblo.

Arbol errante, ahora tus raíces
cantan bajo la tierra, y en silencio.
Un poco más profundo eres ahora.
Ahora tienes tierra y tienes tiempo.

VII

ANTONINO
BERNALES
(Pescador, Colombia)

EL RÍO Magdalena anda como la luna,
lento por el planeta de hojas verdes,
un ave roja aúlla, zumba el sonido
de viejas alas negras, las riberas
tiñen el trascurrir de aguas y de aguas.
Todo es el río, toda vida es río,
y Antonino Bernales era río.
Pescador, carpintero, boga, aguja
de red, clavo para las tablas,
martillo y canto, todo era Antonino
mientras el Magdalena como la luna lenta
arrastraba el caudal de las vidas del río.
Más alto en Bogotá, llamas, incendio,
sangre, se oye decir, no está bien claro,
Gaytán ha muerto. Entre las hojas
como un chacal la risa de Laureano
azuza las hogueras, un temblor
de pueblo como un escalofrío
recorre el Magdalena.
Es Antonino Bernales el culpable.
No se movió de su pequeña choza.
Pasó durmiendo aquellos días.
Pero los abogados lo decretan,
Enrique Santos quiere sangre.
Todos se unen bajo las levitas.
Antonino Bernales ha caído
asesinado en la venganza,
cayó abriendo los brazos en el río,
volvió a su río como al agua madre.
El Magdalena lleva al mar su cuerpo
y del mar a otros ríos, a otras aguas

y a otros mares y a otros pequeños ríos
girando alrededor de la tierra.
                              Otra vez
entra en el Magdalena, son las márgenes
que él ama, abre los brazos de agua roja,
pasa entre sombras, entre luz espesa,
y otra vez sigue su camino de agua.
Antonino Bernales, nadie puede
distinguirte en el cauce, yo sí, yo te recuerdo
y oigo arrastrar tu nombre que no puede
morir, y que envuelve la tierra,
apenas nombre, entre los nombres, pueblo.

VIII

*MARGARITA
NARANJO
(Salitrera
"María Elena",
Antofagasta)*

Estoy muerta. Soy de María Elena.
Toda mi vida la viví en la pampa.
Dimos la sangre para la Compañía
norteamericana, mis padres antes, mis hermanos.
Sin que hubiera huelga, sin nada nos rodearon.
Era de noche, vino todo el Ejército,
iban de casa en casa despertando a la gente,
llevándola al campo de concentración.
Yo esperaba que nosotros no fuéramos.
Mi marido ha trabajado tanto para la Compañía,
y para el Presidente, fue el más esforzado
consiguiendo los votos aquí, es tan querido,
nadie tiene nada que decir de él, él lucha
por sus ideales, es puro y honrado
como pocos. Entonces vinieron a nuestra puerta,
mandados por el Coronel Urízar,
y lo sacaron a medio vestir y a empellones
lo tiraron al camión que partió en la noche,
hacia Pisagua, hacia la oscuridad. Entonces
me pareció que no podía ya respirar más, me parecía
que la tierra faltaba debajo de los pies,
es tanta la traición, tanta la injusticia,
que me subió a la garganta algo como un sollozo
que no me dejó vivir. Me trajeron comida
las compañeras, y les dije: "No comeré hasta que vuelva".
Al tercer día hablaron al señor Urízar,
que se rió con grandes carcajadas, enviaron
telegramas y telegramas que el tirano en Santiago

228

no contestó. Me fui durmiendo y muriendo,
sin comer, apreté los dientes para no recibir
ni siquiera la sopa o el agua. No volvió, no volvió,
y poco a poco me quedé muerta, y me enterraron:
aquí, en el cementerio de la oficina salitrera,
había en esa tarde un viento de arena,
lloraban los viejos y las mujeres y cantaban
las canciones que tantas veces canté con ellos.
Si hubiera podido, habría mirado a ver si estaba
Antonio, mi marido, pero no estaba, no estaba,
no lo dejaron venir ni a mi muerte: ahora,
aquí estoy muerta, en el cementerio de la pampa
no hay más que soledad en torno a mí, que ya no existo,
que ya no existiré sin él, nunca más, sin él.

IX

JOSÉ CRUZ
ACHACHALLA
(Minero, Bolivia)

Sí, SEÑOR, José Cruz Achachalla,
de la Sierra de Granito, al sur de Oruro.
Pues allí debe vivir aún
mi madre Rosalía:
a unos señores trabaja,
lavándoles, pues, la ropa.
Hambre pasábamos, capitán,
y con una varilla golpeaban
a mi madre todos los días.
Por eso me hice minero.
Me escapé por las grandes sierras,
una hojita de coca, señor,
unas ramas sobre la cabeza
y andar, andar, andar. Los buitres
me perseguían desde el cielo,
y pensaba: son mejores
que los señores blancos de Oruro,
y así anduve hasta el territorio
de las minas.
                        Hace ya
cuarenta años, era yo entonces
un niño hambriento. Los mineros
me recogieron. Fui aprendiz
en las oscuras galerías,
uña por uña contra la tierra,
recogí el estaño escondido.

229

No sé adónde ni para qué
salen los lingotes plateados:
vivimos mal, las casas rotas,
y el hambre, otra vez, señor,
y cuando
nos reunimos, capitán,
para un peso más de salario,
el viento rojo, el palo, el fuego,
la policía nos golpeaba,
y aquí estoy, pues, capitán,
despedido de los trabajos,
dígame dónde me voy,
nadie me conoce en Oruro,
estoy viejo como las piedras,
ya no puedo cruzar los montes,
qué voy a hacer por los caminos,
aquí mismo me quedo ahora,
que me entierren en el estaño,
sólo el estaño me conoce.
José Cruz Achachalla, sí,
no sigas moviendo los pies,
hasta aquí llegaste, hasta aquí,
Achachalla, hasta aquí llegaste.

X

*EUFROSINO
RAMIREZ
(Casa Verde,
Chuquicamata)*

Teníamos que tomar las planchas calientes
del cobre con las manos, y entregárselas
a la pala mecánica. Salían casi ardiendo,
pesaban como el mundo, íbamos extenuados
transportando las láminas del mineral, a veces
una de ellas caía sobre un pie quebrantándolo,
sobre una mano dejándola convertida en muñón.
Vinieron los gringos y dijeron: "Llévenlas
en menos tiempo, y váyanse a sus casas".
A duras penas, para irnos más temprano,
hicimos la tarea. Pero volvieron ellos:
"Ahora trabajan menos, ganen menos".
Fue la huelga en la Casa Verde, diez semanas,
huelga, y cuando volvimos al trabajo,
con un pretexto: dónde está su herramienta?,
me echaron a la calle. Usted mire estas manos,
son sólo callos que hizo el cobre,
óigame el corazón, no le parece

230

que da saltos?, el cobre lo machaca,
y apenas puedo andar de un sitio a otro
buscando, hambriento, trabajo que no encuentro:
parece que me ven agachado, llevando
las hojas invisibles del cobre que me mata.

XI

JUAN
FIGUEROA
(Casa del Yodo
"María Elena",
Antofagasta)

Usted es Neruda? Pase, camarada.
Sí, de la Casa del Yodo, ya no quedan
otros viviendo. Yo me aguanto.
Sé que ya no estoy vivo, que me espera
la tierra de la pampa. Son cuatro horas
al día, en la casa del Yodo.
Viene por unos tubos, sale como una masa,
como una goma cárdena. La entramos
de batea en batea, la envolvemos
como criatura. Mientras tanto,
el ácido nos roe, nos socava,
entrando por los ojos y la boca,
por la piel, por las uñas.
De la Casa del Yodo no se sale
cantando, compañero. Y si pedimos
que nos den otros pesos de salario
para los hijos que no tienen zapatos,
dicen: "Moscú los manda", camarada,
y declaran estado de sitio, y nos rodean
como si fuéramos bestias y nos golpean,
y así son, camaradas, estos hijos de puta!
Aquí me tiene usted, ya soy el último:
dónde está Sánchez?, dónde está Rodríguez?
Podridos bajo el polvo de Polvillo.
Al fin la muerte les dio lo que pedíamos:
sus rostros tienen máscaras de yodo.

XII

EL MAESTRO
HUERTA
(De la mina
"La Despreciada",
Antofagasta)

Cuando usted vaya al Norte, señor,
vaya a la mina "La Despreciada",
y pregunte por el maestro Huerta.
Desde lejos no verá nada,
sino los grises arenales.
Luego, verá las estructuras,

231

el andarivel, los desmontes.
Las fatigas, los sufrimientos
no se ven, están bajo tierra
moviéndose, rompiendo seres,
o bien descansan, extendidos,
transformándose silenciosos.
Era "picano" el maestro Huerta.
Medía 1.95 m.
Los picanos son los que rompen
el terreno hacia el desnivel,
cuando la veta se rebaja.
500 metros abajo,
con el agua hasta la cintura,
el picano pica que pica.
No sale del infierno sino
cada cuarenta y ocho horas,
hasta que las perforadoras
en la roca, en la oscuridad,
en el barro, dejan la pulpa
por donde camina la mina.
El maestro Huerta, gran picano,
parecía que llenaba el pique
con sus espaldas. Entraba
cantando como un capitán.
Salía agrietado, amarillo,
corcovado, reseco, y sus ojos
miraban como los de un muerto.
Después se arrastró por la mina.
Ya no pudo bajar al pique.
El antimonio le comió las tripas.
Enflaqueció, que daba miedo,
pero no podía andar.
Las piernas las tenía picadas
como por puntas, y como era
tan alto, parecía
como un fantasma hambriento
pidiendo sin pedir, usted sabe.
No tenía treinta años cumplidos.
Pregunte dónde está enterrado.
Nadie se lo podrá decir,
porque la arena y el viento derriban
y entierran las cruces, más tarde.
Es arriba, en "La Despreciada",
donde trabajó el maestro Huerta.

XIII

AMADOR
CEA
*(De Coronel,
Chile, 1949)*

COMO habían detenido a mi padre
y pasó el Presidente que elegimos
y dijo que todos éramos libres, yo pedí que a mi viejo
        lo soltaran.
Me llevaron y me pegaron todo un día.
No conozco a nadie en el cuartel. No sé, no puedo
ni recordar sus caras. Era la policía.
Cuando perdía el conocimiento, me tiraban
agua en el cuerpo y me seguían pegando.
En la tarde, antes de salir, me llevaron
arrastrando a una sala de baño,
me empujaron la cabeza adentro de una taza
de W. C. llena de excrementos. Me ahogaba.
"Ahora, sal a pedir la libertad al Presidente,
que te manda este regalo", me decían.
Me siento apaleado, esta costilla me la rompieron.
Pero por dentro estoy como antes, camarada.
A nosotros no nos rompen sino matándonos.

XIV

BENILDA
VARELA
*(Concepción,
Ciudad
Universitaria,
Chile, 1949)*

ARREGLÉ la comida a mis chiquillos y salí.
Quise entrar a Lota a ver a mi marido.
Como se sabe, mandan la policía
y nadie puede entrar sin su permiso.
Les cayó mal mi cara. Eran las órdenes
de González Videla, antes de entrar
a decir sus discursos para que nuestra gente
tenga miedo. Así pasó: me agarraron,
me desnudaron, me tiraron al suelo a golpes.
Perdí el sentido. Me desperté en el suelo
desnuda, con una sábana mojada sobre
mi cuerpo sangrante. Reconocí a un verdugo:
se llama Víctor Molina ese bandido.
Apenas abrí los ojos, me siguieron golpeando
con pedazos de goma. Tengo todo morado
con sangre, y no puedo moverme.
Eran cinco, y los cinco me golpeaban
como a un saco. Y esto duró seis horas.
Si no he muerto, es para decirles, camaradas:
tenemos que luchar mucho más, hasta que desaparezcan
estos verdugos de la faz de la tierra.

Que conozcan los pueblos sus discursos
en la ONU sobre la "libertad",
mientras los bandidos matan a golpes a las mujeres
en los sótanos, sin que nadie lo sepa.
Aquí no ha pasado nada, dirán, y don Enrique
Molina nos hablará del triunfo del "espíritu".
Pero no pasará todo esto siempre.
Un fantasma recorre el mundo, y pueden empezar de
    nuevo
a golpear en los sótanos: ya pagarán sus crímenes.

XV

CALERO
TRABAJADOR
DEL BANANO
(Costa Rica,
1940)

No te conozco. En las páginas de Fallas leí tu vida,
gigante oscuro, niño golpeado, harapiento y errante.

De aquellas páginas vuelan tu risa y las canciones
entre los bananeros, en el barro sombrío, la lluvia y el
    sudor.
Qué vida la de los nuestros, qué alegrías segadas,
qué fuerzas destruidas por la comida innoble,
qué cantos derribados por la vivienda rota,
qué poderes del hombre deshechos por el hombre!

Pero cambiaremos la tierra. No irá tu sombra alegre
de charco en charco hacia la muerte desnuda.
Cambiaremos, uniendo tu mano con la mía,
la noche que te cubre con su bóveda verde.

    (Las manos de los muertos que cayeron
    con éstas y otras manos que construyen
    están selladas como las alturas andinas
    con la profundidad de su hierro enterrado).

Cambiaremos la vida para que tu linaje
sobreviva y construya su luz organizada.

XVI

CATÁSTROFE
EN SEWELL

Sánchez, Reyes, Ramírez, Núñez, Alvarez.
Estos nombres son como los cimientos de Chile.
El pueblo es el cimiento de la patria.
Si los dejáis morir, la patria va cayendo,
va desangrándose hasta quedar vacía.
Ocampo nos ha dicho: cada minuto

hay un herido, y cada hora un muerto.
Cada minuto y cada hora
la sangre nuestra cae, Chile muere.
Hoy es el humo del incendio, ayer fue el gas grisú,
anteayer el derrumbe, mañana el mar o el frío,
la máquina y el hambre, la imprevisión o el ácido.
Pero allí donde muere el marinero,
pero allí donde mueren los pampinos,
pero allí donde en Sewell se perdieron,
está todo cuidado, las máquinas, los vidrios,
los hierros, los papeles,
menos el hombre, la mujer o el niño.
No es el gas: es la codicia la que mata en Sewell.
Ese grifo cerrado de Sewell para que no cayera
ni una gota de agua para el pobre café de los mineros,
ahí está el crimen, el fuego no es culpable.
Por todas partes al pueblo se le cierran los grifos
para que el agua de la vida no se reparta.
Pero el hambre y el frío y el fuego que devora
nuestra raza, la flor, los cimientos de Chile,
los harapos, la casa miserable,
eso no se raciona, siempre hay bastante
para que cada minuto haya un herido
y cada hora un muerto.
Nosotros no tenemos dioses donde acudir.
Las pobres madres vestidas de negro
habrán rezado mientras lloraron ya todas sus lágrimas.

Nosotros no rezamos.
Stalin dijo: "Nuestro mejor tesoro
es el hombre",
los cimientos, el pueblo.
Stalin alza, limpia, construye, fortifica,
preserva, mira, protege, alimenta,
pero también castiga.
Y esto es cuanto quería deciros, camaradas:
hace falta el castigo.
No puede ser este derrumbe humano,
esta sangría de la patria amada,
esta sangre que cae del corazón del pueblo
cada minuto, esta muerte
de cada hora.
Yo me llamo como ellos, como los que murieron.
Yo soy también Ramírez, Muñoz, Pérez, Fernández.
Me llamo Alvarez, Núñez, Tapia, López, Contreras.

235

Soy pariente de todos los que mueren, soy pueblo,
y por toda esta sangre que cae estoy de luto.
Compatriotas, hermanos muertos, de Sewell, muertos
de Chile, obreros, hermanos, camaradas,
hoy que estáis silenciosos, vamos a hablar nosotros.
Y que vuestro martirio nos ayude
a construir una patria severa
que sepa florecer y castigar.

XVII

LA TIERRA
SE LLAMA
JUAN

Detrás de los libertadores estaba Juan
trabajando, pescando y combatiendo,
en su trabajo de carpintería o en su mina mojada.
Sus manos han arado la tierra y han medido
los caminos.
                    Sus huesos están en todas partes.
Pero vive. Regresó de la tierra. Ha nacido.
Ha nacido de nuevo como una planta eterna.
Toda la noche impura trató de sumergirlo
y hoy afirma en la aurora sus labios indomables.
Lo ataron, y es ahora decidido soldado.
Lo hirieron, y mantiene su salud de manzana.
Le cortaron las manos, y hoy golpea con ellas.
Lo enterraron, y viene cantando con nosotros.

Juan, es tuya la puerta y el camino.
                                    La tierra
es tuya, pueblo, la verdad ha nacido
contigo, de tu sangre.
                    No pudieron exterminarte. Tus raíces,
árbol de humanidad,
árbol de eternidad,
hoy están defendidas con acero,
hoy están defendidas con tu propia grandeza
en la patria soviética, blindada,
contra las mordeduras del lobo agonizante.

Pueblo, del sufrimiento nació el orden.

Del orden tu bandera de victoria ha nacido.

Levántala con todas las manos que cayeron,
defiéndelas con todas las manos que se juntan:
y que avance a la lucha final, hacia la estrella
la unidad de tus rostros invencibles.

236

IX

QUE DESPIERTE EL LEÑADOR

*...Y tú Capharnaum, que hasta
los cielos estás levantada, hasta los
infiernos serás abajada...*

San Lucas, x, 15

*QUE
DESPIERTE
EL LEÑADOR*

AL OESTE de Colorado River
hay un sitio que amo.
Acudo con todo lo que palpitando
transcurre en mí, con todo
lo que fui, lo que soy, lo que sostengo.
Hay unas altas piedras rojas, el aire
salvaje de mil manos
las hizo edificadas estructuras:
el escarlata ciego subió desde el abismo
y en ellas se hizo cobre, fuego y fuerza.
América extendida como la piel del búfalo,
aérea y clara noche del galope,
allí hacia las alturas estrelladas,
bebo tu copa de verde rocío.
Sí, por agria Arizona y Wisconsin nudoso,
hasta Milwaukee levantada contra el viento y la nieve
o en los enardecidos pantanos de West Palm,
cerca de los pinares de Tacoma, en el espeso
olor de acero de tus bosques,
anduve pisando tierra madre,
hojas azules, piedras de cascada,
huracanes que temblaban como toda la música,
ríos que rezaban como los monasterios,
ánades y manzanas, tierras y aguas,
infinita quietud para que el trigo nazca.

Allí pude, en mi piedra central, extender al aire
ojos, oídos, manos, hasta oír
libros, locomotoras, nieve, luchas,

237

fábricas, tumbas, vegetales, pasos,
y de Manhattan la luna en el navío,
el canto de la máquina que hila,
la cuchara de hierro que come tierra,
la perforadora con su golpe de cóndor
y cuanto corta, oprime, corre, cose:
seres y ruedas repitiendo y naciendo.

Amo el pequeño hogar del *farmer*. Recientes madres
    duermen
aromadas como el jarabe del tamarindo, las telas
recién planchadas. Arde
el fuego en mil hogares rodeados de cebollas.
(Los hombres cuando cantan cerca del río tienen
una voz ronca como las piedras del fondo:
el tabaco salió de sus anchas hojas
y como un duende del fuego llegó a estos hogares).
Missouri adentro venid, mirad el queso y la harina,
las tablas olorosas, rojas como violines,
el hombre navegando la cebada,
el potro azul recién montado huele
el aroma del pan y de la alfalfa:
campanas, amapolas, herrerías,
y en los destartalados cinemas silvestres
el amor abre su dentadura
en el sueño nacido de la tierra.
Es tu paz lo que amamos, no tu máscara.
No es hermoso tu rostro de guerrero.
Eres hermosa y ancha Norte América.
Vienes de humilde cuna como una lavandera,
junto a tus ríos, blanca.
Edificada en lo desconocido,
es tu paz de panal lo dulce tuyo.
Amamos tu hombre con las manos rojas
de barro de Oregón, tu niño negro
que te trajo la música nacida
en su comarca de marfil: amamos
tu ciudad, tu substancia,
tu luz, tus mecanismos, la energía
del Oeste, la pacífica
miel, de colmenar y aldea,
el gigante muchacho en el tractor,
la avena que heredaste
de Jefferson, la rueda rumorosa
que mide tu terrestre oceanía,
el humo de una fábrica y el beso

238

número mil de una colonia nueva:
tu sangre labradora es la que amamos:
tu mano popular llena de aceite.

Bajo la noche de las praderas hace ya tiempo
reposan sobre la piel del búfalo en un grave
silencio las sílabas, el canto
de lo que fui antes de ser, de lo que fuimos.
Melville es un abeto marino, de sus ramas
nace una curva de carena, un brazo
de madera y navío. Whitman innumerable
como los cereales, Poe en su matemática
tiniebla, Dreiser, Wolfe,
frescas heridas de nuestra propia ausencia,
Lockridge reciente, atados a la profundidad,
cuántos otros, atados a la sombra:
sobre ellos la misma aurora del hemisferio arde
y de ellos está hecho lo que somos.
Poderosos infantes, capitanes ciegos,
entre acontecimientos y follajes amedrentados a veces,
interrumpidos por la alegría y por el duelo,
bajo las praderas cruzadas de tráfico,
cuántos muertos en las llanuras antes no visitadas:
inocentes atormentados, profetas recién impresos,
sobre la piel del búfalo de las praderas.

De Francia, de Okinawa, de los atolones
de Leyte (Norman Mailer lo ha dejado escrito),
del aire enfurecido y de las olas,
han regresado casi todos los muchachos.
Casi todos... Fue verde y amarga la historia
de barro y sudor: no oyeron
bastante el canto de los arrecifes
ni tocaron tal vez sino para morir en las islas, las coronas
de fulgor y fragancia:
                              sangre y estiércol
los persiguieron, la mugre y las ratas,
y un cansado y desolado corazón que luchaba.
Pero ya han vuelto,
                        los habéis recibido
en el ancho espacio de las tierras extendidas
y se han cerrado (los que han vuelto) como una corola
de innumerables pétalos anónimos
para renacer y olvidar.

239

Pero además han encontrado
un huésped en la casa,
o trajeron nuevos ojos (o fueron ciegos antes)
o el hirsuto ramaje les rompió los párpados
o nuevas cosas hay en las tierras de América.
Aquellos negros que combatieron contigo, los
duros y sonrientes, mirad:
                                        Han puesto una cruz ardiendo
frente a sus caseríos,
han colgado y quemado a tu hermano de sangre:
le hicieron combatiente, hoy le niegan
palabra y decisión: se juntan
de noche los verdugos
encapuchados, con la cruz y el látigo.
                                        (Otra cosa
se oía en ultramar combatiendo.)
                                        Un huésped imprevisto
como un viejo octopus roído,
inmenso, circundante,
se instaló en tu casa, soldadito:
la prensa destila el antiguo veneno, cultivado en Berlín.
Los periódicos (Times, Newsweek, etc.) se han
       convertido
en amarillas hojas de delación: Hearst,
que cantó el canto de amor a los nazis, sonríe
y afila las uñas para que salgáis de nuevo
hacia los arrecifes o las estepas
a combatir por este huésped que ocupa tu casa.
No te dan tregua: quieren seguir vendiendo
acero y balas, preparan nueva pólvora
y hay que venderla pronto, antes de que se adelante
la fresca pólvora y caiga en nuevas manos.

Por todas partes los amos instalados
en tu mansión alargan sus falanges,
aman a España negra y una copa de sangre te ofrecen
(un fusilado, cien): el cocktail Marshall.
Escoged sangre joven: campesinos
de China, prisioneros
de España,
sangre y sudor de Cuba azucarera,
lágrimas de mujeres

de las minas de cobre y del carbón en Chile,
luego batid con energía,
como un golpe de garrote,
no olvidando trocitos de hielo y algunas gotas
del canto *Defendemos la cultura cristiana.*
Es amarga esta mezcla?
Ya te acostumbrarás, soldadito, a beberla.
En cualquier sitio del mundo, a la luz de la luna,
o en la mañana, en el hotel de lujo,
pida usted esta bebida que vigoriza y refresca
y páguela con un buen billete
con la imagen de Washington.

Has encontrado también que Carlos Chaplin, el último
padre de la ternura en el mundo,
debe huir, y que los escritores (Howard Fast, etc.),
los sabios y los artistas
en tu tierra
deben sentarse para ser enjuiciados por "un-american"
        pensamientos
ante un tribunal de mercaderes enriquecidos por la guerra.
Hasta los últimos confines del mundo llega el miedo.
Mi tía lee estas noticias asustada,
y todos los ojos de la tierra miran
esos tribunales de vergüenza y venganza.
Son los estrados de los Babbits sangrientos,
de los esclavistas, de los asesinos de Lincoln,
son las nuevas inquisiciones levantadas ahora
no por la cruz (y entonces era horrible e inexplicable)
sino por el oro redondo que golpea
las mesas de los prostíbulos y los bancos
y que no tiene derecho a juzgar.

En Bogotá se unieron Moriñigo, Trujillo,
González Videla, Somoza, Dutra, y aplaudieron.
Tú, joven americano, no los conoces: son
los vampiros sombríos de nuestro cielo, amarga
es la sombra de sus alas:
                                prisiones,
martirio, muerte, odio: las tierras
del Sur con petróleo y nitrato
concibieron monstruos.

De noche en Chile, en Lota,
en la humilde y mojada casa de los mineros,
llega la orden del verdugo. Los hijos
se despiertan llorando.
                              Miles de ellos
encarcelados, piensan.
                              En Paraguay
la densa sombra forestal esconde
los huesos del patriota asesinado, un tiro
suena
en la fosforescencia del verano.
                                    Ha muerto
allí la verdad.
                    Por qué no intervienen
en Santo Domingo a defender el Occidente Mr.
      Vandenberg,
Mr. Armour, Mr. Marshall, Mr. Hearst?
Por qué en Nicaragua el Sr. Presidente,
despertado de noche, atormentado, tuvo
que huir para morir en el destierro?

(Hay allí bananas que defender y no *libertades,*
y para eso basta con Somoza).
                              Las *grandes*
victoriosas ideas están en Grecia
y en China para auxilio
de gobiernos manchados como alfombras inmundas.
            Ay, soldadito!

III

Yo TAMBIÉN más allá de tus tierras, América,
ando y hago mi casa errante, vuelo, paso,
canto y converso a través de los días.
Y en el Asia, en la URSS, en los Urales me detengo
y extiendo el alma empapada de soledades y resina.

Amo cuanto en las extensiones
a golpe de amor y lucha el hombre ha creado.
Aún rodea mi casa en los Urales
la antigua noche de los pinos
y el silencio como una alta columna.
Trigo y acero aquí han nacido
de la mano del hombre, de su pecho.

Y un canto de martillos alegra el bosque antiguo
como un nuevo fenómeno azul.
Desde aquí miro extensas zonas de hombre,
geografía de niños y mujeres, amor,
fábricas y canciones, escuelas
que brillan como alhelíes en la selva
donde habitó hasta ayer el zorro salvaje.
Desde este punto abarca mi mano en el mapa
el verde de las praderas, el humo
de mil talleres, los aromas
textiles, el asombro
de la energía dominada.
Vuelvo en las tardes
por los nuevos caminos recién trazados
y entro en las cocinas
donde hierve el repollo y de donde sale
un nuevo manantial para el mundo.

También aquí regresaron los muchachos,
pero muchos millones quedaron atrás,
enganchados, colgando de las horcas,
quemados en hornos especiales,
destruidos hasta no quedar de ellos
sino el nombre en el recuerdo.
Fueron asesinadas también sus poblaciones:
la tierra soviética fue asesinada:
millones de vidrios y de huesos se confundieron,
vacas y fábricas, hasta la Primavera
desapareció tragada por la guerra.
Volvieron los muchachos, sin embargo,
y el amor por la patria construida
se había mezclado en ellos con tanta sangre
que *Patria* dicen con las venas,
Unión Soviética cantan con la sangre.
Fue alta la voz de los conquistadores
de Prusia y de Berlín cuando volvieron
para que renacieran las ciudades,
los animales y la primavera.
Walt Whitman, levanta tu barba de hierba,
mira conmigo desde el bosque,
desde estas magnitudes perfumadas.
Qué ves allí, Walt Whitman?
Veo, me dice mi hermano profundo,
veo cómo trabajan las usinas,

243

en la ciudad que los muertos recuerdan,
en la capital pura,
en la resplandeciente Stalingrado.
Veo desde la planicie combatida
desde el padecimiento y el incendio
nacer en la humedad de la mañana
un tractor rechinante hacia las llanuras.
Dame tu voz y el peso de tu pecho enterrado,
Walt Whitman, y las graves
raíces de tu rostro
para cantar estas reconstrucciones!
Cantemos juntos lo que se levanta
de todos los dolores, lo que surge
del gran silencio, de la grave
victoria:
            Stalingrado, surge tu voz de acero,
renace piso a piso la esperanza
como una casa colectiva,
y hay un temblor de nuevo en marcha
enseñando,
cantando
y construyendo.

Desde la sangre surge Stalingrado
como una orquesta de agua, piedra y hierro
y el pan renace en las panaderías,
la primavera en las escuelas,
sube nuevos andamios, nuevos árboles,
mientras el viejo y férreo Volga palpita.
                                        Estos libros,
en frescas cajas de pino y cedro,
están reunidos sobre la tumba
de los verdugos muertos:
estos teatros hechos en las ruinas
cubren martirio y resistencia:
libros claros como monumentos:
un libro sobre cada héroe,
sobre cada milímetro de muerte,
sobre cada pétalo de esta gloria inmutable.

Unión Soviética, si juntáramos
toda la sangre derramada en tu lucha,
toda la que diste como una madre al mundo
para que la libertad agonizante viviera,
tendríamos un nuevo océano,
grande como ninguno,

244

profundo como ninguno,
viviente como todos los ríos,
activo como el fuego de los volcanes araucanos.
En ese mar hunde tu mano,
hombre de todas las tierras,
y levántala después para ahogar en él
al que olvidó, al que ultrajó,
al que mintió y al que manchó,
al que se unió con cien pequeños canes
del basural de Occidente
para insultar tu sangre, Madre de los libres!

Desde el fragante olor de los pinos urales
miro la biblioteca que nace
en el corazón de Rusia,
el laboratorio en que el silencio
trabaja, miro los trenes que llevan
madera y canciones a las nuevas ciudades,
y en esta paz balsámica crece un latido
como en un nuevo pecho:
a la estepa muchachas y palomas
regresan agitando la blancura,
los naranjales se pueblan de oro:
el mercado tiene hoy
cada amanecer
un nuevo aroma,
un nuevo aroma que llega desde las altas tierras
en donde el martirio fue más grande:
los ingenieros hacen temblar el mapa
de las llanuras con sus números
y las cañerías se envuelven como largas serpientes
en las tierras del nuevo invierno vaporoso.

En tres habitaciones del viejo Kremlin
vive un hombre llamado José Stalin.
Tarde se apaga la luz de su cuarto.
El mundo y su patria no le dan reposo.
Otros héroes han dado a luz una patria,
él además ayudó a concebir la suya,
a edificarla
y defenderla.
Su inmensa patria es, pues, parte de él mismo
y no puede descansar porque ella no descansa.
En otro tiempo la nieve y la pólvora
lo encontraron frente a los viejos bandidos

que quisieron (como ahora otra vez) revivir
el *knut,* y la miseria, la angustia de los esclavos,
el dormido dolor de millones de pobres.
El estuvo contra los que como Wrangel y Denikin
fueron enviados desde Occidente para "defender la
          cultura".
Allí dejaron el pellejo aquellos defensores
de los verdugos, y en el ancho terreno
de la URSS, Stalin trabajó noche y día.
Pero más tarde vinieron en una ola de plomo
los alemanes cebados por Chamberlain.
Stalin los enfrentó en todas las vastas fronteras,
en todos los repliegues, en todos los avances
y hasta Berlín sus hijos como un huracán de pueblos
llegaron y llevaron la paz ancha de Rusia.
Molotov y Voroshilov
están allí, los veo,
con los otros, los altos generales,
los indomables.
Firmes como nevados encinares.
Ninguno de ellos tiene palacios.
Ninguno de ellos tiene regimientos de siervos.
Ninguno de ellos se hizo rico en la guerra
vendiendo sangre.
Ninguno de ellos va como un pavo real
a Río de Janeiro o a Bogotá
a dirigir a pequeños sátrapas manchados de tortura:
ninguno de ellos tiene doscientos trajes:
ninguno de ellos tiene acciones en fábricas de armamentos,
y todos ellos tienen
acciones
en la alegría y en la construcción
del vasto país donde resuena la aurora
levantada en la noche de la muerte.
Ellos dijeron "Camarada" al mundo.
Ellos hicieron rey al carpintero.
Por esa aguja no entrará un camello.
Lavaron las aldeas.
Repartieron la tierra.
Elevaron al siervo.
Borraron al mendigo.
Aniquilaron a los crueles.
Hicieron luz en la espaciosa noche.

246

Por eso a ti, muchacha de Arkansas o más bien
a ti joven dorado de West Point o mejor
a ti mecánico de Detroit o bien
a ti cargador de la vieja Orleáns, a todos
hablo y digo: afirma el paso,
abre tu oído al vasto mundo humano,
no son los elegantes del State Department
ni los feroces dueños del acero
los que te están hablando
sino un poeta del extremo Sur de América,
hijo de un ferroviario de Patagonia,
americano como el aire andino,
hoy fugitivo de una patria en donde
cárcel, tormento, angustia imperan
mientras cobre y petróleo lentamente
se convierten en oro para reyes ajenos.

                                        Tú no eres
el ídolo que en una mano lleva el oro
y en la otra la bomba.

                        Tú eres
lo que soy, lo que fui, lo que debemos
amparar, el fraternal subsuelo
de América purísima, los sencillos
hombres de los caminos y las calles.
Mi hermano Juan vende zapatos
como tu hermano John,
mi hermana Juana pela papas,
como tu prima Jane,
y mi sangre es minera y marinera
como tu sangre, Peter.

Tú y yo vamos a abrir las puertas
para que pase el aire de los Urales
a través de la cortina de tinta,
tú y yo vamos a decir al furioso:
"My dear guy, hasta aquí no más llegaste",
más acá la tierra nos pertenece
para que no se oiga el silbido
de la ametralladora sino una
canción, y otra canción, y otra canción.

IV

Pero si armas tus huestes, Norte América,
para destruir esa frontera pura
y llevar al matarife de Chicago
a gobernar la música y el orden
que amamos,
        saldremos de las piedras y del aire
para morderte:
        saldremos de la última ventana
para volcarte fuego:
        saldremos de las olas más profundas
para clavarte con espinas:
        saldremos del surco para que la semilla
golpee como un puño colombiano,

        saldremos para negarte el pan y el agua,
        saldremos para quemarte en el infierno.

No pongas la planta entonces, soldado,
en la dulce Francia, porque allí estaremos
para que las verdes viñas den vinagre
y las muchachas pobres te muestren el sitio
donde está fresca la sangre alemana.
No subas las secas sierras de España
porque cada piedra se convertirá en fuego,
y allí mil años combatirán los valientes:
no te pierdas entre los olivares porque nunca
volverás a Oklahoma, pero no entres
en Grecia, que hasta la sangre que hoy estás derramando
se levantará de la tierra para deteneros.
No vengáis entonces a pescar a Tocopilla
porque el pez espada conocerá vuestros despojos
y el oscuro minero desde la araucanía
buscará las antiguas flechas crueles
que esperan enterradas nuevos conquistadores.
No confiéis del gaucho cantando una vidalita,
ni del obrero de los frigoríficos. Ellos
estarán en todas partes con ojos y puños,
como los venezolanos que os esperan para entonces
con una botella de petróleo y una guitarra en las manos.

No entres, no entres a Nicaragua tampoco.
Sandino duerme en la selva hasta ese día,
su fusil se ha llenado de lianas y de lluvia,
su rostro no tiene párpados,
pero las heridas con que lo matasteis están vivas
como las manos de Puerto Rico que esperan
la luz de los cuchillos.
                    Será implacable el mundo para vosotros.
No sólo serán las islas despobladas, sino el aire
que ya conoce las palabras que le son queridas.

No llegues a pedir carne de hombre
al alto Perú: en la niebla roída de los monumentos
el dulce antepasado de nuestra sangre afila
contra ti sus espadas de amatista,
y por los valles el ronco caracol de batalla
congrega a los guerreros, a los honderos
hijos de Amaru. Ni por las cordilleras mexicanas
busques hombres para llevarlos a combatir la aurora:
los fusiles de Zapata no están dormidos,
son aceitados y dirigidos a las tierras de Texas.
No entres a Cuba, que del fulgor marino
de los cañaverales sudorosos
hay una sola oscura mirada que te espera
y un solo grito hasta matar o morir.
                              No llegues
a tierra de partisanos en la rumorosa
Italia: no pases de las filas de los soldados con *jacquet*
que mantienes en Roma, no pases de San Pedro:
más allá los santos rústicos de las aldeas,
los santos marineros del pescado
aman el gran país de la estepa
en donde floreció de nuevo el mundo.
                              No toques
los puentes de Bulgaria, no te darán el paso,
los ríos de Rumania, les echaremos sangre hirviendo
para que quemen a los invasores:
no saludes al campesino que hoy conoce
la tumba de los feudales, y vigila
con su arado y su rifle: no lo mires
porque te quemará como una estrella.
                              No desembarques
en China: ya no estará Chang el Mercenario
rodeado de su podrida corte de mandarines:
habrá para esperaros una selva

249

de hoces labriegas y un volcán de pólvora.

En otras guerras existieron fosos con agua
y luego alambradas repetidas, con púas y garras,
pero este foso es más grande, estas aguas más hondas,
estos alambres más invencibles que todos los metales.
Son un átomo y otro del metal humano,
son un nudo y mil nudos de vidas y vidas:
son los viejos dolores de los pueblos
de todos los remotos valles y reinos,
de todas las banderas y navíos,
de todas las cuevas donde se amontonaron,
de todas las redes que salieron contra la tempestad,
de todas las ásperas arrugas de las tierras,
de todos los infiernos en las calderas calientes,
de todos los telares y las fundiciones,
de todas las locomotoras perdidas o congregadas.
Este alambre da mil vueltas al mundo:
parece dividido, desterrado,
y de pronto se juntan sus imanes
hasta llenar la tierra.
Pero aún
más allá, radiantes y determinados,
acerados, sonrientes,
para cantar o combatir
os esperan
hombres y mujeres de la tundra y la taiga,
guerreros del Volga que vencieron la muerte,
niños de Stalingrado, gigantes de Ukrania,
toda una vasta y alta pared de piedra y sangre,
hierro y canciones, coraje y esperanza.
Si tocáis ese muro caeréis
quemados como el carbón de las usinas,
las sonrisas de Rochester se harán tinieblas
que luego esparcirá el aire estepario
y luego enterrará para siempre la nieve.
Vendrán los que lucharon desde Pedro
hasta los nuevos héroes que asombraron la tierra
y harán de sus medallas pequeñas balas frías
que silbarán sin tregua desde toda
la vasta tierra que hoy es alegría.
Y desde el laboratorio cubierto de enredaderas
saldrá también el átomo desencadenado
hacia vuestras ciudades orgullosas.

V

QUE NADA de esto pase.
Que despierte el Leñador.
Que venga Abraham con su hacha
y con su plato de madera
a comer con los campesinos.
Que su cabeza de corteza,
sus ojos vistos en las tablas,
en las arrugas de la encina,
vuelvan a mirar el mundo
subiendo sobre los follajes,
más altos que las sequoias.
Que entre a comprar en las farmacias,
que tome un autobús a Tampa,
que muerda una manzana amarilla,
que entre en un cine, que converse
con toda la gente sencilla.

Que despierte el Leñador.

Que venga Abraham, que hinche
su vieja levadura la tierra
dorada y verde de Illinois,
y levante el hacha en su pueblo
contra los nuevos esclavistas,
contra el látigo del esclavo,
contra el veneno de la imprenta,
contra la mercadería
sangrienta que quieren vender.
Que marchen cantando y sonriendo
el joven blanco, el joven negro,
contra las paredes de oro,
contra el fabricante de odio,
contra el mercader de su sangre,
cantando, sonriendo y venciendo.

Que despierte el Leñador.

VI

PAZ PARA los crepúsculos que vienen,
paz para el puente, paz para el vino,
paz para las letras que me buscan
y que en mi sangre suben enredando

251

el viejo canto con tierra y amores,
paz para la ciudad en la mañana
cuando despierta el pan, paz para el río
Mississipi, río de las raíces:
paz para la camisa de mi hermano,
paz en el libro como un sello de aire,
paz para el gran koljós de Kiev,
paz para las cenizas de estos muertos
y de estos otros muertos, paz para el hierro
negro de Brooklyn, paz para el cartero
de casa en casa como el día,
paz para el coreógrafo que grita
con un embudo a las enredaderas,
paz para mi mano derecha,
que sólo quiere escribir Rosario:
paz para el boliviano secreto
como una piedra de estaño, paz
para que tú te cases, paz para todos
los aserraderos de Bío-Bío,
paz para el corazón desgarrado
de España guerrillera:
paz para el pequeño Museo de Wyoming
en donde lo más dulce
es una almohada con un corazón bordado,
paz para el panadero y sus amores
        y paz para la harina: paz
        para todo el trigo que debe nacer,
        para todo el amor que buscará follaje,
        paz para todos los que viven: paz
        para todas las tierras y las aguas.

Yo aquí me despido, vuelvo
a mi casa, en mis sueños,
vuelvo a la Patagonia en donde
el viento golpea los establos
y salpica hielo el Océano.
Soy nada más que un poeta: os amo a todos,
ando errante por el mundo que amo:
en mi patria encarcelan mineros
y los soldados mandan a los jueces.
Pero yo amo hasta las raíces
de mi pequeño país frío.
Si tuviera que morir mil veces
allí quiero morir:

si tuviera que nacer mil veces
allí quiero nacer,
cerca de la araucaria salvaje,
del vendaval del viento sur,
de las campanas recién compradas.
Que nadie piense en mí.
Pensemos en toda la tierra,
golpeando con amor en la mesa.
No quiero que vuelva la sangre
a empapar el pan, los frijoles,
la música: quiero que venga
conmigo el minero, la niña,
el abogado, el marinero,
el fabricante de muñecas,
que entremos al cine y salgamos
a beber el vino más rojo.

Yo no vengo a resolver nada.

Yo vine aquí para cantar
y para que cantes conmigo.

X

EL FUGITIVO

POR LA alta noche, por la vida entera,
de lágrima a papel, de ropa en ropa,
anduve en estos días abrumados.
Fui el fugitivo de la policía:
y en la hora de cristal, en la espesura
de estrellas solitarias,
crucé ciudades, bosques,
chacarerías, puertos,
de la puerta de un ser humano a otro,
de la mano de un ser a otro ser, a otro ser.
Grave es la noche, pero el hombre
ha dispuesto sus signos fraternales,
y a ciegas por caminos y por sombras
llegué a la puerta iluminada, al pequeño
punto de estrella que era mío,
al fragmento de pan que en el bosque los lobos
no habían devorado.

Una vez, a una casa, en la campiña,
llegué de noche, a nadie
antes de aquella noche había visto,
ni adivinado aquellas existencias.
Cuanto hacían, sus horas
eran nuevas en mi conocimiento.
Entré, eran cinco de familia:
todos como en la noche de un incendio
se habían levantado.

                    Estreché una
y otra mano, vi un rostro y otro rostro,
que nada me decían: eran puertas

255

que antes no vi en la calle,
ojos que no conocían mi rostro,
y en la alta noche, apenas
recibido, me tendí al cansancio,
a dormir la congoja de mi patria.

Mientras venía el sueño,
el eco innumerable de la tierra
con sus roncos ladridos y sus hebras
de soledad, continuaba la noche,
y yo pensaba: "Dónde estoy? Quiénes
son? Por qué me guardan hoy?
Por qué ellos, que hasta hoy no me vieron,
abren sus puertas y defienden mi canto?"
Y nadie respondía
sino un rumor de noche deshojada,
un tejido de grillos construyéndose:
la noche entera apenas
parecía temblar en el follaje.
Tierra nocturna, a mi ventana
llegabas con tus labios,
para que yo durmiera dulcemente
como cayendo sobre miles de hojas,
de estación a estación, de nido a nido
de rama en rama, hasta quedar de pronto
dormido como un muerto en tus raíces.

II

Era el otoño de las uvas.
Temblaba el parral numeroso.
Los racimos blancos, velados,
escarchaban sus dulces dedos,
y las negras uvas llenaban
sus pequeñas ubres repletas
de un secreto río redondo.
El dueño de casa, artesano
de magro rostro, me leía
el pálido libro terrestre
de los días crepusculares.
Su bondad conocía el fruto,
la rama troncal y el trabajo
de la poda que deja al árbol
su desnuda forma de copa.

A los caballos conversaba
como a inmensos niños: seguían
detrás de él los cinco gatos
y los perros de aquella casa,
unos enarcados y lentos,
otros corriendo locamente
bajo los fríos durazneros.
El conocía cada rama,
cada cicatriz de los árboles,
y su antigua voz me enseñaba
acariciando a los caballos.

III

Otra vez a la noche acudí entonces.
Al cruzar la ciudad la noche andina,
la noche derramada abrió su rosa
sobre mi traje.
                    Era invierno en el Sur.
La nieve había
subido a su alto pedestal, el frío
quemaba con mil puntas congeladas.

El río Mapocho era de nieve negra.
Y yo, entre calle y calle de silencio
por la ciudad manchada del tirano.
Ay!, era yo como el mismo silencio
mirando cuánto amor y amor caía
a través de mis ojos en mi pecho.
Porque esa calle y la otra y el dintel
de la noche nevada, y la nocturna
soledad de los seres, y mi pueblo
hundido, oscuro, en su arrabal de muertos,
todo, la última ventana
con su pequeño ramo de luz falsa,
el apretado coral negro
de habitación y habitación, el viento
nunca gastado de mi tierra,
todo era mío, todo
hacia mí en el silencio levantaba
una boca de amor llena de besos.

257

IV

Una joven pareja abrió una puerta
que antes tampoco conocí.
                              Era ella
dorada como el mes de junio,
y él era un ingeniero de altos ojos.
Desde entonces con ellos pan y vino
compartí,
          poco a poco
llegué a su intimidad desconocida.
Me dijeron: "Estábamos
separados,
nuestra disensión era ya eterna:
hoy nos unimos para recibirte,
hoy te esperamos juntos".
Allí, en la pequeña
habitación reunidos,
hicimos silenciosa fortaleza.
Guardé silencio hasta en el sueño.
Estaba en plena
palma de la ciudad, casi escuchaba
los pasos del Traidor, junto a los muros
que me apartaban, oía
las voces sucias de los carceleros,
sus carcajadas de ladrón, sus sílabas
de borrachos metidos entre balas
en la cintura de la patria mía.
Casi rozaban mi piel silenciosa
los eructos de Holgers y Pobletes,
sus pasos, arrastrándose, tocaban
casi mi corazón y sus hogueras:
ellos enviando al tormento a los míos,
yo reservando mi salud de espada.
Y otra vez, en la noche, adiós, Irene,
adiós, Andrés, adiós, amigo nuevo,
adiós a los andamios, a la estrella,
adiós tal vez a la casa inconclusa
que frente a mi ventana parecía
poblarse de fantasmas lineales.
Adiós al punto ínfimo de monte
que recogía en mis ojos cada tarde,
adiós a la luz verde neón que abría
con su relámpago cada nueva noche.

V

OTRA VEZ, otra noche, fui más lejos.
Toda la cordillera de la costa,
el ancho margen hacia el mar Pacífico,
y luego entre las calles torcidas,
calleja y callejón, Valparaíso.
Entré a una casa de marineros.
La madre me esperaba.
"No lo supe hasta ayer —me dijo—; el hijo
me llamó, y el nombre de Neruda
me recorrió como un escalofrío.
Pero le dije: qué comodidades,
hijo, podemos ofrecerle?". "El pertenece
a nosotros, los pobres —me respondió—,
él no hace burla ni desprecio
de nuestra pobre vida, él la levanta
y la defiende". "Yo le dije: sea,
y ésta es su casa desde hoy".
Nadie me conocía en esa casa.
Miré el limpio mantel, la jarra de agua
pura como esas vidas que del fondo
de la noche como alas
de cristal a mí llegaban.
Fuí a la ventana: Valparaíso abría sus mil párpados
que temblaban, el aire
del mar nocturno entró en mi boca,
las luces de los cerros, el temblor
de la luna marítima en el agua,
la oscuridad como una monarquía
aderezada de diamantes verdes,
todo el nuevo reposo que la vida
me entregaba.
          Miré: la mesa estaba puesta,
el pan, la servilleta, el vino, el agua,
y una fragancia de tierra y ternura
humedeció mis ojos de soldado.
Junto a esa ventana de Valparaíso
pasé días y noches.
Los navegantes de mi nueva casa
cada día buscaban
un barco en que partir.
                    Eran
engañados una vez y otra vez.

no podía llevarlos, el "Sultana"
tampoco. Me explicaron:
ellos pagaban la mordida o coima,
a unos y otros jefes. Otros
daban más.
            Todo estaba podrido
como en el Palacio de Santiago.
Aquí se abrían los bolsillos
del caporal, del Secretario,
no eran tan grandes como los bolsillos
del Presidente, pero roían
el esqueleto de los pobres.
Triste república azotada
como una perra por ladrones,
aullando sola en los caminos,
golpeada por la policía.
Triste nación gonzalizada,
arrojada por los tahures
al vómito del delator,
vendida en las esquinas rotas,
desmantelada en un remate.
Triste república en la mano
del que vendió su propa hija
y su propia patria entregó
herida, muda y maniatada.
Volvían los dos marineros
y partían a cargar al hombro
sacos, bananas, comestibles,
añorando la sal de las olas,
el pan marino, el alto cielo.

En mi día solitario el mar
se alejaba: miraba entonces
la llama vital de los cerros,
cada casa colgando, el
latido de Valparaíso:
los altos cerros desbordantes
de vidas, las puertas pintadas
de turquesa, escarlata y rosa,
los escalones desdentados,
los racimos de puertas pobres,
las viviendas desvencijadas,
la niebla, el humo extendiendo sus

redes de sal sobre las cosas,
los árboles desesperados
agarrándose a las quebradas,
la ropa colgada en los brazos
de las mansiones inhumanas,
el ronco silbato de pronto
hijo de las embarcaciones,
el sonido de la salmuera,
de la niebla, la voz marina,
hecha de golpes y susurros,
todo eso envolvía mi cuerpo
como un nuevo traje terrestre,
y habité la bruma de arriba,
el alto pueblo de los pobres.

VI

Ventana de los cerros! Valparaíso, estaño
frío,
roto en un grito y otro de piedras populares!
Mira conmigo desde mi escondite
el puerto gris tachonado de barcas,
agua lunar apenas movediza,
inmóviles depósitos del hierro.
En otra hora lejana,
poblado estuvo tu mar, Valparaíso,
por los delgados barcos del orgullo,
los Cinco Mástiles con susurro de trigo,
los diseminadores del salitre,
los que de los océanos nupciales
a ti vinieron, colmando tus bodegas.
Altos veleros del día marino,
comerciales cruzados, estandartes
henchidos por la noche marinera,
con vosotros el ébano y la pura
claridad del marfil, y los aromas
del café y de la noche en otra luna,
Valparaíso, a tu paz peligrosa
vinieron envolviéndote en perfume.
Temblaba el "Potosí" con sus nitratos
avanzando en el mar, pescado y flecha,
turgencia azul, ballena delicada,
hacia otros negros puertos de la tierra.

Cuánta noche del Sur sobre las velas
enrolladas, sobre los empinados
pezones de la máscara del buque,
cuando sobre la Dama del navío,
rostro de aquellas proas balanceadas,
toda la noche de Valparaíso,
la noche austral del mundo, descendía.

VII

Era el amanecer del salitre en las pampas.
Palpitaba el planeta del abono
hasta llenar a Chile como un barco
de nevadas bodegas.
Hoy miro cuanto quedó de todos
los que pasaron sin dejar sus huellas
en las arenas del Pacífico.
                              Mirad lo que yo miro,
el huraño detritus
que dejó en la garganta de mi patria
como un collar de pus, la lluvia de oro.
Que te acompañe, caminante,
esta mirada inmóvil que perfora,
atada al cielo de Valparaíso.

> Vive el chileno
> entre basura y vendaval, oscuro
> hijo de la dura Patria.
> Vidrios despedazados, techos rotos,
> muros aniquilados, cal leprosa,
> puerta enterrada, piso de barro,
> sujetándose apenas al vestigio del suelo.
> Valparaíso, rosa inmunda,
> pestilencial sarcófago marino!
> No me hieras con tus calles de espinas,
> con tu corona de agrios callejones,
> no me dejes mirar al niño herido
> por tu miseria de mortal pantano!
> Me duele en ti mi pueblo,
> toda mi patria americana,
> todo lo que han roído de tus huesos
> dejándote ceñida por la espuma
> como una miserable diosa despedazada,
> en cuyo dulce pecho roto
> orinan los perros hambrientos.

VIII

Amo, Valparaíso, cuanto encierras,
y cuanto irradias, novia del océano,
hasta más lejos de tu nimbo sordo.
Amo la luz violenta con que acudes
al marinero en la noche del mar,
y entonces eres —rosa de azahares—
luminosa y desnuda, fuego y niebla.
Que nadie venga con un martillo turbio
a golpear lo que amo, a defenderte:
nadie sino mi ser por tus secretos:
nadie sino mi voz por tus abiertas
hileras de rocío, por tus escalones
en donde la maternidad salobre
del mar te besa, nadie sino mis labios
en tu corona fría de sirena,
elevada en el aire de la altura,
oceánico amor, Valparaíso.
Reina de todas las costas del mundo,
verdadera central de olas y barcos,
eres en mí como la luna o como
la dirección del aire en la arboleda.
Amo tus criminales callejones,
tu luna de puñal sobre los cerros,
y entre tus plazas la marinería
revistiendo de azul la primavera.

Que se entienda, te pido, puerto mío,
que yo tengo derecho
a escribirte lo bueno y lo malvado
y soy como las lámparas amargas
cuando iluminan las botellas rotas.

IX

Yo recorrí los afamados mares,
el estambre nupcial de cada isla,
soy el más marinero del papel
y anduve, anduve, anduve,
hasta la última espuma,
pero tu penetrante amor marino
fue señalado en mí como ninguno.

Eres la montañosa
cabeza capital
del gran océano,
y en tu celeste grupa de centaura
tus arrabales lucen la pintura
roja y azul de las jugueterías.
Cabrías en un frasco marinero
con tus pequeñas casas y el "Latorre"
como una plancha gris en una sábana
si no fuera porque la gran tormenta
del más inmenso mar,

                 el golpe verde
de las rachas glaciales, el martirio
de tus terrenos sacudidos, el horror
subterráneo, el oleaje
de todo el mar contra tu antorcha,
te hicieron magnitud de piedra umbría,
huracanada iglesia de la espuma.
Te declaro mi amor, Valparaíso,
y volveré a vivir tu encrucijada,
cuando tú y yo seamos libres
de nuevo, tú en tu trono
de mar y viento, yo en mis húmedas
tierras filosofales. Veremos cómo surge
la libertad entre el mar y la nieve.
Valparaíso, Reina sola,
sola en la soledad del solitario
Sur del Océano,

                 miré cada peñasco
amarillo de tu altura,
toqué tu pulso torrencial, tus manos
de portuaria me dieron el abrazo
que mi alma te pidió en la hora nocturna
y te recuerdo reinando en el brillo
de fuego azul que tu reino salpica.
No hay otra como tú sobre la arena,
Albacora del Sur, Reina del agua.

X

Así, PUES, de noche en noche,
aquella larga hora, la tiniebla
hundida en todo el litoral chileno,
fugitivo pasé de puerta en puerta.

264

Otras casas humildes, otras manos
en cada arruga de la Patria estaban
esperando mis pasos.
                    Tú pasaste
mil veces por esa puerta que no te dijo nada,
por ese muro sin pintar, por esas
ventanas con marchitas flores.
Para mí era el secreto:
estaba para mí palpitando,
era en las zonas del carbón,
empapadas por el martirio,
era en los puertos de la costa
junto al antártico archipiélago,
era, escucha, tal vez en esa
calle sonora, entre la música
del mediodía de las calles,
o junto al parque esa ventana
que nadie distinguió entre las otras
ventanas, y que me esperaba
con un plato de sopa clara
y el corazón sobre la mesa.
Todas las puertas eran mías,
todos dijeron: "Es mi hermano,
tráelo a esta casa pobre",
mientras mi patria se teñía
con tantos castigos
como un lagar de vino amargo.
Vino el pequeño hojalatero,
la madre de aquellas muchachas,
el campesino desgarbado,
el hombre que hacía jabones,
la dulce novelista, el joven
clavado como un insecto
a la oficina desolada,
vinieron y en su puerta había
un signo secreto, una llave
defendida como una torre
para que yo entrara de pronto,
de noche, de tarde o de día
y sin conocer a nadie
dijera: "Hermano, ya sabes quién soy,
me parece que me esperabas".

XI

Qᴜᴇ́ ᴘᴜᴇᴅᴇꜱ tú, maldito, contra el aire?
Qué puedes tú, maldito, contra todo
lo que florece y surge y calla y mira,
y me espera y te juzga?
Maldito, con tus traiciones
está lo que compraste, lo que debes
regar a cada rato con monedas.
Maldito, puedes
relegar, apresar y dar tormentos,
y apresuradamente pagar pronto,
antes de que el vendido se arrepienta,
podrás dormir apenas
rodeado de compradas carabinas,
mientras en el regazo de mi patria
vivo yo, el fugitivo de la noche!

Qué triste es tu pequeña y pasajera
victoria! Mientras Aragon, Ehremburg,
Eluard, los poetas
de París, los valientes
escritores
de Venezuela y otros y otros y otros
están conmigo,
tú, Maldito,
entre Escanilla y Cuevas,
Peluchoneaux y Poblete!
Yo por escalas que mi pueblo asume,
en socavones que mi pueblo esconde,
sobre mi patria y su ala de paloma
duermo, sueño y derribo tus fronteras.

XII

Aᴛᴏᴅᴏꜱ, a vosotros
los silenciosos seres de la noche
que tomaron mi mano en las tinieblas, a vosotros,
lámparas
de la luz inmortal, líneas de estrella,
pan de las vidas, hermanos secretos,
a todos, a vosotros,
digo: no hay gracias,

nada podrá llenar las copas
de la pureza,
nada puede
contener todo el sol en las banderas
de la primavera invencible,
como vuestras calladas dignidades.
Solamente
pienso
que he sido tal vez digno de tanta
sencillez, de flor tan pura,
que tal vez soy vosotros, eso mismo,
esa miga de tierra, harina y canto,
ese amasijo natural que sabe
de dónde sale y dónde pertenece.
No soy una campana de tan lejos,
ni un cristal enterrado tan profundo
que tú no puedas descifrar, soy sólo
pueblo, puerta escondida, pan oscuro,
y cuando me recibes, te recibes
a ti mismo, a ese huésped
tantas veces golpeado
y tantas veces
renacido.
            A todo, a todos,
a cuantos no conozco, a cuantos nunca
oyeron este nombre, a los que viven
a lo largo de nuestros largos ríos,
al pie de los volcanes, a la sombra
sulfúrica del cobre, a pescadores y labriegos,
a indios azules en la orilla
de lagos centelleantes como vidrios,
al zapatero que a esta hora interroga
clavando el cuero con antiguas manos,
a ti, al que sin saberlo me ha esperado,
yo pertenezco y reconozco y canto.

XIII

ARENA americana, solemne
plantación, roja cordillera,
hijos, hermanos desgranados
por las viejas tormentas,
juntemos todo el grano vivo
antes de que vuelva a la tierra,

267

y que el nuevo maíz que nace
haya escuchado tus palabras
y las repita y se repitan.
Y se canten de día y de noche,
y se muerdan y se devoren,
y se propaguen por la tierra,
y se hagan, de pronto, silencio,
se hundan debajo de las piedras,
encuentren las puertas nocturnas,
y otra vez salgan a nacer,
a repartirse, a conducirse
como el pan, como la esperanza,
como el aire de los navíos.
El maíz te lleva mi canto,
salido desde las raíces
de mi pueblo, para nacer,
para construir, para cantar,
y para ser otra vez semilla
más numerosa en la tormenta.

Aquí están mis manos perdidas.
Son invisibles, pero tú
las ves a través de la noche,
a través del viento invisible.
Dame tus manos, yo las veo
sobre las ásperas arenas
de nuestra noche americana,
y escojo la tuya y la tuya,
esa mano y aquella otra mano,
la que se levanta a luchar
y la que vuelve a ser sembrada.

No me siento solo en la noche,
en la oscuridad de la tierra.
Soy pueblo, pueblo innumerable.
Tengo en mi voz la fuerza pura
para atravesar el silencio
y germinar en las tinieblas.
Muerte, martirio, sombra, hielo,
cubren de pronto la semilla.
Y parece enterrado el pueblo.
Pero el maíz vuelve a la tierra.
Atravesaron el silencio
sus implacables manos rojas.
Desde la muerte renacemos.

LAS FLORES DE PUNITAQUI

EL VALLE
DE LAS
PIEDRAS
(1946)

Hoy ha caído, 25 de abril, sobre los campos de Ovalle,
la lluvia, la esperada, el agua de 1946.

En este primer jueves mojado, un día de vapor
construye sobre los cerros su gris ferretería.
Es este jueves de las pequeñas semillas
que en sus bolsas guardaron los campesinos hambrientos:
hoy apresuradamente picarán la tierra y en ella
dejarán caer sus granitos de verde vida.

Recién ayer subí Río Hurtado hacia arriba:
hacia arriba, entre los ásperos cerros quisquillosos,
erizados de espinas, porque el gran cactus andino,
como un cruel candelabro, aquí se establece.

Y sobre sus eriales espinas, como una vestidura
escarlata, o como una mancha de terrible arrebol,
como sangre de un cuerpo arrastrado sobre un millar de
            púas,
el quintral ha encendido sus lámparas sangrientas.

Las rocas son inmensas bolsas coaguladas
en la edad del fuego, sacos ciegos de piedra
que rodaron hasta fundirse en estas
implacables estatuas que vigilan el valle.

El río lleva un dulce y agónico rumor
de últimas aguas entre la sauceoscura
multitud del follaje, y los álamos
dejan caer a gotas su delgado amarillo.

Es el otoño de Norte Chico, el atrasado otoño.

Aquí más parpadea la luz en el racimo.

Como una mariposa, se detiene más tiempo
el transparente sol hasta cuajar la uva,
y brillan sobre el valle sus paños moscateles.

II

HERMANO
PABLO

Mas hoy los campesinos vienen a verme: "Hermano,
no hay agua, hermano Pablo, no hay agua, no ha llovido.

Y la escasa corriente
del río
siete días circula, siete días se seca.

Nuestras vacas han muerto arriba en la cordillera.

Y la sequía empieza a matar niños.
Arriba, muchos no tienen qué comer.
Hermano Pablo, tú hablarás al Ministro".

(Sí, hermano Pablo hablará al Ministro, pero ellos no
saben
cómo me ven llegar
esos sillones de cuero ignominioso
y luego la madera ministerial, fregada
y pulida por la saliva aduladora.)
Mentirá el Ministro, se sobará las manos
y las ganaderías del pobre comunero,
con el burro y el perro, por las deshilachadas
rocas, caerán, de hambre en hambre, hacia abajo.

III

EL HAMBRE
Y LA IRA

Adiós, adiós a tu predio, a la sombra
que ganaste, a la rama
transparente, a la tierra consagrada,
al buey, adiós, al agua avara,
adiós, a las vertientes, a la música
que no llegó en la lluvia, al cinto pálido
de la resaca y pedregosa aurora.

Juan Ovalle, la mano te di, mano sin agua,
mano de piedra, mano de pared y sequía.
Y te dije: a la parda oveja, a las más ásperas
estrellas, a la luna como cárdeno cardo,
maldice, al ramo roto de los labios nupciales,
pero al hombre no toques, al hombre aún no derrames
pegándole en las venas, aún no tiñas la arena,
aún no enciendas el valle con el árbol
de las caídas ramas arteriales.

Juan Ovalle, no mates. Y tu mano
me contestó: "Estas tierras
quieren matar, buscan de noche
venganza, el viejo aire ambarino
en la amargura es aire de veneno,
y la guitarra es como una cadera
de crimen, y el viento es un cuchillo".

IV

*LES
QUITAN
LA TIERRA*

Porque detrás del valle y la sequía,
detrás del río y la delgada hoja,
acechando el terrón y la cosecha,
el ladrón de las tierras.

Mira aquel árbol de sonante púrpura,
contempla su estandarte arrebolado,
y detrás de su estirpe matutina,
el ladrón de las tierras.

Oyes como la sal del arrecife
el viento de cristal en los nogales,
pero sobre el azul de cada día
el ladrón de tierras.

Sientes entre las capas germinales
latir el trigo en su flecha dorada,
pero entre el pan y el hombre hay una máscara:
el ladrón de tierras.

V

HACIA LOS
MINERALES

Después a las altas piedras
de sal y de oro, a la enterrada
república de los metales
subí:
eran los dulces muros en que una
piedra se amarra con otra,
con un beso de barro oscuro.

Un beso entre piedra y piedra
por los caminos tutelares,
un beso de tierra y tierra
entre las grandes uvas rojas,
y como un diente junto a otro diente
la dentadura de la tierra,
las pircas de materia pura,
las que llevan el interminable
beso de las piedras del río
a los mil labios del camino.

Subamos desde la agricultura al oro.
Aquí tenéis los altos pedernales.

El peso de la mano es como un ave.
Un hombre, un ave, una substancia de aire,
de obstinación, de vuelo, de agonía,
un párpado tal vez, pero un combate.

Y de allí en la transversal cuna del oro,
en Punitaqui, frente a frente,
con los callados palanqueros
del piqué, de la pala, ven,
Pedro, con tu paz de cuero,
ven, Ramírez, con tus abrasadas
manos que indagaron el útero
de las cerradas minerías,
salud, en las gradas, en
los calcáreos subterráneos
del oro, abajo en sus matrices,
quedaron vuestras digitales
herramientas marcadas con fuego.

VI

LAS FLORES
DE
PUNITAQUI

Era dura la patria allí como antes.
Era una sal perdida el oro,
                              era
un pez enrojecido y en el terrón colérico
su pequeño minuto triturado
nacía, iba naciendo de las uñas sangrientas.

Entre el alba como un almendro frío,
bajo los dientes de las cordilleras,
el corazón perfora su agujero,
rastrea, toca, sufre, sube, y a la altura
más esencial, más planetaria, llega
con camiseta rota.

Hermano de corazón quemado,
junta en mi mano esta jornada,
y bajemos una vez más a las capas dormidas
en que tu mano como una tenaza
agarró el oro vivo que quería volar
aún más profundo, aún más bajo, aún.

Y allí con unas flores
las mujeres de allí, las chilenas de arriba,
las minerales hijas de la mina,
un ramo entre mis manos, unas flores
de Punitaqui, unas rojas flores,
geranios, flores pobres
de aquella tierra dura,
depositaron en mis manos como
si hubieran sido halladas en la mina más honda,
si aquellas flores hijas de agua roja
volvieran desde el fondo sepultado del hombre.

Tomé sus manos y sus flores, tierra
despedazada y mineral, perfume
de pétalos profundos y dolores.
Supe al mirarlas de dónde vinieron
hasta la soledad dura del oro,
me mostraron como gotas de sangre
las vidas derramadas.

Eran en su pobreza
la fortaleza florecida, el ramo
de la ternura y su metal remoto.

273

Flores de Punitaqui, arterias, vidas, junto
a mi cama, en la noche, vuestro aroma
se levanta y me guía por los más subterráneos
corredores del duelo,
por la altura picada, por la nieve, y aún
por las raíces donde sólo las lágrimas alcanzan.

Flores, flores de altura,
flores de mina y piedra, flores
de Punitaqui, hijas
del amargo subsuelo: en mí, nunca olvidadas,
quedasteis vivas, construyendo
la pureza inmortal, una corola
de piedra que no muere.

VII

EL ORO TUVO el oro ese día de pureza.
antes de hundir de nuevo su estructura
en la sucia salida que lo aguarda,
recién llegado, recién desprendido
de la solemne estatua de la tierra,
fue depurado por el fuego, envuelto
por el sudor y las manos del hombre.

Allí se despidió el pueblo del oro.
Y era terrestre su contacto, puro
como la madre gris de la esmeralda.
Igual era la mano sudorosa
que recorrió el lingote enmarañado,
a la cepa de tierra reducida
por la infinita dimensión del tiempo,
al color terrenal de las semillas,
al suelo poderoso de secretos,
a la tierra que labra los racimos.

Tierras del oro sin manchar, humanos
materiales, metal inmaculado
del pueblo, virginales minerías,
que se tocan sin verse en la implacable
encrucijada de sus dos caminos:
el hombre seguirá mordiendo el polvo,
seguirá siendo tierra pedregosa,
y el oro subirá sobre su sangre
hasta herir y reinar sobre el herido.

VIII

EL CAMINO
DEL ORO

Entrad, señor, comprad patria y terreno,
habitaciones, bendiciones, ostras,
todo se vende aquí donde llegasteis.
No hay torre que no caiga en vuestra pólvora,
no hay presidencia que rechace nada,
no hay red que no reserve su tesoro.

Como somos tan "libres" como el viento,
podéis comprar el viento, la cascada,
y en la desarrollada celulosa
ordenar las impuras opiniones,
o recoger amor sin albedrío,
destronado en el lino mercenario.

El oro se cambió de ropa usando
formas de trapo, de papel raído,
fríos filos de lámina invisible, cinturones de dedos
enroscados.

A la doncella en su nuevo castillo
llevó el padre de abierta dentadura
el plato de billetes
que devoró la bella disputándolo
en el suelo y a golpes de sonrisa.
Al Obispo subió la investidura
de los siglos del oro, abrió la puerta
de los jueces, mantuvo las alfombras,
hizo temblar la noche en los burdeles,
corrió con los cabellos en el viento.

(Yo he vivido la edad en que reinaba.
He visto consumida podredumbre,
pirámides de estiércol abrumadas
por el honor: llevados y traídos
césares de la lluvia purulenta,
convencidos del peso que ponían
en las balanzas, rígidos
muñecos de la muerte, calcinados
por su ceniza dura y devorante).

IX

Fui más allá del oro: entré en la huelga.
Allí duraba el hilo delicado
que une a los seres, allí la cinta pura
del hombre estaba viva.

                La muerte los mordía,
el oro, ácidos dientes y veneno
estiraba hacia ellos, pero el pueblo
puso sus pedernales en la puerta,
fue terrón solidario que dejaba
transcurrir la ternura y el combate
como dos aguas paralelas,
                    hilos
de las raíces, olas de la estirpe.

Vi la huelga en los brazos reunidos
que apartan el desvelo
y en una pausa trémula de lucha
vi por primera vez lo único vivo!
La unidad de las vidas de los hombres.
En la cocina de la resistencia
con sus fogones pobres, en los ojos
de las mujeres, en las manos insignes
que con torpeza se inclinaban
hacia el ocio de un día
como en un mar azul desconocido,
en la fraternidad del pan escaso,
en la reunión inquebrantable, en todos
los gérmenes de piedra que surgían,
en aquella granada valerosa
elevada en la sal del desamparo,
hallé por fin la fundación perdida,
la remota ciudad de la ternura.

X

EL POETA   Antes anduve por la vida, en medio
de un amor doloroso: antes retuve
una pequeña página de cuarzo
clavándome los ojos en la vida.
Compré bondad, estuve en el mercado
de la codicia, respiré las aguas

276

más sordas de la envidia, la inhumana
hostilidad de máscaras y seres.
Viví un mundo de ciénaga marina
en que la flor de pronto, la azucena
me devoraba en su temblor de espuma,
y donde puse el pie resbaló mi alma
hacia las dentaduras del abismo.
Así nació mi poesía, apenas
rescatada de ortigas, empuñada
sobre la soledad como un castigo,
o apartó en el jardín de la impudicia
su más secreta flor hasta enterrarla.
Aislado así como el agua sombría
que vive en sus profundos corredores,
corrí de mano en mano, al aislamiento
de cada ser, al odio cuotidiano.
Supe que así vivían, escondiendo
la mitad de los seres, como peces
del más extraño mar, y en las fangosas
inmensidades encontré la muerte.
La muerte abriendo puertas y caminos.
La muerte deslizándose en los muros.

XI

*LA MUERTE
EN EL
MUNDO*

La muerte iba mandando y recogiendo
en lugares y tumbas su tributo:
el hombre con puñal o con bolsillo,
a mediodía o en la luz nocturna,
esperaba matar, iba matando,
iba enterrando seres y ramajes,
asesinando y devorando muertos.
Preparaba sus redes, estrujaba,
desangraba, salía en las mañanas
oliendo sangre de la cacería,
y al volver de su triunfo estaba envuelto
por fragmentos de muerte y desamparo,
y matándose entonces enterraba
con ceremonia funeral sus pasos.

Las casas de los vivos eran muertas.
Escoria, techos, rotos, orinales,
agusanados callejones, cuevas
acumuladas con el llanto humano.

277

—Así debes vivir —dijo el decreto.
—Púdrete en tu substancia —dijo el Jefe.
—Eres inmundo —razonó la Iglesia.
—Acuéstate en el lodo —te dijeron.
Y unos cuantos armaron la ceniza
para que gobernara y decidiera,
mientras la flor del hombre se golpeaba
contra los muros que le construyeron.

El Cementerio tuvo pompa y piedra.
Silencio para todos y estatura
de vegetales altos y afilados.

Al fin estás aquí, por fin nos dejas
un hueco en medio de la selva amarga,
por fin te quedas tieso entre paredes
que no traspasarás. Y cada día
las flores como un río de perfume
se juntaron al río de los muertos.
Las flores que la vida no tocaba
cayeron sobre el hueco que dejaste.

XII

EL HOMBRE Aquí encontré el amor. Nació en la arena,
creció sin voz, tocó los pedernales
de la dureza, y resistió a la muerte.
Aquí el hombre era vida que juntaba
la intacta luz, el mar sobreviviente,
y atacaba y cantaba y combatía
con la misma unidad de los metales.
Aquí los cementerios eran tierra
apenas levantada, cruces rotas,
sobre cuyas maderas derretidas
se adelantaban los vientos arenosos.

XIII

LA HUELGA Extraña era la fábrica inactiva.
Un silencio en la planta, una distancia
entre máquina y hombre, como un hilo
cortado entre planetas, un vacío
de las manos del hombre que consumen

278

el tiempo construyendo, y las desnudas
estancias sin trabajo y sin sonido.
Cuando el hombre dejó las madrigueras
de la turbina, cuando desprendió
los brazos de la hoguera y decayeron
las entrañas del horno, cuando sacó los ojos
de la rueda y la luz vertiginosa
se detuvo en su círculo invisible,
de todos los poderes poderosos,
de los círculos puros de potencia,
de la energía sobrecogedora,
quedó un montón de inútiles aceros
y en las salas sin hombre, el aire viudo,
el solitario aroma del aceite.

Nada existía sin aquel fragmento
golpeado, sin Ramírez,
sin el hombre de ropa desgarrada.
Allí estaba la piel de los motores,
acumulada en muerto poderío,
como negros cetáceos en el fondo
pestilente de un mar sin oleaje,
o montañas hundidas de repente
bajo la soledad de los planetas.

XIV

EL PUEBLO Paseaba el pueblo sus banderas rojas
y entre ellos en la piedra que tocaron
estuve, en la jornada fragorosa
y en las altas canciones de la lucha.
Vi cómo paso a paso conquistaban.
Sólo su resistencia era camino,
y aislados eran como trozos rotos
de una estrella, sin bocas y sin brillo.
Juntos en la unidad hecha en silencio,
eran el fuego, el canto indestructible,
el lento paso del hombre en la tierra
hecho profundidades y batallas.
Eran la dignidad que combatía
lo que fue pisoteado, y despertaba
como un sistema, el orden de las vidas
que tocaban la puerta y se sentaban
en la sala central con sus banderas.

XV

LA LETRA Así fue. Y así será. En las sierras
calcáreas, y a la orilla
del humo, en los talleres,
hay un mensaje escrito en las paredes
y el pueblo, sólo el pueblo, puede verlo.
Sus letras transparentes se formaron
con sudor y silencio. Están escritas.
Las amasaste, pueblo, en tu camino
y están sobre la noche como el fuego
abrasador y oculto de la aurora.
Entra, pueblo, en las márgenes del día.
Anda como un ejército, reunido,
y golpea la tierra con tus pasos
y con la misma identidad sonora.
Sea uniforme tu camino como
es uniforme el sudor en la batalla,
uniforme la sangre polvorienta
del pueblo fusilado en los caminos.

Sobre esta claridad irá naciendo
la granja, la ciudad, la minería
y sobre esta unidad como la tierra
firme y germinadora se ha dispuesto
la creadora permanencia, el germen
de la nueva ciudad para las vidas.
Luz de los gremios maltratados, patria
amasada por manos metalúrgicas,
orden salido de los pescadores
como un ramo del mar, muros armados
por la albañilería desbordante,
escuelas cereales, armaduras
de fábricas armadas por el hombre.
Paz desterrada que regresas, pan
compartido, aurora, sortilegio
del amor terrenal, edificado
sobre los cuatro vientos del planeta.

XII

LOS RIOS DEL CANTO

*CARTA
A MIGUEL
OTERO SILVA,
EN CARACAS
(1948)*

Un amigo me trajo tu carta escrita
con palabras invisibles, sobre su traje, en sus ojos.
Qué alegre eres, Miguel, qué alegres somos!
Ya no queda en un mundo de úlceras estucadas
sino nosotros, indefinidamente alegres.
Veo pasar el cuervo y no me puede hacer daño.
Tú observas el escorpión y limpias tu guitarra.
Vivimos entre las fieras, cantando, y cuando tocamos
un hombre, la materia de alguien en quien creíamos,
y éste se desmorona como un pastel podrido,
tú en tu venezolano patrimonio recoges
lo que puede salvarse, mientras que yo defiendo
la brasa de la vida.

      Qué alegría, Miguel!
Tú me preguntarás dónde estoy? Te contaré
—dando sólo detalles *útiles* al Gobierno—
que en esta costa llena de piedras salvajes
se unen el mar y el campo, olas y pinos,
águilas y petreles, espumas y praderas.
Has visto desde muy cerca y todo el día
cómo vuelan los pájaros del mar? Parece
que llevaran las cartas del mundo a sus destinos.
Pasan los alcatraces como barcos del viento,
otras aves que vuelan como flechas y traen
los mensajes de reyes difuntos, de los príncipes
enterrados con hilos de turquesa en las costas andinas
y las gaviotas hechas de blancura redonda,
que olvidan continuamente sus mensajes.

Qué azul es la vida, Miguel, cuando hemos puesto en ella
amor y lucha, palabras que son el pan y el vino,
palabras que ellos no pueden deshonrar todavía,
porque nosotros salimos a la calle con escopeta y cantos.
Están perdidos con nosotros, Miguel.
Qué pueden hacer sino matarnos y aun así
les resulta un mal negocio, sólo pueden
tratar de alquilar un piso frente a nosotros y seguirnos
para aprender a reír y a llorar como nosotros.
Cuando yo escribía versos de amor, que me brotaban
por todas partes, y me moría de tristeza,
errante, abandonado, royendo el alfabeto,
me decían: "Qué grande eres, oh Teócrito!"
Yo no soy Teócrito: tomé a la vida,
me puse frente a ella, la besé hasta vencerla,
y luego me fui por los callejones de las minas
a ver cómo vivían otros hombres.
Y cuando salí con las manos teñidas de basura y dolores,
las levanté mostrándolas en las cuerdas de oro,
y dije: "Yo no comparto el crimen".
Tosieron, se disgustaron mucho, me quitaron el saludo,
me dejaron de llamar Teócrito, y terminaron
por insultarme y mandar toda la policía a encarcelarme,
porque no seguía preocupado exclusivamente de asuntos
        metafísicos.
Pero yo había conquistado la alegría.
Desde entonces me levanté leyendo las cartas
que traen las aves del mar desde tan lejos,
cartas que vienen mojadas, mensajes que poco a poco
voy traduciendo con lentitud y seguridad: soy meticuloso
como un ingeniero en este extraño oficio.
Y salgo de repente a la ventana. Es un cuadrado
de transparencia, es pura la distancia
de hierbas y peñascos, y así voy trabajando
entre las cosas que amo: olas, piedras, avispas,
con una embriagadora felicidad marina.
Pero a nadie le gusta que estemos alegres, a ti te asignaron
un papel bonachón: "Pero no exagere, no se preocupe",
y a mí me quisieron clavar en un insectario, entre las
        lágrimas,
para que éstas me ahogaran y ellos pudieran decir sus
        discursos en mi tumba.

Yo recuerdo un día en la pampa arenosa
del salitre, había quinientos hombres
en huelga. Era la tarde abrasadora
de Tarapacá. Y cuando los rostros habían recogido
toda la arena y el desangrado sol seco del desierto,
yo vi llegar a mi corazón, como una copa que odio,
la vieja melancolía. Aquella hora de crisis,
en la desolación de los salares, en ese minuto débil de
la lucha, en que podríamos haber sido vencidos,
una niña pequeñita y pálida venida de las minas
dijo con una voz doliente en que se juntaban el cristal
        y el acero
un poema tuyo, un viejo poema tuyo, que rueda entre
        los ojos arrugados
de todos los obreros y labradores de mi patria, de América.
Y aquel trozo de canto tuyo refulgió de repente
en mi boca como una flor purpúrea
y bajó hacia mi sangre, llenándola de nuevo
con una alegría desbordante nacida de tu canto.
Y yo pensé no sólo en ti, sino en tu Venezuela amarga
Hace años, vi un estudiante que tenía en los tobillos
la señal de las cadenas que un general le había impuesto,
y me contó cómo los encadenados trabajaban en los
        caminos
y los calabozos donde la gente se perdía. Porque así
        ha sido nuestra América:
una llanura con ríos devorantes y constelaciones
de mariposas (en algunos sitios, las esmeraldas son
        espesas como manzanas),
pero siempre a lo largo de la noche y de los ríos
hay tobillos que sangran, antes cerca del petróleo,
hoy cerca del nitrato, en Pisagua, donde un déspota sucio
ha enterrado la flor de mi patria para que muera, y él
        pueda comerciar con los huesos.
Por eso cantas, por eso, para que América deshonrada
        y herida
haga temblar sus mariposas y recoja sus esmeraldas
sin la espantosa sangre del castigo, coagulada
en las manos de los verdugos y de los mercaderes.
Yo comprendí qué alegre estarías, cerca del Orinoco,
        cantando,
seguramente, o bien comprando vino para tu casa,
ocupando tu puesto en la lucha y en la alegría,

ancho de hombros, como son los poetas de este tiempo,
—con trajes claros y zapatos de camino—.
Desde entonces, he ido pensando que alguna vez te
     escribiría,
y cuando el amigo llegó, todo lleno de historias tuyas,
que se le desprendían de todo el traje
y que bajo los castaños de mi casa se derramaron,
me dije: "Ahora", y tampoco comencé a escribirte.
Pero hoy ha sido demasiado: pasó por mi ventana
no sólo un ave del mar, sino millares,
y recogí las cartas que nadie lee y que ellas llevan
por las orillas del mundo, hasta perderlas.
Y entonces, en cada una leía palabras tuyas
y eran como las que yo escribo y sueño y canto,
y entonces decidí enviarte esta carta, que termino aquí
para mirar por la ventana el mundo que nos pertenece.

II

*A
RAFAEL
ALBERTI
(Puerto de
Santa María,
España)*

Rafael, antes de llegar a España me salió al camino
tu poesía, rosa literal, racimo biselado,
y ella hasta ahora ha sido no para mí un recuerdo
sino luz olorosa, emanación de un mundo.

A tu tierra reseca por la crueldad trajiste
el rocío que el tiempo había olvidado,
y España despertó contigo en la cintura,
otra vez coronada de aljófar matutino.

Recordarás lo que yo traía: sueños despedazados
por implacables ácidos, permanencias
en aguas desterradas, en silencios
de donde las raíces amargas emergían
como palos quemados en el bosque.
Cómo puedo olvidar, Rafael, aquel tiempo?

A tu país llegué como quien cae
a una luna de piedra, hallando en todas partes
águilas del erial, secas espinas,
pero tu voz allí, marinero, esperaba
para darme la bienvenida y la fragancia
del alhelí, la miel de los frutos marinos.

Y tu poesía estaba en la mesa, desnuda.

Los pinares del Sur, las razas de la uva
dieron a tu diamante cortado sus resinas,
y al tocar tan hermosa claridad, mucha sombra
de la que traje al mundo, se deshizo.

Arquitectura hecha en la luz, como los pétalos,
a través de tus versos de embriagador aroma,
yo vi el agua de antaño, la nieve hereditaria,
y a ti más que a ninguno debo España.
Con tus dedos toqué panal y páramo,
conocí las orillas gastadas por el pueblo
como por un océano, y las gradas
en que la poesía fue estrellando
toda su vestidura de zafiros.

Tú sabes que no enseña sino el hermano. Y en esa
hora no sólo aquello me enseñaste,
no sólo la apagada pompa de nuestra estirpe,
sino la rectitud de tu destino,
y cuando una vez más llegó la sangre a España
defendí el patrimonio del pueblo que era mío.

Ya sabes tú, ya sabe todo el mundo estas cosas.
Yo quiero solamente estar contigo,
y hoy que te falta la mitad de la vida,
tu tierra, a la que tienes más derecho que un árbol,
hoy que de las desdichas de la patria no sólo
el luto del que amamos, sino tu ausencia cubren
la herencia del olivo que devoran los lobos,
te quiero dar, ay!, si pudiera, hermano grande,
la estrellada alegría que tú me diste entonces.

Entre nosotros dos la poesía
se toca como piel celeste,
y contigo me gusta recoger un racimo,
este pámpano, aquella raíz de las tinieblas.

La envidia que abre puertas en los seres
no pudo abrir tu puerta ni la mía. Es hermoso
como cuando la cólera del viento
desencadena su vestido afuera
y están el pan, el vino y el fuego con nosotros,

dejar que aúlle el vendedor de furia,
dejar que silbe el que pasó entre tus pies,
y levantar la copa llena de ámbar
con todo el rito de la transparencia.

Alguien quiere olvidar que tú eres el primero?
Déjale que navegue y encontrará tu rostro.
Alguien quiere enterrarnos precipitadamente?
Está bien, pero tiene la obligación del vuelo.

Vendrán, pero quién puede sacudir la cosecha
que con la mano del otoño fue elevada
hasta teñir el mundo con el temblor del vino?

Dame esa copa, hermano, y escucha: estoy rodeado
de mi América húmeda y torrencial, a veces
pierdo el silencio, pierdo la corola nocturna,
y me rodea el odio, tal vez nada, el vacío
de un vacío, el crepúsculo
de un perro, de una rana,
y entonces siento que tanta tierra mía nos separe,
y quiero irme a tu casa en que, yo sé, me esperas,
sólo para ser buenos como sólo nosotros
podemos serlo. No debemos nada.

Y a ti sí que te deben, y es una patria: espera.

Volverás, volveremos. Quiero contigo un día
en tus riberas ir embriagados de oro
hacia tus puertos, puertos del Sur que entonces no alcancé.
Me mostrarás el mar donde sardinas
y aceitunas disputan las arenas,
y aquellos campos con los toros de ojos verdes
que Villalón (amigo que tampoco
me vino a ver, porque estaba enterrado)
tenía, y los toneles del jerez, catedrales
en cuyos corazones gongorinos
arde el topacio con pálido fuego.

Iremos, Rafael, adonde yace
aquel que con sus manos y las tuyas
la cintura de España sostenía.
El muerto que no pudo morir, aquel a quien tú guardas,
porque sólo tu existencia lo defiende.

Allí está Federico, pero hay muchos que, hundidos,
    enterrados,
entre las cordilleras españolas, caídos
injustamente, derramados,
perdido cereal en las montañas
son nuestros, y nosotros estamos en su arcilla.

Tú vives porque siempre fuiste un dios milagroso.
A nadie más que a ti te buscaron, querían
devorarte los lobos, romper tu poderío.
Cada uno quería ser gusano en tu muerte.

Pues bien, se equivocaron. Es tal vez la estructura
de tu canción, intacta transparencia,
armada decisión de tu dulzura,
dureza, fortaleza delicada,
la que salvó tu amor para la tierra.

    Yo iré contigo para probar el agua
    del Genil, del dominio que me diste,
    a mirar en la plata que navega
    las efigies dormidas que fundaron
    las sílabas azules de tu canto.

Entraremos también en las herrerías: ahora
el metal de los pueblos allí espera
nacer en los cuchillos: pasaremos cantando
junto a las redes rojas que mueve el firmamento.
Cuchillos, redes, cantos borrarán los dolores.
Tu pueblo llevará con las manos quemadas
por la pólvora, como laurel de las praderas
lo que tu amor fue desgranando en la desdicha.

Sí, de nuestros destierros nace la flor, la forma
de la patria que el pueblo reconquista con truenos,
y no es un día solo el que elabora
la miel perdida, la verdad del sueño,
sino cada raíz que se hace canto
hasta poblar el mundo con sus hojas.

Tú estás allí, no hay nada que no mueva
la luna diamantina que dejaste:
    la soledad, el viento en los rincones,
    todo toca tu puro territorio,

y los últimos muertos, los que caen
en la prisión, leones fusilados,
y los de las guerrillas, capitanes
del corazón, están humedeciendo
tu propia investidura cristalina,
tu propio corazón con sus raíces.

Ha pasado el tiempo desde aquellos días en que compartimos
dolores que dejaron una herida radiante,
el caballo de la guerra que con sus herraduras
atropelló la aldea destrozando los vidrios.
Todo aquello nació bajo la pólvora,
todo aquello te aguarda para elevar la espiga,
y en ese nacimiento te envolverán de nuevo
el humo y la ternura de aquellos duros días.

Ancha es la piel de España y en ella tu acicate
vive como una espada de ilustre empuñadura,
y no hay olvido, no hay invierno que te borre,
hermano fulgurante, de los labios del pueblo.
Así te hablo, olvidando tal vez una palabra,
contestando al fin cartas que no recuerdas
y que cuando los climas del Este me cubrieron
como aroma escarlata, llegaron
hasta mi soledad.
                    Que tu frente dorada
encuentre en esta carta un día de otro tiempo,
y otro tiempo de un día que vendrá.
                              Me despido
hoy, 1948, dieciséis de diciembre,
en algún punto de América en que canto.

III

A
GONZÁLEZ
CARBALHO
(en Río de la
Plata)

Cuando la noche devoró los sonidos humanos, y
          desplomó
su sombra línea a línea,
oímos, en el silencio acrecentado, más allá de los seres,
el rumor del río de González Carbalho,
su agua profunda y permanente, su transcurso que parece
inmóvil como el crecimiento del árbol o del tiempo.

288

Este gran poeta fluvial acompaña el silencio del mundo,
con sonora austeridad, y el que quiera en medio
de los tráfagos oírlo, que ponga (como lo hace en los
bosques o en los llanos, el explorador extraviado) su oído
sobre la tierra: y aun en medio de la calle, oirá subir
entre los pasos del estruendo, esta poesía: las voces
profundas de la tierra y del agua.

Entonces, bajo la ciudad y su atropello, bajo las lámparas
de falda escarlata, como el trigo que nace, irrumpiendo en
toda latitud, este río que canta.

Sobre su cauce, asustadas aves de
crepúsculo, gargantas de arrebol que dividen el espacio,
hojas purpúreas que descienden.

Todos los hombres que se atrevan a mirar la soledad:
los que toquen la cuerda abandonada, todos los
inmensamente puros, y aquellos que desde la nave
          escucharon
sal, soledad y noche reunirse,
oirán el coro de González Calbalho surgir alto y cristalino
desde su primavera nocturna.
Recordáis otro? Príncipe de Aquitania: a su torre
abolida,
substituyó en la hora inicial, el rincón de las lágrimas
que el hombre milenario trasvasó copa a copa.
Y que lo sepa aquel que no miró los rostros, el vencedor
o el vencido:
preocupados del viento de zafiro o de la copa amarga:
más allá de la calle y la calle, más allá de una hora,
tocad esas tinieblas, y continuemos juntos.

Entonces, en el mapa desordenado de las pequeñas vidas
con tinta azul: el río, el río de las aguas que cantan,
hecho de la esperanza, del padecer perdido,
del agua sin angustia que sube a la victoria.

Mi hermano hizo este río:
de su alto y subterráneo canto se construyeron
estos graves sonidos mojados de silencio.
Mi hermano es este río que rodea las cosas.

Donde estéis, en la noche, de día, de camino,
sobre los desvelados trenes de las praderas,
o junto a la empapada rosa del alba fría,
o más bien
en medio de los trajes, tocando
el torbellino,
caed en tierra, que vuestro rostro reciba
este gran latido de agua secreta que circula.

Hermano, eres el río más largo de la tierra:
detrás del orbe suena tu voz grave de río,
y yo mojo las manos en tu pecho
fiel a un tesoro nunca interrumpido,
fiel a la transparencia de la lágrima augusta,
fiel a la eternidad agredida del hombre.

IV

*A
SILVESTRE
REVUELTAS,
DE MÉXICO
EN SU
MUERTE
(ORATORIO
MENOR)*

Cuando un hombre como Silvestre Revueltas
vuelve definitivamente a la tierra,
hay un rumor, una ola
de voz y llanto que prepara y propaga su partida.
Las pequeñas raíces dicen a los cereales: "Murió Silvestre",
y el trigo ondula su nombre en las laderas
y luego el pan lo sabe.
Todos los árboles de América ya lo saben
y también las flores heladas de nuestra región ártica.

Las gotas de agua lo trasmiten,
los ríos indomables de la
                          Araucanía ya saben la noticia.
De ventisquero a lago, de lago a planta,
de planta a fuego, de fuego a humo:
todo lo que arde, canta, florece, baila y revive,
todo lo permanente, alto y profundo de nuestra América
      lo acogen;
pianos y pájaros, sueños y sonidos, la red palpitante
que une en el aire todos nuestros climas,
tiembla y traslada el coro funeral.
Silvestre ha muerto, Silvestre ha entrado en su música total,
en su silencio sonoro.

Hijo de la tierra, niño de la tierra, desde hoy entras en el
tiempo.
Desde hoy tu nombre lleno de música volará cuando se
toque tu patria, como desde una campana,
con un sonido nunca oído, con el sonido de lo que
fuiste, hermano.

Tu corazón de catedral nos cubre en este instante, como
el firmamento
y tu canto grande y grandioso, tu ternura volcánica,
llena toda la altura como una estatua ardiendo.
Por qué has derramado la vida? Por qué
has vertido
en cada copa tu sangre? Por qué
has buscado
como un ángel ciego, golpeándose contra las puertas oscuras?

Ah, pero de tu nombre sale música
y de tu música, como de un mercado,
salen coronas de laurel fragante
y manzanas de olor y simetría.

En este día solemne de despedida eres tú el despedido,
pero tú ya no oyes,
tu noble frente falta y es como si faltara
un gran árbol en medio de la casa del hombre.

Pero la luz que vemos es otra luz desde hoy,
la calle que doblamos es una nueva calle,
la mano que tocamos desde hoy tiene tu fuerza,
todas las cosas toman vigor en tu descanso
y tu pureza subirá desde las piedras
a mostrarnos la claridad de la esperanza.

Reposa, hermano, el día tuyo ha terminado,
con tu alma dulce y poderosa lo llenaste
de luz más alta que la luz del día
y de un sonido azul como la voz del cielo.
Tu hermano y tus amigos me han pedido
que repita tu nombre en el aire de América,
que lo conozca el toro de la pampa, y la nieve,
que lo arrebate el mar, que lo discuta el viento.

Ahora son las estrellas de América tu patria
y desde hoy tu casa sin puertas es la Tierra.

V

A
MIGUEL
HERNÁNDEZ
ASESINADO
EN LOS
PRESIDIOS
DE ESPAÑA

Llegaste a mí directamente del Levante. Me traías,
pastor de cabras, tu inocencia arrugada,
la escolástica de viejas páginas, un olor
a Fray Luis, a azahares, al estiércol quemado
sobre los montes, y en tu máscara
la aspereza cereal de la avena segada
y una miel que medía la tierra con tus ojos.

También el ruiseñor en tu boca traías.
Un ruiseñor manchado de naranjas, un hilo
de incorruptible canto, de fuerza deshojada.
Ay, muchacho, en la luz sobrevino la pólvora
y tú, con ruiseñor y con fusil, andando
bajo la luna y bajo el sol de la batalla.

Ya sabes, hijo mío, cuánto no pude hacer, ya sabes
que para mí, de toda la poesía, tú eras el fuego azul.
Hoy sobre la tierra pongo mi rostro y te escucho,
te escucho, sangre, música, panal agonizante.

No he visto deslumbradora raza como la tuya,
ni raíces tan duras, ni manos de soldado,
ni he visto nada vivo como tu corazón
quemándose en la púrpura de mi propia bandera.

Joven eterno, vives, comunero de antaño,
inundado por gérmenes de trigo y primavera,
arrugado y oscuro como el metal innato,
esperando el minuto que eleve tu armadura.

No estoy solo desde que has muerto. Estoy con los que
        te buscan.
Estoy con los que un día llegarán a vengarte.
Tú reconocerás mis pasos entre aquellos
que se despeñarán sobre el pecho de España
aplastando a Caín para que nos devuelva
los rostros enterrados.

Que sepan los que te mataron que pagarán con sangre.
Que sepan los que te dieron tormento que me verán un día.

292

Que sepan los malditos que hoy incluyen tu nombre
en sus libros, los Dámasos, los Gerardos, los hijos
de perra, silenciosos cómplices del verdugo,
que no será borrado tu martirio, y tu muerte
caerá sobre toda su luna de cobardes.
Y a los que te negaron en su laurel podrido,
en tierra americana, el espacio que cubres
con tu fluvial corona de rayo desangrado,
déjame darles yo el desdeñoso olvido
porque a mí me quisieron mutilar con tu ausencia.

Miguel, lejos de la prisión de Osuna, lejos
de la crueldad, Mao-Tse-tung dirige
tu poesía despedazada en el combate
hacia nuestra victoria.

                Y Praga rumorosa
construyendo la dulce colmena que cantaste,
 Hungría verde limpia sus graneros
y baila junto al río que despertó del sueño.
Y de Varsovia sube la sirena desnuda
que edifica mostrando su cristalina espada.

Y más allá la tierra se agiganta,
                         la tierra,
que visitó tu canto, y el acero
que defendió tu patria están seguros,
acrecentados sobre la firmeza
de Stalin y sus hijos.
                  Ya se acerca
la luz a tu morada.
                Miguel de España, estrella
de tierras arrasadas, no te olvido, hijo mío,
no te olvido, hijo mío!
                Pero aprendí la vida
con tu muerte: mis ojos se velaron apenas,
y encontré en mí no el llanto
sino las armas
inexorables!
          Espéralas! Espérame!

XIII

CORAL DE AÑO NUEVO
PARA LA PATRIA EN TINIEBLAS

SALUDO
(1949)

Feliz año, chilenos, para la patria en tinieblas,
feliz año para todos, para cada uno menos uno,
somos tan pocos, feliz año, compatriotas, hermanos,
hombres, mujeres, niños, hoy a Chile, a vosotros
vuela mi voz, golpea como un pájaro ciego
tu ventana, y te llama desde lejos.

Patria, el verano cubre tu cuerpo dulce y duro.
Las aristas de donde se ha marchado la nieve
galopando al océano con labios turbulentos,
se ven azules y altas como carbón del cielo.
Tal vez hoy, a esta hora, llevas la verde túnica
que adoro, bosques, aguas, y en la cintura el trigo.
Y junto al mar, amada, patria marina, mueves
tu universo irisado de arenas y de ostras.

Tal vez, tal vez... Quién soy para tocar de lejos
tu nave, tu perfume? Soy parte tuya: círculo
secreto de madera sorprendido en tus árboles,
crecimiento callado como tu suave azufre,
estentórea ceniza de tu alma subterránea.

Cuando salí de ti perseguido, erizado
de barbas y pobreza, sin ropa, sin papel
para escribir las letras que son mi vida, sin
nada más que un pequeño saco, traje dos libros
y una sección de espino recién cortada al árbol.
(Los libros: una geografía
y el Libro de las Aves de Chile.)

295

Todas las noches leo tu descripción, tus ríos:
ellos guían mi sueño, mi exilio, mi frontera.
Toco tus trenes, paso la mano a tus cabellos,
me detengo a pensar en la ferruginosa
piel de tu geografía, bajo los ojos
a la lunaria esfera de arrugas y de cráteres,
y hacia el Sur mientras duermo va mi silencio envuelto
en tus finales truenos de sal desmoronada.

Cuando despierto (es otro el aire, la luz. otra
la calle, el campo, las estrellas) toco
la rodaja de espino tuyo que me acompaña,
cortada en Melipilla de un árbol que me dieron.

Y miro en la coraza del espino tu nombre,
áspero Chile, patria, corazón de corteza,
veo en su forma dura como la tierra, el rostro
de los que amo y me dieron sus manos como espinos,
los hombres del desierto, del nitrato y el cobre.

El corazón del árbol espinoso
es un círculo liso como un metal bruñido,
ocre como una mancha de dura sangre seca,
rodeada por un iris azufrado de leña,
y tocando este puro prodigio de la selva,
recuerdo sus hostiles y ensortijadas flores
cuando por las guirnaldas espinudas y espesas
el perfume violento de su fuerza te arroja.
Y así vidas y olores de mi país me siguen,
viven conmigo, encienden su terca llamarada
dentro de mí, gastándome y naciendo.
En otras tierras miran a través de mi ropa,
me ven como una lámpara que pasa por las calles,
dando una luz marina que traspasa las puertas:
es la espada encendida que me diste y que guardo,
como el espino, pura, poderosa, indomable.

II

LOS
HOMBRES
DE
PISAGUA Pero la mano que te acaricia se detiene
junto al desierto, al borde de la costa marítima,
en un mundo azotado por la muerte.
Eres tú, Patria, eres ésta, éste es tu rostro?

Este martirio, esta corona roja
de alambres oxidados por el agua salobre?
Es Pisagua también tu rostro ahora?
Quién te hizo daño, cómo atravesaron
con un cuchillo tu desnuda miel?

Antes que a nadie, a ellos mi saludo,
a los hombres, al plinto de dolores,
a las mujeres, ramas de mañío,
a los niños, escuelas transparentes,
que sobre las arenas de Pisagua
fueron la patria perseguida, fueron
todo el honor de la tierra que amo.
Será el honor sagrado de mañana
haber sido arrojado a tus arenas,
Pisagua: haber sido de pronto
recogido a la noche del terror
por orden de un felón envilecido
y haber llegado a tu calcáreo infierno
por defender la dignidad del hombre.

No olvidaré tu costa muerta donde
del mar hostil la sucia dentellada
ataca las paredes del tormento
y a pique se levantan los baluartes
de los pelados cerros infernales:
no olvidaré cómo miráis las aguas
hacia el mundo que olvida vuestros rostros,
no olvidaré cuando con ojos llenos
de interrogante luz, volvéis la cara
hacia las tierras pálidas de Chile
dominada por lobos y ladrones.

Sé como os han tirado la comida,
como a perros sarnosos, en el suelo,
hasta que hicisteis de pequeñas latas
vacías vuestros platos:
sé cómo os arrojaron a dormir
y cómo en fila recibisteis,
ceñudos y valientes,
los inmundos frijoles
que tantas veces a la arena echasteis.

Sé cómo, cuando recibíais
ropa, alimentos que de toda
la extensión de la patria se juntaron,
sentisteis con orgullo
que tal vez, que tal vez no estabais solos.
Valientes, acerados compatriotas
que dais un nuevo sentido a la tierra:
os escogieron en la cacería,
para que por vosotros todo el pueblo
sufriera en desterrados arenales.
Y escogieron infierno examinando
el mapa, hasta que hallaron
esta salobre cárcel, estos muros
de soledad, de sobrecogedora
angustia, para que machacarais la cabeza
bajo los pies del ínfimo tirano.

Pero no hallaron su propia materia:
no estáis hechos de estiércol como el pútrido
agusanado traidor: mintieron
sus informes, hallaron
la firmeza metálica del pueblo,
el corazón del cobre y su silencio.

Es el metal que fundará la patria
cuando el viento del pueblo enarenado
expulse al capitán de la basura.

Firmes, firmes hermanos,
firmes cuando en camiones, agredidos
de noche en las cabañas, empujados;
amarrados los brazos con alambre,
sin despertar, apenas sorprendidos
y atropellados, fuisteis a Pisagua,
llevados por armados carceleros.

Después volvieron ellos
y llenaron camiones con familias
desamparadas, golpeando a los niños.

Y un llanto de hijos dulces aparece
aún en la noche del desierto, un llanto
de millares de bocas infantiles,
como un coro que busca el duro viento
para que oigamos, para que no olvidemos.

LOS
HÉROES

FÉLIX MORALES, Angel Veas,
asesinados en Pisagua,
feliz año nuevo, hermanos,
bajo la dura tierra que amasteis,
que defendisteis. Hoy estáis
bajo los salares que crujen
diciendo vuestros nombres puros,
bajo las rosas extendidas
del salitre, bajo la arena
cruel del desierto ilimitado.

Feliz año nuevo, hermanos
míos, cuánto amor
me habéis enseñado, cuánta
extensión sobre la ternura
habéis abarcado en la muerte!

Sois como las islas que nacen
de pronto en medio del océano,
sustentadas por el espacio
y la firmeza submarina.

Yo aprendí el mundo de vosotros:
la pureza, el pan infinito.
Me mostrasteis la vida, el área
de la sal, la cruz de los pobres.
Crucé las vidas del desierto
como un barco en un mar oscuro
y me mostrabais a mi lado
los trabajos del hombre, el suelo,
la casa andrajosa, el silbido
de la miseria en las llanuras.

Félix Morales, te recuerdo
pintando un retrato alto, fino,
esbelto y joven como un nuevo
taumaturgo, en las extensiones
sedientas de la pampa.

Tu melena bravía golpeaba
tu frente pálida, pintabas
el retrato de un demagogo
para las próximas elecciones.

Te recuerdo dando la vida
en tu pintura, encaramado
en la escalera, resumiendo
toda su dulce juventud.

Ibas haciendo la sonrisa
de tu verdugo en la tela,
agregando blanco, midiendo,
añadiendo luz a la boca
que ordenó después tu agonía.

Angel, Angel, Angel Veas,
obrero de la pampa, puro
como el metal desenterrado,
ya te asesinaron, ya estás
donde quisieron que estuvieras
los amos del suelo de Chile:
bajo las piedras devoradoras
que con tus manos tantas veces
levantaste hacia la grandeza.

Nada más puro que tu vida.

Sólo los párpados del aire.

Sólo las madres del agua.

Sólo el metal inaccesible.

Llevaré por la vida entera
el honor de haber estrechado
tu noble mano combatiente.

Eras tranquilo, eras madera
educada en el sufrimiento
hasta ser herramienta pura.
Te recuerdo cuando se honraba
la Intendencia de Iquique contigo,
trabajador, asceta, hermano.

Faltaba pan, harina. Entonces
te levantabas antes del alba
y con tus manos repartías
el pan para todos. Nunca
te vi más grande, eras el pan,
eras el pan del pueblo, abierto
con tu corazón en la tierra.

Y cuando tarde en la jornada
volvías cargando el volumen
del día de lucha terrible,
sonreías como la harina,
entrabas a tu paz de pan,
y te repartías de nuevo,
hasta que el sueño reunía
tu desgranado corazón.

IV

GONZÁLEZ
VIDELA

Quién fue? Quién es? donde estoy, me preguntan
en otras tierras en donde voy errante.
En Chile no preguntan, los puños hacia el viento,
los ojos en las minas se dirigen a un punto,
a un vicioso traidor que con ellos lloraba
cuando pidió sus votos para trepar al trono.
Lo vieron estos hombres de Pisagua, los bravos
titanes del carbón: derramaba las lágrimas,
se sacaba los dientes prometiendo,
abrazaba y besaba a los niños que ahora
se limpian con arena la huella de su pústula.
En mi pueblo, en mi tierra lo conocemos. Duerme
el labrador pensando cuándo sus duras manos
podrán rodear su cuello de perro mentiroso,
y el minero en la sombra de su cueva intranquila
estira el pie soñando que aplastó con la planta
a este piojo maligno, degradado insaciable.

Sabe quién es el que habla detrás de una cortina
de bayonetas, o detrás de animales de feria,
o detrás de los nuevos mercaderes,
pero nunca detrás del pueblo que lo busca
para hablar una hora con él, su última hora.

A mi pueblo arrancó su esperanza, sonriendo,
la vendió en las tinieblas a su mejor postor,
y en vez de casas frescas y libertad, lo hirieron,
lo apalearon en la garganta de la mina,
le dictaron salario detrás de una cureña,
mientras una tertulia gobernaba bailando
con dientes afilados de caimanes nocturnos.

V

*YO NO
SUFRÍ*

PERO tú no sufriste? Yo no sufrí. Yo sufro
sólo los sufrimientos de mi pueblo. Yo vivo
adentro, adentro de mi patria, célula
de su infinita y abrasada sangre.
No tengo tiempo para mis dolores.
Nada me hace sufrir sino estas vidas
que a mí me dieron su confianza pura,
y que un traidor hizo rodar al fondo
del agujero muerto, desde donde
hay que volver a levantar la rosa.

Cuando el verdugo presionó a los jueces
para que condenaran
mi corazón, mi enjambre decidido,
el pueblo abrió su laberinto inmenso,
el sótano en que duermen sus amores,
y allí me sostuvieron, vigilando
hasta la entrada de la luz y el aire.
Me dijeron: "Te debes a nosotros,
eres el que pondrá la marca fría
sobre los sucios nombres del malvado".
Y no sufrí sino no haber sufrido.
Sino no haber recorrido las oscuras
cárceles de mi hermano y de mi hermano,
con toda mi pasión como una herida,
y cada paso roto a mí rodaba,
cada golpe en tu espalda me golpeaba,
cada gota de sangre del martirio
resbaló hacia mi canto que sangraba.

VI

EN ESTE
TIEMPO

Feliz año... Hoy tú que tienes
mi tierra a tus dos lados, feliz eres, hermano.
Yo soy errante hijo de lo que amo.
Respóndeme, piensa que estoy contigo
preguntándote, piensa que soy el viento de enero,
viento Puelche, viento viejo de las montañas
que cuando abres la puerta te visita
sin entrar, aventando sus rápidas preguntas.
Dime, has entrado a un campo de trigo o de cebada,
están dorados? Háblame de un día de ciruelas.
Lejos de Chile pienso en un día redondo,
morado, transparente, de azúcar en racimos,
y de granos espesos y azules que gotean
en mi boca sus copas cargadas con delicia.
Dime, mordiste hoy la grupa pura
de un durazno, llenándote de inmortal ambrosía,
hasta que fuiste fuente tú también de la tierra,
fruto y fruto entregados al esplendor del mundo?

VII

ANTES ME
HABLARON

Por estas mismas tierras forasteras anduve
en otro tiempo: el nombre de mi patria brillaba
como los constelados secretos de su cielo.
El perseguido en todas las latitudes, ciego,
abrumado por la amenaza y la ignominia,
me tocaba las manos, me decía "chileno"
con una voz teñida por la esperanza. Entonces
tu voz tenía el eco de un himno, eran pequeñas
tus manos arenosas, patria, pero cubrieron
más de una herida, rescataron
más de una primavera desolada.
Llevas guardada toda esa esperanza,
reprimida en tu paz, bajo la tierra,
ancha semilla para todo el hombre,
resurrección segura de la estrella.

VIII

*LAS VOCES
DE CHILE*

Antes la voz de Chile fue metálica
voz de la libertad, de viento y plata,
antes sonó en la altura
del planeta recién cicatrizado,
de nuestra América agredida
por matorrales y centauros.
Hasta la nieve intacta, en el desvelo,
subió tu coro de hojas honorables,
el canto de aguas libres de tus ríos,
la majestad azul de tu decoro.
Era Isidoro Errázuriz vertiendo
su combatiente estrella cristalina,
sobre pueblos oscuros y amarrados,
era Bilbao con su frente
de pequeño planeta tumultuoso,
fue Vicuña Mackenna transportando
su innumerable y germinal follaje
preñado de señales y semillas
por otros pueblos en que la ventana
fue cerrada a la luz. Ellos entraron
y encendieron la lámpara en la noche,
y en el amargo día de otros pueblos
fueron la luz más alta de la nieve.

IX

*LOS
MENTIROSOS*

Hoy se llaman Gajardo, Manuel Trucco,
Hernán Santa Cruz, Enrique Berstein,
Germán Vergara, los que —previo pago—
dicen hablar, oh Patria, en tu sagrado
nombre y pretenden defenderte hundiendo
tu herencia de león en la basura.
Enanos amasados como píldoras
en la botica del traidor, ratones
del presupuesto, mínimos
mentirosos, cicateros
de nuestra fuerza, pobres
mercenarios de manos extendidas
y lenguas de conejos calumniosos.

No son mi patria, lo declaro
a quien me quiera oír en estas tierras,
no son el hombre grande del salitre,
no son la sal del pueblo transparente,
no son las lentas manos que construyen
el monumento de la agricultura,
no son, no existen, mienten y razonan
para seguir, sin existir, cobrando.

X

SERÁN
NOMBRADOS

Mientras escribo mi mano izquierda me reprocha.
Me dice: por qué los nombras, qué son, qué significan?
Por qué no los dejaste en su anónimo lodo
de invierno, en ese lodo que orinan los caballos?
Y mi mano derecha le responde: "Nací
para golpear las puertas, para empuñar los golpes,
para encender las últimas y arrinconadas sombras
en donde se alimenta la araña venenosa".
Serán nombrados. No me entregaste, patria,
el dulce privilegio de nombrarte
sólo en tus alhelíes y tu espuma,
no me diste palabras, patria, para llamarte
sólo con nombres de oro, de polen, de fragancia,
para esparcir sembrando las gotas de rocío
que caen de tu negra cabellera imperiosa:
me diste con la leche y la carne las sílabas
que nombrarán también los pálidos gusanos
que viajan en tu vientre,
los que acosan tu sangre saqueándote la vida.

XI

LOS GUSANOS
DEL BOSQUE

Algo del bosque antiguo cayó, fue la tormenta
tal vez, purificando crecimientos y capas,
y en los troncos caídos fermentaron los hongos,
las babosas cruzaron sus hilos nauseabundos,
y la madera muerta que cayó de la altura
se llenó de agujeros y larvas espantosas.
Así está tu costado, patria, la desdichada
gobernación de insectos que pueblan tus heridas,
los gruesos traficantes que mastican alambre,
los que desde Palacio negocian con el oro,

los gusanos que juntan micros y pesquerías,
los que te roen algo cubiertos por el manto
del traidor que baila su zamba enardecida,
el periodista que encarcela a sus camaradas,
el sucio delator que hace gobierno,
el cursi que se adueña de una revista cursi
con el oro robado a los yaganes,
el almirante tonto como un tomate, el gringo
que escupe a sus vasallos una bolsa con dólares.

XII

PATRIA
TE QUIEREN
REPARTIR
"Lo llamaban chileno", dicen de mí estas larvas.
Quieren quitarme patria bajo los pies, desean
cortarte para ellos como baraja sucia
y repartirte entre ellos como carne grasienta.
No los amo. Ellos creen que ya te tienen muerta,
cuarteada, y en la orgía de sus designios sucios
te gastan como dueños. No los amo. A mí déjame
amarte en tierra y pueblo, déjame perseguir
mi sueño en tus fronteras marinas y nevadas,
déjame recoger todo el perfume amargo
tuyo que en una copa llevo por los caminos,
pero no puedo estar con ellos, no me pidas
cuando muevas los hombros y caigan en el suelo
con sus germinaciones de animales podridos,
no me pidas que crea que son tus hijos. Es otra
la madera sagrada de mi pueblo.
                                    Mañana
serás en tu angostura de embarcación ceñida,
entre tus dos mareas de océano y de nieve,
la más amada, el pan, la tierra, el hijo.
De día el noble rito del tiempo libertado,
de noche la entidad estrellada del cielo.

XIII

RECIBEN
ÓRDENES
CONTRA
CHILE
Pero detrás de todos ellos hay que buscar, hay algo
detrás de los traidores y las ratas que roen,
hay un imperio que pone la mesa,
que sirve las comidas y las balas.
Quieren hacer de ti lo que logran en Grecia.

306

Los señoritos griegos en el banquete, y balas
al pueblo en las montañas: hay que extirpar el vuelo
de la nueva Victoria de Samotracia, hay que ahorcar,
matar, perder, hundir el cuchillo asesino
empuñado en New York, hay que romper con fuego
el orgullo del hombre que asomaba
por todas partes como si naciera
de la tierra regada por la sangre.
Hay que armar a Chiang y al ínfimo Videla,
hay que darles dinero para cárceles, alas
para que bombardeen compatriotas, hay que darles
un mendrugo, unos dólares, ellos hacen el resto,
ellos mienten, corrompen, bailan sobre los muertos
y sus esposas lucen los "visones" más caros.
No importa la agonía del pueblo, este martirio
necesitan los amos dueños del cobre: hay hechos:
los generales dejan el ejército y sirven
de asistentes al Staff en Chuquicamata,
y en el salitre el general "chileno"
manda con su charrasca cuánto deben pedir
como alza de salario los hijos de la pampa.
Así mandan de arriba, de la bolsa con dólares,
así recibe la orden el enano traidor,
así los generales hacen de policías,
así se pudre el tronco del árbol de la patria.

XIV

RECUERDO
EL MAR

CHILENO, has ido al mar en este tiempo?
Anda en mi nombre, moja tus manos y levántalas
y yo desde otras tierras adoraré esas gotas
que caen desde el agua infinita en tu rostro.
Yo conozco, he vivido toda la costa mía,
el grueso mar del Norte, de los páramos, hasta
el peso tempestuoso de la espuma en las islas.
Recuerdo el mar, las costas agrietadas y férreas
de Coquimbo, las aguas altaneras de Tralca,
las solitarias olas del Sur, que me crearon.
Recuerdo en Puerto Montt o en las islas, de noche,
al volver por la playa, la embarcación que espera,
y nuestros pies dejaban en sus huellas el fuego,
las llamas misteriosas de un dios fosforescente.

Cada pisada era un reguero de fósforo.
Ibamos escribiendo con estrellas la tierra.
Y en el mar resbalando la barca sacudía
un ramaje de fuego marino, de luciérnagas,
una ola innumerable de ojos que despertaban
una vez y volvían a dormir en su abismo.

XV

*NO HAY
PERDÓN*

YO QUIERO tierra, fuego, pan, azúcar, harina,
mar, libros, patria para todos, por eso
ando errante: los jueces del traidor me persiguen
y sus turiferarios tratan, como los micos
amaestrados, de encharcar mi recuerdo.
Yo fui con *él,* con *ese* que preside, a la boca
de la mina, al desierto de la aurora olvidada,
yo fui con él y dije a mis pobres hermanos:
"No guardaréis los hilos de la ropa harapienta,
no tendréis este día sin pan, seréis tratados
como si fuerais hijos de la patria". "Ahora
vamos a repartir la belleza, y los ojos
de las mujeres no llorarán por sus hijos".
Y cuando en vez de amor repartido, en la noche
al hambre y al martirio sacaron a ese mismo,
a ese que *lo* escuchó, a ese que su fuerza
y su ternura de árbol poderoso entregara,
entonces yo no estuve con el pequeño sátrapa,
sino con aquel hombre sin nombre, con mi pueblo.
Yo quiero mi país para los míos, quiero
la luz igual sobre la cabellera
de mi patria encendida,
quiero el amor del día y del arado,
quiero borrar la línea que con odio
hacen para apartar el pan del pueblo,
y al que desvió la línea de la patria
hasta entregarla como carcelero,
atada, a los que pagan por herirla,
yo no voy a cantarlo ni callarlo,
voy a dejar su número y su nombre
clavado en la pared de la deshonra.

XVI

TÚ
LUCHARÁS

Este año nuevo, compatriota, es tuyo.
Ha nacido de ti más que del tiempo, escoge
lo mejor de tu vida y entrégalo al combate.
Este año que ha caído como un muerto en su tumba
no puede reposar con amor y con miedo.
Este año muerto es año de dolores que acusan.
Y cuando sus raíces amargas, en la hora
de la fiesta, en la noche, se desprendan y caigan
y suba otro cristal ignorado al vacío
de un año que tu vida llenará poco a poco,
dale la dignidad que requiere mi patria,
la tuya, esta angostura de volcanes y vinos.
Ya no soy ciudadano de mi país: me escriben
que el clown indecoroso que gobierna ha borrado
con otros miles de nombres el mío
de las listas que eran la ley de la República.
Mi nombre está borrado para que yo no exista,
para que el torvo buitre de la mazmorra vote
y voten los bestiales encargados que dan
los golpes y el tormento en los sótanos
del gobierno, para que voten bien garantizados
los mayordomos, caporales, socios
del negociante que entregó la Patria.
Yo estoy errante, vivo la angustia de estar lejos
del preso y de la flor, del hombre y de la tierra,
pero tú lucharás para cambiar la vida.
Tú lucharás para borrar la mancha
de estiércol sobre el mapa, tú lucharás sin duda
para que el torvo buitre de la mazmorra vote
y voten los bestiales encargados que dan
las alas de la victoria traicionada.

XVII

FELIZ
AÑO
PARA MI
PATRIA EN
TINIEBLAS

Feliz Año este año, para ti, para todos
los hombres, y las tierras, Araucanía amada.
Entre tú y mi existencia hay esta noche nueva
que nos separa, y bosques y ríos y caminos.
Pero hacia ti, pequeña patria mía,
como un caballo oscuro mi corazón galopa:
entro por sus desiertos de pura geografía,

paso los valles verdes donde la uva acumula
sus verdes alcoholes, el mar de sus racimos.
Entro en tus pueblos de jardín cerrado,
blanco como camelias, en el agrio
olor de tus bodegas, y penetro
como un madero al agua de los ríos que tiemblan
trepidando y cantando con labios desbordados.

Recuerdo, en los caminos, tal vez en este tiempo,
o más bien en otoño, sobre las casas dejan
las mazorcas doradas del maíz a secarse,
y cuántas veces fui como un niño arrobado
viendo el oro en los techos de los pobres.

Te abrazo, debo ahora
retornar a mi sitio escondido. Te abrazo
sin conocerte: dime quién eres, reconoces
mi voz en el coro de lo que está naciendo?
Entre todas las cosas que te rodean, oyes
mi voz, no sientes cómo te rodea mi acento
emanado como agua natural de la tierra?

Soy yo que abrazo toda la superficie dulce,
la cintura florida de mi patria y te llamo
para que hablemos cuando se apague la alegría
y entregarte esta hora como una flor cerrada.
Feliz año nuevo para mi patria en tinieblas.
Vamos juntos, está el mundo coronado de trigo,
el alto cielo corre deslizando y rompiendo
sus altas piedras puras contra la noche: apenas
se ha llenado la nueva copa con un minuto
que ha de juntarse al río del tiempo que nos lleva.
Este tiempo, esta copa, esta tierra son tuyos:
conquístalos y escucha cómo nace la aurora.

XIV

EL GRAN OCÉANO

*EL
GRAN
OCÉANO*

Sɪ ᴅᴇ ᴛᴜs dones y de tus destrucciones, Océano, a mis
manos
pudiera destinar una medida, una fruta, un fermento,
escogería tu reposo distante, las líneas de tu acero,
tu extensión vigilada por el aire y la noche,
y la energía de tu idioma blanco
que destroza y derriba sus columnas
en su propia pureza demolida.

No es la última ola con su salado peso
la que tritura costas y produce
la paz de arena que rodea el mundo:
es el central volumen de la fuerza,
la potencia extendida de las aguas,
la inmóvil soledad llena de vidas.
Tiempo, tal vez, o copa acumulada
de todo movimiento, unidad pura
que no selló la muerte, verde víscera
de la totalidad abrasadora.

Del brazo sumergido que levanta una gota
no queda sino un beso de la sal. De los cuerpos
del hombre en tus orillas una húmeda fragancia
de flor mojada permanece. Tu energía
parece resbalar sin ser gastada,
parece regresar a su reposo.

La ola que desprendes,
arco de identidad, pluma estrellada,
cuando se despeñó fue sólo espuma,
y regresó a nacer sin consumirse.

Toda tu fuerza vuelve a ser origen.
Sólo entregas despojos triturados,
cáscaras que apartó tu cargamento,
lo que expulsó la acción de tu abundancia,
todo lo que dejó de ser racimo.

Tu estatua está extendida más allá de las olas.

Viviente y ordenada como el pecho y el manto
de un solo ser y sus respiraciones,
en la materia de la luz izadas,
llanuras levantadas por las olas,
forman la piel desnuda del planeta.
Llenas tu propio ser con tu substancia.

Colmas la curvatura del silencio.

Con tu sal y tu miel tiembla la copa,
la cavidad universal del agua,
y nada falta en ti como en el cráter
desollado, en el vaso cerril:
cumbres vacías, cicatrices, señales
que vigilan el aire mutilado.

Tus pétalos palpitan contra el mundo,
tiemblan tus cereales submarinos,
las suaves ovas cuelgan su amenaza,
navegan y pululan las escuelas,
y sólo sube al hilo de las redes
el relámpago muerto de la escama,
un milímetro herido en la distancia
de tus totalidades cristalinas.

II

LOS
NACIMIENTOS

Cuando se trasmutaron las estrellas
en tierra y en metal, cuando apagaron
la energía y volcada fue la copa
de auroras y carbones, sumergida
la hoguera en sus moradas,
el mar cayó como una gota ardiendo
de distancia en distancia, de hora en hora:
su fuego azul se convirtió en esfera,
el aire de sus ruedas fue campana,

su interior esencial tembló en la espuma,
y en la luz de la sal fue levantada
la flor de su espaciosa autonomía.

Mientras que como lámparas letárgicas
dormían las estrellas segregadas
adelgazando su pureza inmóvil,
el mar llenó de sal y mordeduras
su magnitud, pobló de llamaradas
y movimientos la extensión del día,
creó la tierra y desató la espuma,
dejó rastros de goma en sus ausencias,
invadió con estatuas el abismo,
y en sus orillas se fundó la sangre.

Estrella de oleajes, agua madre,
madre materia, médula invencible,
trémula iglesia levantada en lodo:
la vida en ti palpó piedras nocturnas,
retrocedió cuando llegó a la herida,
avanzó con escudos y diademas,
extendió dentaduras transparentes,
acumuló la guerra en su barriga.
Lo que formó la oscuridad quebrada
por la substancia fría del relámpago,
Océano, en tu vida está viviendo.

La tierra hizo del hombre su castigo.

Dimitió bestias, abolió montañas,
escudriñó los huevos de la muerte.

Mientras tanto en tu edad sobrevivieron
las aspas del transcurso sumergido,
y la creada magnitud mantiene
las mismas esmeraldas escamosas,
los abetos hambrientos que devoran
con bocas azuladas de sortija,
el cabello que absorbe ojos ahogados,
la madrépora de astros combatientes,
y en la fuerza aceitada del cetáceo
se desliza la sombra triturando.
Se construyó la catedral sin manos
con golpes de marea innumerable,
la sal se adelgazó como una aguja,
se hizo lámina de agua incubadora,

y seres puros, recién extendidos,
pulularon tejiendo las paredes
hasta que como nidos agrupados
con el gris atavío de la esponja,
se deslizó la túnica escarlata,
vivió la apoteosis amarilla,
creció la flor calcárea de amaranto.

Todo era ser, substancia temblorosa,
pétalos carniceros que mordían,
acumulada cantidad desnuda,
palpitación de plantas seminales,
sangría de las húmedas esferas,
perpetuo viento azul que derribaba
los límites abruptos de los seres.
Y así la luz inmóvil fue una boca
y mordió su morada pedrería.

Fue, Océano, la forma menos dura,
la traslúcida gruta de la vida,
la masa existencial, deslizadora
de racimos, las telas del ovario,
los germinales dientes derramados,
las espadas del suero matutino,
los órganos acerbos del enlace:
todo en ti palpitó llenando el agua
de cavidades y estremecimientos.
Así la copa de las vidas tuvo
su turbulento aroma, sus raíces,
y estrellada invasión fueron las olas:
cintura y plenitud sobrevivieron,
penacho y latitud enarbolaron
los huéspedes dorados de la espuma.
Y tembló para siempre en las orillas
la voz del mar, los tálamos del agua,
la huracanada piel derribadora,
la leche embravecida de la estrella.

III

LOS PECES
Y EL AHOGADO

De pronto vi pobladas las regiones
de intensidad, de formas aceradas,
bocas como una línea que cortaba,
relámpagos de plata sumergida,
peces de luto, peces ojivales,

peces de firmamento tachonado,
peces cuyos lunares resplandecen,
peces que cruzan como escalofríos,
blanca velocidad, ciencias delgadas
de la circulación, bocas ovales
de la carnicería y el aumento.

Hermosa fue la mano o la cintura
que rodeaba la luna fugitiva
vio trepidar la población pesquera,
húmedo río elástico de vidas,
crecimiento de estrella en las escamas,
ópalo seminal diseminado
en la sábana oscura del océano.

Vio arder las piedras de plata que mordían
estandartes de trémulo tesoro,
y sometió su sangre descendiendo
a la profundidad devoradora,
suspendida por bocas que recorren
su torso con sortijas sanguinarias
hasta que desgreñado y dividido
como espiga sangrienta, es un escudo
de la marca, un traje que trituran
las amatistas, una herencia herida
bajo el mar, en el árbol numeroso.

IV

LOS HOMBRES
Y LAS ISLAS

Los hombres oceánicos despertaron, cantaban
las aguas en las islas, de piedra en piedra verde:
las doncellas textiles cruzaban el recinto
en que el fuego y la lluvia entrelazados
procreaban diademas y tambores.
                                    La luna melanésica
fue una dura madrépora, las flores azufradas
venían del océano, las hijas
de la tierra temblaban como olas
en el viento nupcial de las palmeras
y entraron a la carne los arpones
persiguiendo las vidas de la espuma.

Canoas balanceadas en el día desierto,
desde las islas como puntos de polen hacia
la metálica masa de América nocturna:
diminutas estrellas sin nombre, perfumadas
como manantiales secretos, rebosantes
de plumas y corales, cuando
los ojos oceánicos descubrieron la altura
sombría de la costa del cobre, la escarpada
torre de nieve, y los hombres de arcilla
vieron bailar los estandartes húmedos
y los ágiles hijos atmosféricos
de la remota soledad marina,
                            llegó la rama
del azahar perdido, vino el viento
de la magnolia oceánica, la dulzura
del acicate azul en las caderas,
el beso de las islas sin metales,
puras como la miel desordenada,
sonoras como sábanas del cielo.

V

RAPA NUI   Tepito-te-henúa, ombligo del mar grande,
taller del mar, extinguida diadema.
De tu lava escorial subió la frente
del hombre más arriba del Océano,
los ojos agrietados de la piedra
midieron el ciclónico universo,
y fue central la mano que elevaba
la pura magnitud de tus estatuas.

Tu roca religiosa fue cortada
hacia todas las líneas del Océano
y los rostros del hombre aparecieron
surgiendo de la entraña de las islas,
naciendo de los cráteres vacíos
con los pies enredados al silencio.

Fueron los centinelas y cerraron
el ciclo de las aguas que llegaban
desde todos los húmedos dominios,
y el mar frente a las máscaras detuvo
sus tempestuosos árboles azules.

Nadie sino los rostros habitaron
el círculo del reino. Era callado
como la entrada de un planeta, el hilo
que envolvía la boca de la isla.

Así, en la luz del ábside marino
la fábula de piedra condecora
la inmensidad con sus medallas muertas,
y los pequeños reyes que levantan
toda esta solitaria monarquía
para la eternidad de las espumas,
vuelven al mar en la noche invisible,
vuelven a sus sarcófagos de sal.

Sólo el pez luna que murió en la arena.

Sólo el tiempo que muerde los *moais*.

Sólo la eternidad en las arenas
conocen las palabras:
la luz sellada, el laberinto muerto,
las llaves de la copa sumergida.

VI

LOS
CONSTRUCTORES
DE ESTATUAS
(Rapa Nui)

Yo soy el constructor de las estatuas. No tengo nombre.
No tengo rostro. El mío se desvió hasta correr
sobre la zarza y subir impregnando las piedras.
Ellas tienen mi rostro petrificado, la grave
soledad de mi patria, la piel de Oceanía.

Nada quieren decir, nada quisieron
sino nacer con todo su volumen de arena,
subsistir destinadas al tiempo silencioso.

Tú me preguntarás si la estatua en que tantas
uñas y manos, brazos oscuros fui gastando,
te reserva una sílaba del cráter, un aroma
antiguo, preservado por un signo de lava?

No es así, las estatuas son lo que fuimos, somos
nosotros, nuestra frente que miraba las olas,
nuestra materia a veces interrumpida, a veces
continuaba en la piedra semejante a nosotros.

Otros fueron los dioses pequeños y malignos,
peces, pájaros que entretuvieron la mañana,
escondiendo las hachas, rompiendo la estatura
de los más altos rostros que concibió la piedra.

Guarden los dioses el conflicto, si lo quieren,
de la cosecha postergada, y alimenten
el azúcar azul de la flor en el baile.

Suban ellos y bajen la llave de la harina:
empapen ellos todas las sábanas nupciales
con el polen mojado que imperceptible danza
adentro de la roja primavera del hombre,
pero hasta estas paredes, a este cráter, no vengas
sino tú, pequeñito mortal, picapedrero.

Se van a consumir esta carne y la otra,
la flor perecerá tal vez, sin armadura,
cuando estéril aurora, polvo reseco, un día
venga la muerte al cinto de la isla orgullosa,
y tú, estatua, hija del hombre, quedarás
mirando con los ojos vacíos que subieron
desde una mano y otra de inmortales ausentes.

Arañarás la tierra hasta que nazca
la firmeza, hasta que caiga la sombra en la estructura
como sobre una abeja colosal que devora
su propia miel perdida en el tiempo infinito.

Tus manos tocarán la piedra hasta labrarla
dándole la energía solitaria que pueda
subsistir, sin gastarse los nombres que no existen,
y así desde una vida a una muerte, amarrados
en el tiempo como una sola mano que ondula,
elevamos la torre calcinada que duerme.

La estatua que creció sobre nuestra estatura.

Miradlas hoy, tocad esta materia, estos labios
tienen el mismo idioma silencioso que duerme
en nuestra muerte, y esta cicatriz arenosa,
que el mar y el tiempo como lobos han lamido,
eran parte de un rostro que no fue derribado,
punto de un ser, racimo que derrotó cenizas.

Así nacieron, fueron vidas que labraron
su propia celda dura, su panal en la piedra.
Y esta mirada tiene más arena que el tiempo.
Más silencio que toda la muerte en su colmena.

Fueron la miel de un grave designio que habitaba
la luz deslumbradora que hoy resbala en la piedra.

VII

LA LLUVIA
(Rapa Nui)

No, que la Reina no reconozca
tu rostro, es más dulce
así, amor mío, lejos de las efigies, el peso
de tu cabellera en mis manos, recuerdas
el árbol de Mangareva cuyas flores caían
sobre tu pelo? Estos dedos no se parecen
a los pétalos blancos: míralos, son como raíces,
son como tallos de piedra sobre los que resbala
el lagarto. No temas, esperemos que caiga la lluvia,
        desnudos,
la lluvia, la misma que cae sobre Manu Tara.

Pero así como el agua endurece sus rasgos en la piedra,
sobre nosotros cae llevándonos suavemente
hacia la oscuridad, más abajo del agujero
de Ranu Raraku. Por eso
que no te divise el pescador ni el cántaro. Sepulta
tus pechos de quemadura gemela en mi boca,
y que tu cabellera sea una pequeña noche mía,
una oscuridad cuyo perfume mojado me cubre.

De noche sueño que tú y yo somos dos plantas
que se elevaron juntas, con raíces enredadas,
y que tú conoces la tierra y la lluvia como mi boca,
porque de tierra y de lluvia estamos hechos. A veces
pienso que con la muerte dormiremos abajo,
en la profundidad de los pies de la efigie, mirando
el Océano que nos trajo a construir y a amar.

Mis manos no eran férreas cuando te conocieron, las
        aguas
de otro mar las pasaban como a una red: ahora
agua y piedras sostienen semillas y secretos.

Amame dormida y desnuda, que en la orilla
eres como la isla: tu amor confuso, tu amor
asombrado, escondido en la cavidad de los sueños,
es como el movimiento del mar que nos rodea.

Y cuando yo también vaya durmiéndome
en tu amor, desnudo,
deja mi mano entre tus pechos para que palpite
al mismo tiempo que tus pezones mojados en la lluvia.

VIII

*LOS
OCEÁNICOS*

SIN MÁS dioses que el cuero de las focas podridas
honor del mar, *yámanas* azotados
por el látigo antártico, alacalufes
unitados con aceites y detritus:
entre los muros de cristal y abismo
la pequeña canoa, en la erizada
enemistad de témpanos y lluvias,
llevó el amor errante de los lobos
y las brasas del fuego sustentadas
sobre las últimas aguas mortales.

Hombre, si el exterminio
no bajó de los ríos de la nieve
ni de la luna endurecida
sobre el vapor glacial de los glaciares,
sino del hombre que hasta en la substancia
de la nieve perdida y de las aguas
finales del Océano,
especuló con huesos desterrados
hasta empujarte más allá de todo,
y hoy más allá de todo y de la nieve
y de la tempestad desatada del hielo
va tu piragua por la sal salvaje
y la furiosa soledad buscando
la guarida del pan, eres Océano,
gota del mar y de su azul furioso,
y tu raído corazón me llama
como increíble fuego que no muere.

Amo la helada planta combatida
por el aullido del viento espumoso,
y al pie de las gargantas,

el diminuto pueblo lucernario
que arde sobre las lámparas crustáceas
del agua removida por el frío,
y la antártica aurora en su castillo
de pálido esplendor imaginario.

Amo hasta las raíces turbulentas
de las plantas quemadas por la aurora
de manos transparentes,
pero hacia ti, sombra del mar, hijo
de las plumas glaciales, harapiento
oceánida, va esta ola
nacida en las rupturas, dirigida
como el amor herido bajo el viento.

IX

ANTÁRTICA ANTÁRTICA, corona austral, racimo
de lámparas heladas, cineraria
de hielo desprendida
de la piel terrenal, iglesia rota
por la pureza, nave desbocada
sobre la catedral de la blancura,
inmoladero de quebrados vidrios,
huracán estrellado en las paredes
de la nieve nocturna,
dame tu doble pecho removido
por la invasora soledad, el cauce
del viento aterrador enmascarado
por todas las corolas del armiño,
con todas las bocinas del naufragio
y el hundimiento blanco de los mundos,
o tu pecho de paz que limpia el frío
como un puro rectángulo de cuarzo,
y lo no respirado, el infinito
material transparente, el aire abierto,
la soledad sin tierra y sin pobreza.
Reino del mediodía más severo,
arpa de hielo susurrada, inmóvil,
cerca de las estrellas enemigas.

Todos los mares son tu mar redondo.
Todas las resistencias del Océano
concentraron en ti su transparencia,
y la sal te pobló con sus castillos,
el hielo hizo ciudades elevadas
sobre una aguja de cristal, el viento
recorrió tu salado paroxismo
como un tigre quemado por la nieve.

Tus cúpulas parieron el peligro
desde la nave de los ventisqueros,
y en tu dorsal desierto está la vida
como una viña bajo el mar, ardiendo
sin consumirse, reservando el fuego
para la primavera de la nieve.

X

LOS HIJOS
DE LA COSTA

Parias del mar, antárticos
perros azotados,
yaganes muertos sobre cuyos huesos
bailan los propietarios que pagaron
por tarifa los cuellos altaneros
cercenados a golpe de navaja.

Changos de Antofagasta y de la costa seca,
parias, piojos helados del océano,
nietos de Rapa, pobres de Anga-Roa,
lémures rotos, leprosos de Hotu-Iti,
siervos de las Galápagos, codiciados
haraposos de los archipiélagos,
ropas deshilachadas que a través
del parche sucio muestran
la contextura del combate,
la piel salada por el aire, el valiente
trozo de ser humano y ambarino:
a la patria del mar vino el embarque,
vino la cuerda, el sello, el fundamento,
el billete con un perfil borroso,
detritus de botellas en la playa,
vino el gobernador, el diputado,
y el corazón del mar se hizo costura,
se hizo bolsillo, yodo y agonía.

Cuando llegaron a vender fue dulce
el amanecer, las camisas
eran como la nieve en el navío
y los hijos celestes se encendieron,
flor y fogata, luna y movimiento.

Piojos del mar, comed ahora estiércol,
acechad los despojos, los zapatos
rotos del navegante, del gerente,
oled a deyecciones y a pescado.
Ya entrasteis en el círculo
de donde no saldréis sino a morir.
No a la muerte del mar, con agua y luna,
sino a los desquiciados agujeros
de la necrología, porque ahora
si queréis olvidar, estáis perdidos.
Antes la muerte tuvo territorios,
transmigración, etapas, estaciones,
y pudisteis subir bailando, envueltos
en el rocío diurno de la rosa
o en la navegación del pez de plata:
hoy estáis muertos para siempre: hundidos
en el decreto tétrico del fraile,
y sólo sois gusanos de la tierra
que cuando más revolverán la cola
bajo las notarías del infierno.

Venid y pululad por las orillas
del mar: os aceptamos
aún, podéis salir a pescar siempre
que nuestra Sociedad Pesquera Inc.
sea garantizada: podéis iros
rascando las costillas en los muelles,
cargando sacos de garbanzos,
durmiendo en las escorias litorales.
Sois en verdad una amenaza, roñosos
desheredados de la espuma: es mucho
mejor que, si el sacerdote os da permiso,
entréis en el navío que os espera,
y que, con todo y piojos, a la nada
os llevará, sin ataúd, mordidos
por las últimas olas y desdichas,
siempre que no se paguen, a la muerte.

XI

LA MUERTE Escualos parecidos a las ovas,
al naval terciopelo del abismo,
y que de pronto como angostas lunas
aparecéis con filo empurpurado:
aletas aceitadas en tiniebla,
luto y velocidad, naves del miedo
a las que asciende como una corola
el crimen con su luz vertiginosa,
sin una voz, en una hoguera verde,
en la cuchillería de un relámpago.

Puras formas sombrías que resbalan
bajo la piel del mar, como el amor,
como el amor que invade la garganta,
como la noche que brilla en las uvas,
como el fulgor del vino en los puñales:
anchas sombras de cuero desmedido
como estandartes de amenaza: ramos
de brazos, bocas, lenguas que rodean
con ondulante flor lo que devoran.

En la mínima gota de la vida
aguarda una indecisa primavera
que cerrará con su sistema inmóvil
lo que tembló al caer en el vacío:
la cinta ultravioleta que desliza
un cinturón de fósforo perverso
en la agonía negra del perdido,
y el tapiz del ahogado recubierto
por un bosque de lanzas y murenas
temblorosas y activas como el telar que teje
en la profundidad devoradora.

XII

LA OLA La ola viene del fondo, con raíces
hijas del firmamento sumergido.
Su elástica invasión fue levantada
por la potencia pura del Océano:
su eternidad apareció inundando
los pabellones del poder profundo

y cada ser le dio su resistencia,
desgranó fuego frío en su cintura
hasta que de las ramas de la fuerza
despegó su nevado poderío.

Viene como una flor desde la tierra
cuando avanzó con decidido aroma
hasta la magnitud de la magnolia,
pero esta flor del fondo que ha estallado
trae toda la luz que fue abolida,
trae todas las ramas que no ardieron
y todo el manantial de la blancura.

Y así cuando sus párpados redondos,
su volumen, sus copas, sus corales
hinchan la piel del mar apareciendo
todo este ser de seres submarinos:
es la unidad del mar que se construye:
la columna del mar que se levanta:
todos sus nacimientos y derrotas.

La escuela de la sal abrió las puertas,
voló toda la luz golpeando el cielo,
creció desde la noche hasta la aurora
la levadura del metal mojado,
toda la claridad se hizo corola,
creció la flor hasta gastar la piedra,
subió a la muerte el río de la espuma,
atacaron las plantas procelarias,
se desbordó la rosa en el acero:
los baluartes del agua se doblaron
y el mar desmoronó sin derramarse
su torre de cristal y escalofrío.

XIII

LOS PUERTOS ACAPULCO, cortado como una piedra azul,
cuando despierta, el mar amanece en tu puerta
irisado y bordado como una caracola,
y entre tus piedras pasan peces como relámpagos
que palpitan cargados por el fulgor marino.

Eres la luz completa, sin párpados, el día
desnudo, balanceado como una flor de arena,
entre la infinidad extendida del agua
y la altura encendida con lámparas de arcilla.

Junto a ti las lagunas me dieron el amor
de la tarde caliente con bestias y manglares,
los nidos como nudos en las ramas de donde
el vuelo de las garzas elevaba la espuma,
y en el agua escarlata como un crimen hervía
un pueblo encarcelado de bocas y raíces.
Topolobampo, apenas trazado en las orillas
de la dulce y desnuda California marina,
Mazatlán estrellado, puerto de noche, escucho
las olas que golpean tu pobreza
y tus constelaciones, el latido
de tus apasionados orfeones,
tu corazón sonámbulo que canta
bajo las redes rojas de la luna.

Guayaquil, sílaba de lanza, filo
de estrella ecuatorial, cerrojo abierto
de las tinieblas húmedas que ondulan
como una trenza de mujer mojada:
puerta de hierro maltratado
por el sudor amargo
que moja los racimos,
que gotea el marfil en los ramajes
y resbala a la boca de los hombres
mordiendo como un ácido marino.

Subí a las rocas de Mollendo, blancas,
árido resplandor y cicatrices,
cráter cuyo agrietado continente
sujeta entre las piedras su tesoro,
la angostura del hombre acorralado
en las calvicies del despeñadero,
sombra de las metálicas gargantas,
promontorio amarillo de la muerte.

Pisagua, letra del dolor, manchada
por el tormento, en tus ruinas vacías,
en tus acantilados pavorosos.
en tu cárcel de piedra y soledades
se pretendió aplastar la planta humana,

se quiso hacer de corazones muertos
una alfombra, bajar la desventura
como marca rabiosa hasta romper
la dignidad: allí por los salobres
callejones vacíos, los fantasmas
de la desolación mueven sus mantos,
y en las desnudas grietas ofendidas
está la historia como un monumento
golpeado por la espuma solitaria.
Pisagua, en el vacío de tus cumbres,
en la furiosa soledad, la fuerza
de la verdad del hombre se levanta
como un desnudo y noble monumento.

No es sólo un hombre, no es sólo una sangre
lo que manchó la vida en tus laderas,
son todos los verdugos amarrados
a la ciénaga herida, a los suplicios,
al matorral de América enlutada,
y cuando se poblaron con cadenas
tus desérticas piedras escarpadas
no sólo fue mordida una bandera,
no fue sólo un bandido venenoso,
sino la fauna de las aguas viles
que repite sus dientes en la historia,
atravesando con mortal cuchillo
el corazón del pueblo desdichado,
maniatando la tierra que los hizo,
deshonrando la arena de la aurora.

Oh puertos arenosos, inundados
por el salitre, por la sal secreta
que deja los dolores en la patria
y lleva el oro al dios desconocido
cuyas uñas rasparon la corteza
de nuestros dolorosos territorios.

Antofagasta, cuya voz remota
desemboca en la luz cristalizada
y se amontona en sacos y bodegas
y se reparte en la aridez matutina
hacia la dirección de los navíos,

Rosa reseca de madera, Iquique,
entre tus blancas balaustradas, junto
a tus muros de pino que la luna

del desierto y del mar han impregnado,
fue vertida la sangre de mi pueblo,
fue asesinada la verdad, deshecha
en sanguinaria pulpa la esperanza:
el crimen fue enterrado por la arena
y la distancia hundió los estertores.

Tocopilla espectral, bajo los montes,
bajo la desnudez llena de agujas
corre la nieve seca del nitrato
sin extinguir la luz de su designio
ni la agonía de la mano oscura
que sacudió la muerte en los terrones.

Desamparada costa que rechazas
el agua ahogada del amor humano,
escondido en tus márgenes calcáreas
como el metal mayor de la vergüenza.
A tus puertos bajó el hombre enterrado
a ver la luz de las calles vendidas,
a desatar el corazón espeso,
a olvidar arenales y desdichas.
Tú cuando pasas, qüién eres, quién resbala
por tus ojos dorados, quién sucede
en los cristales? Bajas y sonríes,
aprecias el silencio en las maderas,
tocas la luna opaca de los vidrios
y nada más: el hombre está guardado
por carnívoras sombras y barrotes,
está extendido en su hospital durmiendo
sobre los arrecifes de la pólvora.

Puertos del Sur, que deshojaron
la lluvia de las hojas en mi frente:
coníferas amargas del invierno
de cuyo manatial lleno de agujas
llovió la soledad en mis dolores.
Puerto Saavedra, helado en las riberas
del Imperial: las desembocaduras
enarenadas, el glacial lamento
de las gaviotas que me parecían
surgir como azahares tempestuosos,
sin que nadie arrullara sus follajes,
dulces desviadas hacia mi ternura,
despedazadas por el mar violento
y salpicadas en las soledades.

Más tarde mi camino fue la nieve
y en las casas dormidas del Estrecho
en Punta Arenas, en Puerto Natales,
en la extensión azul del aullido,
en la silbante, en la desenfrenada
noche final de la tierra, vi las tablas
que resistieron, encendí las lámparas
bajo el viento feroz, hundí mis manos
en la desnuda primavera antártica
y besé el polvo frío de las últimas flores.

XIV

LOS NAVIOS   Los barcos de la seda sobre la luz llevados,
erigidos en la violeta matutina,
cruzando el sol marítimo con rojos pabellones
deshilachados como estambres andrajosos,
el olor caluroso de las cajas doradas
que la canela hizo sonar como violines,
y la codicia fría que susurró en los puertos
en una tempestad de manos restregadas,
las bienvenidas suavidades verdes
de los jades, y el pálido cereal de la seda,
todo paseó en el mar como un viaje del viento,
como un baile de anémonas que desaparecieron.

Vinieron las delgadas velocidades, finas
herramientas del mar, peces de trapo,
dorados por el trigo, destinados
por sus mercaderías cenicientas,
por piedras desbordantes que brillaron
como el fuego cayendo entre sus velas,
o repletos de flores sulfurosas
recogidas en páramos salinos.
Otros cargaron razas, dispusieron
en la humedad de abajo, encadenados,
ojos cautivos que agrietaron con lágrimas
la pesada madera del navío.
Pies recién separados del marfil, amarguras
amontonadas como frutos malheridos,
dolores desollados como ciervos: cabezas
que desde los diamantes del verano cayeron
a la profundidad del estiércol infame.

Barcos llenos de trigo que temblaron
sobre las olas como en las llanuras
el viento cereal de las espigas:
naves de las ballenas, erizadas
de corazones duros como harpones,
lentas de cacería, desplazando
hacia Valparaíso sus bodegas,
velas grasientas que se sacudieron
heridas por el hielo y el aceite
hasta colmar las copas de la nave
con la cosecha blanda de la bestia.
Barcas desmanteladas que cruzaron
de tumbo en tumbo en el furor marino
con el hombre agarrado a sus recuerdos
y a los andrajos últimos del buque,
antes que, como manos cercenadas,
los fragmentos del mar los condujeran
a las delgadas bocas que poblaron
el espumoso mar en su agonía.
Naves de los nitratos, aguzadas
y alegres, como indómitos delfines
hacia las siete espumas deslizadas
por el viento en sus sábanas gloriosas,
finas como los dedos y las uñas,
veloces como plumas y corceles,
navegadoras de la mar morena
que pica los metales de mi patria.

XV

A UNA
ESTATUA
DE PROA
(Elegía)

En las arenas de Magallanes te recogimos cansada
navegante, inmóvil
bajo la tempestad que tantas veces tu pecho dulce y
   doble
desafió dividiendo en sus pezones.

Te levantamos otra vez sobre los mares del Sur, pero
   ahora
fuiste la pasajera de lo oscuro, de los rincones, igual
al trigo y al metal que custodiaste
en alta mar, envuelta por la noche marina.

Hoy eres mía, diosa que el albatros gigante
rozó con su estatura extendida en el vuelo,
como un manto de música dirigida en la lluvia
por tus ciegos y errantes párpados de madera.

Rosa del mar, abeja más pura que los sueños,
almendrada mujer que desde las raíces
de una encina poblada por los cantos
te hiciste forma, fuerza de follaje con nidos,
boca de tempestades, dulzura delicada
que iría conquistando la luz con sus caderas.

Cuando ángeles y reinas que nacieron contigo
se llenaron de musgo, durmieron destinadas
a la inmovilidad con un honor de muertos,
tú subiste a la proa delgada del navío
y ángel y reina y ola, temblor del mundo fuiste.
El estremecimiento de los hombres subía
hasta tu noble túnica con pechos de manzana,
mientras tus labios eran oh dulce! humedecidos
por otros besos dignos de tu boca salvaje.

Bajo la noche extraña tu cintura dejaba
caer el peso puro de la nave en las olas
cortando en la sombría magnitud un camino
de fuego derribado, de miel fosforescente.
El viento abrió en tus rizos su caja tempestuosa,
el desencadenado metal de su gemido,
y en la aurora la luz te recibió temblando
en los puertos, besando tu diadema mojada.

A veces detuviste sobre el mar tu camino
y el barco tembloroso bajó por su costado,
como una gruesa fruta que se desprende y cae,
un marinero muerto que acogieron la espuma
y el movimiento puro del tiempo y del navío.
Y sólo tú entre todos los rostros abrumados
por la amenaza, hundidos en un dolor estéril,
recibiste la sal salpicada en tu máscara,
y tus ojos guardaron las lágrimas saladas.
Más de una pobre vida resbaló por tus brazos
hacia la eternidad de las aguas mortuorias,
y el roce que te dieron los muertos y los vivos
gastó tu corazón de madera marina.

331

Hoy hemos recogido de la arena tu forma.
Al final, a mis ojos estabas destinada.
Duermes tal vez, dormida, tal vez has muerto, muerta:
tu movimiento, al fin, ha olvidado el susurro
y el esplendor errante cerró su travesía.
Iras del mar, golpes del cielo han coronado
tu altanera cabeza con grietas y rupturas,
y tu rostro como una caracola reposa
con heridas que marcan tu frente balanceada.

Para mí tu belleza guarda todo el perfume,
todo el ácido errante, toda su noche oscura.
Y en tu empinado pecho de lámpara o de diosa,
torre turgente, inmóvil amor, vive la vida.
Tú navegas conmigo, recogida, hasta el día
en que dejen caer lo que soy en la espuma.

XVI

EL HOMBRE
EN LA NAVE

Más allá de la línea de la nave
hilada por la sal en movimiento,
entre la grasa muerta que traspasa los sueños
el tripulante duerme con desnuda fatiga,
alguien de guardia arrastra un cabo de metal,
suena el mundo
del barco, rechina el viento en las maderas,
palpitan sordamente los hierros viscerales,
el fogonero mira su rostro en un espejo:
en un pedazo roto de vidrio, reconoce
de esa huesuda máscara manchada por el humo
unos ojos: aquellos ojos que amó Graciela
Gutiérrez, antes de que muriera, sin que junto
a su lecho estos ojos que amó pudieran verla,
llevarla en esa última embarcación, adentro
de la jornada, entre las brasas y el aceite.
No importa, con los besos que se unían
entre los viajes y los regalos aquellos, ahora nadie,
nadie en la casa. El amor en la noche del mar,
toca todos los lechos de los que duermen, vive
más abajo del barco, como un alga
nocturna que desliza sus ramas hacia arriba.

Hay otros extendidos en la noche del viaje,
en el vacío, sin mar bajo los sueños,
como la vida, alturas fragmentadas, pedazos

332

de la noche, pedruscos que apartaron
la destrozada red de los sueños.
                        La tierra
de noche invade el mar con sus olas y cubre
el corazón del pobre pasajero dormido
con una sola sílaba de polvo, con una
cucharada de muerte que lo reclama.

Toda piedra oceánica es océano, la mínima
cintura ultravioleta de la medusa, el cielo
con todo su vacío constelado, la luna

tiene mar abolido en sus espectros:
pero el hombre cierra sus ojos, muerde un poco
sus pasos, amenaza su corazón pequeño,
y solloza y araña la noche con sus uñas,
buscando tierra, haciéndose gusanos.

Es tierra que las aguas no cubren y no matan.

Es orgullo de arcilla que morirá en el cántaro,
quebrándose, apartando las gotas que cantaron,
amarrando a la tierra su indecisa costura.

No busques en el mar esta muerte, no esperes
territorio, no guardes el puñado de polvo
para integrarlo intacto y entregarlo a la tierra.

Entrégalo a estos labios infinitos que cantan,
dónalo a este coro de movimiento y mundo,
destrúyete en la eterna maternidad del agua.

XVII

LOS
ENIGMAS

Me habéis preguntado qué hila el crustáceo
entre sus patas de oro
y os respondo: El mar lo sabe.
Me decís qué espera la ascidia en su campana
                transparente? Qué espera?
Yo os digo, espera como vosotros el tiempo.
Me preguntáis a quién alcanza el abrazo del alga
                Macrocustis?
Indagadlo, indagadlo a cierta hora, en cierto mar que
        conozco.

333

Sin duda me preguntaréis por el marfil maldito del
        narwhal, para que yo os conteste
de qué modo el unicornio marino agoniza arponeado.
Me preguntáis tal vez por las plumas alcionarias que
        tiemblan
en los puros orígenes de la marea austral?
Y sobre la construcción cristalina del pólipo habéis
        barajado, sin duda
una pregunta más, desgranándola ahora?
Queréis saber la eléctrica materia de las púas del fondo?
    La armada estalactita que camina quebrándose?
    El anzuelo del pez pescador, la música extendida
    en la profundidad como un hilo en el agua?

    Yo os quiero decir que esto lo sabe el mar,
        que la vida en sus arcas
    es ancha como la arena, innumerable y pura
    y entre las uvas sanguinarias el tiempo ha pulido
    la dureza de un pétalo, la luz de la medusa
    y ha desgranado el ramo de sus hebras corales
    desde una cornucopia de nácar infinito.

Yo no soy sino la red vacía que adelanta
ojos humanos, muertos en aquellas tinieblas,
dedos acostumbrados al triángulo, medidas
de un tímido hemisferio de naranja.

Anduve como vosotros escarbando
la estrella interminable,
y en mi red, en la noche, me desperté desnudo,
única presa, pez encerrado en el viento.

XVIII

*LAS PIEDRAS
DE LA ORILLA*

Oceánicas, no tenéis la materia
que emerge de las tierras vegetales
entre la primavera y las espigas.

El tacto azul del aire que navega
entre las uvas, no conoce el rostro
que de la soledad sale al océano.

El rostro de las rocas destrozadas,
que no conoce abejas, que no tiene
más que la agricultura de las olas,
el rostro de las piedras que aceptaron
la desolada espuma del combate
en sus eternidades agrietadas.

Asperas naves de granito hirsuto
entregado a la cólera, planetas
en cuya inmóvil dimensión detienen
las banderas del mar su movimiento.

Tronos de la intemperie huracanada.

Torres de soledades sacudidas.

Tenéis, rocas del mar, el victorioso
color del tiempo, el material gastado
por una eternidad en movimiento.

El fuego hizo nacer estos lingotes
que el mar estremeció con sus granadas.

Esta arruga en que el cobre y la salmuera
se unieron: este hierro anaranjado,
estas manchas de plata y de paloma,
son el muro mortal y la frontera
de la profundidad con sus racimos.

Piedras de soledad, piedras amadas
de cuyas duras cavidades cuelga
el tumultuoso frío de las algas,
y a cuyo borde ornado por la luna
sube la soledad de las orillas.
Desde los pies perdidos en la arena
qué aroma se perdió, qué movimiento
de corola nupcial trepó temblando?

Planta de arena, triángulos carnosos,
aplanadas substancias que llegaron
a encender su fulgor sobre las piedras,
primavera marina, delicada
copa sobre las piedras erigida,
pequeño rayo de amaranto apenas
encendido y helado por la furia,
dadme la condición que desafía
las arenas del páramo estrellado.

Piedras del mar, centellas detenidas
en el combate de la luz, campanas
doradas por el óxido, filudas
espadas del dolor, cúpulas rotas
en cuyas cicatrices se construye
la estatua desdentada de la tierra.

XIX

MOLLUSCA
GONGORINA

De California traje un múrex espinoso,
la sílice en sus púas, ataviada con humo
su erizada apostura de rosa congelada,
y su interior rosado de paladar ardía
con una suave sombra de corola carnosa.

Mas tuve una cyprea cuyas manchas cayeron
sobre su capa, ornando su terciopelo puro
con círculos quemados de pólvora o pantera,
y otra llevó en su lomo liso como una copa
una rama de ríos tatuados en la luna.

Mas la línea espiral, no sostenida
sino por aire y mar, oh
escalera, *scalaria* delicada,
oh monumento frágil de la aurora
que un anillo con ópalo amasado
enrolla deslizando la dulzura.

Saqué del mar, abriendo las arenas,
la ostra erizada de coral sangriento,
spondylus, cerrando en sus mitades
la luz de su tesoro sumergido,
cofre envuelto en agujas escarlatas,
o nieve con espinas agresoras.

La oliva grácil recogí en la arena,
húmeda caminante, pie de púrpura,
alhaja humedecida en cuya forma
la fruta endureció su llamarada,
pulió el cristal su condición marina
y ovaló la paloma su desnudo.

La caracola del tritón retuvo
la distancia en la gruta del sonido
y en la estructura de su cal trenzada
sostiene el mar con pétalos, su cúpula.

Oh *rostellaria,* flor impenetrable
como un signo elevado en una aguja,
mínima catedral, lanza rosada,
espada de la luz, pistilo de agua.

Pero en la altura de la aurora asoma
el hijo de la luz, hecho de luna,
el argonauta que un temblor dirige,
que un trémulo contacto de la espuma
amasó, navegando en una ola
con su nave espiral de jazminero.

Y entonces escondida en la marea,
boca ondulante de la mar morada,
sus labios de titánica violeta,
la *tridacna* cerró como un castillo,
y allí su rosa colosal devora
las azules estirpes que la besan:
monasterio de sal, herencia inmóvil
que encarceló una ola endurecida.

Pero debo nombrar, tocando apenas
oh Nautilus, tu alada dinastía,
la redonda ecuación en que navegas
deslizando tu nave nacarada,
tu espiral geometría en que se funden,
reloj del mar, el nácar y la línea,
y debo hacia las islas, en el viento,
irme contigo, dios de la estructura.

XX

LAS AVES MALTRATA- DAS

ALTA SOBRE Tocopilla está la pampa nitrosa,
los páramos, la mancha de los salares, es el
desierto sin una hoja, sin un escarabajo,
sin una brizna, sin una sombra, sin tiempo.

Allí la garuma de los mares hizo sus nidos,
hace tiempo, en la arena solitaria y caliente,
dejó sus huevos desgranando el vuelo
desde la costa, en olas de plumaje,
hacia la soledad, hacia el remoto
cuadrado del desierto que alfombraron
con el tesoro suave de la vida.

Hermoso río desde el mar, salvaje
soledad del amor, plumas del viento
redondeadas en globos de magnolia,
vuelo arterial, palpitación alada
en que todas las vidas acumulan
en un río reunido, sus presiones:
así la sal estéril fue poblada,
fue coronado el páramo de plumas
y el vuelo se incubó en los arenales.

Llegó el hombre. Tal vez llenaron
su miseria de pálido extraviado
del desierto, las ramas del arrullo
que como el mar temblaba en el desierto,
tal vez lo deslumbró como una estrella
la extensión crepitante de blancura,
pero vinieron otros en sus pasos.

Llegaron en el alba, con garrotes
y con cestos, robaron el tesoro,
apalearon las aves, derrotaron
nido a nido la nave de las plumas,
sopesaron los huevos y aplastaron
aquellos que tenían criatura.

Los levantaron a la luz y arrojaron
contra la tierra del desierto, en medio
del vuelo y del graznido y de la ola
del rencor, y las aves extendieron
toda su furia en el aire invadido,
y cubrieron el sol con sus banderas:
pero la destrucción golpeó los nidos,
enarboló el garrote y arrasada
fue la ciudad del mar en el desierto.

Más tarde la ciudad, en la salmuera
vespertina de nieblas y borrachos
oyó pasar los cestos que vendían
huevos de ave de mar, frutos salvajes
de páramo en que nada sobrevive,
sino la soledad sin estaciones,
y la sal agredida y rencorosa.

XXI

LEVIATHAN   Arca, paz iracunda, resbalada
noche bestial, antártica extranjera,
no pasarás junto a mí desplazando
tu témpano de sombra sin que un día
entre por tus paredes y levante
tu armadura de invierno submarino.

Hacia el Sur crepitó tu fuego negro
de expulsado planeta, el territorio
de tu silencio que movió las algas
sacudiendo la edad de la espesura.

Fue sólo forma, magnitud cerrada
por un temblor del mundo en que desliza
su majestad de cuero amedrentado
por su propia potencia y su ternura.

Arca de cólera encendida
con las antorchas de la nieve negra,
cuando tu sangre ciega fue fundada
la edad del mar dormía en los jardines,
y en su extensión la luna deshacía
la cola de su imán fosforescente.
La vida crepitaba
como una hoguera azul, madre medusa,
multiplicada tempestad de ovarios,
y todo el crecimiento era pureza,
palpitación de pámpano marino.

Así fue tu gigante arboladura
dispuesta entre las aguas como el paso
de la maternidad sobre la sangre,
y tu poder fue noche inmaculada
que resbaló inundando las raíces.

Extravío y terror estremecieron
la soledad, y huyó tu continente
más allá de las islas esperadas:
pero el terror pasó sobre los globos
de la luna gracial, y entró en tu carne,
agredió soledades que ampararon
tu aterradora lámpara apagada.
La noche fue contigo: te envolvía
adhiriéndote un limo tempestuoso
y revolvió tu cola huracanada
el hielo en que dormían las estrellas.

Oh gran herida, manantial caliente
revolviendo sus truenos derrotados
en la comarca del arpón, teñido
por el mar de la sangre, desangrada,
dulce y dormida bestia conducida
como un ciclón de rotos hemisferios
hasta las barcas negras de la grasa
pobladas por rencor y pestilencia.

Oh gran estatua muerta en los cristales
de la luna polar, llenando el cielo
como una nube de terror que llora
y cubre los océanos de sangre.

XXII

PHALACRO-
CORAX

Aves estercolarias de las islas,
multiplicada voluntad del vuelo,
celeste magnitud, innumerable
emigración del viento de la vida,
cuando vuestros cometas se deslizan
enarenando el cielo sigiloso
del callado Perú, vuela el eclipse.
Oh lento amor, salvaje primavera
que desarraiga su colmada copa
y navega la nave de la especie
con un fluvial temblor de agua sagrada
desplazando su cielo caudaloso
hacia las islas rojas del estiércol.

Yo quiero sumergirme en vuestras alas,
ir hacia el Sur durmiendo, sostenido
por toda la espesura temblorosa.
Ir en el río oscuro de las flechas
con una voz perdida, dividirme
en la palpitación inseparable.
Después, lluvia del vuelo, las calcáreas
islas abren su frío paraíso
donde cae la luna del plumaje,
la tormenta enlutada de las plumas.

El hombre inclina entonces la cabeza
ante el arrullo de las aves madres,
y escarba estiércol con las manos ciegas
que levantan las gradas una a una,
raspa la claridad del excremento
acumula las heces derramadas,
y se prosterna en medio de las islas
de la fermentación, como un esclavo,
saludando las ácidas riberas
que coronan los pájaros ilustres.

XXIII

NO SÓLO
EL ALBATROS

No de la primavera, no esperadas
sois, no en la sed de la corola,
no en la morada miel que se entreteje
hebra por hebra en cepas y racimos,
sino en la tempestad, en la andrajosa
cúpula torrencial del arrecife,
en la grieta horadada por la aurora,
y más aún, sobre las lanzas verdes
del desafío, en la desmoronada
soledad de los páramos marinos.

Novias de sal, palomas procelarias,
a todo aroma impuro de la tierra
disteis el dorso por el mar mojado,
y en la salvaje claridad hundisteis
la geometría celestial del vuelo.

Sagradas sois, no sólo la que anduvo
como gota ciclónica en la rama
del vendaval: no sólo la que anida

en las vertientes de la furia, sino
la gaviota de nieve redondeada,
la forma del guanay sobre la espuma,
la plateada fardela de platino.

Cuando cayó cerrado como un nudo
el alcatraz, hundiendo su volumen,
y cuando navegó la profecía
en las alas extensas del albatros,
y cuando el viento del petrel volaba
sobre la eternidad en movimiento,   -
más allá de los viejos cormoranes,
mi corazón se recogió en su copa
y extendió hacia los mares y las plumas
la desembocadura de su canto.

Dadme el estaño helado que en el pecho
lleváis hacia las piedras tempestuosas,
dadme la condición que se congrega
en las garras del águila marina,
o la estatura inmóvil que resiste
todos los crecimientos y rupturas,
el viento de azahar desamparado
y el sabor de la patria desmedida.

XXIV

*LA NOCHE
MARINA*

Noche marina, estatua blanca y verde,
te amo, duerme conmigo. Fui por todas
las calles calcinándome y muriendo,
creció conmigo la madera, el hombre
conquistó su ceniza y se dispuso
a descansar rodeado por la tierra.

Cerró la noche para que tus ojos
no vieran su reposo miserable:
quiso proximidad, abrió los brazos
custodiado por seres y por muros,
y cayó al sueño del silencio, bajando
a tierra funeral con sus raíces.
Yo, noche Océano, a tu forma abierta,
a tu extensión que Aldebarán vigila,
a la boca mojada de tu canto
llegué con el amor que me construye.

Te vi, noche del mar, cuando nacías
golpeada por el nácar infinito:
vi tejerse las hebras estrelladas
y la electricidad de tu cintura
y el movimiento azul de los sonidos
que acosan tu dulzura devorada.

Ámame sin amor, sangrienta esposa.

Ámame con espacio, con el río
de tu respiración, con el aumento
de todos tus diamantes desbordados;
ámame sin la tregua de tu rostro,
dame la rectitud de tu quebranto.

Hermosa eres, amada, noche hermosa:
guardas la tempestad como una abeja
dormida en tus estambres alarmados,
y sueño y agua tiemblan en las copas
de tu pecho acosado de vertientes.

Nocturno amor, seguí lo que elevabas,
tu eternidad, la torre temblorosa
que asume las estrellas, la medida
de tu vacilación, las poblaciones
que levanta la espuma en tus costados:
estoy encadenado a tu garganta
y a los labios que rompes en la arena.

Quién eres? Noche de los mares, dime
si tu escarpada cabellera cubre
toda la soledad, si es infinito
este espacio de sangre y de praderas.
Dime quién eres, llena de navíos,
llena de lunas que tritura el viento,
    dueña de todos los metales, rosa
    de la profundidad, rosa mojada
    por la intemperie del amor desnudo.

Túnica de la tierra, estatua verde,
dame una ola como una campana,
dame una ola de azahar furioso,
la multitud de hogueras, los navíos
del cielo capital, el agua en que navego,
la multitud del fuego celeste: quiero un solo

minuto de extensión y más que todos
los sueños, tu distancia:
toda la púrpura que mides, el grave
pensativo sistema constelado:
toda tu cabellera que visita
la oscuridad, y el día que preparas.

Quiero tener tu frente simultánea,
abrirla en mi interior para nacer
en todas tus orillas, ir ahora
con todos los secretos respirados,
con tus oscuras líneas resguardadas
en mí como la sangre o las banderas,
llevando estas secretas proporciones
al mar de cada día, a los combates
que en cada puerta —amores y amenazas—
viven dormidos.
　　　　　　Pero entonces
entraré en la ciudad con tantos ojos
como los tuyos, y sostendré la vestidura
con que me visitaste, y que me toquen
hasta el agua total que no se mide:
pureza y destrucción contra toda la muerte,
distancia que no puede gastarse, música
para los que duermen y para los que despiertan.

XV
YO SOY

*LA
FRONTERA
(1904)*

Lo primero que vi fueron árboles, barrancas
decoradas con flores de salvaje hermosura,
húmedo territorio, bosques que se incendiaban
y el invierno detrás del mundo, desbordado.
Mi infancia son zapatos mojados, troncos rotos
caídos en la selva, devorados por lianas
y escarabajos, dulces días sobre la avena,
y la barba dorada de mi padre saliendo
hacia la majestad de los ferrocarriles.

Frente a mi casa el agua austral cavaba
hondas derrotas, ciénagas de arcillas enlutadas,
que en el verano eran atmósfera amarilla
por donde las carretas crujían y lloraban
embarazadas con nueve meses de trigo.
Rápido sol del Sur:

rastrojos, humaredas
en caminos de tierras escarlatas, riberas
de ríos de redondo linaje, corrales y potreros
en que reverberaba la miel del mediodía.

El mundo polvoriento entraba grado a grado
en los galpones, entre barricas y cordeles
a bodegas cargadas con el resumen rojo
del avellano, todos los párpados del bosque.

Me pareció ascender en el tórrido traje
del verano, con las máquinas trilladoras,
por las cuestas, en la tierra barnizada de boldos,
erguida entre los robles, indeleble,
pegándose en las ruedas como carne aplastada.

345

Mi infancia recorrió las estaciones: entre
los rieles, los castillos de madera reciente,
la casa sin ciudad, apenas protegida
por reses y manzanos de perfume indecible
fui yo, delgado niño cuya pálida forma
se impregnaba de bosques vacíos y bodegas.

II

EL HONDERO
(1919)

Amor, tal vez amor indeciso, inseguro:
sólo un golpe de madreselvas en la boca,
sólo unas trenzas cuyo movimiento subía
hacia mi soledad como una hoguera negra,
y lo demás: el río nocturno, las señales
del cielo, la fugaz primavera mojada,
la enloquecida frente solitaria, el deseo
levantando sus crueles tulipas en la noche.
Yo deshojé las constelaciones, hiriéndome,
afilando los dedos en el tacto de estrellas,
hilando hebra por hebra la contextura helada
de un castillo sin puertas,
                              oh estrellados amores
cuyo jazmín detiene su transparencia en vano,
oh nubes que en el día del amor desembocan
como un sollozo entre las hierbas hostiles,
desnuda soledad amarrada a una sombra,
a una herida adorada, a una luna indomable.
Nómbrame, dije tal vez a los rosales:
ellos tal vez, la sombra de confusa ambrosía,
cada temblor del mundo conocía mis pasos,
me esperaba el rincón más oculto, la estatua
del árbol soberano en la llanura:
todo en la encrucijada llegó a mi desvarío
desgranando mi nombre sobre la primavera.
Y entonces, dulce rostro, azucena quemada,
tú la que no dormiste con mi sueño, bravía,
medalla perseguida por una sombra, amada
sin nombre, hecha de toda la estructura del polen,
de todo el viento ardiendo sobre estrellas impuras:
oh amor, desenredado jardín que se consume,
en ti se levantaron mis sueños y crecieron
como una levadura de panes tenebrosos.

346

III

LA CASA Mı CASA, las paredes cuya madera fresca,
recién cortada huele aún: destartalada
casa de la frontera, que crujía
a cada paso, y silbaba con el viento de guerra
del tiempo austral, haciéndose elemento
de tempestad, ave desconocida
bajo cuyas heladas plumas creció mi canto.
Vi sombras, rostros que como plantas
en torno a mis raíces crecieron, deudos
que cantaban tonadas a la sombra de un árbol
y disparaban entre los caballos mojados,
mujeres escondidas en la sombra
que dejaban las torres masculinas,
galopes que azotaban la luz,

                       enrarecidas
noches de cólera, perros que ladraban.
Mi padre con el alba oscura
de la tierra, hacia qué perdidos archipiélagos
en sus trenes que aullaban se deslizó?
Más tarde amé el olor del carbón en el humo,
los aceites, los ejes de precisión helada,
y el grave tren cruzando el invierno extendido
sobre la tierra, como una oruga orgullosa.
De pronto trepidaron las puertas.

                          Es mi padre.
Lo rodean los centuriones del camino:
ferroviarios envueltos en sus mantas mojadas,
el vapor y la lluvia con ellos revistieron
la casa, el comedor se llenó de relatos
enronquecidos, los vasos se vertieron,
y hasta mí, de los seres, como una separada
barrera, en que vivían los dolores,
llegaron las congojas, las ceñudas
cicatrices, los hombres sin dinero,
la garra mineral de la pobreza.

IV

COMPAÑEROS
DE VIAJE
(1921) Luego LLEGUÉ a la capital, vagamente impregnado
de niebla y lluvia. Qué calles eran ésas?
Los trajes de 1921 pululaban
en un olor atroz de gas, café y ladrillos.

347

Entre los estudiantes pasé sin comprender,
reconcentrando en mí las paredes, buscando
cada tarde en mi pobre poesía las ramas,
las gotas y la luna que se habían perdido.
Acudí al fondo de ella, sumergiéndome
cada tarde en sus aguas, agarrando impalpables
estímulos, gaviotas de un mar abandonado,
hasta cerrar los ojos y naufragar en medio
de mi propia substancia.

             Fueron tinieblas, fueron
sólo escondidas, húmedas hojas del subsuelo?
De qué materia herida se desgranó la muerte
hasta tocar mis miembros, conducir mi sonrisa
y cavar en las calles un pozo desdichado?

    Salí a vivir: crecí y endurecido
    fui por los callejones miserables,
    sin compasión, cantando en las fronteras
    del delirio. Los muros se llenaron de rostros:
    ojos que no miraban la luz, aguas torcidas
    que iluminaba un crimen, patrimonios
    de solitario orgullo, cavidades
    llenas de corazones arrasados.
    Con ellos fui: sólo en su coro
    mi voz reconoció las soledades
    donde nació.

    Entré a ser hombre
    cantando entre las llamas, acogido
    por compañeros de condición nocturna
    que cantaron conmigo en los mesones,
    y que me dieron más de una ternura,
    más de una primavera defendida
    por sus hostiles manos,
    único fuego, planta verdadera
    de los desmoronados arrabales.

V

LA
ESTUDIANTE
(1923)

Oh tú, más dulce, más interminable
que la dulzura, carnal enamorada
entre las sombras: de otros días
surges llenando de pesado polen
tu copa, en la delicia.

Desde la noche llena
de ultrajes, noche como el vino
desbocado, noche de oxidada púrpura,
a ti caí como una torre herida,
y entre las pobres sábanas tu estrella
palpitó contra mí quemando el cielo.

Oh redes del jazmín, oh fuego físico
alimentado en esta nueva sombra,
tinieblas que tocamos apretando
la cintura central, golpeando el tiempo
con sanguinarias ráfagas de espigas.

Amor sin nada más, en el vacío
de una burbuja, amor con calles muertas,
amor, cuando murió toda la vida
y nos dejó encendiendo los rincones.

Mordí mujer, me hundí desvaneciéndome
desde mi fuerza, atesoré racimos,
y salí a caminar de beso en beso,
atado a las caricias, amarrado
a esta gruta de fría cabellera,
a estas piernas por labios recorridas:
hambriento entre los labios de la tierra,
devorando con labios devorados.

VI

EL VIAJERO
(1927)

Y SALÍ por los mares a los puertos.
mostró en su grieta chusmas y mendigos,
El mundo entre las grúas
y las bodegas de la orilla sórdida
compañías de hambrientos espectrales
en el costado de los barcos.

Países
recostados, resecos, en la arena,
trajes talares, mantos fulgurantes
salían del desierto, armados
como escorpiones, guardando el agujero
del petróleo, en la polvorienta
red de los calcinados poderíos.

Viví en Birmania, entre las cúpulas
de metal poderoso, y la espesura
donde el tigre quemaba sus anillos

349

de oro sangriento. Desde mis ventanas
en Dalhousie Street, el olor
indefinible, musgo en las pagodas,
perfumes y excrementos, polen, pólvora,
de un mundo saturado por la humedad humana,
subió hasta mí.
        Las calles me llamaron
con sus innumerables movimientos
de telas de azafrán y escupos rojos,
junto al sucio oleaje del Irrawadhy, del
agua cuyo espesor, sangre y aceite,
venía descargando su linaje
desde las tierras altas cuyos dioses
por lo menos dormían rodeados por su barro.

VII

LEJOS
DE AQUÍ

INDIA, no amé tu desgarrado traje,
tu desarmada población de harapos.
Por años fuí con ojos que querían
trepar los promontorios del desprecio,
entre ciudades como cera verde,
entre los talismanes, las pagodas
cuya pastelería sanguinaria
esparcía terribles aguijones.
Vi el miserable acumulado, encima
de otro, del sufrimiento de su hermano,
las calles como ríos de congoja,
las pequeñas aldeas aplastadas
entre las gruesas uñas de las flores,
y fui en la muchedumbre, centinela
del tiempo, separando ennegrecidas
cicatrices, certámenes de esclavos.
Entré a los templos, estuco y pedrería
hacen las gradas, sangre y muerte sucias,
y los bestiales sacerdotes, ebrios
del estupor ardiente, disputándose
monedas revolcadas en el suelo,
mientras, oh pequeño ser humano,
los grandes ídolos de pies fosfóricos
estiraban las lenguas vengativas,
o sobre un falo de piedra escarlata
resbalaban las flores trituradas.

VIII

LAS
MÁSCARAS
DE YESO

No amé... No sé si fue piedad o vómito.
Corrí por las ciudades, Saigón, Madrás,
Khandy, hasta las enterradas, majestuosas
piedras de Anuradapurha, y en la roca
de Ceylán, como ballenas
las efigies de Sidartha, fui más lejos:
en el polvillo de Penang, por las riberas
de los ríos, en la selva
de silencio purísimo, colmado
por el rebaño de las intensas vidas,
más allá de Bangkok, las vestiduras
de bailarinas con máscara de yeso.
Golfos pestilenciales elevaban
techos de pedrería desbordante,
y en anchos ríos la vivienda
de millares de pobres, apretados
en las embarcaciones, y otros, todos
cubrían la infinita tierra,
más allá de los ríos amarillos,
como una sola piel de fiera rota,
piel de los pueblos, pelaje humillado
por unos amos y otros.
                        Capitanes y príncipes
vivían sobre el húmedo estertor
de agonizantes lámparas, desangrando
la vida de los pobres artesanos,
y entre garras y látigos, más alto
era la concesión, el europeo,
el norteamericano del petróleo,
fortificando templos de aluminio,
arando sobre la piel desamparada,
estableciendo nuevos sacrificios de sangre.

IX

EL BAILE
(1929)

En la profundidad de Java, entre las sombras
territoriales: aquí está el palacio iluminado.
Paso entre arqueros verdes, adheridos
a los muros, entro
en la sala del trono. Está el monarca,
apoplético cerdo, pavo impuro,

cargado de cordones, constelado,
entre dos de sus amos holandeses,
mercaderes ceñudos que vigilan.
Qué repugnante grupo de insectos, cómo arrojan
sobre los seres concienzudamente
paladas de vileza.
                    Los centinelas sórdidos
de las lejanas tierras, y el monarca
como un saco ciego, arrastrando
su carne espesa y sus estrellas falsas
sobre una humilde patria de plateros.
                    Pero entraron de pronto
desde el remoto fondo del palacio
diez bailarinas, lentas como un sueño
bajo las aguas.
                Cada pie se acercaba
de costado avanzando miel nocturna
como un pez de oro, y sus máscaras ocre
llevaban sobre el pelo de aceitada espesura
una corona fresca de azahares.
                    Hasta que se situaron
frente al sátrapa, y con ellas la música, un rumor
de élitros de cristal, la danza pura
que creció como flor, las manos claras
construyendo una estatua fugitiva,
la túnica golpeada en los talones
por un golpe de ola o de blancura,
y en cada movimiento de paloma
hecha en metal sagrado, el susurrante
aire del archipiélago, encendido
como un árbole nupcial en primavera.

X

LA GUERRA
(1936)

EᴘᴀÑᴀ, envuelta en sueños, despertando
como una cabellera con espigas,
te vi nacer, tal vez, entre las breñas
y las tineblas, labradora,
levantarte entre las encinas y los montes
y recorrer el aire con las venas abiertas.
Pero te vi atacada en las esquinas
por los antiguos bandoleros. Iban
enmascarados, con sus cruces hechas

de víboras, con los pies metidos
en el glacial pantano de los muertos.
Entonces vi tu cuerpo desprendido
de matorrales, roto
sobre la arena encarnizada, abierto,
sin mundo, aguijoneado en la agonía.
Hasta hoy corre el agua de tus peñas
entre los calabozos, y sostienes
tu corona de púas en silencio,
a ver quién puede más, si tus dolores
o los rostros que cruzan sn mirarte.
Yo viví con tu aurora de fusiles,
y quiero que de nuevo pueblo y pólvora
sacudan los ramajes deshonrados
hasta que tiemble el sueño y se reúnan
los frutos divididos en la tierra.

XI

EL AMOR EL FIRME amor, España, me diste con tus dones.
Vino a mí la ternura que esperaba
y me acompaña, la que lleva el beso
más profundo a mi boca.
                              No pudieron
apartarla de mí las tempestades
ni las distancias agregaron tierra
al espacio de amor que conquistamos.
Cuando antes del incendio, entre las mieses
de España apareció tu vestidura,
yo fui doble noción, luz duplicada,
y la amargura resbaló en tu rostro
hasta caer sobre piedras perdidas.
De un gran dolor, de arpones erizados
desemboqué en tus aguas, amor mío,
como un caballo que galopa en medio
de la ira y la muerte, y lo recibe
de pronto una manzana matutina,
una cascada de temblor silvestre.
Desde entonces, amor, te conocieron
los páramos que hicieron mi conducta,
el océano oscuro que me sigue,
y los castaños del Otoño inmenso.

Quién no te vio, amorosa, dulce mía,
en la lucha, a mi lado, como una
aparición, con todas las señales
de la estrella? Quién, si anduvo
entre las multitudes a buscarme,
porque soy grano del granero humano,
no te encontró, apretada a mis raíces.
elevada en el canto de mi sangre?

No sé, mi amor, si tendré tiempo y sitio
de escribir otra vez tu sombra fina
extendida en mis páginas, esposa:
son duros estos días y radiantes,
y recogemos de ellos la dulzura
amasada con párpados y espinas.
Yo no sé recordar cuándo comienza:
estabas antes del amor,
                         venías
con todas las esencias del destino,
y antes de ti, la soledad fue tuya,
fue tal vez tu dormida cabellera.
Hoy, copa de mi amor, te nombro apenas,
título de mis días, adorada,
y en el espacio ocupas como el día
toda la luz que tiene el universo.

XII

MÉXICO
(1940)

Méxica, de mar a mar te viví, traspasado
por tu férreo color, trepando montes
sobre los que aparecen monasterios
llenos de espinas,
                   el ruido venenoso
de la ciudad, los dientes solapados
del pululante poetiso, y sobre
las hojas de los muertos y las gradas
que construyó el silencio irreductible,
como muñones de un amor leproso,
el esplendor mojado de las ruinas.

Pero del acre campamento, huraño
sudor, lanzas de granos amarillos,
sube la agricultura colectiva
repartiendo los panes de la patria.

Otras veces calcáreas cordilleras
interrumpieron mi camino,
                          formas
de los ametrallados ventisqueros
que despedazan la corteza oscura
de la piel mexicana, y los caballos
que cruzan como el beso de la pólvora
bajo las patriarcales arboledas.

Aquellos que borraron bravamente
la frontera del predio y entregaron
la tierra conquistada por la sangre
entre los olvidados herederos,
también aquellos dedos dolorosos
anudados al sur de las raíces,
la minuciosa máscara tejieron,
poblaron de floral juguetería
y de fuego textil el territorio.

No supe qué amé más, si la excavada
antigüedad de rostros que guardaron
la intensidad de piedras implacables,
o la rosa reciente, construida
por una mano ayer ensangrentada.

Y así de tierra a tierra fui tocando
el barro americano, mi estatura,
y subió por mis venas el olvido
recostado en el tiempo, hasta que un día
estremeció mi boca su lenguaje.

XIII

EN LOS
MUROS DE
MÉXICO
(1943)

Los países se tienden junto a los ríos, buscan
el suave pecho, los labios del planeta,
tú, México, tocaste
los nidos de la espina,
la desértica altura del águila sangrienta,
la miel de la columna combatida.

Otros hombres buscaron el ruiseñor, hallaron
el humo, el valle, regiones como la piel humana:
tú, México, enterraste las manos en la tierra,
tú creciste en la piedra de mirada salvaje.

Cuando llegó a tu boca la rosa de rocío
el látigo del cielo la convirtió en tormento.
Fue tu origen un viento de cuchillos
entre dos mares de irritada espuma.

Tus párpados se abrieron en la espesa amapola
de un día enfurecido
y la nieve extendía su espaciosa blancura
en donde el fuego vivo comenzaba a habitarte.
Conozco tu corona de nopales
y sé que bajo sus raíces
tu subterránea estatua, México, se construye
con las aguas secretas de la tierra
y los lingotes ciegos de las minas.

Oh, tierra, oh esplendor
de tu perpetua y dura geografía,
derramada rosa del mar de California,
el rayo verde que Yucatán derrama,
el amarillo amor de Sinaloa,
los párpados rosados de Morelia,
y el largo hilo de henequén fragante
que amarra el corazón a tu estatura.

México augusto de rumor y espadas,
cuando la noche en la tierra era más grande,
repartiste la cuna del maíz a los hombres.
Levantaste la mano llena de polvo santo
y la pusiste en medio de tu pueblo
como una nueva estrella de pan y de fragancia.
El campesino entonces a la luz de la pólvora
miró su tierra desencadenada
brillar sobre los muertos germinales.

Canto a Morelos. Cuando caía
su fulgor taladrado,
una pequeña gota iba llamando
bajo la tierra hasta llenar la copa
de sangre, y de la copa un río
hasta llegar a toda la silenciosa orilla
de América, empapándola de misteriosa esencia.

Canto a Cuauhtémoc. Toco
su linaje de luna
y su fina sonrisa de dios martirizado.

Dónde estás, has perdido,
antiguo hermano, tu dureza dulce?
En qué te has convertido?
En dónde vive tu estación de fuego?
Vive en la piel de nuestra mano oscura,
vive en los cenicientos cereales:
cuando, después de la nocturna sombra
se desgranan las cepas de la aurora,
los ojos de Cuauhtémoc abren su luz remota
sobre la vida verde del follaje.

Canto a Cárdenas. Yo estuve;
yo viví la tormenta de Castilla.
Eran los días ciegos de las vidas.
Altos dolores como ramas crueles
herían nuestra madre acongojada.
Era el abandonado luto, los muros del silencio cuando
se traicionaba, se asaltaba y hería
a esa patria del alba y del laurel.
Entonces
sólo la estrella roja de Rusia y la mirada
de Cárdenas brillaron en la noche del hombre.
General, Presidente de América, te dejo en este canto
algo del resplandor que recogí en España.

México, has abierto las puertas y las manos
al errante, al herido,
al desterrado, al héroe.
Siento que esto no pueda decirse en otra forma
y quiero que se peguen mis palabras
otra vez como besos en tus muros.
De par en par abriste tu puerta combatiente
y se llenó de extraños hijos tu cabellera
y tú tocaste con tus duras manos
las mejillas del hijo
que te parió con lágrimas la tormenta del mundo.

Aquí termino, México,
aquí te dejo esta caligrafía
sobre las sienes para que la edad
vaya borrando este nuevo discurso
de quien te amó por libre y por profundo.
Adiós te digo, pero no me voy.
Me voy, pero no puedo
decirte adiós.

Porque en mi vida, México, vives como una pequeña
águila equivocada que circula en mis venas,
y sólo al fin la muerte le doblará las alas
sobre mi corazón de soldado dormido.

XIV

EL REGRESO
(1944)

Regresé... Chile me recibió con el rostro amarillo
del desierto.
     Peregriné sufriendo
de árida luna en cráter arenoso
y encontré los dominios eriales del planeta,
la lisa luz sin pámpanos, la rectitud vacía.
Vacía? Pero sin vegetales, sin garras, sin estiércol
me reveló la tierra su dimensión desnuda
y a lo lejos su larga línea fría en que nacen
aves y pechos ígneos de suave contextura.

Pero más lejos hombres cavaban las fronteras,
recogían metales duros, diseminados
unos como la harina de amargos cereales,
otros como la altura calcinada del fuego,
y hombres y luna, todo me envolvió en su mortaja
hasta perder el hilo vacío de los sueños.

Me entregué a los desiertos y el hombre de la escoria
salió de su agujero, de su aspereza muda
y supe los dolores de mi pueblo perdido.

Entonces fui por calles y curules y dije
cuanto vi, mostré las manos que tocaron
los terrones ahítos de dolor, las viviendas
de la desamparada pobreza, el miserable
pan y la soledad de la luna olvidada.

Y codo a codo con mi hermano sin zapatos
quise cambiar el reino de las monedas sucias.

Fui perseguido, pero nuestra lucha sigue.

La verdad es más alta que la luna.

La ven como si fueran en un navío negro
los hombres de las minas cuando miran la noche.
Y en la sombra mi voz es repartida
por la más dura estirpe de la tierra.

358

LA LÍNEA
DE MADERA

Yo soy un carpintero ciego, sin manos.
                                        He vivido
bajo las aguas, consumiendo frío,
sin construir las cajas fragantes, las moradas
que cedro a cedro elevan la grandeza,
pero mi canto fue buscando hilos del bosque,
secretas fibras, ceras delicadas,
y fue cortando ramas, perfumando
la soledad con labios de madera.

Amé cada materia, cada gota
de púrpura o metal, agua y espiga
y entré en espesas capas resguardadas
por espacio y arena temblorosa,
hasta cantar con boca destruida,
como un muerto, en las uvas de la tierra.

Arcilla, barro, vino me cubrieron,
enloquecí tocando las caderas
de la piel cuya flor fue sostenida
como un incendio bajo mi garganta,
y en la piedra pasearon mis sentidos
invadiendo cerradas cicatrices.

Cómo cambié sin ser, desconociendo
mi oficio antes de ser,
                          la metalurgia
que estaba destinada a mi dureza,
o los aserraderos olfateados
por las cabalgaduras en invierno?

Todo se hizo ternura y manantiales
y no serví sino para nocturno.

LA BONDAD
COMBATIENTE

Pero no tuve la bondad muerta en las calles.
Rechacé su acueducto purulento
y no toqué su mar contaminado.

Extraje el bien como un metal, cavando
más allá de los ojos que mordían,
y entre las cicatrices fue creciendo
mi corazón nacido en las espadas.

No salí desbocado, descargando
tierra o puñal entre los hombres.
                                    No era
mi oficio el de la herida o el veneno.
No sujeté el inerme en ataduras
que le cruzaran látigos helados,
no fui a la plaza a buscar enemigos
acechando con mano enmascarada:
no hice más que crecer con mis raíces,
y el suelo que extendió mi arboladura
descifró los gusanos que yacían.

Vino a morderme Lunes y le di algunas hojas.
Vino a insultarme Martes y me quedé dormido.
Llegó Miércoles luego con dientes iracundos.
Yo lo dejé pasar construyendo raíces.
Y cuando Jueves vino con una venenosa
lanza negra de ortigas y de escamas
lo esperé en medio de mi poesía
y en plena luna le rompí un racimo.

Vengan aquí a estrellarse en esta espada.

Vengan a deshacerse en mis dominios.

Vengan en amarillos regimientos,
o en la congregación de sulfurosos.

Morderán sombra y sangre de campanas
bajo las siete leguas de mi canto.

XVII

SE REÚNE
EL ACERO
(1945)

He visto al mal y al malo, pero no en sus cubiles.

Es una historia de hadas la maldad con caverna.

A los pobres después de haber caído
al harapo, a la mina desdichada,
le han poblado con brujas el camino.
Encontré la maldad sentada en tribunales:
en el Senado la encontré vestida
y peinada, torciendo los debates
y las ideas hacia los bolsillos.

                                  El mal y el malo
recién salían de bañarse: estaban
encuadernados en satisfacciones,
y eran perfectos en la suavidad
de su falso decoro.
                        He visto al mal, y para
desterrar esta pústula he vivido
con otros hombres, agregando vidas,
haciéndome secreta cifra, metal sin nombre,
invencible unidad de pueblo y polvo.

El orgulloso estaba fieramente
combatiendo en su armario de marfil
y pasó la maldad en meteoro
diciendo: "Es admirable
su solitaria rectitud.
Dejadlo".

El impetuoso sacó su alfabeto
y montado en su espada se detuvo
a perorar en la calle desierta.
Pasó el malo y le dijo: "Qué valiente!"
y se fue al Club a comentar la hazaña.

Pero cuando fui piedra y argamasa,
torre y acero, sílaba asociada:
cuando estreché las manos de mi pueblo
y fui al combate con el mar entero:
cuando dejé mi soledad y puse
mi orgullo en el museo, mi vanidad en el
desván de los carruajes desquiciados,
cuando me hice partido con otros hombres, cuando
se organizó el metal de la pureza,
entonces vino el mal y dijo: "Duro
con ellos, a la cárcel, mueran!".

Pero era tarde ya, y el movimiento
del hombre, mi partido,
es la invencible primavera, dura
bajo la tierra, cuando fue esperanza
y fruto general para más tarde.

EL VINO   Vino de primavera... Vino de otoño, dadme
mis compañeros, una mesa en que caigan
hojas equinocciales, y el gran río del mundo
que palidezca un poco moviendo su sonido
lejos de nuestros cantos.
                    Soy un buen compañero.

No entraste en esta casa para que te arrancara
un pedazo de ser. Tal vez cuando te vayas
te lleves algo mío, castañas, rosas o
una seguridad de raíces o naves
que quise compartir contigo, compañero.

Canta conmigo hasta que las copas
se derramen dejando púrpura desprendida
sobre la mesa.
                    Esa miel viene a tu boca
desde la tierra, desde sus oscuros racimos.

Cuántos me faltan, sombras del canto,
                              compañeros
que amé dando la frente, sacando de mi vida
la incomparable ciencia varonil que profeso,
la amistad, arboleda de rugosa ternura.

Dame la mano, encuéntrate conmigo,
simple, no busques nada en mis palabras
sino la emanación de una planta desnuda.
Por qué me pides más que a un obrero? Ya sabes
que a golpes fui forjando mi enterrada herrería,
y que no quiero hablar sino como es mi lengua.

Sal a buscar doctores si no te gusta el viento.

Nosotros cantaremos con el vino fragoso
de la tierra: golpearemos las copas del Otoño,
y la guitarra o el silencio irán trayendo
líneas de amor, lenguaje de ríos que no existen,
estrofas adoradas que no tienen sentido.

XIX

*LOS FRUTOS
DE LA
TIERRA*

Cómo sube la tierra por el maíz buscando
lechosa luz, cabellos, marfil endurecido,
la primorosa red de la espiga madura
y todo el reino de oro que se va desgranando?

Quiero comer cebollas, tráeme del mercado
una, un globo colmado de nieve cristalina,
que transformó la tierra en cera y equilibrio
como una bailarina detenida en su vuelo.
Dame unas codornices de cacería, oliendo
a musgo de las selvas, un pescado vestido
como un rey, destilando profundidad mojada
sobre la fuente,
                   abriendo pálidos ojos de oro
bajo el multiplicado pezón de los limones.

Vámonos, y bajo el castaño la fogata
dejará su tesoro blanco sobre las brasas,
y un cordero con toda su ofrenda irá dorando
su linaje hasta ser ámbar para tu boca.

Dadme todas las cosas de la tierra, torcazas
recién caídas, ebrias de racimos salvajes,
dulces anguilas que al morir, fluviales,
alargaron sus perlas diminutas,
y una bandeja de ácidos erizos
darán su anaranjado submarino
al fresco firmamento de lechugas.

Y antes de que la liebre marinada
llene de aroma el aire del almuerzo
como silvestre fuga de sabores,
a las ostras del Sur, recién abiertas,
en sus estuches de esplendor salado,
va mi beso empapado en las substancias
de la tierra que amo y que recorro
con todos los caminos de mi sangre.

363

*LA GRAN
ALEGRÍA*

La sombra que indagué ya no me pertenece.
Yo tengo la alegría duradera del mástil,
la herencia de los bosques, el viento del camino
y un día decidido bajo la luz terrestre.
No escribo para que otros libros me aprisionen
ni para encarnizados aprendices de lirio,
sino para sencillos habitantes que piden
agua y luna, elementos del orden inmutable,
escuelas, pan y vino, guitarras y herramientas.

Escribo para el pueblo aunque no pueda
leer mi poesía con sus ojos rurales.
Vendrá el instante en que una línea, el aire
que removió mi vida, llegará a sus orejas,
y entonces el labriego levantará los ojos,
el minero sonreirá rompiendo piedras,
el palanquero se limpiará la frente,
el pescador verá mejor el brillo
de un pez que palpitando le quemará las manos,
el mecánico, limpio, recién lavado, lleno
de aroma de jabón mirará mis poemas,
y ellos dirán tal vez: "Fue un camarada".

Eso es bastante, ésa es la corona que quiero.

Quiero que a la salida de fábricas y minas
esté mi poesía adherida a la tierra,
al aire, a la victoria del hombre maltratado.
Quiero que un joven halle en la dureza
que construí, con lentitud y con metales,
como una caja, abriéndola, cara a cara, la vida,
y hundiendo el alma toque las ráfagas que hicieron
mi alegría, en la altura tempestuosa.

LA MUERTE

He renacido muchas veces, desde el fondo
de estrellas derrotadas, reconstruyendo el hilo
de las eternidades que poblé con mis manos,
y ahora voy a morir, sin nada más, con tierra
sobre mi cuerpo, destinado a ser tierra.

No compré una parcela del cielo que vendían
los sacerdotes, ni acepté tinieblas
que el metafísico manufacturaba
para despreocupados poderosos.

Quiero estar en la muerte con los pobres
que no tuvieron tiempo de estudiarla,
mientras los apaleaban los que tienen
el cielo dividido y arreglado.

Tengo lista mi muerte, como un traje
que me espera, del color que amo,
de la extensión que busqué inútilmente,
de la profundidad que necesito.

Cuando el amor gastó su materia evidente
y la lucha desgrana sus martillos
en otras manos de agregada fuerza,
viene a borrar la muerte las señales
que fueron construyendo tus fronteras.

XXII

LA VIDA Que otro se preocupe de los osarios...

El mundo
tiene un color desnudo de manzana: los ríos
arrastran un caudal de medallas silvestres
y en todas partes vive Rosalía la dulce
y Juan el compañero...

Asperas piedras hacen
el castillo, y el barro más suave que las uvas
con los restos del trigo hizo mi casa.
Anchas tierras, amor, campanas lentas,
combaten reservados a la aurora,
cabelleras de amor que me esperaron,
depósitos dormidos de turquesa:
casas, caminos, olas que construyen
una estatua barrida por los sueños,
panaderías en la madrugada,
relojes educados en la arena,
amapolas del trigo circulante,
y estas manos oscuras que amasaron
los materiales de mi propia vida:
hacia vivir se encienden las naranjas
sobre la multitud de los destinos!

Que los sepultureros escarben las materias
aciagas: que levanten
los fragmentos sin luz de la ceniza,
y hablen en el idioma del gusano.
Yo tengo frente a mí sólo semillas,
desarrollos radiantes y dulzura.

XXIII

TESTAMENTO
(I)

DEJO a los sindicatos
del cobre, del carbón y del salitre
mi casa junto al mar de Isla Negra.
Quiero que allí reposen los maltratados hijos
de mi patria, saqueada por hachas y traidores,
desbaratada en su sagrada sangre,
consumida en volcánicos harapos.

Quiero que al limpio amor que recorriera
mi dominio, descansen los cansados,
se sienten a mi mesa los oscuros,
duerman sobre mi cama los heridos.

Hermano, ésta es mi casa, entra en el mundo
de flor marina y piedra constelada
que levanté luchando en mi pobreza.
Aquí nació el sonido en mi ventana
como en una creciente caracola
y luego estableció sus latitudes
en mi desordenada geología.

Tú vienes de abrasados corredores,
de túneles mordidos por el odio,
por el salto sulfúrico del viento:
aquí tienes la paz que te destino,
agua y espacio de mi oceanía.

XXIV

TESTAMENTO
(II)

DEJO MIS viejos libros, recogidos
en rincones del mundo, venerados
en su tipografía majestuosa,
a los nuevos poetas de América,
                              a los que un día
hilarán en el ronco telar interrumpido
las significaciones de mañana.

Ellos habrán nacido cuando el agreste puño
de leñadores muertos y mineros
haya dado una vida innumerable
para limpiar la catedral torcida,
el grano desquiciado, el filamento
que enredó nuestras ávidas llanuras.
Toquen ellos infierno, este pasado
que aplastó los diamantes, y defiendan
los mundos cereales de su canto,
lo que nació en el árbol del martirio.

Sobre los huesos de caciques, lejos
de nuestra herencia traicionada, en pleno
aire de pueblos que caminan solos,
ellos van a poblar el estatuto
de un largo sufrimiento victorioso.

Que amen como yo amé mi Manrique, mi Góngora,
mi Garcilaso, mi Quevedo:
                              fueron
titánicos guardianes, armaduras
de platino y nevada transparencia,
que me enseñaron el rigor, y busquen
en mi Lautréamont viejos lamentos
entre pestilenciales agonías.
Que en Maiakovsky vean cómo ascendió la estrella
y cómo de sus rayos nacieron las espigas.

XXV

DISPOSICIONES   COMPAÑEROS, enterradme en Isla Negra,
frente al mar que conozco, a cada área rugosa
de piedras y de olas que mis ojos perdidos
no volverán a ver.
                    Cada día de océano
me trajo, niebla o puros derrumbes de turquesa,
o simple extensión, agua rectilínea, invariable,
lo que pedí, el espacio que devoró mi frente.

Cada paso enlutado de cormorán, el vuelo
de grandes aves grises que amaban el invierno,
y cada tenebroso círculo de sargazo
y cada grave ola que sacude su frío,

y más aún, la tierra que un escondido herbario
secreto, hijo de brumas y de sales, roído
por el ácido viento, minúsculas corolas
de la costa pegadas a la infinita arena:
todas las llaves húmedas de la tierra marina
conocen cada estado de mi alegría,

saben

que allí quiero dormir entre los párpados
del mar y de la tierra...

Quiero ser arrastrado

hacia abajo en las lluvias que el salvaje
viento del mar combate y desmenuza,
y luego por los cauces subterráneos, seguir
hacia la primavera profunda que renace.

Abrid junto a mí el hueco de la que amo, y un día
dejadla que otra vez me acompañe en la tierra.

XXVI

VOY A VIVIR
(1949)

Yo no voy a morirme. Salgo ahora,
en este día lleno de volcanes
hacia la multitud, hacia la vida.
Aquí dejo arregladas estas cosas
hoy que los pistoleros se pasean
con la "cultura occidental" en brazos,
con las manos que matan en España
y las horcas que oscilan en Atenas
y la deshonra que gobierna a Chile
y paro de contar.

Aquí me quedo

con palabras y pueblos y caminos
que me esperan de nuevo, y que golpean
con manos consteladas en mi puerta.

XXVII

A MI PARTIDO

Me has dado la fraternidad hacia el que no conozco.
Me has agregado la fuerza de todos los que viven.
Me has vuelto a dar la patria como en un nacimiento.
Me has dado la libertad que no tiene el solitario.
Me enseñaste a encender la bondad, como el fuego.

Me diste la rectitud que necesita el árbol.
Me enseñaste a ver la unidad y la diferencia de los
hombres.
Me mostraste cómo el dolor de un ser ha muerto en
la victoria de todos.
Me enseñaste a dormir en las camas duras de mis
hermanos.
Me hiciste construir sobre la realidad como sobre una
roca.
Me hiciste adversario del malvado y muro del frenético.
Me has hecho ver la claridad del mundo y la
posibilidad de la alegría.
Me has hecho indestructible porque contigo no
termino en mí mismo.

XXVIII

AQUÍ TERMINO
(1949)

Este libro termina aquí. Ha nacido
de la ira como una brasa, como los territorios
de bosques incendiados, y deseo
que continúe como un árbol rojo
propagando su clara quemadura.
Pero no sólo cólera en sus ramas
encontraste: no sólo sus raíces
buscaron el dolor sino la fuerza,
y fuerza soy de piedra pensativa,
alegría de manos congregadas.

Por fin, soy libre adentro de los seres.

Entre los seres, como el aire vivo,
y de la soledad acorralada
salgo a la multitud de los combates,
libre porque en mi mano va tu mano,
conquistando alegrías indomables.

Libro común de un hombre, pan abierto
es esta geografía de mi canto,
y una comunidad de labradores
alguna vez recogerá su fuego
y sembrará sus llamas y sus hojas
otra vez en la nave de la tierra.

Y nacerá de nuevo esta palabra,
tal vez en otro tiempo sin dolores,
sin las impuras hebras que adhirieron
negras vegetaciones en mi canto,
y otra vez en la altura estará ardiendo
mi corazón quemante y estrellado.
Así termina este libro, aquí dejo
mi *Canto general* escrito
en la persecución, cantando bajo
las alas clandestinas de mi patria.
Hoy 5 de febrero, en este año
de 1949, en Chile, en "Godomar
de Chena", algunos meses antes
de los cuarenta y cinco años de mi edad.

CRONOLOGIA*

* La cronología de Pablo Neruda se basa en la que preparó Margarita Aguirre para las *Obras completas* (Losada); en este trabajo ella contó con la colaboración de Jorge Sanhueza y Hernán Loyola. Deseo señalar aquí la importancia de la cronología de Emmanuel Carvallo que apareció como parte de su obra *El cuento mexicano del siglo XX* (México: *Empresas Editoriales S.A.*, 1964).

| 1904 | Neftalí Ricardo Reyes Basoalto (Pablo Neruda) nace el 12 de julio en Parral, Chile, hijo de doña Rosa Basoalto de Reyes y de don José del Carmen Reyes Morales. En agosto muere doña Rosa Basoalto. |

1905

Ch: Tratado de paz, amistad y comercio con Bolivia. Reemplaza Pacto de Truce. Bolivia cede las provincias marítimas a cambio del ferrocarril Arica-La Paz. Las relaciones con Argentina mejoran notablemente. Ambos países venden sus barcos de guerra y disminuyen el presupuesto de sus Fuerzas Armadas. El gobierno del Presidente Riesco da preferencia a capitales alemanes y norteamericanos mientras los intereses ingleses declinan visiblemente.

B. Lillo: *Sub Terra.*

AL: La Asamblea de Puerto Rico vota por la "estadidad" norteamericana de la isla. Rafael Reyes presidente de Colombia. M. Quintana, presidente de Argentina. Porfirio Díaz es reelegido en México. Ecuador y Perú se ven envueltos en grave conflicto fronterizo. Por otra parte, se habla de una guerra inminente entre Perú y Brasil, por la soberanía sobre el territorio de Acre. El Departamento de Estado en Washington amenaza con intervenir en Venezuela. La guerra civil continúa en Uruguay.

F. García Calderón: *De Litteris.* H. Quiroga: *El crimen del otro.* J. Herrera y Reissig: *Los éxtasis de la montaña.* A. Santa María presenta paisajes impresionistas en Bogotá.

Guerra en el Lejano Oriente: Japón destruye la flota rusa en Port Arthur. Sun-Yat-sen funda el Kuo Ming Tang. Congreso socialista de Amsterdam. Sublevación de los boers en el Transvaal. El presidente de Francia visita al de Italia en Roma; hay protestas de grupos religiosos. Los socialistas provocan una huelga general en Italia. Empieza la guerra ruso-japonesa. Tolstoi da a conocer un manifiesto declarando que todas las guerras son malas e invitando a los soldados a deponer las armas.

J. London: *El lobo de mar.* L. Pirandello: *El difunto Matías Pascal.* Reymont: *Los campesinos.* R. Rolland: *Juan Cristóbal* (—12). Puccini: *Madame Butterfly.*

Ch: El gobierno firma un tratado de paz con Bolivia. Campañas de Luis Emilio Recabarren en la pampa salitrera. Asalto a la imprenta de la Mancomunal y prisión de Recabarren.

Muere Guillermo Blest Gana.

AL: Brote de fiebre amarilla interrumpe la construcción del Canal de Panamá. Estrada Cabrera, presidente de Guatemala. Levantamiento militar en Argentina; el gobierno declara el estado de sitio.

Francia declara la separación de la Iglesia y el Estado en medio de protestas de grupos católicos. Escándalo por la divulgación de las atrocidades cometidas por soldados alemanes en China en 1900 y nuevas atrocidades en Africa en 1905. El 22 de enero las fuerzas armadas del Zar masacran hombres, mujeres y niños que, comandados por un cura llamado Gapon, marcharon sobre el Palacio de Invierno en San Petersburgo: Domingo Rojo. Gorki y otros escritores e intelectuales son arrestados. Masacre

1906   Don José del Carmen se traslada a Temuco con sus hijos y se casa en segundas nupcias con doña Trinidad Candia Marverde.

1907

R. Darío: *Cantos de vida y esperanza.* L
Lugones: *La guerra de los gauchos y Los
crepúsculos del jardín.* A. Nervo: *Jardines
interiores.* P. Henríquez Ureña: *Ensayos
críticos.*

en Varsovia. El 27 de junio se amotina la
tripulación del *Potemkin* en el Mar Negro.
Soldados, marinos y obreros se levantan en
Sebastopol. Termina la guerra ruso-japonesa con una victoria parcial de Japón, que
gana el control de Corea. El gobierno de
Teddy Roosevelt toma posesión de los in-
gresos aduaneros de Santo Domingo.

Ch: Pedro Montt es elegido presidente. Varios terremotos causan daños a Valparaíso
(3.000 muertos). Es aprobado el Código
de Procedimiento Criminal. F. Santiván, A.
D'Halmar y otros fundan una Colonia Tols-
toyana.

AL: Insurrección liberal en Cuba que aca-
rrea el control americano de la isla: Ch.
Maagoon gobernador. T. Roosevelt visita
Puerto Rico. Muere Bartolomé Mitre. Figueroa Alcorta es presidente de Argentina.
Cipriano Castro viaja a Europa dejando
como reemplazante a Juan Vicente Gómez.
Primer vuelo en aeroplano del brasileño
Santos Dumont. Como resultado de una revuelta, sube al poder en Ecuador el general Eloy Alfaro.

L. Lugones: *Las fuerzas extrañas* R. Palma:
Mis últimas tradiciones Peruanas. J. S. Chocano: *Alma América.* R. Payró: *El casa-
miento de Laucha.*

Rehabilitación de Dreyfus. Los socialistas
organizan grandes manifestaciones en Alemania, especialmente en Hamburgo. El terrorismo aumenta en Rusia y Polonia. La
policía provoca una masacre de judíos que
dura tres días en Rusia. Diez mil muertos
deja un tifón en Hong Kong. El 18 de
abril un terremoto, seguido de incendios,
destruye la mayor parte de la ciudad de
San Francisco. Pío X condena a Murri y
Tyrel. Encíclica *Vehementer nos.* Disolución
de la Duma en Moscú.

Descubrimiento de la reacción Wasserman,
Ernst establece el tercer principio de la
termodinámica. Montessori: *La casa de los
niños.* Galsworthy: *La saga de los Forsyte*
(—28). Sinclair: *La jungla.* Keyserling: *Sistema del mundo.* Mueren P. Cézanne y
E. Ibsen.

Ch: Continúan las protestas obreras en el
norte. Huelga general. Recabarren, ame-
nazado de prisión, huye a Argentina; participa activamente en las actividades del
Partido Socialista en Buenos Aires. Es elegido miembro del Comité Ejecutivo junto
a Juan B. Justo y Alfredo Palacios. Masacre
obrera en Santa María de Iquique.

B. Lillo: *Sub Sole.*

AL: Guerra de Nicaragua contra El Salvador y Honduras. Interviene el gobierno de

Mil delegados asisten al Congreso Internacional Socialista en Alemania. En Austria,
el país más aristocrático de Europa, se establece el sufragio universal. Rusia se ve envuelta en una ola de asesinatos, incendios
y robos, de carácter terrorista. Pánico finan-
ciero en los Estados Unidos. Encíclica *Pas-
cendi.* Rusia y Japón dividen Manchuria.
Lumière: Fotografía en colores. Baden Po-
wel funda los boyscouts.

1908

1909

Estados Unidos. El tratado de paz favorece a Nicaragua. Tratado de paz entre Chile y Perú. Huelgas en Argentina.

D. Agustini: *El libro blanco.* R. Blanco Fombona: *El hombre de hierro.* J. S. Chocano: *Los conquistadores.* R. Darío: *El canto errante.* Revista *Nosotros,* en Buenos Aires.

Ch: Primer Congreso Científico Panamericano en Valparaíso. Se agrava la crisis en la industria salitrera, paros y protestas de los obreros, política de represión por parte del gobierno.

L. Orrego Luco: *Casa grande.* P. Prado: *Flor de cardo.* V. D. Silva: *El pago de una deuda* (teatro). Muere C. Pezoa Véliz, toda su obra aparecerá póstuma.

AL: Atentado contra Estrada Cabrera en Guatemala; un balazo le vuela un dedo; como represalia, hace fusilar al Director de la Academia Militar y sus ayudantes. Brasil inicia una carrera armamentista. Cae el presidente Castro en Venezuela; toma el poder su Vice-presidente, el general Gómez. Leguía recibe el poder de J. Pardo en Perú.

M. González Prada: *Horas de lucha.* E. Carriego: *Misas herejes.* H. Quiroga: *Historia de un amor turbio.* E. Larreta: *La gloria de don Ramiro.* Muere J. Ma. Machado de Assis.

Ch: Construcción del ferrocarril de Arica a La Paz. Adelanta también la construcción del Trasandino. Compra de barcos de guerra a Inglaterra. Renuncia el gabinete en diciembre.

A. Blest Gana: *El loco Estero y Recuerdos de la niñez.* B. Vicuña S.: *Memoria sobre la producción intelectual de Chile.*

H. Bergson: *La evolución creadora.* W. James: *Pragmatismo.* M. Gorki: *La madre.* Albéniz: *Iberia.* G. Mahler: *Sinfonía N° 8.* P. Picasso: *Les demoiselles d'Avignon.*

Bulgaria declara su independencia. Los anarquistas llevan a cabo actos terroristas en Barcelona. El rey de Portugal y su hijo mayor, el Duque de Braganza, son asesinados. Asciende al poder Manuel II y termina la dictadura del Ministro Franco. En las elecciones presidenciales norteamericanas triunfa William H. Taft. Se establece la Unión Sudafricana.

Primer Ford "T".

Chesterton: *El hombre que fue jueves.* Sorel. *Reflexiones sobre la violencia.* J. Romains: *La vida unánime.* Hollywood es capital del cine.

Los radicales y radicales socialistas ganan las elecciones en Francia. Después del terremoto de Messina, se realizan en Italia elecciones cuyos resultados muestran considerables ganancias para los socialistas. La represión zarista continúa en Rusia: 180.000 rusos en el exilio; 782 personas ejecutadas durante 1908. El 26 de julio se declara una huelga general en Barcelona; bandas revolucionarias incendian conventos e igle-

1910   Pablo Neruda ingresa al Liceo de Hombres de Temuco, donde rea-
                liza todos sus estudios hasta terminar el sexto año de humanidades
                en 1920.

AL: Con motivo del 1º de Mayo, se producen graves disturbios en Buenos Aires con muertos y heridos; el jefe de la policía es asesinado por atacantes identificados como anarquistas. Comienza la dictadura de J. V. Gómez en Venezuela, durará 27 años. Fúndase el Ateneo de México con Vasconcelos, Henríquez Ureña, etc. Entrevista de Porfirio Díaz y Taft.

A. Arguedas: *Pueblo Enfermo.* R. Rojas: *La restauración nacionalista.* E. Acevedo: *Artigas.* J. E. Rodó: *Motivos de Proteo.* L. Lugones: *Lunario sentimental.* Fundación del diario *El Universal* en Caracas.

Ch: Muerte de Pedro Montt en Bremen. Lo sucede Fernández Albano, quien muere también y es reemplazado por Emiliano Figueroa. Se abre el primer ferrocarril trasandino entre Valparaíso y Mendoza. Préstamos de la banca Rotschild.

F. Encina: *Nuestra inferioridad económica.* L. F. Recabarren: *Ricos y pobres en un siglo de vida republicana.*

AL: Los países latinoamericanos conmemoran el Centenario. En México, Porfirio Díaz pone en prisión al único candidato que se atreve a oponérsele, don Francisco Madero, y se elige para un nuevo período; comienzan los primeros encuentros armados, preludio de la Revolución. Revolución en Nicaragua; el general Estrada toma el poder. Motín naval en Brasil. Escaramuzas de socialistas y anarquistas con la policía argentina. Estado de Sitio. Revolución en Uruguay en octubre, y en Paraguay en setiembre. Gómez es elegido presidente de Venezuela. Perú rompe relaciones con Chile. Ecuador y Perú se preparan para la guerra. Bolivia y Perú se ven envueltos en un conflicto armado por asuntos de fronteras. Da Fonseca es presidente del Brasil, Sáenz

sias; durante tres días luchan contra las fuerzas del gobierno. El líder anarquista Ferrer es condenado a muerte y ejecutado. Los Estados Unidos rompen relaciones con Nicaragua después que el presidente Zelaya hace fusilar a dos norteamericanos por "actividades revolucionarias". Los infantes de marina de Estados Unidos abandonan Cuba.

Maeterlinck: *El pájaro azul.* E. Pound: *Persona.* V. I. Lenin: *Materialismo y Empiriocriticismo.* Marinetti: *Manifiesto futurista.* G. Stein: *Tres vidas.* A. Schönberg: *Tres piezas para piano, op. 11.*

George V rey de Inglaterra. La Unión Africana entra al Commonwealth. Japón anexa Corea. Cae la monarquía en Portugal. Huelgas de ferroviarios en Francia. Manifestaciones de las sufragistas en Londres. Congreso del Partido Socialista alemán: cuenta con más de setecientos mil miembros, entre ellos 82.000 mujeres; edita 76 diarios. El 20 de noviembre muere Tolstoi. Se proclama la República en Portugal. Johnson, la Pantera Negra, derrota al pugilista blanco Jeffries, se desatan sangrientas persecuciones raciales en los Estados Unidos, trece negros son asesinados.

Pavlov: reflejos condicionados. Russell-Whitehead: *Principia Mathematica* (—13).

R. Tagore: *Gitanjali.* Angell: *La gran ilusión* R. Ma. Rilke: *Cuadernos de Malte Laurids Brigge.* Pérez de Ayala: *A. M. D. G.* R. de Valle Inclán: *Las mieles del rosal.* Forster: *El final de Howard.* H. Hesse: *Gertrudis.* Marinetti: *Mafarka, el futurista.* I. Stravinski: *El pájaro de fuego.* C. Debussy: *Preludios.* Ravel: *Valses nobles y sentimentales.* E. Mahler: *Canto a la tierra.* Max Sennet: *"The slapstick comedy".*

1911

Peña de la Argentina, Estrada Cabrera otra vez de Guatemala.

D. Agustini: *Cantos de la mañana.* Torre: *Idola fori.* R. Barret: *Lo que son los yerbales.* M. Ugarte: *El porvenir de América Latina.* C. Reyles: *La muerte del cisne.* A. Gerchunoff: *Los gauchos judíos.* Muere Julio Herrera y Reissig.

Ch: El gobierno prosigue su carrera armamentista comprando, ahora, a Krupp. Poblada ataca al consulado peruano en Iquique.

C. Pezoa Véliz: *Alma Chilena* (póstumo). G. Labarca: *Mirando al océano. Revista Chilena de historia y geografía,* dirección de Enrique Matta.

AL: Renuncia Porfirio Díaz en México; de la Barra es nombrado presidente provisional. Terremoto en la ciudad de México. En setiembre Madero es elegido presidente. Huelgas en Montevideo. Empeoran las relaciones entre Perú y Chile. Tratado comercial entre Perú y Bolivia. Paro general en Perú y crisis constitucional. Hiram Bingham descubre Machu-Picchu.

M. González Prada: *Exóticas.* J. M. Eguren: *Simbólicas.* E. Banchs: *La urna.* En París: *Revista Mundial,* R. Darío. E. González Martínez: *Los senderos ocultos.* A. Reyes: *Cuestiones estéticas.* M. Azuela: *Andrés Pérez, maderista.*

Jorge V es coronado en Inglaterra. Gravísimos disturbios provocan en Francia los productores de vino. A la partida de una carrera de aviones desde París a Madrid, uno de los participantes se precipita a tierra y mata a dos ministros franceses. Italia se anexa Trípoli. Revolución en China. El 31 de diciembre Sun-Yat-sen es elegido presidente de la república A. Amundsen en el Polo Sur.

I. Stravinski: *Petrushka.* Los cubistas exponen en el Salón de los Independientes y en el de Otoño. E. Pound: *Canciones.* Saint-John Perse: *Elogios.*

1912

1913

Ch: Crece la oposición al gobierno de Barros Luco. Chile reanuda sus relaciones diplomáticas con Perú. Fiebre amarilla en Tocopilla. Expectación causa una fuerte nevada en Santiago.

Edwards Bello: *Cuentos de todos colores.* A. Donoso: *Los nuevos.* A. Blest Gana: *Gladys Fairfield.* Revista *Musa Joven* dirigida por V. Huidobro.

AL: Continúa la Revolución Mexicana; Madero gana terreno. Los Estados Unidos intervienen en Nicaragua y toman posesión de las entradas de Aduana. Los *marines* invaden Honduras. Revueltas en Paraguay. En Europa se publican informes periodísticos sobre las atrocidades cometidas en la región gomera peruana de Putumayo por la British Rubber Co. Revolución en el Ecuador: el presidente Alfaro muere linchado.

C. N. Roxlo: *Historia crítica de la literatura uruguaya.*

Ch: La difícil situación económica provoca conflictos laborales. Los japoneses hacen cuantiosas inversiones en Santiago y Valparaíso.

A. Donoso: *Bilbao y su tiempo.*

AL: El 22 de febrero Madero muere asesinado y Huerta toma el poder. Fracasa un golpe armado contra Gómez en Venezuela. El presidente Araujo de El Salvador es asesinado, asume el poder Carlos Meléndez. Colonización japonesa en Brasil.

J. Ingenieros: *El hombre mediocre.* E. Carriego: *El alma del suburbio.* D. Agustini: *Los cálices vacíos.* J. E. Rodó: *El mirador de Próspero.* R. Gallegos: *Los aventureros.*

El 14 de abril se hunde el *Titanic,* mil seiscientas treinta y cinco personas mueren y setecientas treinta y cinco se salvan. La situación internacional empeora en la región balkánica. Continúa la guerra entre Italia y Turquía. El gobierno norteamericano manda tropas a Santo Domingo.

Pérez de Ayala: *La pata de la raposa.* P. Baroja: *El mundo es ansí.* J. Joyce: *Retrato de un artista adolescente.* Dreiser: *El financista.* Anatole France: *Los dioses tienen sed.* R. Rolland: concluye *Juan Cristóbal.* M. Proust: *En busca del tiempo perdido* (1912-1927). Juan Gris: *Homenaje a Picasso.*

Las sufragistas inglesas lanzan bombas, incendian casas y culminan su campaña terrorista con un incidente dramático: mientras corrían los caballos el Derby de Epsom, una mujer salta las barreras y se lanza frente a un caballo de propiedad del rey; muere ante el horror de los espectadores. Poincaré es elegido presidente de Francia. Los alemanes continúan armándose. Guerras balcánicas. Independencia de Albania.

B. Croce: *Breviario de estética.* S. Freud: *Totem y tabú.* M. de Unamuno: *Del sentimiento trágico de la vida.* Azorín: *Clásicos modernos.* G. Apollinaire: *Alcoholes.* B. Shaw: *Pigmalion.* I. Stravinski: *La consagración de la primavera.*

1914

1915

Ch: Grave crisis financiera como resultado inmediato de la guerra europea. En Europa se acusa a Chile de falta de neutralidad a favor de los alemanes. El gobierno desmiente estas acusaciones. Demostraciones contra los alemanes en Valparaíso.

G. Mistral: *Los sonetos de la muerte.* Guzmán Cruchaga: *La mirada inmóvil.* M. Prado: *La reina de Rapa-Nui.* V. Huidobro: *Las pagodas ocultas.*

AL: Inauguración del Canal de Panamá. Los "marines" invaden Port-au-Prince. La situación mexicana se torna caótica: Carranza desplaza a Huerta pero es, a su vez, atacado por las fuerzas de Villa y Zapata. En el Perú, el coronel Benavides da un cuartelazo y se apodera del gobierno.

A. Nervo: *Serenidad.* M. Gálvez: *La maestra normal.* R. Arévalo Martínez: *El hombre que parecía un caballo.* R. Darío: *Canto a la Argentina y otros poemas.* V. García Calderón: *Los mejores cuentos americanos.* Se suicida D. Agustini.

El heredero al trono de Austria-Hungría, Archiduque Francisco Fernando, es asesinado en Sarajevo. Comienza la Primera Guerra Mundial en agosto. Alemania invade Bélgica y el noroeste de Francia. El 11 de septiembre, París se salva de la invasión alemana. El general Foch gana la primera batalla del Marne. A fines de año la resistencia aliada contiene los ataques alemanes. Empieza a perfilarse el carácter de esta guerra: vencerá quien posea mayor poder de resistencia, más material de guerra y mucho más "material humano". Los alemanes han ocupado casi toda Bélgica y parte mínima de Francia, además de un tercio de Polonia. Dos millones de soldados combaten por ambos lados. Alemania pierde rápidamente sus colonias en el océano Pacífico. Los periódicos empiezan a publicar detalles de las atrocidades cometidas por los alemanes en Bélgica, Francia y Polonia. Estados Unidos invade Veracruz y bombardea la región.

J. Ortega y Gasset: *Meditaciones del Quijote.* J. R. Jiménez: *Platero y yo.* Sandburg: *Poemas de Chicago.* J. Joyce: *Dublineses.* Dreiser: *El titán.* A. Gide: *Las cuevas del Vaticano.* C. Frank: *La banda de salteadores.* D'Annunzio: *La víctima.*

Ch: Los ingleses hunden un barco alemán frente a la isla de Juan Fernández y el gobierno chileno protesta. Chile establece relaciones diplomáticas con China. A fines de año Juan Luis Sanfuentes es elegido presidente.

E. Barrios: *El niño que enloqueció de amor.*

AL: A pesar de que Carranza es reconocido como presidente de México por Estados Unidos y naciones europeas, la situación del país es caótica. Villa y Zapata siguen luchando contra Carranza. Brasil y Argentina revelan que se ha producido un gran éxodo de italianos que van a alistarse

Empleo de gases asfixiantes por los alemanes. El *Lusitania* es torpedeado. Italia declara la guerra a Austria. Declaración de guerra aliada a Bulgaria. Alemania declara la guerra submarina y los Aliados deciden el bloqueo marítimo. Triunfos alemanes en el frente ruso.

A. Einstein: Teoría de la relatividad generalizada. A. Wegener: *El nacimiento de los continentes y océanos* (Teoría de la deriva continental).

S. Maugham: *Vergüenza humana.* W. H. Duckwoeth: *Morfología y antropología.* F.

1916

1917   El 18 de julio se publica en el diario *La Mañana,* de Temuco, un artículo titulado *Entusiasmo y perseverancia,* que firma Neftalí Reyes. Es ésta la primera publicación del poeta.

en el ejército para participar en la guerra europea. Renuncia Benavides en el Perú y Pardo es elegido presidente. Tratado ABC (Argentina, Brasil, Chile).

A. Caso: *Problemas filosóficos*. E. González Martínez: *La muerte del cisne*. M. Azuela: *Los de abajo*: R. Güiraldes: *El cencerro de cristal*.

Kafka: *La metamorfosis*. V. Maiakovski: *La nube en pantalones*. Wölfflin: *Principios fundamentales de la historia del arte*. M. de Unamuno: *Ensayo*. Trakl: *Sebastián en el ensueño*. R. Rolland: *Por encima de la contienda*. A. Lowell: *Seis poetas franceses*. M. de Falla: *El amor brujo*. D. W. Griffith: *El nacimiento de una nación*. Revista *Orfeo* en Portugal.

Ch: Mejora la situación económica del país con las ventas de salitre para explosivos; empeora, sin embargo, la situación política y los cambios de gabinete son frecuentes.

V. Huidobro: *El espejo de agua*. A. Acevedo H.: *Almas perdidas*. Pedro Prado organiza el grupo Los Diez. En París Huidobro participa en la edición de *Nord-Sud*. F. Santiván: *La hechizada*.

AL: Fuerzas norteamericanas al mando del general Pershing invaden México. Yrigoyen es elegido presidente en Argentina. En Perú renuncia el presidente Pardo.

M. Azuela: *Los de abajo*. F. Ortiz: *Hampa afrocubana*. Percy Gibson: *Jornada heroica*. A. Valdelomar: *revista Calónida*. López Velarde: *La sangre devota*. B. Lynch: *Los caranchos de la Florida*. Muere Rubén Darío.

Batallas de Verdún y del Somme. Batalla de Jutlandia. Rumania entra en guerra. Ofensivas rusa e italiana. Segunda Conferencia Socialista Internacional. Congreso Socialista Francés. Formación del Spartakusbund en Alemania. Asesinato de Rasputín en Rusia. Reelección de Wilson en Estados Unidos.

Barbusse: *El fuego* (premio Goncourt). S. Freud: *Introducción al psicoanálisis*. C. J. Webb: *Teorías de grupo en religión*. J. Joyce: *Retrato del artista adolescente*. J. Dewey: *Democracia y educación*. D. W. Griffith: *Intolerancia*. F. de Saussure: *Curso de lingüística general* (póstumo). Movimiento Dadá en Zurich.

Ch: El gobierno proclama la neutralidad en la guerra de Estados Unidos contra Alemania, pero rompe relaciones con este último país. Descanso obligatorio los domingos para obreros industriales y comerciales. Nueva ley de navegación.

Selva lírica (antología). Rokha: *Sátira, Poesías*. E. Barrios: *Un perdido*.

Al: Brasil declara la guerra a Alemania. Nueva Constitución con un gobierno cole-

Estados Unidos declara la guerra a Alemania. Declaración Balfour sobre el sionismo. Abdicación de Nicolás II. Lenin en Rusia. El Soviet toma el poder en Petrogrado: la Revolución Rusa. Negociaciones de Brest-Litovsk. Finlandia proclama su independencia. Nacen John Kennedy e Indira Gandhi.

C. G. Jung: *Psicología del inconsciente*. A. Machado: *Poesías completas*. C. Wissler: *Los Indios americanos*. P. Valéry: *La joven Parca*. Ramuz: *La gran primavera*. T.

1918

El 30 de noviembre publica en la revista *Corre-Vuela* de Santiago, N.º 566, el poema *Mis ojos,* firmado por Neftalí Reyes. En el curso del año aparecen tres poesías más en esta misma revista. Otras son publicadas en revistas literarias de los estudiantes de Temuco.

giado en Uruguay. Revolución de Gómez en Cuba y desembarco de "marines". Puerto Rico territorio de Estados Unidos. Carranza es declarado Presidente de México. Argentina, uno de cuyos barcos mercantes había sido víctima de los submarinos alemanes, se limita a protestar. Uruguay rompe relaciones con Alemania en octubre, Panamá, Cuba y Santo Domingo declaran la guerra, Honduras, Nicaragua, Bolivia, Guatemala, Costa Rica, Ecuador y Perú rompen relaciones con Alemania. Terremotos en El Salvador y Guatemala.

M. de Andrade: *Hay una gota de sangre en cada poema.* Muere J. E. Rodó. Sabat Ercasty: *Pantheos.* A. Reyes: *Visión de Anáhuac.* J. Ingenieros: *La simulación en la lucha por la vida.* H. Quiroga: *Cuentos de amor de locura y de muerte.* M. Azuela: *Los Caciques.* A. Malfatti: *Exposición de arte moderno,* en Brasil. Pascual Contursi: el tango *Mi noche triste* en Buenos Aires.

S. Eliot: *Prufrack y otras observaciones.* V. I. Lenin: *El estado y la revolución* y *El imperialismo, estadio superior del capitalismo.* K. Hamsun: *Los frutos de la tierra.* Satie: *Parade.* A. Berg: *Woozzeck* (—22). Mary Pickford: *Pobre niña rica.* L. Pirandello: *Cada uno a su juego.* Ch. Chaplin: *El emigrante.* Original Dixieland Jazz Band: *Dixie Jazz Band One Step* (primer disco de jazz). P. Mondrian: *De Stjl.* Creación del premio Pulitzer. Muere Edgar Degas.

Ch: En las elecciones parlamentarias los liberales tienen mayoría. Arturo Alessandri Palma es el Ministro del Interior en un nuevo gabinete: comienza una carrera política que dejará profundas huellas en la historia de Chile. Incidentes antiperuanos en Iquique. Suspendidas las relaciones diplomáticas con Perú. Chile interna naves mercantes alemanas.

V. Huidobro: *Ecuatorial* y *Poemas árticos;* En París: *Torre Eiffel.* A. Mook: *Pueblecito* (teatro). M. Latorre: *Cuna de cóndores.* A. D'Halmar: *Nirvana.*

AL: Como resultado de la guerra y baja de exportaciones, México atraviesa por difícil período económico. Argentina, en cambio, se transforma en el más grande exportador de carne en el mundo. Los socialistas or-

Fin de la Primera Guerra Mundial. Retirada de los alemanes en la posición Hindenburg. Conferencia de Versalles. Los "catorce puntos" de Wilson. Ruptura entre los Aliados y los soviets. Lenin establece el gobierno en Moscú. Ejecución de Nicolás II. Se vota la constitución soviética. Creación de la Tcheka. Derecho de voto a las mujeres en Inglaterra. Italia y Australia se reparten Yugoslavia. Guerra de liberación de la ocupación rusa y alemana por parte de los países bálticos.

M. Planck: Premio Nobel de Física.

O. Spengler: *La decadencia de Occidente* (—22). Kautsky: *La dictadura del proletariado.* R. Luxemburgo: *Programas de la Liga Espartaco.* Gómez de la Serna. *Pombo.* G. Apollinaire: *Caligramas.* Ozenfant y Le

1919

Pablo Neruda publica trece poesías en *Corre-Vuela*. Colabora en *Selva Austral* de Temuco. Publica en revistas de Chillán y Valdivia. Emplea diversos seudónimos. Participa en los juegos florales del Maule con su poema *Nocturno ideal* y obtiene el tercer premio.

ganizan huelgas y demostraciones populares en Buenos Aires y otras ciudades argentinas. Nueva Constitución uruguaya. Huelga general e incidentes en Montevideo. Manifiesto de la juventud de Córdoba a los hombres de Sudamérica. México declara el petróleo recurso natural inalienable. Primera exportación petrolera venezolana. M. Fidel Suárez presidente de Colombia y Rodrigues Alves del Brasil. Huelga ferroviaria en Argentina. Nuevo terremoto destruye Ciudad de Guatemala.

C. Vallejo: *Los heraldos negros*. J. Ingenieros: *Evolución de las ideas argentinas*. C. Vaz Ferreira: *Sobre la propiedad de la tierra*. A. Nervo: *Plenitud*. Torres Bodet: *Fervor*. M. Azuela: *Las moscas*. H. Quiroga: *Cuentos de la selva*. Hernández Catá: *Los siete pecados*. H. Gálvez: *Nacha Regules*. A. Valdelomar: *El caballero Carmelo*.

Corbusier: *Después del cubismo*. A. Modigliani: *Retrato de mujer*. T. Tzara: *Manifiesto Dadá*. E. O'Neill: *En la zona*. V. Maiakowski: *Misterium buffo*. Mansfield: *Preludio*. I. Stravinski: *La historia del soldado*. Ch. Chaplin: *Una vida de perros*. Mueren Plejanov, C. Debussy y G. Apollinaire.

Ch: Paro general de un día en Santiago. Chile se incorpora a la Liga de las Naciones. Convención sobre fronteras con la Argentina. Sigue la política de cambios ministeriales. En el norte, el Gobierno procede · brutalmente contra las protestas de los obreros. Se cierran las oficinas salitreras; la crisis trae como consecuencia el desempleo masivo. Congreso nacional de la Federación Obrera de Chile (FOCH) en Concepción. Recabarren es elegido presidente.

P. A. González: *El monje* (póstumo). V. Huidobro: *Altazor* (—31).

AL: Huelga portuaria en Argentina, ley marcial y sangrienta represión. Al morir Rodrigues Alves, Brasil elige nuevo presidente: Epitacio Pessoa. Colombia contra la Tropical Oil Co. Es disuelta la Corte Centroamericana de Justicia. Intervenciones de tropas norteamericanas en la frontera me-

El saldo de la Primera Guerra Mundial es de 10 millones de muertos. Se desintegra el imperio austro-húngaro por el tratado de Saint Germain, en Laye. Tratado de Paz de Versalles, que quita colonias a Alemania. Fundación de la III Internacional Comunista en Moscú. Italia: aparición de los "fascios". Se crea la "Sociedad de Naciones". Proclamación de la República de Baviera. Rosa Luxemburgo, Liebkneck y otros militantes son asesinados. Gandhi entra en la lucha por la independencia de la India. Frustrada revolución en Egipto.

Rutherford convierte el átomo de hidrógeno en átomo de oxígeno por desintegración.

E. Nordenskiold: *Estudios comparados de Etnografía*. K. Jaspers: *Psicología de las concepciones del Universo*. Keynes: *Las consecuencias económicas de la paz*. Ganivet: *Epistolario*. A. Gide: *Sinfonía pastoral*. R. Jakobson: *La nueva poesía rusa*. Ungaretti:

1920	En octubre adopta definitivamente el seudónimo de Pablo Neruda para sus publicaciones. 28 de noviembre: obtiene el primer premio en la Fiesta de la Primavera de Temuco. Ese mismo año es presidente del Ateneo Literario del Liceo de Temuco y prosecretario de la Asociación de Estudiantes de Cautín. Prepara dos libros: *Las ínsulas extrañas* y *Los cansancios inútiles* que no publica. Parte de estos libros integrarán *Crepusculario*. Llega a Temuco G. Mistral como directora del Liceo y allí la conoce Neruda.

xicana. Estados Unidos dicta embargo de armas para México. La rebelión de Charlemagne Perlate, en Haití, concluye al ser capturado y muerto. Almirante Thomas Snowden gobernador militar de Santo Domingo. Leguía gana las elecciones presidenciales en el Perú, se ve obligado a dar un golpe para tomar el poder. Fuerzas del gobierno mexicano asesinan a Emiliano Zapata.

A. Nervo: *La amada inmóvil y El arquero divino*. De Carvalho: *Pequeña historia de la literatura brasileña*. López Velarde: *Zozobra*. Grupo Contemporáneo en México. A. Storni: *Irremediablemente*. A. Arguedas: *Raza de bronce*. A. Hidalgo: *Jardín Zoológico*. J. de Ibarborou: *Las lenguas del diamante*.

La alegría. H. Hesse: *Demian*. E. Pound: *Cantos* (—57). F. Kafka: *La colonia penitenciaria*. Sorel: *Materiales para una teoría del proletariado*. Barbusse: *Claridad*. Gropius crea la *Bauhaus*. Primer periódico tabloide en Estados Unidos. Gramsci funda *L'ordine nuovo*. Manuel de Falla: *El sombrero de tres picos*.

Ch: Pasa la Ley de Instrucción Primaria. Se inicia la explotación del cobre en Potrerillos. El censo da una población de tres millones setecientos mil habitantes. Las elecciones presidenciales se fijan para el 25 de junio. Arturo Alessandri Palma es el candidato de la Alianza Liberal y Barros Borgoño de la Coalición conservadora. Movilización militar. Alessandri es proclamado Presidente por el Congreso Pleno. D. Gómez Rojas muere en la cárcel.

M. Latorre: *Zurzulita*.

AL: El líder revolucionario Venustiano Carranza muere asesinado en México. Pancho Villa depone las armas y Alvaro Obregón es nombrado Presidente provisional. En Guatemala cae Cabrera Estrada.

E. López Albújar: *Cuentos andinos*. J. J. Tablada: *Li Po y otros poemas*. H. Quiroga: *El salvaje*. J. García Monge funda el *Repertorio Americano*. A. Reyes: *El plano oblicuo*. R. Gallegos: *El último Solar*. Prado: *Alsino*. D. Rivera: *La cirugía*.

Fundación del Partido Comunista en Estados Unidos y en Francia. Disolución del Imperio Turco. Comienza a sesionar la "Sociedad de Naciones". Ley seca en Estados Unidos, derecho a voto a las mujeres, arresto de Sacco y Vanzetti. En Alemania se funda el Partido Obrero Nacional Socialista (nazi). Huelgas en Francia e Italia. II Congreso de la III Internacional en Leningrado y Moscú: se adoptan los 21 puntos de Lenin. "Domingo de sangre" en Dublín. Primer hallazgo de restos del "Hombre de Pekín".

F. Jackson Turner: *La frontera en la historia americana*. Thomas & Znaniecki: *El campesino polaco en Europa y América*. L. Trotski: *Terrorismo y comunismo*. Sh. Anderson: *Poder blanco*. S. Lewis: *Main Street*. V. I. Lenin: *El izquierdismo, enfermedad infantil del comunismo*. E. O'Neill: *Emperador Jones*. V. Maiakowski: *150.000.000*. R. Valle Inclán: *Divinas palabras*. S. Fitzgerald: *De este lado del paraíso*. C. G. Jung: *Tipos psicológicos*. S. Under: *Cristina Lavränsdatter* (—22). Cavafis: *Poemas* (publicados en 1935). Pri-

1921	Pablo Neruda viaja a Santiago a seguir la carrera de profesor de francés en el Instituto Pedagógico. 14 de octubre: obtiene el primer premio en el Concurso de la Federación de Estudiantes de Chile por su poema *La canción de la fiesta,* que es publicado en la revista *Juventud* de la Federación de Estudiantes.
1922	Colabora en la revista *Claridad,* órgano publicitario oficial de la Federación de Estudiantes. 24 de agosto: el grupo literario "Vremia" auspicia una audición de versos a cargo de los poetas Joaquín Cifuentes, R. Monestier, Alberto Rojas Giménez y Pablo Neruda. Las audiciones continúan. En octubre, la revista *Los Tiempos,* de Montevideo, dedica un número a la joven poesía; en él figura Neruda.

mer filme expresionista: *El gabinete del doctor Caligari,* de R. Wiene. Mueren B. Pérez Galdós y A. Modigliani. Knut Hamsun es Premio Nobel de Literatura.

Ch: Prosigue el gobierno de Alessandri con un sistema de rotación ministerial. Aumenta la oposición parlamentaria. Grave crisis salitrera y cesantía.

C. Pezoa Véliz: *Las campanas de oro* (póstumo).

AL: José Vasconcelos es nombrado Ministro de Educación en México y procede a organizar la instrucción rural. J. E. Rivera: *Tierra de promisión.* H. Quiroga: *Anaconda.* López Velarde: *Suave Patria.* A. Reyes: *El cazador* J. C. Orozco, D. Rivera y D. A. Siqueiros fundan en México el Sindicato de Pintores.

Irlanda se convierte en parte del Imperio Británico. Huelga minera en Gran Bretaña. Fundación de los Partidos Comunistas italiano y chino. Se funda el Partido Nacional Fascista en Italia. Hitler preside el Partido Nacionalsocialista en Alemania. Lenin pone en práctica la nueva política económica. En Estados Unidos, repercusión del caso Sacco-Vanzetti.

A. Einstein Premio Nobel de Física. Rorschach: psico-diagnóstico. Descubrimiento de la Insulina como medio de curar la diabetes.

E. Sapir: *Lenguaje.* P. Radin: *El hombre primitivo como filósofo.* N. Hartmann: *Rasgos fundamentales de una metafísica del conocimiento.* L. Wittgenstein: *Tractatus Lógico-filosóficus.* J. Ortega y Gasset: *España Invertebrada.* M. Scheler: *De lo eterno en el hombre.* Giraudoux: *Susana y el Pacífico.* L. Pirandello: *Seis personajes en busca de autor.* Ivanov: *El tren blindado.* C. G. Jung: *La psicología del inconsciente.* Lang: *El doctor Mabuse.* C. Chaplin: *El chico.* Von Stroheim: *Mujeres insensatas.* Revista *Ultra* en España. Max Ernst: *El elefante Celebes.*

Ch: Continúa la crisis económica y la cesantía obrera; baja de la moneda. Protocolo de Washington. Fundación del Partido Comunista.

E. Barrios: *El hermano asno* A. Cruchaga Santa María: *Job.* Gabriela Mistral es invitada a México.

Fin del dominio naval británico, con el tratado de desarme de Washington. Mussolini marcha sobre Roma: la dictadura fascista en Italia. Se constituye la Unión de Repúblicas Socialistas Soviéticas (URSS). Se escinde el Partido Socialista Italiano. IV Congreso de la III Internacional: Stalin, Secretario General del Partido Comunista soviético. Pío XI, Papa. Egipto, reino independiente.

1923

En agosto aparece la edición original de *Crepusculario,* publicada por Ediciones Claridad. La revista *Dionysios,* dirigida por Alirio Oyarzún, publica cuatro poesías. Las tres últimas integrarán *El hondero entusiasta,* libro que, escrito en esta época, no será publicado hasta 1933. En este año se encuentran cuarenta y dos colaboraciones en la revista *Claridad,* firmadas con el seudónimo de Sachka las de crítica literaria. Algunos de los poemas publicados este año serán más tarde incluidos en su libro *Veinte poemas de amor y una canción desesperada* (el poema XX, por ejemplo, que en *Claridad,* N.º 115 del 24 de noviembre, se llama *Tristeza a la orilla de la noche).*

AL: Fundación del Partido Comunista de Brasil. Termina ocupación norteamericana en Santo Domingo. Marcelo T.. Alvear, Presidente de Argentina. Revuelta contra Presidente Jorge Meléndez en El Salvador.

M. Díaz Rodríguez: *Peregrina.* C. Vallejo: *Trilce.* T. Groussac: *Relatos argentinos.* A. Caso: *Discursos a la nación mexicana.* Uriel García: *La ciudad de los Incas.* S. de la Selva: *El soldado desconocido.* M. Gálvez: *Historia del arrabal.* L. Lugones: *Las hojas doradas.* R. Arévalo Martínez: *El señor Monitot.* En México: Movimiento Estridentista; en São Paulo: Semana de Arte Moderno.

Ch: Se establece la Ley de Impuesto a la Renta. Conferencia Panamericana.

E. Barrios: *Páginas de un pobre diablo.* G. Mistral: *Desolación,* en los EE. UU. M. Brunet: *Montaña adentro.* J. S. González Vera: *Vidas mínimas.*

AL: Se producen serias dificultades entre el Estado y la Iglesia en México. Pancho Villa muere asesinado. Comienza su carrera política Haya de la Torre.

C. Vallejo: *Fabla Salvaje.* M. Azuela: *La Malhora,* J. L. Borges: *Fervor de Buenos Aires.*

J. Dewey: *Naturaleza humana y conducta.* H. Bergson: *Duración y simultaneidad.* B. Malinowski: *Argonautas del Pacífico occidental.* Lévy-Bruhl: *La mentalidad primitiva.* Webet: *Economía y sociedad.* J. Joyce: *Ulises.* P. Valéry: *El cementerio marino.* R. Martin du Gard: *Los Thibault.* Colette: *La casa de Claudine.* E. E. Cummings: *La sala enorme.* Milhaud: *La creación del mundo.* T. S. Eliot: *La tierra baldía.* B. Brecht: *Tambores en la noche.* V. Wolf: *El cuarto de Jacob.* H. Hesse: *Siddartha.* S. Lewis: *Babbit.* Fundación del *Reader's Digest.* Muere M. Proust. Benavente: Premio Nobel de Literatura.

Vertiginosa inflación en Alemania: el marco baja 420 millones de veces; se frustra el golpe de Hitler en Munich. Primo de Rivera impone la dictadura en España. República de Turquía: régimen de Kemal Ataturk; laicización del Estado. Victoria laborista en Inglaterra. Francia y Bélgica ocupan la cuenca del Ruhr. El Fascista es el único partido legal en Italia. 200.000 miembros asisten al congreso regional del Ku Klux Klan en Indiana, Estados Unidos.

Se emplea por primera vez la vacuna BCG contra la tuberculosis. Baur analiza el campo magnético terrestre. De Broglie: Mecánica ondulatoria.

M. Boule: *Los hombres fósiles.* Z. Svevo: *La conciencia de Zeno.* R. M. Rilke: *Elegías de Duino.* G. Lucacks: *Historia y conciencia de clase.* E. Cassirer: *Filosofía de las formas simbólicas.* B. Shaw: *Santa Juana.* B. Brecht: *Vida de Eduardo II.* J. Piaget: *El lenguaje y el pensamiento en el niño.* Esenin: *El Moscú de las tabernas.* J. Ortega y Gasset: *Revista de Occidente.* S. Freud: *El yo y el ello.* M. Scheler: *Escritos sobre sociología y teoría de la concepción del mundo.* De Mille filma *Los*

1924	Junio: edición original de *Veinte poemas de amor y una canción desesperada,* editorial Nascimento. *Páginas escogidas de Anatole France,* también edición de Nascimento, con prólogo, selección y traducción de Neruda. 20 de agosto: Pablo Neruda publica, en el diario *La Nación,* una carta sobre su libro *Veinte poemas de amor y una canción desesperada,* en que explica el proceso de su creación.
1925	Pablo Neruda dirige la revista *Caballo de Bastos.* Colabora en diversas publicaciones literarias, tales como *Andamios, Alí Babá, Dínamo, Renovación* y en el diario *La Nación.* En el N° 132 de *Claridad* publica *Galope muerto,* que luego encabezará *Residencia en la tierra.* Edición original de *Tentativa del hombre infinito,* editorial Nascimento. Este libro lleva dos fechas, el año 1925: fecha de impresión; y el año 1926: fecha de edición.

Diez Mandamientos. Le Corbussier: *Hacia uná nueva arquitectura*. Nace María Callas. Muere Sarah Bernhardt.

Ch: Se firma un pacto entre la Alianza y la Coalición en relación con proyectos de reforma del régimen político. Elecciones parlamentarias en marzo. El 5 de septiembre se produce un pronunciamiento militar. El Ministerio-Altamirano manda al congreso las leyes sociales: contrato de trabajo, seguro obrero, accidentes de trabajo, organización sindical, cajas de empleados particulares, etc. Estas leyes son aprobadas el 8 de septiembre. Crisis presidencial. Junta de Gobierno: Altamirano, Bennet y Nef asumen el poder el 11 de septiembre. Disolución del Congreso. Alessandri renuncia el 12 de septiembre.

G. Mistral: *Ternura*. P. Prado: *Un juez rural*. A. D'Halmar: *Pasión y muerte del cura Deusto*. A. Cruchaga: *Los mástiles de oro*. J. Guzmán Cruchaga: *Agua del cielo*. Fundación de la revista *Atenea* de la Universidad de Concepción.

AL: Plutarco Elías Calles es elegido Presidente de México. Fundación del PEN Club.

Lugones: *Cuentos fatales*. B. Lynch: *El inglés de los güesos*. J. E. Rivera: *La vorágine*. V. García Calderón: *La venganza del cóndor*. C. Loveira: *La última lección*. En Argentina: la revista *Martín Fierro*.

Ch: Pronunciamiento militar el 23 de enero y caída de la Junta. Se organiza una nueva Junta: Bello Codesido, Dartnell y Ward. El 20 de marzo vuelve al poder Alessandri. Un plebiscito nacional aprueba la Constitución de 1925. El 1° de octubre renuncia Alessandri y el coronel Car-

Se reúne el Congreso reorganizador del Kuo Ming Tang en Cantón: proclama principios populares y alianza con el P. C.; éste lanza la primera guerra civil revolucionaria contra los caudillos militares feudales del norte. En la URSS muere Lenin; Stalin y Trotski se disputan el poder. Se proclama la república de Grecia. Es asesinado el diputado socialista Matteotti en Roma; Mussolini asumirá la responsabilidad "histórica y moral" del hecho, un año más tarde. Inglaterra y Francia reconocen a la URSS, que renuncia, por su parte, a los "tratados desiguales" impuestos por el Zar. Caso Loeb-Leopold en Estados Unidos. R. McDonald: Primer gobierno laborista en Inglaterra.

R. Alberti: *Marinero en tierra*. A. Breton: *Manifiesto subrealista y La revolución subrealista;* (con Vitrac, Déret, Aragon, Eluard, Leiris, —29). Stalin: *Los principios del leninismo*. L. Trotski: *Literatura y revolución*. Th. Mann: *La montaña mágica*. P. Eluard: *Morir de no morir*. A. Hitler: *Mi lucha* (—25). Saint-John Perse: *Anabase*. E. O'Neill: *El deseo bajo los olmos*. Anderson: *El precio de la gloria*. Leonormand: *El hombre y sus fantasmas*. G. Gershwin: *Rapsodia en azul*. S. Eisenstein: *La huelga*. Nace Truman Capote. Mueren A. France y F. Kafka.

Pacto de Locarno (Alemania y los Aliados). Albania se transforma en República. Virulencia en Estados Unidos: El Ku-Klux-Klan. Muerte de Sun Yat-sen en China. Ho Chi-Minh funda la liga revolucionaria de la juventud vietnamita. Hindenburg presidente de Alemania. Trotski es destituido de sus funcio-

1926   Edición original de *Anillos* y *El habitante y su esperanza,* editorial Nascimento. Segunda edición de *Crepusculario* por editorial Nascimento, en su texto definitivo y dedicada a Juan Gandulfo. En el Nº 135 de *Claridad* se publican, traducidos por Pablo Neruda del francés, unos fragmentos del libro de Rainer María Rilke, *Los cuadernos de Malte Laurids Brigge.* En la revista *Atenea,* Nº 5 y Nº 10, *Dolencia* y *Tormentas,* que luego formarán parte de *Residencia en la tierra* con los nombres de *Madrigal escrito en invierno* y *Fantasma.*

los Ibáñez del Campo anuncia su candidatura presidencial. Vice-Presidencia de Barros Borgoño. En las elecciones del 24 de octubre triunfa José E. Figueroa Larraín.

A. Donoso: *Dostoievski. Renan, Pérez Galdos.* J. F. Edwards Bello: *El nacionalismo continental.* V. Huidobro: *Manifestes* (París).

AL: Los acontecimientos de Chile dominan la atención en Latinoamérica. Protestas en el Perú conra el fallo de EE. UU. sobre Tacna y Arica. Leguía es reelecto presidente del Perú. Los "marines" invaden Honduras. Siles es elegido presidente de Bolivia.

J. Vasconcelos: *La raza cósmica.* E. González Martínez: *Las señales furtivas.* J. L. Borges: *Luna de enfrente, Inquisiciones.* J. C. Mariátegui: *La escena contemporánea.* L. De Grief: *Tergiversaciones.* A. Storni: *Ocre.* R. Gallegos: *La trepadora.*

Ch: El Ministerio-Ibáñez entra en conflicto con la Corte Suprema. Dificultades de Figueroa Larraín en el poder. Crece la influencia de Ibáñez.

M. Brunet: *Bestia dañina.* A. Donoso: *La otra América.* F. Gana: *Cuentos completos.* V. Huidobro: *Vientos contrarios.* H. Díaz Casanueva: *El aventurero de Saba.*

AL: Guerra religiosa en México: Los Cristeros. Augusto César Sandino inicia la resistencia armada en Nicaragua.

E. Mallea: *Cuentos para una inglesa desesperada.* E. Larreta: *Zogoibi,* R. Arlt: *El juguete rabioso.* R. González Tuñón: *El violín del diablo.* H. Quiroga: *Los desterrados.*

nes. Oleada huelguista en Shanghay, Cantón y Hong Kong. República de Tanzania. Primo de Rivera disuelve sindicatos y prohíbe huelgas en España; se pone fin a la rebelión marroquí.

Desarrollo de la mecánica cuántica (Heisenberg, Born y Pascual Jordán). Busch construye la primera computadora analítica.

H. de Mari: *La psicología del socialismo.* J. Dos Pasos: *Manhattan transfers.* J. Ortega y Gasset: *La deshumanización del arte.* N. Hartmann: *Etica.* J. Dewei: *Experiencia y naturaleza.* Dreiser: *Una tragedia americana.* F. Kafka: *El proceso* (póstumo). Babel: *Caballería roja.* S. Fitzgerald: *El gran Gatsby.* Mondale: *Huesos de sepia.* G. Diego: *Versos humanos:* Watson: *El Conductismo.* Sklovski: *Teoría de la Prosa.* Exposición de pintores surrealistas en París. S. Eisenstein: *El acorazado Potemkin.* C. Chaplin: *La quimera del oro.* Vidor: *El gran desfile.* Nacimiento del "Charleston". Fundación del *New Yorker.* George Bernard Shaw Premio Nobel de Literatura.

Huelga general en Gran Bretaña. En Portugal comienza la dictadura de Salazar, bajo el gobierno nominal de Antonio Carmona. Alemania ingresa a la Sociedad de Naciones. El emir Ibn Saud se apodera de La Meca y se proclama rey de Hedjaz. Hirohito es emperador del Japón. Dictadura de Pilsudski en Polonia. Rebelión del PKI resulta abortada en Indonesia. Gramsci es encarcelado hasta su muerte en 1937. Se crea la República del Líbano.

Creación del Círculo Lingüístico en Praga. Investigaciones sobre las enzimas.

K. Kautsky: *¿Son los judíos una raza?* R. Valle-Inclán: *Tirano Banderas.* R. Alberti: *Cal y canto.* Menéndez Pidal: *Orígenes del*

1927 | Es nombrado cónsul *ad honorem* en Rangún (Birmania). 14 de junio: sale de Santiago para Rangún, vía Buenos Aires, donde se embarca en el "Baden" hacia Lisboa. Lo acompaña Alvaro Hinojosa. 16 de julio: llega a Madrid. 20 de julio: París, luego Marsella, de allí continúa su viaje a Rangún. En julio manda su primera crónica a *La Nación,* de Santiago, que la publica el 14 de agosto. Continúan publicándose regularmente estas crónicas en *La Nación.* Publican poemas de Neruda *El Sol* y *Revista de Occidente,* de Madrid. Comienza la extensa correspondencia entre Neruda y el escritor argentino Héctor Eandi.

Salarrué: *El Cristo negro.* R. Rojas: *Hombres del Sur.* J. L. Borges: *El tamaño de mi esperanza.* L. Marechal: *Días como flechas.* R. Güiraldes: *Don Segundo Sombra.*

español. Mao Tse-tung: *Sobre las clases sociales en la sociedad china.* A. Gide: *Los monederos falsos.* B. Brecht: *El hombre es el hombre.* F. Kafka: *El castillo* (póstumo). T. E. Lawrence: *Los siete pilares de la sabiduría.* E. Hemingway: *El sol también sale.* W. Faulkner: *La paga de los soldados.* P. Eluard: *Capital del dolor.* E. O'Neill: *El gran Dios Brown.* Malinowsky: *El mito en la psicología primitiva.* R. Magritte: *Los signos de la noche.* J. Miró: *Mano atrapando un pájaro.* Exposición de M. Chagall en Nueva York y de P. Klee en París. F. Lang: *Metrópoli.* A. Renoir: *Nana.* Murnau: *Fausto.* "Edad de oro" de los *comics* (—30). Artaud, Aron y Vitrac fundan el teatro "Alfred Jarry". Muere C. Monet.

Ch: Renuncia Figueroa Larraín. Ibáñez es elegido Presidente sin oposición. Creación del Cuerpo de Carabineros. Caja de Crédito Minero.

R. Rojas: *Hombres del sur.* C. Pezoa Véliz: *Poesía y prosas completas.* P. de Rokha: *Suramérica, U, y Satanás.* A. Acevedo Hernández: *Arbol viejo.* G. Luco Cruchaga: *La viuda de Apablaza.*

AL: Violencia en México: concluye la campaña contra los yanquis. Grave represión política en el Perú. Resistencia popular contra Machado en Cuba. Intervención de EE. UU. en Nicaragua. Sandino es el líder de la Resistencia.

Oquendo de Amat: *Cinco metros de poemas.* M. Portal: *Una esperanza y el mar.* E. Bustamante y Ballivián: *Antipoemas y odas vulgares.* J. S. Chocano: *El libro de mi proceso.* R. Arévalo Martínez: *Noches en el palacio de la Nunciatura.* A. Reyes: *Cuestiones gongorinas.* R. Molinari: *El imaginero.* La revista *Amauta* es clausurada en el Perú. México: revista *Ulises.*

Chiang Kai-chek rompe con el Partido Comunista chino e instala su gobierno en Nankín; masacre de comunistas en Shangai; Mao crea el Ejército Popular de Liberación y comienza la segunda guerra civil revolucionaria con una táctica radicalmente distinta: "Del campo a la ciudad". En Italia se fortalece el fascismo y los sindicatos son disueltos; Mussolini organiza el sistema corporativo. Ejecución de Sacco y Vanzetti en Estados Unidos. Se inaugura en Bruselas el Congreso de Pueblos Oprimidos. Se prohíben en Gran Bretaña las huelgas ilegales.

Lindbergh realiza el primer vuelo transatlántico sin escalas. Heidenberg enuncia el principio de Indeterminación.

W. Kahler: *La mentalidad de los monos.* G. Eliot Smith: *Ensayos sobre la evolución del hombre.* M. de Unamuno: *Romancero del destierro.* Santayana: *Los reinos del Ser* (—40). F. Mauriac: *Thérèse Desqueyroux.* M. Heidegger: *El ser y el tiempo.* B. Russell: *El análisis de la materia.* G. Marcel: *Diario metafísico.* L. Cernuda:

| 1928 | Cónsul en Colombo (Ceilán). Neruda revela importantes hechos en relación con *Residencia en la tierra* en sus cartas a Eandi (véase: M. Aguirre, *Pablo Neruda y Héctor Eandi,* Buenos Aires: Editorial Sudamericana, 1980. |

Perfil del aire. Boas: *El arte primitivo.* B. Brecht: *Mahagonny.* H. Hesse: *El lobo estepario.* F. Kafka: *América* (póstumo). J. Cocteau: *Orfeo.* F. García Lorca estrena *Mariana Pineda.* Primera película de dibujos animados a colores: el gato Félix. Crosland: *El cantante de jazz* (primera película musical sonora). S. Eisenstein: *Octubre.* Gropius: el teatro total. I. Stravinsky: *Edipo Rey.* H. Bergson: Premio Nobel de Literatura.

Ch: Se amplía el programa de construcción de obras públicas. Se crea la Caja de Crédito Industrial.

J. Edwards Bello: *Un chileno en Madrid.* Alberto Edwards: *La Fronda Aristocrática en Chile.* J. S. González Vera: *Alhué.*

AL: El Presidente de México, Alvaro Obregón, es asesinado. Perú y Chile restablecen relaciones. Yrigoyen es presidente de Argentina. Huelga bananera en Colombia contra la United Fruit, masacre de trabajadores. Lindbergh llega a El Salvador. Voto femenino en Puerto Rico.

R. González Tuñón: *Miércoles de ceniza.* M. de Andrade: *Macunaíma.* O. de Andrade: *Manifiesto antropófago.* C. Loveira: *Juan Criollo.* C. McKay: *Home to Harlem.* Comienza la publicación de la revista *Contemporáneos.* J. C. Mariátegui: *Siete ensayos da interpretación de la realidad peruana.* P. Henríquez Ureña: *Seis ensayos en busca de nuestra expresión.* M. L. Guzmán: *El águila y la serpiente.*

Primer Plan Quinquenal de la URSS; creación de las granjas cerealeras estatales; L. Trotski es enviado a Siberia. Pacto Briand-Kellog de no agresión. En Italia, nueva ley electoral con lista única; procesamiento de Gramsci y otros líderes comunistas. Hoover es elegido presidente de Estados Unidos. Se reimplanta la monarquía en Albania. En España, nace el "Opus Dei".

Fleming descubre la penicilina.

R. Carnap: *La estructura lógica del mundo.* M. Scheler: *El puesto del hombre en el cosmos.* Politzer: *Crítica de los fundamentos de la psicología.* A. Métraux: *La religión de los Tupinambás.* M. Mead: *Adolescencia en Samoa.* D. H. Lawrence: *El amante de Lady Chaterley.* A. Huxley: *Contrapunto.* V. Woolf: *Orlando.* S. Sholojov: *El Don apacible.* A. Breton: *Najda.* Propp: *Morfología del cuento.* F. García Lorca: *Romancero gitano.* E. O'Neill: *Extraño interludio.* V. Aleixandre: *Ambito.* J. Guillén: *Cántico.* A. Malraux: *Los conquistadores.* B. Brecht: *La ópera de tres centavos.* M. Ravel: *Bolero.* G. Braque: *La mesa redonda.* L. Buñuel y S. Dalí: *El perro andaluz.* Primer Congreso Internacional de Lingüística en La Haya.

1929	Asiste en Calcuta al Congreso Pan-Hindú. Alvaro Hinojosa parte a Bombay. Neruda habla de sus recientes poemas en carta a Eandi y expresa su reticencia a publicar su nuevo libro en Chile. Alfonso Reyes, embajador de México en Buenos Aires, hace gestiones para conseguir traslado de Neruda a Europa. Neruda lee a Joyce, Lawrence y Huxley.
1930	Cónsul en Batavia (Java). 6 de diciembre: se casa con María Antonieta Haagenar Vogelzanz. En la *Revista de Occidente* (núm. LXXXI, marzo), de Madrid, aparecen *Galope muerto, Serenata* y *Caballo de los sueños*. J. Bergamín se refiere elogiosamente a Neruda en su prólogo a la edición madrileña de *Trilce*.

Chile y América Latina	Mundo exterior

Ch: Se firma el Tratado de Lima sobre el problema de Tacna y Arica. Creación de la *COSACH*. Crisis económica.

J. Prieto Letelier: *El socio*. L. Durand: *Tierra de pellines*. V. Huidrobo: *Mío Cid Campeador*. M. Rojas: *El delincuente*.

AL: Como consecuencia de la quiebra del mercado de valores en los Estados Unidos, comienza una crisis económica de graves proporciones en todos los países latinoamericanos. Tratado de Lima: Perú toma posesión de Tacna, Chile de Arica. Primera conferencia de Partidos Comunistas de Latinoamérica.

M. L. Guzmán: *La sombra del caudillo*. R. Gallegos: *Doña Bárbara*. L. Buñuel: *La edad de oro*. R. Blanco Fombona: *El modernismo y los poetas modernistas*. T. de la Parra: *Memorias de Mamá Blanca*. J. M. Eguren: *Poesías*. E. Amorim: *La carreta*. R. Arlt: *Los siete locos*. L. Marechal: *Odas para el hombre y la mujer*. En Puerto Rico: revistas *Hostos* e *Indice*.

"Viernes Negro" en Nueva York; crack bursátil con vastas repercusiones mundiales: recesión y desocupación en todo el mundo capitalista. Victoria electoral del laborismo en Inglaterra. Alejandro I de Yugoslavia disuelve el Parlamento y anula la Constitución. Creación del Estado Vaticano por el Concordato de Letrán. Albania es invadida por Italia y pasa a ser protectorado. Levantamiento antijaponés en Corea. En la India, el Partido del Congreso reclama la independencia. Comunistas y nacionalsocialistas se fortalecen en Alemania: represión de las manifestaciones por el 1º de Mayo; otro golpe frustrado de Hitler. Trotski es desterrado a Constantinopla. Se propaga el gangsterismo en Estados Unidos, favorecido por la prohibición de venta de licores.

B. Russell: *Matrimonio y moral*. K. Mannheim: *Ideología y utopía*. R. Lynd: *Middletown*. J. Ortega y Gasset: *La rebelión de las masas*. W. Reich: *Materialismo dialéctico y psicoanálisis*. W. Faulkner: *El sonido y la furia*. E. Hemingway: *Adiós a las armas*. Moravia: *Los indiferentes*. J. Cocteau: *Los niños terribles*. E. Mª Remarque: *Sin novedad en el frente*. L. Felipe: *Versos y oraciones para caminantes*. M. Ernst: *La mujer de cien cabezas*. Claudel: *El zapato de raso*. Von Sternberg: *El ángel azul*. Es inaugurado en Nueva York el Museo de Arte Moderno. Thomas Mann es Premio Nóbel de Literatura.

Ch: El gobierno de Ibáñez controla las elecciones y elige el llamado Congreso Termal, incondicional servidor de sus tendencias dictatoriales. El censo indica que la población de Chile se acerca a los cuatro millones y medio de habitantes. Fundación de la primera Facultad de Bellas Artes en Latinoamérica.

Tras el putsch de Munich intentos de Hitler por la vía legal: cien diputados nacionalsocialistas son electos. Cae Primo de Rivera en España. Se funda en Portugal el partido único "Unión Nacional". Gandhi inicia en la India el segundo gran movimiento de desobediencia civil. Independencia de Irak. Se funda el P. C. vietnamita.

| 1931 | Cónsul en Singapur. Neruda se preocupa por el destino del manuscrito de *Residencia en la tierra,* que envía a R. Alberti. Escribe "Duelo decorativo", que más tarde entrará en *Residencia* con el título de "Lamento lento". |

A. Romero: *La vida del conventillo.* J. Prieto Letelier: *Con sordina.* M. Petit: *La Quintrala.* H. Díaz Casanueva: *Vigilia por dentro.*

AL: Trujillo asume el poder en Santo Domingo. Se agrava la situación económica. Fundación del APRA en el Perú. Muere Leguía. Uriburu toma el poder en Argentina. Siles es derrocado en Bolivia. Revolución en Brasil. sube al poder Getulio Vargas. J. Torres-Bodet: *Destierro.* J. L. Borges: *Evaristo Carriego.* M. Gálvez: *Miércoles Santo.* J. de Ibarbourou: *La rosa de los vientos.* N. Guillén: *Motivos de son.* M. A. Asturias: *Leyendas de Guatemala.*

Es descubierto el planeta Plutón. Se inicia la biología molecular.

S. Freud: *El malestar en la cultura.* Seligman Editor: *Enciclopedia de Ciencias Sociales.* H. Hesse: *Narciso y Golmundo.* W. Faulkner: *Mientras agonizo.* R. Musil: *El hombre sin atributos* (—43). J. Dos Passos: *Paralelo 42.* J. Cocteau: *La voz humana.* F. García Lorca: *La zapatera prodigiosa.* L. Pirandello: *Esta noche se improvisa.* Auden: *Poemas.* Quasimodo: *Agua y tierra.* D. Hammett: *El halcón maltés.* L. Buñuel: *La edad de oro.* El "burlesque" en cine: H. Lloyd; B. Keaton; Laurel y Hardy; los Hnos. Marx. P. Klee: *En el espacio.* Premio Carnegie para Pablo Picasso. G. Rouault ilustra *La Pasión* y *El Circo* de Suárez. Fotografías de Cartier-Bresson. Schoemberg: *Moisés y Aarón.* Se suicida Maiakowski. Sinclair Lewis es Premio Nobel de Literatura.

Ch: Se proclama la Autonomía Universitaria. Se agrava la crisis política y la resistencia a la dictadura de Ibáñez. Huelgas y extrema agitación popular. Los estudiantes toman el edificio central de la Universidad de Chile. Los partidos de derecha se suman a la oposición a la dictadura. Durante la semana del 21 al 27 de julio, la situación política hace crisis. El 27 de julio cae Ibáñez y sale del país. Queda en el gobierno J. E. Montero en calidad de Vice-Presidente.

V. Huidobro: *Altazor.* J. Edwards Bello: *En el viejo almendral.*

AL: Los países latinoamericanos adoptan medidas de emergencia para contrarrestar la crisis económica. Se advierte un marcado intento de industrialización, particularmente en México. Ubico toma el poder en Guatemala. Comienza la dictadura de Ma-

Los republicanos ganan elecciones municipales en España. Alfonso XIII renuncia, se proclama la república. Japón ocupa Manchuria; se inicia la guerra con China. Conferencia de la India, en Londres, con la presencia del Mahatma Gandhi, fracaso; campaña de desobediencia civil y apresamiento de Gandhi. Ossiezky es encarcelado por denunciar el rearme de Alemania. Creación del "Frente de los ciudadanos de Harz" (nacionalsocialista). "Frente de hierro" (democrático). Inglaterra abandona el patrón oro; renuncia McDonald, primer ministro laborista. Crisis general en Estados Unidos. Vasta agitación iniciada por el Partido Comunista Indochino.

E. P. Hubble y M. L. Humason, basándose en la teoría de la expansión universal (Hubble), y a partir de la velocidad de fuga de las nebulosas calculan por primera vez la edad del universo.

1932	Regresa a Chile después de un viaje por mar de dos meses. Julio: se publica la segunda edición —en texto definitivo— de *Veinte poemas de amor y una canción desesperada*. Los originales de *Residencia* andan perdidos. Neruda vive en pésima situación económica en Santiago de Chile. Ed. Nascimento ofrece publicar *Residencia*.

ximiliano Martínez Hernándezz en El Salvador.

N. Guillén: *Sóngoro cosongo.* C. Vallejo:
Tungsteno. A. Uslar Pietri: *Las lanzas colo-
radas.* A. Carpentier: *Ecué-Yamba-O.* W.
Frank: *América Hispana.* R. Arlt: *Los lan-
zallamas.* En Buenos Aires, Revista *Sur.*

A. Gide: *Edipo.* H. Broch: *Los sonámbulos*
(—32). P. S. Buck: *La buena tierra.* A. de
Saint-Exupéry: *Vuelo nocturno.* F. García
Lorca: *Poema del Cante Jondo.* M. de Una-
muno: *San Manuel Bueno, mártir.* Laxness:
Tu pura vid. T. S. Eliot: *Marcha triunfal.*
R. Firth: *Totemismo en Polinesia.* L. Trots-
ki: *La revolución permanente.* H. Miller:
Trópico de Cáncer. E. O'Neill: *El luto le
sienta a Electra.* V. Woolf: *Las olas.* Escul-
turas de Giacometti. Ola terrorífica en cine:
Frankenstein de Whale, *M* (inspirada en *El
Vampiro de Düsseldorf*) de F. Lang; *Drácu-
la* de Browning.

Ch: El pronunciamiento del 4 de junio provoca la caída de Montero, tímido represen-
tante de corrientes liberales. Anarquía en
Santiago. Sube al poder una Junta com-
puesta por Carlos Dávila, Eugenio Matte
y Arturo Puga. Esta Junta declara que Chile es una República Socialista y disuelve
el Congreso Termal. Después de un breve
período de indecisión, Carlos Dávila derriba a la Junta y toma el poder. Comienzan
los Cien Días de Dávila como Presidente
Provisional. Relegaciones a la Isla de Pas-
cua. El 13 de septiembre se produce un
levantamiento militar y cae Dávila. Presidencia Provisional de Blanche. Las guarni-
ciones de Antofagasta y Concepción se rebelan. Blanche entrega el mando al presidente de la Corte Suprema. El 2 de octubre empieza el gobierno provisional de
Oyanedel. En las elecciones presidenciales
triunfa Arturo Alessandri. Segundo gobierno de Alessandri (1932-1938). En las elecciones perlamentarias surge una mayoría
derechista radical.

D. Melfi: *Sin brújula.* S. Reyes: *Lo que el
tiempo deja.* M. Rojas: *Lanchas en la bahía.* J. Valle: *Tratado del bosque.*

AL: México y el Perú rompen relaciones
diplomáticas. En México, el escritor José

Hindenburg derrota a Hitler en las elecciones presidenciales de Alemania; cae el canciller Brüning y su gabinete, fuerte agitación política a nivel gubernamental, forta-
lecimiento parlamentario del nacionalsocia-
lismo. Gobierno de derecha en Hungría.
Salazar es presidente de Portugal. F. D.
Roosevelt derrota a Hoover y asume la presidencia de Estados Unidos. Se frustra el proyecto de Mussolini de crear un bloque de
cuatro potencias (Italia, Francia, Alemania
e Inglaterra). Graves choques entre Irlanda y Gran Bretaña; desaparición del puesto de gobernador general británico, guerra
aduanera. Manchuria es Estado independiente. Aumenta la agresividad del Japón.
Constitución del reino de Arabia Saudita.
En Siam se instaura una monarquía constitucional. Bélgica, Luxemburgo y los Países Bajos acuerdan la paulatina supresión
de las barreras aduaneras. Japón renuncia
al patrón oro.

C. D. Anderson demuestra la existencia del
positrón (electrón positivo). G. Domagk
sintetiza la sulfonamida. G. K. Janksay inicia la radioastronomía. H. C. Urey descubre el deuterio.

1933	24 de enero: edición original de *El hondero entusiasta,* Empresa Letras de Santiago. La editora Tor de Buenos Aires publica *Veinte poemas de amor y una canción desesperada.* Abril: editorial Nascimento publica en una edición de lujo, con tirada de 100 ejemplares, *Residencia en la tierra* (1925-1931). 28 de agosto: llega a Buenos Aires, donde ha sido nombrado cónsul. 13 de octubre: en casa de Pablo Rojas Paz conoce a Federico García Lorca.

Revueltas y compañeros suyos de filiación comunista son enviados a las islas Marías. Comienza la guerra del Chaco entre Paraguay y Bolivia, provocada por conflictos de intereses entre compañías multinacionales. Levantamiento popular en El Salvador, más de 30.000 campesinos masacrados. J. B. Justo es presidente de Argentina. En Venezuela, la Standard Oil de New Jersey compra las concesiones de la Standard de Indiana en el Lago de Maracaibo.

J. de la Cuadra: *Horno.* Lins do Rego: *Niño de ingenio.* F. Herrera: *El tigre.* López y Fuentes: *Tierra.* R. López Velarde: *El son del corazón.* J. R. Romero: *Apuntes de un lugareño.*

M. Gorki: *La vida de Klim Sagim.* K. Jaspers: *Filosofía* (3 tomos). A. Richards: *Hambre y trabajo en una tribu salvaje.* R. Thurnwald: *Lo económico en las comunidades primitivas.* H. Bergson: *Las dos fuentes de la moral y la religión.* A. Huxley: *Un mundo feliz.* F. Céline: *Viaje al fin de la noche.* E. Caldwell: *El camino del tabaco.* Sholojov: *Campos roturados.* J. Romains: *Los hombres de buena voluntad* (—47). A. Artaud: *Manifiesto del teatro de la crueldad.* A. Breton: *Los vasos comunicantes.* V. Aleixandre: *La destrucción o el amor.* A. Calder expone en París. Se funda el Teatro de *La Barraca,* dirigido por F. García Lorca.

Ch: Alessandri gobierna con facultades extraordinarias. Arrecia la propaganda anticomunista. Se organizan las Milicias Republicanas, grupos paramilitares, uniformados, de tendencia derechista, desfilan por las calles de Santiago. Se producen incidentes.

J. Edwards Bello: *Criollos en París.* A. Acevedo H.: *Los cantores populares chilenos.* E. Rodríguez Mendoza: *La América bárbara.* E. Montenegro: *Cuentos de mi tío Ventura.* E. Garrido: *El hombre en la montaña.*

AL: Lázaro Cárdenas es candidato a la Presidencia en México y da a conocer su Plan Sexenal. Cae Machado en Cuba y lo reemplaza Grau San Martín: la revuelta militar es dirigida por Batista. Sánchez Cerro es asesinado en el Perú. Carías, se erige dictador en Honduras.

P. A. Cuadra: *Poemas nicaragüenses.* J. Icaza: *Barro de la sierra.* J. Bosch: *Comienzo Real.* R. Martínez Estrada: *Rariografía de la pampa.* F. Spínola: *Sombras sobre la tierra.* G. Freyre: *Casa Grande y Senzala.* Salarrué:

Moratoria y devaluación del dólar; reconocimiento de la URSS; Roosevelt impone la política del "New Deal". Creación de la *Tennessee Valley Authority.* La economía alemana está en quiebra: 5 millones de obreros sin trabajo. Hitler es nombrado canciller. El incendio del Reichstag es presentado como síntoma de alzamiento comunista; se crean los campos de concentración, iniciación de la campaña antisemita. Pacto de las cuatro potencias (Italia, Francia, Inglaterra, Alemania). Austria: golpe de Estado de Dollfus, gobierno dictatorial. Tratado de no agresión firman la URSS e Italia. Es creada la "Falange", en España.

Joliot-Curie: radiactividad artificial.

K. Barth: *La existencia teológica de hoy.* A. Casona: *La sirena varada.* M. Hernández: *Perito en lunas.* Th. Mann: *El odio.* Van Vallenhoven: *El descubrimiento del derecho indonesio.* A. Taylor: *Clasificación de los cuentos de fórmula.* A. Malraux: *La condición humana.* F. García Lorca: *Bodas de sangre.* Stein: *Autobiografía de Alice B. Tocklas.* Salinas: *La voz a ti debida.* Cooper-

1934	5 de mayo: viaja a Barcelona, donde ha sido nombrado cónsul. 4 de octubre: nace en Madrid su hija Malva Marina. 6 de diciembre: conferencia y recital poético en la Universidad de Madrid, presentado por Federico García Lorca. En la revista *Cruz y Raya,* de Madrid, aparecen las *Visiones de las hijas de Albión* y *El viajero mental,* de William Blake, traducidos por Pablo Neruda. En casa de Morla Lynch conoce a Delia del Carril.

Cuentos de barro. D. Aguilera Malta: *Don Goyo.* L. A. Sánchez: *América novela sin novelistas.* G. Ramos: *Caetés.* J. Amado: *Cacao.*

Ch: El Ministro de Hacienda, Gustavo Ross, preside la fundación de la Corporación de Ventas de Salitre y Yodo. Se concede a las mujeres el derecho a voto en las elecciones municipales.

M. L. Bombal: *La última niebla.* S. Reyes: *Tres novelas de la costa.* V. Huidobro: *Cagliostro, La próxima; Papá o el diario de Alicia Mir, En la luna.* C. Sepúlveda: Leyton: *Hijuna.*

AL: Lázaro Cárdenas es elegido Presidente de México (1934-1940). Sandino asesinado. Fin de la Enmienda Platt referente a Cuba. Velasco Ibarra es presidente de Ecuador. Negociaciones para terminar la Guerra del Chaco.

C. Samayoa Chinchilla: *Madre Milpa.* Concha Meléndez: *La novela indianista en Hispanoamérica* J. De la Cuadra: *Los Sangurimas.* N. Guillén: *West Indies, Ltd.* Romero: *Desbandada.* López y Fuentes: *¡Mi general!* R. Gallegos: *Cantaclaro.* E. Mallea: *Nocturno europeo.* V. Amorim: *El paisano Aguilar.* J. Icaza: *Huasipungo.*

Schoedsacks: *King-Kong.* El nazismo clausura la *Bauhaus.* CIAM: *La carta de Atenas.* Se levanta la censura contra J. Joyce en Estados Unidos. I. Stravinsky: *Perséfona.*

Muerte de Hindenburg y ascenso de Hitler en Alemania: el "führer". Acercamiento de Austria y Hungría entre sí y a Italia. Disturbios políticos y sangrienta represión con prohibición de todos los partidos salvo el "Frente Nacional", en Austria. Mussolini funda el Estado Corporativo. Los comunistas chinos, enfrentados a Chiang Kai-chek, inician la retirada: la "Larga Marcha". El Canciller general Dollfus es asesinado en Viena; lo sucede Von Schuschnigg. Disturbios políticos en París por el caso Staviski. La URSS se integra a la Sociedad de las Naciones. Estados Unidos concede independencia legal a Filipinas (será real a un plazo de 10 años). "Política del buen vecino" de Roosevelt respecto de América Latina; se crea el Banco de Importación y Exportación. Devaluación del dólar en un 59,6%.

Fisión del uranio. Descubrimiento del neutrón: Chadwick. Microscopio electrónico.

A. J. Toynbee: *Estudio de la historia* (10 tomos) (—54). C. E. Gadda: *El castillo de Udine.* R. Benedict: *Patrones de cultura.* D. Forde: *Habitat, economía y sociedad.* M. Hunter: *Pautas de la cultura.* W. Reich: *Psicología de masas del fascismo.* Guérin: *Fascismo y gran capital.* Giono: *El canto del mundo.* L. Cernuda: *Donde habita el olvido.* F. de Onís: *Antología de la poesía española e hispanoamericana (1882-1932).* Pessoa: *Mensaje.* R. Carnap: *Sintaxis lógica del lenguaje.* K. Popper: *Lógica de la investigación.* B. Russell: *Libertad y organización.* F. García Lorca: *Yerma.* D. Hammet: *Agente secreto X-9.* A. Raymond: *Flash Gordon.* Congreso de escritores soviéticos en Mos-

| 1935 | 3 de febrero: se traslada como cónsul a Madrid. Abril: se edita *Homenaje a Pablo Neruda de los poetas españoles,* ediciones Plutarco, de Madrid. *Sonetos de la muerte,* de Quevedo, presentados por Pablo Neruda, edición Cruz y Raya. Julio: aparece en Cruz y Raya, *Poesías de Villamediana,* presentadas por Pablo Neruda. 15 de septiembre: aparece en las Ediciones del Arbol, de Cruz y Raya, *Residencia en la tierra* (1925-1935). Octubre: aparece la revista *Caballo Verde para la Poesía,* dirigida por Pablo Neruda. |

cú: el "realismo socialista". S. Dalí: *El destete del mueble elemento* e ilustración de los *Cantos de Maldoror*. L. Pirandello es Premio Nóbel de Literatura.

Ch: Reanudación del pago de la deuda externa. Aumenta el descontento popular contra las Milicias Republicanas que hacen maniobras paramilitares en todo el país. S. Reyes: *Ruta de sangre*. V. Huidobro: *Tres inmensas novelas*. J. Edwards Bello: *La chica del Crillón*. A. Mook: *Rigoberto*. V. Teitelboin y E. Anguita: *Antología de la poesía chilena nueva*. C. Sepúlveda L.: *La fábrica*. E. González: *Hombres*.

AL: La producción de petróleo llega a 34 millones de barriles en México bajo el gobierno de Cárdenas. Aparece en la política cubana el sargento Fulgencio Batista. Concluye la Guerra del Chaco con un tratado de paz desfavorable para Bolivia. Luis C. Prestes dirige ataques comunistas contra el gobierno brasileño. Muere Carlos Gardel en un accidente de aviación.

J. L. Borges: *Historia universal de la infamia*. C. Alegría: *La serpiente de oro*. López y Fuentes: *El indio*. J. M. Arguedas: *Agua*. E. A. Westphalen: *Insulas extrañas*. J. de Lima: *Tiempo y eternidad*. E. Laguerre: *La llamada*. J. Pareja Diezcanseco: *La Beldaca*. D. Aguilera Malta: *Canal Zone*. C. Portinari recibe el Premio de pintura Carnegie.

Se concierta una alianza militar entre Checoslovaquia y la URSS. Se restaura la monarquía en Grecia, vuelve Jorge II. En España, el general Franco es nombrado jefe del Estado Mayor General del Ejército, las Cortes de la República aprueban la Ley de Contrarreforma Agraria: Plebiscito del Sarre y devolución a Alemania. Hitler implanta el servicio militar obligatorio. Leyes racistas en Nuremberg. Campaña militar de Mussolini en Africa; invasión de Etiopía. La Sociedad de las Naciones aplica sanciones contra Italia. Chiang Kai-chek es presidente de China. Conflicto entre Roosevelt y la Suprema Corte de Estados Unidos por la aplicación de la ley de "New Deal". Disturbios anticatólicos en Belfast.

Doisy descubre la vitamina K. Gallup crea el Instituto Americano de Opinión Pública. Avanzan experiencias de radar y televisión.

Jean Giraudoux: *La guerra de Troya no será*. A. Weber: *La historia de la cultura como sociología cultural*. F. García Lorca: *Llanto por la muerte de Ignacio Sánchez Mejía*. N. Hartmann: *Antología*. G. Marcel: *Ser y Tener*. A. Malraux: *El tiempo del desprecio*. T. K. Penniman: *Cien años de antropología*. R. Benedict: *Mitología Zuni* (2 vols.). Hazard: *La crisis de la conciencia europea*. T. Wolfe: *Del tiempo y del río*. Makarenko: *Poema pedagógico*. T. S. Eliot: *Asesinato en la catedral*. Ford: *El delator*. Hitchcock: *Treinta y nueve escalones*. G. Gershwin: *Porgie y Bess*. Nace F. Sagan. Muere Henri Barbusse.

| 1936 | Se edita *Primeros poemas de amor* (veinte poemas) por ediciones Héroe, de Madrid. 18 de julio: comienza la Guerra Civil Española y poco tiempo después matan a Federico García Lorca. Neruda inicia sus poemas de *España en el corazón*. Es destituido de su cargo consular. Viaja a Valencia y luego a París. 7 de noviembre: edita la revista *Los poetas del mundo defienden al pueblo español,* con Nancy Cunard. Se separa de María Antonieta Haagenar. |

Ch: Se disuelven las Milicias Republicanas.

N. Parra: *Cancionero sin nombre* B. Subercaseaux: *Zoé.* Juan Marín: *Paralelo 53 Sur.*

AL: A. Somoza se hace elegir presidente de Nicaragua. En México, Chile y la Argentina: fundación de la Federación del Trabajo. En Guatemala se establece contrato con la United Fruit. Laredo Bru destituye a Gómez en Cuba.

J. R. Romero: *Mi caballo, mi perro y mi rifle.* C. Vallejo, *España, aparta de mí este cáliz.* S. Buarque de Holanda: *Raíces del Brasil.* G. Ramos: *Angustia.* R. González Tuñón: *La rosa blindada.* E. Mallea: *La ciudad junto al río inmóvil.*

En Grecia se implanta la dictadura: Johannes Metaxas asume el poder. Tratado de alianza militar entre Gran Bretaña y Egipto. Siria y Líbano ingresan a la Sociedad de las Naciones. Se derogan las sanciones contra Italia. Mussolini proclama el Imperio Italiano; anexión de Etiopía. Rearme alemán; Alemania ocupa la zona desmilitarizada del territorio del Rhin. Convenio germano-austríaco. Constitución del Eje Roma-Berlín. Elecciones del Frente Popular en España. Levantamiento de Franco —proclamado Generalísimo del ejército sublevado— contra el gobierno. Se inicia la Guerra Civil española. Apoyo de Mussolini: 50.000 soldados. Frente Popular en Francia, encabezado por León Blum. Roosevelt es reelegido en Estados Unidos. En Moscú se inician los procesos. Abdica Eduardo VIII, lo sucede Jorge VI, en Inglaterra. Primer Congreso Musulmán en Argelia.

Investigaciones de Florey y Chain sobre la penicilina.

J. Anouilh: *El viajero sin equipaje.* G. Greene: *Una pistola en ventaja.* J. Keynes: *Teoría del empleo, el interés y la moneda.* Margaret Mitchell: *Lo que el viento se llevó.* M. Hernández: *El rayo que no cesa.* M. Hunter: *Reacción frente a la conquista.* R. Linton: *Estudio del hombre.* W. Faulkner: *Absalón, Absalón.* Bernanos: *Diario de un cura de campo.* Remuz: *Derboranza.* C. Pavese: *Trabajar cansa.* A. Gide: *Regreso de la U.R.S.S.* A. Machado: *Juan de Mairena.* M. Chagall: *Arlequinada.* Wright: *Casa Kaufmann* (Pennsylvania). C. Orff: *Carmina Burana.* Fayder: *La kermesse heroica.* C. Chaplin: *Tiempos modernos.* Mueren M. de Unamuno, L. Pirandello, M. Gorki, R. del Valle Inclán y R. Kipling; F. García Lorca es arbitrariamente fusilado por los falangistas.

| 1937 | Febrero: conferencia en París sobre Federico García Lorca. Abril: funda con César Vallejo el Grupo Hispanoamericano de Ayuda a España. 2 de julio: se realiza en París el Congreso de las Naciones Americanas; allí pronuncia un discurso que luego es traducido y editado en francés. 10 de octubre: regresa a Chile. 7 de noviembre: funda y preside la Alianza de Intelectuales de Chile para la Defensa de la Cultura. 13 de noviembre: se edita *España en el corazón,* ediciones Ercilla. |

Ch: Ley de Seguridad del Estado. Se intensifica el programa de obras públicas: centros escolares, Barrio Cívico, Estadio Nacional, etc. Ley de Medicina Preventiva. Ley sobre el sueldo mínimo y vital. El Partido Radical pasa a la oposición En las elecciones parlamentarias se advierte un fuerte crecimiento de los partidos de izquierda.

B. Subercaseaux: *Y al oeste limita con el mar.* N. Parra: *Cancionero sin nombre.* P. de Rokha: *Gran temperatura* M. Latorre: *Hombres y zorros.*

AL: Getulio Vargas gobierna dictatorialmente en el Brasil. Llega a México León Trotzki como refugiado político. Busch es presidente de Bolivia, proclama un "socialismo militar" y nacionaliza el petróleo. Cárdenas nacionaliza los ferrocarriles en México. Genocidio ordenado por Trujillo en Santo Domingo-Haití. Getulio Vargas disuelve el congreso y gobierna al Brasil con una constitución de fundamentos fascistas.

C. Pellicer: *Horas de junio.* Ortiz de Montellano: *Muerte de cielo azul.* O. Paz: *Raíz del hombre* y *Bajo tu clara sombra.* J. Lezama Lima: *Muerte de Narciso.* N. Guillén: *Cantos para soldados y sones para turistas.* Bernárdez: *Cielo de tierra.* M. A. Asturias: *El señor Presidente.* R. Gallegos: *Pobre negro.* V. Gerbasi: *Vigilia del náufrago.* M. Otero Silva: *Agua y cauce* L. Palés Matos: *Tun tun de pasa y grifería.* J. De la Cuadra: *El montuvio ecuatoriano.* R. Usigli: *El gesticulador.* Se suicida H. Quiroga.

Franco es proclamado Caudillo. La aviación alemana bombardea Almería y Guernica, que destruye. Franco en Málaga, Bilbao, Santander y Gijón, abandona el frente de Madrid. En Francia se desintegra el Frente Popular. Japón interviene militarmente en China. Alemania e Italia se retiran del Comité de no intervención. Mussolini en Alemania, confirmación del Eje. Primeras elecciones generales en la URSS desde la revolución; candidato único, triunfo del Partido Comunista. En la India, triunfa en las elecciones el Partido del Congreso.

Hallazgo de huesos del "Pithecantropus erectus", en Java.

Exposición internacional de Artes y Técnicas de la vida moderna. en París.

M. Hernández: *Viento del pueblo.* Laxness: *La luz del mundo.* E. Schreider: *Los tipos humanos.* J. Steinbeck: *La fuerza bruta.* A. Gramsci: *Cuadernos de la prisión.* W. Benjamín: *La obra de arte en la época de su reproductividad técnica.* J. P. Sartre: *El muro.* P. Picasso: *Guernica.* Ivens: *Tierra de España.* Renoir: *La gran ilusión.* Se reabre la *Bauhaus* en Chicago. Langlois y Franju: la cinemateca francesa. R. Martin du Gard: Premio Nobel de Literatura.

| 1938 | Tres ediciones sucesivas de *España en el corazón*. Se reeditan casi todas sus obras, en ediciones Ercilla, de Chile, y Tor, de Buenos Aires. 7 de mayo: muere su padre en Temuco. Julio: *Espagne au coeur,* con prólogo de Louis Aragon. Agosto: aparece la revista *Aurora de Chile,* dirigida por Neruda. 18 de agosto: muere en Temuco su madrastra, doña Trinidad Candia. Octubre: triunfa en las elecciones presidenciales don Pedro Aguirre Cerda, candidato del Frente Popular. Neruda recorre el país y pronuncia conferencias. En el frente de batalia de Barcelona, en plena Guerra Civil, se edita *España en el corazón.* |

Ch: Los partidos antifascistas se unen en el Frente Popular (radicales, democráticos, socialistas y comunistas). El 15 de abril se proclama la candidatura presidencial de Pedro Aguirre Cerda. La derecha elige como candidato a Gustavo Ross (conservadores, liberales, agrarios y falangistas). Un grupo conocido como la Alianza Popular Libertadora (nazistas comandados por González von Marees) proclama a Ibáñez. Motín nazista del 5 de septiembre. Masacre del Seguro Obrero: Alessandri ordena que sean liquidados todos los prisioneros hechos en la casa central de la Universidad de Chile y en el edificio del Seguro Obrero. Ibáñez a la cárcel; pide a sus partidarios que voten por Aguirre Cerda. El 25 de octubre, Pedro Aguirre Cerda, candidato Popular, es elegido Presidente (1938-1941).

M. Rojas: *De la poesía a la revolución.* D. Melfi: *Estudios de literatura chilena.* G. Mistral: *Tala.* C. Sepúlveda L.: *Camarada.* M. L. Bombal: *La amortajada.* F. Alegría: *Recabarren.* M. Serrano: *Antología del verdadero cuento en Chile.* Comienzan las actividades del grupo surrealista *Mandrágora.* S. del Campo: *California* (teatro). O. Castro: *Camino en el alba.*

AL: México rompe relaciones con Inglaterra. Cárdenas afirma que México cumplirá sus compromisos relacionados con la nacionalización del petróleo.

X. Villaurrutia: *Ha llegado el momento.* J. R. Romero: *La vida inútil de Pito Pérez.* A. Arráiz: *Puros hombres.* J. Vasconcelos: *Ulises criollo.* J. Icaza: *Cholos.* Vinicio de Moraes: *Nuevos poemas.* G. Ramos: *Vidas secas.* M. Gálvez: *Hombres en soledad.* Muere César Vallejo en París. L. Lugones y A. Storni se suicidan. En México: revista *Taller.*

Hitler ocupa Austria. Ultimátum alemán a Praga. Pacto de Munich entre Inglaterra, Francia, Alemania e Italia por la situación checoslovaca. Checoslovaquia debe ceder parte de su territorio. Leyes antisemitas en Italia. Batalla del Ebro en España: 80.000 republicanos muertos. Recuperación de Teruel por parte de los nacionalistas. Se retiran las Brigadas Internacionales. Los japoneses ocupan Cantón. Campaña anti-trust en Estados Unidos. Disturbios en Túnez que manifiestan la oposición contra la administración francesa.

O. Hahn y F. Strassmann demuestran la escisión del uranio. Se inventan y producen por primera vez las materias artificiales perlón y nylon.

D. Trumbo: *Johnny fue a la guerra.* A. Malraux: *La esperanza.* J. Cocteau: *Los padres terribles.* F. Boas (Dir.): *Antropología general.* G. P. Murdock y otros: *Guía para la clasificación de los datos culturales* (Estados Unidos). J. Kenyatta: *Frente al monte Kenya.* I. Schapera: *Manual de leyes y costumbres de Tswana.* J. P. Sartre: *La náusea.* Th. Wilder: *Nuestro pueblo.* M. Hernández: *Cancionero y romancero de ausencias* (—41). Huizinga: *Homo Ludens.* L. Mumford: *La cultura de las ciudades.* H. Moore: *Figura reclinada.* Siegel y Shuster: *Supermán:* O. Welles: *Macbeth.* Carné: *El muelle de las brumas.* W. Disney: *Blanca Nieves* y *El Pato Donald.*

1939	Es nombrado cónsul para la emigración española, con sede en París. Marzo: viaja a Francia pasando por Montevideo, donde asiste como delegado de la Alianza de Intelectuales de Chile al Congreso Internacional de las Democracias. De abril a julio realiza las gestiones en favor de los refugiados españoles, a parte de los cuales logra embarcar a bordo del "Winnipeg", que llega a Chile a fines de ese año. Mayo: publica *Las furias y las penas,* editorial Nascimento. Edición rusa de *España en el corazón.* En Montevideo A.I.A.P.E. publica *Neruda entre nosotros.* En París, *Trois Poèmes,* edición G.L.M. (poemas de *Residencia en la tierra); Chile os acoge,* dirigido por Neruda a los refugiados.
1940	2 de enero: vuelve a Chile. Por la editorial Esperantistas Internacionales, se edita en esperanto *Veinte poemas de amor y una canción desesperada.* Amado Alonso publica *Poesía y estilo de Pablo Neruda,* editado por Losada (hay ediciones posteriores). Continúa escribiendo el *Canto general de Chile,* que después sería el *Canto general.* 16 de agosto: llega a la ciudad de México, donde ha sido nombrado cónsul general.

Ch: Terremoto destruye provincias del sur (24 de enero). Se funden la Corporación de Reconstrucción y la Corporación de Fomento.

N. Guzmán: *Hombres oscuros.* R. del Valle: *Poesía* B. Subercaseaux: *Contribución a la realidad.* D. de la Vega: *Reino de angustias.* C. Vicuña Fuentes: *La tiranía en Chile (1938-39).* R. Azócar: *Gente en la isla.* V. Huidobro: *Sátiro o el poder de las palabras.* A. Cruchaga Santa María: *Paso de sombras.* A. Torres-Rioseco: *La novela en la América Hispana.*

AL: Empiezan a llegar a Latinoamérica los refugiados de la Guerra Civil española. México paga indemnización por propiedades expropiadas a ciudadanos o compañías de los Estados Unidos. Busch es asesinado en Bolivia. Hundimiento del acorazado alemán Graff Spee en Uruguay.

J. Gorostiza: *Muerte sin fin.* X. Villaurrutia: *Nostalgia de la muerte.* C. Vallejo: *Poemas humanos.* C. Alegría: *Los perros hambrientos.* G. Meneses: *Campeones.* M. Otero Silva: *Fiebre.* M. Monteforte Toledo: *Anaité.* J. C. Onetti: *El pozo.* C. Meireles: *Viaje.* C. Quijano funda el semanario *Marcha* en Montevideo.

Pío XII es Papa. Caen Barcelona y Madrid; fin de la Guerra Civil española con el triunfo del falangismo. Reconocimiento del gobierno falangista por parte de Inglaterra y Francia, Alemania e Italia; felicitaciones de Pío XII. Mussolini es jefe de la Cámara de los Fascios. Invasión de Albania; Italia se declara, frente a la invasión de Polonia, "no beligerante". Hitler invade Checoslovaquia. Tratado de asistencia mutua entre Gran Bretaña, Francia y la URSS. Inglaterra firma un acuerdo de apoyo con Polonia. Alianza militar ítalo-alemana. Pacto germano-soviético. Hitler invade Polonia. Inglaterra y Francia declaran la guerra a Alemania. Comienza la II Guerra Mundial. Estados Unidos se declara neutral. División de Polonia entre Alemania y la URSS y acuerdo sobre Estonia, Letonia y Lituania. Abolición de la ley seca en Estados Unidos. Hungría se retira de la Sociedad de las Naciones e impone leyes antijudías.

Comienzos de la electrónica. Televisión en Estados Unidos. Gros liga un conducto arterioso. Primeras aplicaciones del DDT.

K. Mann: *El volcán.* H. Miller: *Trópico de Capricornio.* M. Mead: *Adolescencia y cultura en Samoa.* A. Kardiner: *El individuo y su sociedad.* Hsiao Tung-fei: *La vida campesina en China.* J. Joyce: *Finnegans Wake.* Sarraute: *Retrato de un desconocido.* Mueren A. Machado y S. Freud.

Ch: La población de Chile: cinco millones de habitantes. Aguirre Cerda faculta a Pablo Neruda para que organice el asentamiento de los refugiados españoles en Chile.

J. Godoy: *Angurrientos.* B. Subercaseaux: *Chile o una loca geografía.* P. Prado: *Otoño en las dunas.* J. M. Castro: *Aguas estanca-*

Paz ruso-finlandesa. Invasiones de Alemania a: Dinamarca, Noruega, Luxemburgo, Holanda, Bélgica, Francia. Se suma Italia, apoyando a Alemania e interviene Japón: Eje Berlín-Roma-Tokio. Batalla de Dunkerke: Petain al frente del gobierno francés colaboracionista, con sede en Vichy. De Gaulle organiza en Londres el Comité Nacional de la Francia Libre, casi inmediata-

das. F. Encina: *Historia de Chile,* veinte volúmenes, 1940-1952.

AL: Asesinato de Trotzki en México. Cárdenas protesta contra Alemania por la invasión de Bélgica, Holanda y Luxemburgo. Manuel Avila Camacho es elegido Presidente de México. Batista es presidente de Cuba. Triunfa Muñoz Marín en Puerto Rico.

S. Eichelbaum: *Un guapo del 900.* E. Mallea. *La bahía del silencio.* A. Bioy Casares: *La invención de Morel.* E. Abreu Gómez: *Canek.* J. Carrera Andrade: *Registro del mundo.* M. L. Guzmán: *Memorias de Pancho Villa.* Sara de Ibáñez: *Canto.*

mente reconocido por Gran Bretaña. Italia invade Grecia. Ataques aéreos a Inglaterra; Churchill jefe del gobierno inglés desde el 10/V. (dimite Chamberlain). Ruptura de relaciones entre Vichy y Gran Bretaña; Vichy reconocido por los Estados Unidos. Los alemanes en Rumania, los rusos en Besarabia y Bucovina. Noruega, los Países Bajos y Bélgica son gobernados por grupos colaboracionistas. Se inicia la resistencia noruega. La URSS incorpora Estonia, Letonia y Lituania (23 millones de ciudadanos) a lo largo del año. En Rumania, Carol II es obligado a abdicar en favor de su hijo por J. Antonescu (Jefe de Estado): Rumania adhiere al Eje. Leyes antisemitas en Francia. Comienza la guerra en el Norte de Africa (colonias francesas). Primeros contactos Inglaterra-Estados Unidos con vistas a la obtención de ayuda. Servicio militar obligatorio en Estados Unidos. Nueva reelección de Roosevelt. Japón ocupa Indochina francesa.

Primeros ensayos de radar por parte de los ingleses. K. Landsteiner y A. S. Wiener descubren el factor Rhesus en la sangre humana.

R. H. Lowie: *Introducción a la antropología cultural.* Herskovits: *La vida económica en los pueblos primitivos.* E. Hemingway: *Por quién doblan las campanas.* C. Mc Cullers: *El corazón es un cazador solitario.* B. Russell: *Investigación sobre el significado y la verdad.* Wrigt: *Sangre negra.* G. Greene: *El poder y la gloria.* Mao Tse-tung: *La nueva democracia.* E. O'Neill: *Viaje de un largo día hasta la noche.* C. Chaplin: *El gran dictador.* Prokofiev: *Romeo y Julieta* (ballet). J. Rodrigo: *Concierto de Aranjuez.* B. Bartok: *Microcosmos.*

1941	Escribe *Un canto para Bolívar,* que edita la Universidad Nacional Autónoma de México. Viaja a Guatemala. Octubre: es nombrado doctor *honoris causa* por la Universidad de Michoacán. Diciembre: es agredido por un grupo de nazis en Cuernavaca. Recibe luego, con este motivo, la adhesión de cientos de intelectuales de toda América.
1942	En abril viaja a Cuba. El 30 de septiembre hace la primera lectura del poema *Canto de amor a Stalingrado,* cuyo texto, reproducido luego en *affiches,* se fija en las calles de la ciudad de México. Publica en varias revistas literarias *América, no invoco tu nombre en vano,* del *Canto general.* Muere en Europa su hija Malva Marina.

Ch: Pedro Aguirre Cerda muere el 25 de noviembre.

G. Drago: *Cobre.* M. Latorre: *Literatura de Chile.* V. Huidobro: *Ver y palpar; El ciudadano del olvido.* A. Mook: *Algo triste que llaman amor* (teatro). H. Díaz Casanueva: *El blasfemo coronado.* Fundación del Teatro Experimental de la Universidad de Chile bajo la dirección de Pedro de la Barra. Luis E. Délano: *Viejos relatos; Cabo de Hornos.* F. Coloane: *El último grumete de la búsqueda.* M. L. Humbal: *La amortajada.*

AL: El gobierno mexicano incauta embarcaciones alemanas e italianas. México rompe relaciones con el Japón. El ejército peruano invade Ecuador. A. Arias es derrocado en Panamá.

M. de Andrade: *Poesías.* E. Mallea: *Todo verdor perecerá.* J. Bianco: *Sombras suele vestir:* J. Ma. Arguedas: *Yaguar Fiesta,* J. Mancisidor: *La rosa de los vientos.* J. Amorim: *El caballo y su sombra.* M. Azuela: *Nueva burguesía.* Laguerre: *Solar Montoya.* C. Brañas: *Figuras en la arena.* J. Fabbiani Ruiz: *Mar de leva.* R. Díaz Sánchez: *Caminos del amanecer.* J. L. Borges: *El jardín de los senderos que se bifurcan.* J. C. Onetti: *Tierra de nadie.* C. Alegría: *El mundo es ancho y ajeno.* Fallas: *Mamita Yunai.*

Ocupación de Bulgaria, Yugoslavia y Grecia por los alemanes. Hitler invade la URSS; Stalin presidente, renuncia al reparto de Polonia. Sitio de Leningrado; ocupación de Kiev; batalla por Moscú. Fin de la resistencia italiana en Etiopía. La "Carta del Atlántico". Estados Unidos y Gran Bretaña se hallan en estrecha colaboración: cierre de los consulados de los países del Eje en Estados Unidos y confiscación de los barcos alemanes e italianos; Roosevelt proclama las "Cuatro libertades". Ataque japonés a Pearl Harbor y entrada de los Estados Unidos en guerra. Construcción de los establecimientos para genocidio con gases en Alemania y Polonia. Resistencia clandestina en Francia y otros países europeos. Formación del Vietminth en Vietnam.

Descubrimiento del neptunio y fisión del plutonio. En Alemania se desarrollan las bombas-cohete.

Pitirim A. Sorokin: *Dinámica social y cultural* (4 vols., 1937-1941). B. Brecht: *Madre coraje.* E. Vittorini: *Conversaciones en Sicilia.* S. Fitzgerald: *El último magnate* (póstumo). C. McCullers: *Reflejos en un ojo dorado.* E. Wilson: *La herida y el arco.* O. Welles: *El ciudadano Kane.* Mueren J. Joyce, V. Woolf y H. Bergson.

Ch: Juan Antonio Ríos, del Partido Radical, es elegido Presidente de la República (1942-1946).

E. Molina: *Confesión filosófica.* J. Barrenechea: *Rumor del mundo.* Luis Durand: *Presencia de Chile.* J. Guzmán Cruchaga: *Canción y otros poemas.* A. D'Halmar: *Palabras para canciones.* Max Jara: *Poemas selectos.* M. Latorre: *Mapu.* B. Lillo: *Relatos popu-*

La ofensiva del Eje pone en peligro a los Aliados. Conferencia de Washington: Bloque de 26 países comprometidos a luchar hasta el final. En Estados Unidos, presupuesto de guerra sin precedentes; Roosevelt lanza su programa de siete puntos contra la inflación. Montgomery, al mando de las tropas aliadas, derrota a Rommel en El Alamein. Ingleses y norteamericanos desembarcan en Africa del Norte. Los japone-

1943

Nuevo canto de amor a Stalingrado, editado en México (Sociedad Amigos de la URSS). Se hace una edición privada fuera de comercio de *Canto general de Chile.* Se edita en Lima *Cantos de Pablo Neruda* por Hora del Hombre. En Bogotá, *Sus mejores versos,* por Librería Siglo XX. En Chile, Nascimento edita una *Selección,* por Arturo Aldunate Phillips. Febrero: Neruda viaja a Estados Unidos para asistir a "La Voz de las Américas", en Nueva York. Regresa a México, 27 de agosto: le es ofrecida una despedida y asisten 2.000 personas. 1º de septiembre: inicia el viaje de regreso a Chile, pasando por los países de la costa del Pacífico. 3 de septiembre: Panamá. 9 de septiembre: Colombia, donde es huésped de honor del gobierno del Presidente López y huésped de honor en Manizales. En Caldas se crea el grupo escolar Pablo Neruda. 22 de octubre: Lima y Cuzco, donde visita las ruinas preincásicas de Machu Picchu. Es huésped de honor en Arequipa. 3 de noviembre: llega a Santiago. 8 de diciembre: conferencia *Viaje alrededor de mi poesía* y *Viaje al corazón de Quevedo.*

lares (póstumo). P. de Rokha: *Morfología del espanto*. R. Lomboy: *Ranquil*.

AL: México da solución al problema de la expropiación petrolera: pagará en cinco años 24 millones de dólares. México declara la guerra a las potencias del Eje y reanuda relaciones con Rusia. Se funda la Junta Interamericana de Defensa. Como resultado de la Conferencia de Río de Janeiro los países latinoamericanos rompen con el Eje. Ortiz renuncia en Argentina, lo reemplaza Castillo en la presidencia. Termina la guerra entre Ecuador y Perú con tratado de límites. Las libertades democráticas se afianzan en Venezuela bajo el gobierno de Medina Angarita.

R. Gallegos: *El forastero*. J. Liscano: *Contienda*. M. de Andrade: *El movimiento Modernista*. J. Amado: *Tierras del Sin Fin*. O. Girondo: *Persuasión de los días*. F. Dobles: *Eso que llaman pueblo*. A. Reyes: *La experiencia literaria*. Comienza a aparecer la revista *Cuadernos Americanos*. Mueren J. M. Eguren y R. Arlt.

___

Ch: Termina la neutralidad, Chile rompe relaciones con el Eje. Argentina es el único país latinoamericano que mantiene relaciones con el Eje; a pesar de esto, Chile y Argentina firman pactos comerciales y acuerdos para mejorar comunicaciones. El Partido Socialista se divide, pero los líderes Marmaduke Grovea y Salvador Allende logran la unidad. Huelgas portuarias.

N. Guzmán: *La sangre y la esperanza*. A. Edwards: *La organización política de Chile*. F. Alegría: *Lautaro*.

AL: Aparece sorpresivamente el volcán Paricutin en México. Avila Camacho se entrevista con Roosevelt. Revolución de coro-

ses ocupan Filipinas, Java y Birmania. Comienzan las batallas de Stalingrado y del Cáucaso, en la URSS. Levantamiento del sitio de Leningrado. Plan Beveridge. Nehru afirma su hostilidad hacia el Japón. Nueva campaña de desobediencia civil en la India. Reclamos de independencia total por parte del Congreso hindú; varios líderes del movimiento son arrestados. Petain cede el poder a Pierre Laval.

Primer reactor atómico en Chicago.

J. S. Huxley: *Evolución, la síntesis moderna*. A. Camus: *El extranjero*. I. Ehremburg: *La caída de París*. C. J. Cela: *La familia de Pascual Duarte*. P. Eluard: *Poesía y verdad*. B. Brecht: *La buena alma de Tse-Chuang*. A. Sjöberg: *El camino del cielo*. N. Hartmann: *Nuevos caminos de la ontología*. A. de Saint Exupéry: *Piloto de guerra*. J. Ortega y Gasset: *La esencia de las crisis históricas*. J. R. Jiménez: *Españoles de tres mundos* (Buenos Aires). Los autores españoles exiliados en México fundan los *Cuadernos Americanos;* en Buenos Aires los *Cuadernos de Historia de España*. Curtiz: *Casablanca*. Muere en prisión Miguel Hernández.

___

Movilización civil de todos los hombres y mujeres en Alemania. Capitulación alemana en Stalingrado. Liberación del sitio de Leningrado. Los Aliados derrotan al nazifascismo en Africa del Norte. Las fuerzzas anglo-norteamericanas llegan a Nápoles. Mussolini es apresado por el Gran Consejo Fascista; Italia capitula ante los Aliados, las tropas italianas luchan junto a ellos, declaración de guerra a Alemania. Poco después, Mussolini es liberado; Italia dividida. Levantamiento del ghetto de Varsovia. Ofensiva norteamericana en el Pacífico. Tito en Yugoslavia. Conferencias de Moscú, de El Cairo, de Teherán. De Gaulle es único presidente del C.F.L.N. *Manifiesto argelino*.

| 1944 | Obtiene el Premio Municipal de Poesía. Dicta un ciclo de conferencias. Se publica en Nueva York, edición privada, *Selected Poems* (poemas de *Residencia en la tierra).* En Buenos Aires, *Veinte poemas de amor y una canción desesperada* y *Residencia en la tierra,* edición Losada. |

neles derroca a Castillo en Argentina. Aparece J. D. Perón en el panorama político. Villarroel asume el poder en Bolivia.

A Arráiz: *Dámaso Velázquez*. L. Zea: *El positivismo en México*. J. Lins do Rego: *Fuego muerto*. F. Dobles: *Aguas turbias*. León Felipe: *Ganarás la luz*. J. Revueltas: *El luto humano*. R. Gallegos: *Sobre la misma tierra*. J. C. Onetti: *Para esta noche*.

El proceso fundamental de la fotosíntesis resulta aclarado por O. H. Warburg.

J. P. Sartre: *El ser y la nada* y *Las moscas*. G. Bataille: *La experiencia interior*. H. Hesse: *El juego de abalorios*. S. de Beauvoir: *La invitada*. A. de Saint Exupéry: *El principito*. G. Braque: *Retrospectiva histórica*.

Ch: En las elecciones municipales de abril, la Alianza Democrática de partidos de izquierda obtiene un triunfo resonante. El Presidente Ríos se niega, sin embargo, a gobernar con un ministerio izquierdista. El Gobierno toma enérgicas medidas contra el espionaje alemán, que actúa tanto en Chile como en Argentina. Chile establece relaciones diplomáticas con la Unión Soviética. Arturo Alessandri Palma es elegido senador a los 76 años de edad.

R. del Valle: *Orfeo*. J. Marín: *Viento negro*. O. Castro: *La sombra de las cumbres*. J. Díaz Garcés: *Leyendas y episodios nacionales*. L. Durand: *Casa de la infancia*. N. Guzmán: *Donde nace el alba*. R. Latcham: *12 ensayos*. M. Latorre: *Viento de Mallines*. N. Tangol: *Huipampa*.

AL: Fuerzas Armadas en México se preparan para entrar en combate en el Pacífico. Se inaugura el Museo Nacional de Historia en México. El general Edelmiro Farrel asume el poder en Argentina; J. D. Perón es Vice-Presidente. Cae Ubico en Guatemala.

M. Picón Salas: *De la Conquista a la Independencia*. J. E. Portuondo: *Concepto de la poesía*. C. Lispector: *Cerca del corazón salvaje*. A. Carpentier: *Viaje a la semilla*. J. Romain: *Gobernadores del rocío*. J. L. Borges: *Ficciones*. A. Reyes: *El deslinde*. V. Piñero: *Poesía y prosa*. En Cuba: revista *Orígenes* (1956).

Los Aliados entran en Roma. Desembarco aliado en Normandía ("Día D") y en Provenza. Liberación de París y de Bélgica. Ofensiva rusa contra los alemanes a lo largo del Frente Oriental. Islandia proclama la República. Ofensiva norteamericana en el Pacífico llega a Filipinas. Víctor Manuel III abandona el trono. Roosevelt es presidente de los Estados Unidos por cuarta vez. Atentado frustrado contra Hitler y salvaje represión. Organización de las Cortes de Justicia contra los colaboracionistas en Francia. Llamamiento de Pío XII en favor de la democracia. Creación del FMI.

Descubrimiento de la estreptomicina.

E. Cassirer: *Antropología filosófica*. J. Anouilh: *Antígona*. Malaparte: *Kaputt*. J. Cary: *La boca del caballo*. Saint-John Perse: *Lluvias*. P. Lagërkvist: *El enano*. B. Bartok: *Concierto para violín y orquesta*. Película colectiva: *La liberación de París*. C. Bresson: *Las damas del bosque de Boloña*. S. Eisenstein: *Iván el terrible*. La Cruz Roja recibe el Premio Nobel de la Paz.

1945	4 de marzo: elegido senador de la República por las provincias de Tarapacá y Antofagasta. Se edita el folleto *Saludo al Norte y a Stalingrado*. Obtiene el Premio Nacional de Literatura de su patria. 30 de mayo: primer discurso en el Senado, editado en *Cuatro discursos*. 8 de julio: se afilia al Partido Comunista de Chile. 15 de julio: asiste en el Estadio de Pacaembú, en São Paulo, al Comicio en homenaje a Luis Carlos Prestes (100.000 personas). 30 de julio: recepción en la Academia Brasileira de Letras, en Río; discurso de recepción a cargo de Manuel Bandeira. 30 de julio: se realiza en Río el Comicio Pablo Neruda. 1º al 8 de agosto: recitales y conferencias en Buenos Aires y Montevideo. Septiembre: escribe *Alturas de Machu Picchu*.

Ch: Marcial Mora firma el Pacto de las Naciones Unidas en nombre de Chile. Las elecciones parlamentarias dan como resultado una igualdad de fuerzas entre la derecha y la izquierda. Alessandri es elegido Presidente del Senado. En octubre, el Presidente Ríos visita los Estados Unidos y es recibido en la Casa Blanca por el Presidente Truman. S. Allende es senador por el Partido Socialista.

H. Díaz Casanueva: *Réquiem.* O. Castro: *Comarca del jazmín.* F. Coloane: *Los conquistadores de la Antártida: Golfo de Penas.* L. Merino Reyes: *Romance de Balmaceda.* Gabriela Mistral obtiene el Premio Nobel de Literatura.

AL: La participación en la Segunda Guerra Mundial le ha costado a México la suma de dos mil millones de pesos. Acta de Chapultepec. Cae Getulio Vargas como resultado de golpe militar. J. J. Arévalo es presidente de Guatemala. Argentina declara la guerra al Eje.

J. L. González: *Cinco cuentos de sangre.* J. C. Orozco: *Autobiografía.* G. Arciniegas: *Biografía del Caribe.* P. Henríquez Ureña: *Las corrientes literarias en la América Hispana.* V. Barbieri: *El río distante.* Salarrué: *Cuentos de cipotes:* R. Arévalo Martínez: *¡Ecce Pericles!* En Puerto Rico: revista *Asomante* dirigida por N. Vientós Gastón. Muere M. de Andrade.

Ofensiva final de los Aliados: los rusos llegan al Danubio, los anglocanadienses a Bremen y los norteamericanos al Elba. Hitler, Goebbels y otros jerarcas nazis se suicidan; rendición de Alemania. Ejecución de Mussolini en Italia. Muerte de Roosevelt, lo sucede Truman. Bomba atómica sobre Hiroshima y Nagasaki: destrucción de ambas ciudades y muerte en masa de sus habitantes. Japón se rinde. Encuentro de las tropas rusas y norteamericanas. Los rusos en Berlín. Conferencias de Yalta, San Francisco y Postdam. Yugoslavia se convierte en República Popular por votación unánime (90%); Tito asume el poder. Tratado de asistencia mutua Yugoslavo-soviética. Formación de la Liga Arabe. Creación de la República Democrática del Vietnam. Oposición comunista a los proyectos constitucionales de De Gaulle en Francia. Primeras medidas de sovietización de Alemania Oriental. Triunfo laborista en Inglaterra. Procesos de Nuremberg. Formación de la ONU. Corea es dividida: el Sur es ocupado por Estados Unidos y el Norte por la URSS. Indonesia se declara independiente.

Síntesis de la cortisona.

A. R. Radcliffe-Brown: *Religión y sociedad.* R. Linton: *Cultura y personalidad.* J. P. Sartre: *Los caminos de la libertad.* A. Camus: *El malentendido.* E. Vittorini: *Hombres y no hombres.* J. Prévert: *Palabras.* Rosellini: *Roma, ciudad abierta.* J. P. Sartre funda *Los tiempos modernos.* Hans Hartung: Primeros cuadros "T". Mueren P. Valéry y B. Kandinsky.

1946

18 de enero: condecorado por el gobierno de México con la Orden del Aguila Azteca. 20 de marzo: conferencia, *Viaje al Norte de Chile*. Se edita en Checoslovaquia *España en el corazón*. Se edita en Copenhague y en Estados Unidos, *Residencia en la tierra*. En São Paulo, Brasil, *Veinte poemas da amor y una canción desesperada*. 28 de diciembre: se dicta sentencia judicial declarando que su nombre legal será Pablo Neruda.

Ch: El Presidente Ríos se ve forzado a renunciar por motivos de salud; lo reemplaza Alfredo Duhalde interinamente. Huelgas obreras y represión por parte del gobierno culminan con desórdenes en los cuales mueren nueve personas. El gobierno declara el Estado de Sitio y la Confederación de Trabajadores llama a una huelga general de protesta. El Presidente Juan Antonio Ríos muere el 27 de junio. En el proceso eleccionario tanto la derecha como la izquierda se dividen. Gabriel González Videla resulta elegido Presidente con el apoyo de radicales y comunistas.

M. Brunet: *Humo hacia el sur: La mampara.* L. Guerrero: *Faluchos.* A. D'Halmar: *Cristián y yo.* L. Merino Reyes: *Muro de cal.* F. Sullivan: *La camará'.* B. Subercaseaux: *Tierra de Océano.*

AL: En México el Partido de la Revolución pasa a llamarse Partido Revolucionario Institucional. En la Conferencia de la Paz, México reclama la suma de 145 millones de dólares en pago por sus gastos de guerra. Miguel Alemán es elegido Presidente (1949-1952). Perón es elegido Presidente de Argentina. Gaspar Dutra presidente del Brasil. Villarroel es asesinado en Bolivia. Fundación del Partido Independentista en Puerto Rico. El salvadoreño Gustavo Guerrero es designado Presidente del Tribunal de Justicia de La Haya.

E. Anderson Imbert: *Las pruebas del caos.* O. Girondo: *Campo nuestro.* V. de Morães: *Poemas, sonetos y baladas.* M. A. Asturias: *El señor Presidente.* A. Céspedes: *Metal del diablo.* Guimãraes Rosa: *Sagarana.* J. de Castro: *Geografía del hambre.* R. Sinán: *A la orilla de las estatuas maduras.* Salazar Bondy: *Cuadernos de la persona oscura.* Cardoza y Aragón: *Retorno al futuro.*

Se celebra la primera Asamblea General de la ONU, en Londres. La sede de la organización es Nueva York. Trygve Lie, noruego, es elegido Secretario General. Se incorporan Suecia e Islandia. Conferencia de Paz en París. Arabes y judíos no participan en la conferencia de Londres sobre Palestina. Veredicto del tribunal de Nuremberg sobre crímenes de guerra. Avance comunista en las elecciones vietnamitas. Constitución del gobierno de Ho Chi-Minh, cuya legitimidad Francia reconoce para luego desacatar. Llamamiento de Ho Chi-Minh a la guerra de guerrillas. Proclamación de la República en Italia. En Grecia, plebiscito confirmando la monarquía; se desata la guerra civil. Acuerdo anglo-americano sobre fusión de las zonas de ocupación en Alemania Occidental. Mayoría republicana en las elecciones norteamericanas. Dimitrov derrota al rey de Bulgaria con apoyo de la URSS; se proclama la República Popular. En Yugoslavia se nacionaliza toda la economía. Se proclama la República de Hungría. Abdica el rey de Rumania bajo presión comunista. Goering se suicida. Ensayos atómicos de Estados Unidos en Bikini. Formación del M.T.L.D. en Argelia.

Un cohete de Estados Unidos (investigación atmosférica) alcanza 88 kilómetros de altura. Primer congreso de cibernética en Nueva York.

S. Thompson *El cuento folklórico.* M. J. Herskovits: *El folklore después de 100 años: un problema de redefinición.* J. P. Sartre: *El existencialismo es un humanismo.* C. Mc Cullers: *El miembro de la boda.* H. Broch: *La muerte de Virgilio.* J. R. Jiménez: *La estación total.* Elizabeth Langgahser: *El sello indeleble.* R. Schneider: *Reino del mundo y reino de Dios.* N. Kazantzakis: *Hechos y gestos de Alexis Zorba.* C. Pavese: *Feria de agosto.* H. Hesse: Premio Nobel de Literatura. J. Pollock: *La llave;* aparición en

1947	Edición de *Tercera residencia,* Losada, Buenos Aires; esta edición agrupa definitivamente en un libro *Las furias y las penas, España en el corazón* y otros. Colección de su poesía completa por Cruz del Sur, con el nombre de *Residencia en la tierra.* Edita sus conferencias la Sociedad de Escritores de Chile. 27 de noviembre: publica en *El Nacional,* de Caracas (en Chile existía censura de prensa efectiva desde el 4 de octubre), *Carta íntima para millones de hombres.* Con motivo de esta carta el Presidente de la República inicia juicio político contra Neruda.

Estados Unidos del "expresionismo abstracto", también definido como "action painting". Primer festival de Cannes: Se presenta *La bella y la bestia,* de J. Cocteau.

Ch: González Videla, quien gobernó en un comienzo con el apoyo del Partido Comunista y tuvo representantes del mismo en su gabinete, da un brusco vuelco hacia la derecha y en octubre rompe relaciones con la Unión Soviética, culpándola de fomentar las huelgas mineras en la región del carbón.

D. Belmar: *Roble Huacho.* A. Acevedo Hernández: *Pedro Urdemales.*

AL: Truman se entrevista con Alemán en la capital de México. Rómulo Gallegos es electo presidente de Venezuela: nueva Constitución y Ley de Reforma Agraria. A. Somoza se apodera del poder en Nicaragua. Brasil rompe relaciones con la URSS., se desatan persecuciones contra partidos de izquierda y sindicatos. Guerra civil en Paraguay. Regresa Albizu Campos a Puerto Rico.

F. Ortiz: *El huracán, su mitología y sus símbolos.* J. Bosch: *Ocho cuentos.* R. Sinán: *Plenilunio.* R. Usigli: *El gesticulador* y *Corona de sombras.* N. Guillén. *El son entero.* Yáñez: *Al filo del agua.* Diego Rivera pinta el mural del Hotel del Prado en México.

Independencia de las colonias luego de la segunda guerra: India, Birmania, Ceilán, Paquistán (que se incorporan a la ONU). Guerra de Indochina. La ONU aprueba el plan de reparto de Palestina; Israel y Egipto se oponen. Sangrientos combates se desarrollan entre árabes e israelíes. La URSS firma tratados de paz con Finlandia, Italia, Rumania, Hungría y Bulgaria. Italia renuncia a todas sus colonias y territorios ocupados. Trieste es ciudad libre gobernada por el Consejo de Seguridad. De Gaulle crea la R.P.F. y obtiene una importante proporción de votantes en las elecciones municipales. Plan Marshall, norteamericano, de ayuda al restablecimeino económico europeo. En España, Franco anuncia el restablecimiento de la monarquía. Ley Taft-Hartley contra sindicatos. Doctrina Truman sobre Guerra Fría. Se funda la FAO.

En Palestina, a orillas del Mar Muerto, se encuentran los más antiguos manuscritos de la Biblia. Se supera la velocidad del sonido.

J. Anouilh: *Orestes.* W. Borchet: *Fuera de la puerta.* A. Camus: *La peste.* C. Fry: *Un Fénix demasiado frecuente.* H. Kasack: *La ciudad detrás del río.* G. Celaya: *Movimientos elementales.* J. P. Sartre: *Situaciones.* I. Lowry: *Bajo el volcán.* S. de Beauvoir: *Todos los hombres son mortales.* Pratolini: *Crónica de los pobres amantes* y *Crónica familiar.* A. Moravia: *La romana.* Th. Mann: *Doctor Fausto.* L. Trilling: *A mitad de camino.* T. Williams: *Un tranvía llamado deseo.* León Felipe: *Antología rota.* L. Visconti: *La tierra tiembla.* C. Brancusi: *Prometedor.* H. Moore: *Grupo de familia.* A. Gide es Premio Nobel de Literatura.

1948

6 de enero: discurso en el Senado, publicado después con el título de *Yo acuso*. 3 de febrero: la Corte Suprema aprueba el desafuero de Neruda como senador de la República. 5 de febrero: los Tribunales de Justicia ordenan su detención. Desde esa fecha permanece oculto en Chile, escribiendo el *Canto general*. En diversos países se hacen veladas en su honor y se editan sus poemas. *Adam International Review*, Londres: número íntegro dedicado a Neruda.

Ch: Aumenta la persecución del gobierno contra las agrupaciones de izquierda y los trabajadores. González Videla se ensaña contra el Partido Comunista y, en particular, contra la persona de Pablo Neruda, a quien busca en la clandestinidad; el 22 de junio firma la Ley de Defensa contra la Democracia, llamada por la oposición "La Ley Maldita".

E. Barrios: *Gran señor y Rajadiablos.* J. Barrenechea: *Vida del poeta.* O. Castro: *Glosario gongorino.* G. Rojas: *La miseria del hombre.* Se publican en Chile, en forma póstuma *Ultimos poemas* de Vicente Huidobro.

AL: El líder Jorge Eliécer Gaitán es asesinado en Colombia; se producen violentos disturbios políticos. Se funda la Organización de Estados Americanos. Rómulo Gallegos es derrocado en Venezuela por los militares, sale al exilio; comienza una dictadura militar que durará diez años. Muñoz Marín es elegido gobernador de Puerto Rico. Presidencia de Odría en el Perú. Carta de Bogotá. Revolución de J. Figueres en Costa Rica. Vuelve Grau San Martín a Cuba.

E. Veríssimo: *El tiempo y el viento* (—60). T. Navarro Tomás: *El Español en Puerto Rico.* L. Marechal: *Adán Buenosayres.* J. Sábato: *El túnel.* J. Monteforte Toledo: *Entre la piedra y la cruz.*

Aumenta la violencia en Palestina: Entrada de tropas árabes y egipcias. El Consejo de Seguridad ordena el cese de las hostilidades. Fin del mandato británico; se funda el estado de Israel. Comienza el bloqueo de Berlín. Checoslovaquia se torna país socialista; Masaryk se suicida. El presidente Tito, de Yugoslavia, resiste presiones para su situación. El bloque occidental decreta el bloqueo económico a Yugoslavia, que también es excluida del bloque socialista. En Italia se registra mayoría absoluta de la Democracia Cristiana en el Parlamento. Atentado contra el líder comunista Togliatti; huelga general, escisión de la C.G.T. En Grecia el gobierno lanza una vasta ofensiva contra los rebeldes; se realizan deportaciones de niños hacia las democracias populares. Conferencia Ecuménica Protestante en Amsterdam. En la India, Gandhi es asesinado. Truman es reelegido en Estados Unidos. Los comunistas chinos atraviesan la Gran Muralla. Birmania es declarada República; se desata la guerra interna. Corea del Norte se transforma en República Popular; en Corea del Sur se realizan elecciones. Unión del Benelux.

Richard Kuhn echa las bases de la genética bioquímica. Espejos parabólicos en Monte Palomar.

J. Bazaine: *Notas sobre la pintura de hoy.* M. Buber: *El camino del hombre.* T. Wilde: *Los idus de marzo* G. Lúckacs: *El joven Hegel.* A. de Saint Exupéry: *Ciudadela.* A. Castro: *España en su historia.* R. Lowie: *Organización social.* B. Sundkler: *Profetas Bantús en Sud América.* M. J. Herskovits: *El hombre y sus obras, "La ciencia de la antropología cultural".* C. W. von Sydow: *Trabajos selectos sobre el folklore.* N. Mailer: *Los desnudos y los muertos.* T. Capote: *Otras voces, otros ámbitos.* E. Waugh: *Los seres queridos.* J. Genet: *Las criadas.* J. P. Sartre: *Las manos sucias.*

1949

24 de febrero: sale de Chile cruzando la Cordillera por la región austral. 25 de abril: asiste al Primer Congreso Mundial de Partidarios de la Paz, revelando simultáneamente la incógnita sobre su paradero. Lo nombran miembro del Consejo Mundial de la Paz. Junio: viaja por primera vez a la Unión Soviética, donde asiste a los festejos del 150 aniversario de Pushkin. 27 de junio: recibe el homenaje de la Unión de Escritores Soviéticos en Moscú. Julio: visita Polonia y Hungría. Agosto: viaja a México con Paul Eluard. Septiembre: participa en el Congreso Latinoamericano de Partidarios de la Paz, en México, donde permanece enfermo de cuidado hasta fines de año. Se editan sus libros o selecciones de sus poemas en Alemania, Checoslovaquia, China, Dinamarca, Hungría, Estados Unidos, Unión Soviética, México, Cuba, Colombia, Guatemala, Argentina. En Chile aparece *Dulce patria*, Editorial del Pacífico.

B. Brecht: *El círculo de tiza caucasiano*. Primera exposición de Picasso en Italia. Nace el neorrealismo italiano: V. de Sica filma *Ladrón de bicicletas*. L. Olivier: *Hamlet*.

Ch: Cae el precio del cobre y sube el costo de la vida. Huelgas y graves demostraciones contra el gobierno. Export-Import Bank e International Bank conceden préstamos a González Videla.

M. Brunet: *Raíz del sueño*. L. Durand: *Frontera*: J. Valle: *El hijo del guardabosque*. Fundación de la Escuela de Teatro de la Universidad de Chile. M. Mahfud Massis: *Las bestias del duelo*.

AL: La influencia de Eva Perón se afirma entre las clases trabajadoras, mientras la clase media y grupos profesionales continúan su oposición al gobierno. Truman busca medios de aumentar ayuda económica al Brasil. El Presidente Dutra visita Washington. Mineros bolivianos atacan al gobierno, secuestran a varios ejecutivos de nacionalidad norteamericana, matan a dos de ellos. En Guatemala la oposición hostiliza al Presidente Arévalo. Terremoto en Ecuador. Violencia en Colombia, centenares de miles de muertos. Represión en Perú.

Laguerre: *La resaca*. J. L. Borges: *El Aleph*. O. Paz: *Libertad bajo palabra*. J. J. Arreola: *Varia invención*. Yolanda Oreamuno: *La ruta de mi evasión*. M. A. Asturias: *Hombres de maíz*.

Se firma el tratado del Atlántico Norte. Fin del bloqueo de Berlín. El Papa excomulga a católicos comunistas y comunizantes. Misión norteamericana en Saigón. Los conservadores triunfan en las elecciones locales inglesas. Adenauer es canciller de Alemania Occidental. Dimisión del Gral. Marshall en Estados Unidos: comienza la "caza de brujas". Los comunistas chinos penetran en Tien-Tsin; dimisión de Chiang-Kai-chek y ocupación de Pekín. Se proclama la República Popular China. En Hungría se realiza el proceso del cardenal Mindszenty, que culmina en su condena. Vischinski reemplaza a Molotov como ministro de asuntos exteriores. Huelgas y manifestaciones en Berlín Oriental. Se forma la República Democrática Alemana. Conferencia afroasiática en Nueva Delhi. Ben Gurión es primer ministro de Israel.

L. White: *La ciencia de la cultura*. C. Lévi-Strauss: *Las estructuras elementales del parentesco*. L. Frobenius: *Mitología de la Atlántida* (París). C. Kluckhohn: *Antropología*. U. Propp: *La raíz histórica del cuento de hadas*. Eliade: *El mito del eterno retorno*. S. de Beauvoir: *El segundo sexo*. A. Miller: *La muerte de un viajante*. G. Orwell: *1984*. J. R. Jiménez: *Animal de fondo*. Char: *Furia y misterio*. G. Dubuffet: *El arte bruto preferido al arte cultural*. Trnka: *El ruiseñor del emperador*. Wyler: *La heredera*. W. Faulkner recibe el Premio Nobel de Literatura.

1950	28 de enero: se extingue el permiso constitucional para ausentarse del país que le ha dado el presidente del Senado, don Arturo Alessandri. Se publica en México el *Canto general*, en dos ediciones: una, a cargo del Comité Auspiciador, y la otra, en ediciones Océano. Ambas llevan ilustraciones de David Alfaro Siqueiros y Diego Rivera. En Chile se hacen también ediciones clandestinas. Viaja a Guatemala, donde ofrece recitales y conferencias, homenajeado por el Gobierno y el Parlamento. Se edita *Pablo Neruda en Guatemala*. Junio: viaja a Praga y después a París. En octubre firma ejemplares de la edición francesa del *Canto general*. Viaja a Roma, después a Nueva Delhi para entrevistarse con Jawaharlal Nehru. Su poesía se traduce al hindú, urdú y bengalí. Del 16 al 22 de noviembre asiste en Varsovia al II Congreso Mundial de Partidarios de la Paz. 22 de noviembre: recibe, junto con Picasso y otros artistas, el Premio Internacional de la Paz por su poema *Que despierte el leñador*. Invitado por la Unión de Escritores de Checoslovaquia, pasa una temporada en el castillo de Dobriss, propiedad de esa Unión. Se hace una nueva edición popular del *Canto general* en México y aparece otra edición clandestina en Chile. Nuevas ediciones en Estados Unidos, China, Checoslovaquia, Polonia, Unión Soviética (250.000 ejemplares), Suecia, Rumania, India, Palestina y Siria.
1951	Gira por Italia. Recitales en Florencia, Turín, Génova, Roma, Milán. Se edita en italiano *Que despierte el leñador*. 14 de enero: se realiza en Santiago, en ausencia de Neruda, un homenaje que auspician la Sociedad de Escritores de Chile y el Sindicato de Escritores, por la publicación del *Canto general*. 20 de enero: conferencia en Milán dictada por Salvatore Quasimodo y Renato Birolle sobre la poesía de Neruda. Marzo: París. Mayo: Moscú, Praga y Berlín. 5 al 19 de agosto: Tercer Festival Mundial de la Juventud en Berlín. Luego asiste al Festival Cinematográfico de Karlovy Vary y al Festival de Arte Popular de Moravia. Viaja en el ferrocarril transiberiano hasta la Re-

Ch: Empeora la crisis económica. Huelgas. González responde con la persecución policial y arresta a los líderes de los servicios telefónicos y de electricidad. Baja la producción del cobre. González viaja a Washington a solicitar nuevos préstamos. Se abre la planta de Huachipato. En agosto muere Arturo Alessandri Palma.

B. Subercaseaux: *Jemmy Button.* A. Gaete: *La ensenada de la luna.* B. Castro: *Un hombre por el camino:* M. Serrano: *Ni por mar ni por tierra.* O. Castro: *Rocío en el trébol.* E. Barrios: *Los nombres del hombre.* F. Alegría: *Camaleón.* D. Belmar: *Coirón.*

AL: Censura de prensa en Argentina, Getulio Vargas es, una vez más, elegido Presidente del Brasil. Laureano Gómez presidente de Colombia, y Manuel Odría presidente del Perú. Haya de la Torre se refugia en la Embajada de Colombia en Lima. La Junta Militar de Venezuela declara ilegal al Partido Comunista. El Jefe de la Junta, Carlos Delgado Chalbaud, muere asesinado. Patriotas puertorriqueños intentan asesinar a Truman.

A. Carpentier: *El reino de este mundo.* O. Paz: *El laberinto de la soledad.* León Felipe: *Llamadme publicano.* J. C. Onetti: *La vida breve.* R. Díaz Sánchez: *Cumboto.* M. A. Asturias: *Viento Fuerte.*

Estados Unidos alcanza los 150 millones de habitantes. Comienza la guerra de Corea; Corea del Norte sorprende a los norteamericanos y ocupa el sur; éstos mantienen una base en Pusán. Truman da la orden de fabricar la bomba de Hidrógeno (H). China anuncia su intervención en Corea: traspasa el paralelo 38. La agitación agraria gana el valle del Po en Italia. Jordania anexa la totalidad de la Palestina árabe. Jerusalén es capital de Israel. Marshall es secretario de defensa de los Estados Unidos. Eisenhower es Comandante Supremo del Atlántico. Avance republicano en las elecciones presidenciales estadounidenses. Un general ruso es jefe del Estado Mayor en Checoslovaquia y en Hungría.

P. Lagerkvist: *Barrabás.* D. Riesman: *La muchedumbre solitaria* R. Bradbury: *Crónicas marcianas.* C. Pavese: *La luna y las fogatas.* Gide y Barrault adaptan *El proceso,* de Kafka, para teatro. Boulez: *El sol de las aguas.* F. Bacon: *Retratos,* nace la *neofiguración.* Kurosawa: *Rashomon.* Primer festival de cine en Berlín. *Peanuts* de Charles M. Schulz. B. Russell es Premio Nobel de Literatura. Muere G. Bernard Shaw.

Ch: La inflación continúa en forma alarmante. Hay huelgas de empleados de bancos, de los obreros del cobre y de estibadores. González usa tropas contra los obreros. El déficit del gobierno asciende a dos mil millones de pesos. González firma acuerdo con las compañías cupreras norteamericanas para afianzar el precio del cobre.

La ONU condena la agresión de Corea del Norte; se forma un ejército internacional comandado por MacArthur. Se firma un tratado de defensa mutua entre Estados Unidos y Japón. En Irán el petróleo es nacionalizado. Se proclama la independencia de Libia. Faruk es entronizado rey del Sudán. Ministerio de Churchill en Inglaterra. En Estados Unidos comienza la era del "macarthismo", persecución política y represión pública Popular de Mongolia. Desde allí a Pekín, donde hace entrega del Premio Internacional de la Paz a Mme. Sun Yat Sen, en nombre del Consejo Mundial de la Paz. Aparecen sus poesías en Bulgaria, Tatrán (Checoslovaquia), Hungría, Islandia. Nuevas traduciones al idisch, hebreo, coreano, vietnamita, japonés, árabe, turco, ucranio, uzhbeco, portugués, eslovaco, georgiano, armenio.

| 1952 | Reside en Italia. 10 de febrero: en Capri inicia su libro *Las uvas y el viento*. Edición privada y anónima de *Los versos del capitán*. Julio y agosto: viaja a Berlín y a Dinamarca. Chile: es revocada la orden de detención al cabo de tres años y algunos meses. 12 de agosto: regresa a Santiago donde se le tributan grandes homenajes de bienvenida. Diciembre: viaja a la Unión Soviética como jurado del Premio Internacional de la Paz. Comienza a escribir las *Odas elementales*. |

M. Rojas: *Hijo de ladrón*. O. Castro: *La vida simplemente*. N. Guzmán: *La luz viene del mar*. S. Reyes: *Mónica Sandres*. E. Anguita: *Anguita*. Winett de Rokha: *Suma y destino*. G. Drago: *Purgatorio*.

AL: Reelección de Perón en la Argentina. Perón expropia *La Prensa*. Una coalición izquierdista gana las elecciones presidenciales en Bolivia, pero los militares impiden su acceso al poder. En Uruguay desaparece el régimen presidencial y es reemplazado por un Consejo Nacional de Gobierno.

E. Caballero Calderón: *El Cristo de espaldas*. J. Cortázar: *Bestiario*. Valcárcel: *La prisión*. Primera Bienal de São Paulo.

ideológica y laboral, censura de los medios de comunicación: condena a muerte de los esposos Rosenberg.

Primera central atómica experimental en Estados Unidos.

W. Main Doerflinger: *Chozas de hombres y chozas de muchachos*. A. B. Rooth: *El ciclo de la Cenicienta*. W. Faulkner: *Requiem para una monja*. L. Aragón: *Los comunistas*. C. J. Cela: *La colmena*. E. Salinger: *El cazador oculto*. E. Ionesco: *La lección*. S. Beckett: *Molloy*. R. Clément: *Juegos prohibidos*. P. Lagerkvist es Premio Nobel de Literatura. Mueren A. Gide y Sinclair Lewis.

Ch: Carlos Ibáñez del Campo es elegido Presidente. El símbolo de su campaña fue "La Escoba" para barrer la herencia de González Videla: el costo de la vida más alto desde 1947, gastos de gobierno ascendentes al 30% del presupuesto, reservas del Banco Central reducidas al mínimo. Antes de retirarse, González firma pacto de ayuda militar con los Estados Unidos. Con González termina un largo período de gobiernos radicales.

V. Teitelboin: *Hijo del salitre*. L. Oyarzún: *Ver*. R. Del Valle: *Juegos y ceremonias*. A. Rubio: *La greda vasija*. H. Del Solar: *La noche de enfrente*. J. Danke: *Todos fueron de este mundo*. J. González Bastías: *Antología poética*.

AL: Muere Eva Perón. En México se inaugura la Ciudad Universitaria y Adolfo Ruiz Cortines es el nuevo Presidente (1952-1958). El gobierno boliviano nacionaliza las minas de estaño. Golpe militar de Batista en Cuba. Puerto Rico se convierte en un Estado Asociado de los Estados Unidos.

Convenio de Paz entre Alemania Occidental, Estados Unidos, Francia e Inglaterra. Se firma el Tratado de la Comunidad Europea de Defensa; se autoriza el rearme alemán y la integración de un ejército europeo. Aumenta la tensión entre Irán e Inglaterra; Irán rompe relaciones diplomáticas. Nuevas manifestaciones en Egipto, en la zona del Canal, y represión inglesa subsiguiente. Muerte de Jorge VI: lo sucede Isabel II. Eisenhower es electo presidente de los Estados Unidos. En Polonia entra en vigor la nueva constitución; el país pasa a ser República Popular. Se registran huelgas y revueltas en Túnez. El Consejo de Seguridad se niega a examinar la cuestión de Túnez. Violentas manifestaciones comunistas en París. XIX Congreso del Partido Comunista de la URSS; se abandona el término "bolchevique". Hussein es rey de Jordania. España establece relaciones con Cuba cuando asume el poder, en ésta última, el general Batista.

A. L. Kroeber: *La naturaleza de la cultura*. M. J. Herskovits: *Antropología económica*.

1953	22 de enero: regresa de su viaje a la Unión Soviética. Organiza el Congreso Continental de la Cultura, que se realiza en abril, en Santiago, y al cual asisten grandes personalidades de América, como Diego Rivera, Nicolás Guillén, Jorge Amado, etc. Se publican dos antologías en Santiago de Chile: *Todo el amor,* editorial Nascimento, y *Poesía política,* editorial Austral. 20 de diciembre: recibe el Premio Stalin de la Paz. Comienza a construir su casa "La Chascona" en Santiago.

Empieza la dictadura de Pérez Jiménez en Venezuela.

J. L. Borges: *Otras inquisiciones*. Arreola: *Confabulario*. R. Márquez: *La carreta*. L. Zea: *La filosofía como compromiso*. Mueren M. Azuela y González Martínez.

F. Ayala: *Introducción a las ciencias sociales*. Israel: *Yeda'am*, revista de la Sociedad Israelí de Folklore, núm-1. D. Thomas: *Poemas (1934-52)*. C. McCullers: *La balada del café triste*. E. Hemingway: *El viejo y el mar*. Robbe-Grillet: *La doble muerte del profesor Dupont*. I. Calvino: *Las dos mitades del vizconde*. Dürrenmatt: *El matrimonio del señor Mississipi*. A. Miller: *Las brujas de Salem*. F. Mauriac es Premio Nobel de Literatura.

Ch: Baja el precio del cobre. Huelgas en el carbón y el cobre. Ibáñez deroga "la Ley Maldita" y la reemplaza por la Ley de Seguridad Interior del Estado. Terremoto en Chillán y Calama.

Luis Durand: *Paisaje y gentes de Chile*. D. Dublé Urrutia: *Fontana cándida*. A. Edwards: *Román Calvo: el Sherlock Holmes chileno*. L. Merino Reyes: *Murcilla y otros cuentos*. Diego Muñoz: *Carbón*. C. Droguett: *60 muertos en la escalera*. E. Lafourcade: *Pena de muerte*. M. A. Requena: *Fuerte Bulnes* (teatro).

AL: Se concede el derecho de voto a la mujer en México. Rojas Pinilla da golpe militar en Colombia. Las inversiones norteamericanas en Latinoamérica ascienden a cinco mil setecientos millones de dólares: el 40% de todas las inversiones de los Estados Unidos en el extranjero. Perón e Ibáñez intercambian visitas protocolares. El Presidente Arbenz hace frente a la oposición reaccionaria en Guatemala. Asalto de Fidel Castro al Cuartel Moncada..

A. Roa Bastos: *El trueno entre las hojas*.

J. Lins Do Rego: *Cangaceiros*. J. Rulfo: *El llano en llamas*. J. Mancisidor: *Frontera junto al mar*. C. Vitier: *Vísperas*. A. Carpentier: *Los pasos perdidos*. Revista *La Torre* en Puerto Rico.

Muere Stalin en la URSS: lo sucede Malenkov como presidente del Consejo y Jruschov como Secretario General del Partido. Ejecución de Beria. Nagy al poder en Hungría. Nasser es premier en Egipto, donde se proclama la República. Armisticio de Corea: comienza el intercambio de prisioneros. La ONU rechaza la admisión de China comunista. De Gaulle se separa del grupo parlamentario R.P.F. Desnacionalización de la industria siderúrgica y de la de transportes en Inglaterra. Estados Unidos: explosión del primer obús atómico. Malenkov anuncia que la URSS posee la bomba H. Congreso nacional del Vietminh. Ocupación de Dien-Bien-Phu. Ho Chi-Minh expone condiciones para el armisticio. Política del *Apartheid* en la Unión Sudafricana.

Primera ascensión al monte Everest.

M. Heidegger: *Introducción a la filosofía*. R. Redfield: *El mundo primitivo y su transformación*. W. Duncan Strong: *Enfoque histórico de la antropología*. W. R. Bascom: *Folklore y antropología*. C. Kluckhohn: *Categorías universales de cultura*. P. García de Diego: *El testamento de la tradición*. R. Barthes: *El grado cero de la escritura*. S. Bellow: *Las aventuras de Augie March*. S. Beckett: *Esperando a Godot*. B. Vian: *El arrancacorazones*. H. Miller: *Plexus:* R. Chandler: *El largo adiós*. E. Hemingway: *Fiesta*. I.

1954	Enero: dicta cinco conferencias sobre su poesía en la Universidad de Chile. Julio: *Odas elementales,* editorial Losada; *Las uvas y el viento,* editorial Nascimento. 12 de julio: celebran sus cincuenta años de vida con grandes homenajes. Viajan escritores de todo el mundo para saludarlo: Ai Ching y Emi Siao, de China; Ilya Ehrenburg, de la URSS; Dreda y Kurvalek, de Checoslovaquia. Barrault se une a los homenajes recitando los poemas de Neruda en sus funciones de teatro, en Santiago. De América también asisten numerosos amigos: Elvio Romero, de Paraguay; Miguel Angel Asturias, de Guatemala; de la Argentina, Oliverio Girondo, Norah Lange, María Rosa Oliver, Raúl Larra, De Lellis y otros. Dona a la Universidad de Chile su biblioteca y otros bienes y la Universidad acuerda financiar la Fundación Neruda para el Desarrollo de la Poesía. 20 de junio: acto inaugural de la Fundación Neruda. Pronuncian discursos el rector de la Universidad, don Juan Gómez Millas, y Neruda. En Francia se publica *Le Chant Géneral* con ilustraciones de Fernand Léger. *Pablo Neruda, Choix de poèmes,* por Jean Marcenac, editorial Pierre Seghers, de la Colección Poètes d'Aujourd'hui, París; *Tout l'amour,* edición Pierre Seghers. Se publican sus libros en Hungría y Polonia, y en Jerusalén en idioma hebreo. El *Canto general* en la Unión Soviética.

Bergman: *Noche de circo.* Astruc: *La cortina carmesí.* Primeras películas en cinemascope. La *Bauhaus* reabre en Munich. Apogeo del expresionismo abstracto: Newman, Pollock, Rothko, De Kooning. Winston Churchill es Premio Nobel de Literatura.

Ch: Seria crisis económica. El 17 de mayo la CUT declara un paro general. Estado de Sitio.

N. Parra: *Poemas y antipoemas.* G. Mistral: *Lagar.* H. Díaz Casanueva: *La hija vertiginosa.* J. Barrenechea: *Diario morir.* E. Barquero: *La piedra del pueblo.* A. Uribe: *Transeúnte pálido.* C. Giaconi: *La difícil juventud.* J. S. González Vera: *Eutrapelia.* L. Oyarzún: *El pensamiento de Lastarria.* B. Subercaseaux: *Santa Materia.* F. Alegría: *La poesía chilena; Walt Whitman en Hispanoamérica.* E. Lafourcade: *Antología del nuevo cuento chileno.* L. González Centeno: *Caliche.*

AL: Getulio Vargas se suicida en Brasil. Conferencia de la OEA en Caracas: John Foster Dulles obtiene una resolución anticomunista, regresa a Washington. En mayo el dictador Somoza rompe relaciones con Guatemala y en junio es derrocado el gobierno de Arbenz. Perón declara Estado de Guerra Interna en Argentina. Violenta represión en Venezuela. Huelga contra la United Fruit, Honduras. A. Stroessner toma el poder en Paraguay. Ataque nacionalista de puertorriqueños contra el Congreso de Estados Unidos.

Murena: *El pecado original de América.* C. Fuentes: *Los días enmascarados.* M. A. Asturias: *El papa verde.* E. Anderson Imbert: *Historia de la literatura hispanoamericana.* Salarrué: *Trasmallo.*

Apoyo de Estados Unidos a Alemania occidental para su reconstrucción industrial. Triunfo de Vietnam sobre Francia en la batalla de Dien-Bien-Phu. Armisticio de Ginebra y consecuente fin de la guerra. Acuerdo anglo-egipcio sobre el canal de Suez. Irán: acuerdo internacional sobre el petróleo. Comienzo de las negociaciones franco-tunecinas. Ola de atentados en Argelia: comienza la guerra de liberación. En Estados Unidos es condenado a la ilegalidad el Partido Comunista. Pacto de Manila y constitución de la SEATO, entre ocho países, para frenar la expansión comunista en el sudeste asiático. Comienza la descentralización en la URSS. Mao-Tse-tung es presidente de la República Popular China.

B. Malinowski: *Magia, ciencia y religión.* S. de Beauvoir: *Los Mandarines.* G. Cocchiara: *Historia del folklore en Europa* (2da. edición). F. Fanon: *Los condenados de la tierra.* A. Moravia: *Cuentos romanos.* H. Böll: *Casa sin amo.* M. Frish: *No soy Stiller.* Duras: *Días enteros en las ramas.* R. Wright: *Poder negro.* Golding: *Señor de las moscas.* I. Ehrenburg: *El deshielo.* F. Sagan: *Buenos días, tristeza.* A. Nin: *El espía en la casa del amor.* Max Ernst: Premio Bienal de Venecia. F. Fellini: *La strada.* Primeras canciones de G. Brassen. Primer festival de jazz en Newport.

1955	Se separa de Delia del Carril. Concluye la construcción de su casa "La Chascona", donde se traslada a vivir con Matilde Urrutia. Funda y dirige la revista *La Gaceta de Chile,* de la cual salen tres números anuales. Se publican en Alemania *Que despierte el leñador,* editorial Insel Verlag, Leipzig, y *Las uvas y el viento,* editorial Volk & Welt, de Berlín. Se publica una selección de su poesía en árabe. *Canto general,* Collana Fenice Guarda, de Bolonia, Italia. Una selección de poesías en idioma persa. *Canto general* en Bucarest, Rumania. La editorial Nascimento, de Santiago, publica su libro en prosa *Viajes,* que reúne varias de sus conferencias. Viaja a la Unión Soviética, China y otros países socialistas, además de Italia y Francia. De regreso en América, da recitales en Brasil y Montevideo y pasa una temporada de descanso en Totoral, Córdova, República Argentina.
1956	Enero: *Nuevas odas elementales,* editorial Losada. Febrero: regresa a Chile. Septiembre: *Oda a la tipografía,* editorial Nascimento. Se publica *El gran océano,* en Estocolmo.

Ch: Sube el costo de la vida en un 76%. Dos huelgas generales: una el 7 de julio y otra el 5 de septiembre. El gobierno responde con medidas de represión. Mil obreros presos.

A. Cruchaga Santa María: *Rostro de Chile.* A. C. González: *Crecida de la muerte.* E. Lihn: *Poemas de este tiempo y de otro.* J. Donoso: *Veraneo y otros cuentos.* J. Edwards Bello: *Valparaíso. Fantasmas.* M. Latorre: *La isla de los pájaros.* L. Merino Reyes: *Regazo amargo.* L. Oyarzún: *Los días ocultos.* G. Atías: *El tiempo banal.* M. C. Geel: *Cárcel de mujeres.* V. Teitelboin: *La semilla en la arena.* Lautaro Yankas: *El vado de la noche.* Mahfud Massís: *Elegía bajo la tierra.* S. Reyes: *Valparaíso, puerto de nostalgia.* F. Santiván: *Memorias de un tolstoyano.* H. Díaz Arrieta: *Historia personal de la literatura chilena (1955 y 1962).*

AL: En septiembre es derrocado el gobierno de Perón. Rojas Pinilla gobierna dictatorialmente en Colombia y clausura *El Tiempo.* En Brasil el Ministro de Guerra derroca al Presidente Provisional y encarcela al Presidente Constitucional.

Cardoza y Aragón: *Guatemala, las líneas de su mano.* J. Rulfo: *Pedro Páramo.* Bosch: *La muchacha de La Guaira.* M. Otero Silva: *Casas muertas:* M. Denevi: *Rosaura a las diez.* G. García Márquez: *La hojarasca.* M. Vargas Llosa: *Los jefes.* J. R. Ribeyro: *Los gallinazos sin plumas.* Monteforte Toledo: *Una manera de morir.*

Ch: En las elecciones complementarias de Valparaíso y Tarapacá triunfa una coalición de izquierda presidida por Salvador Allende.

E. Barquero: *La compañera.* F. Coloane: *Tierra del fuego.* L. E. Délano: *Puerto de fuego.* Estreno de *Chañarcillo* de A. Aceve-

Oposición entre Egipto e Israel: Israel invade la península del Sinaí. Organización del Trabajo en Medio Oriente, de inspiración norteamericana, se establece para frenar la expansión de la URSS. Conferencia de Bandung, con países de Asia y Africa, decide el neutralismo. En la URSS cae Malenkov; Jruschov asume la jefatura. Se firma el Pacto de Varsovia. Cae Nagy en Hungría. Se proclama la República del Sudán. Churchill se retira de la vida política. Conferencia cumbre en Ginebra. Entrada triunfal de Hô Chi-Minh en Saigón.

G. Balandier: *Sociología actual del Africa negra.* H. Marcusse: *Eros y civilización.* F. O'Connor: *Un hombre bueno es difícil de encontrar.* V. Pratolini: *Metello.* G. Celaya: *Cantos íberos.* F. Dürrenmatt: *La visita de la vieja dama.* S. Ray: *Pather Panchali.* M. A. Antonioni: *Las amigas.* Rouch: *Yo, un negro.* "La familia del hombre" gran exposición fotográfica en el Museo de Arte Moderno de Nueva York.

Las tropas británicas se retiran de Suez; el gobierno egipcio expropia la compañía del Canal; fuerzas aéreas franco-británicas lanzan un ataque, las Naciones Unidas intervienen. Se realiza el XX Congreso del Partido Comunista de la URSS: Jruschov presenta su informe. Gomulka asume el go-

1957

30 de enero: *Obras completas,* editorial Losada, en papel biblia. Comienza a escribir *Cien sonetos de amor.* 1° de abril: viaja a la Argentina. 11 de abril: es detenido en Buenos Aires y permanece un día y medio en la Penitenciaría Nacional; es puesto en libertad después de las gestiones realizadas por el cónsul de Chile en Buenos Aires. Abandona la Argentina sin realizar el recital de su poesía programado. Se publican *Pablo Neruda,* por Mario Jorge De Lellis, libro de estimación de la poesía nerudiana, editorial La Mandrágora (hay ediciones posteriores), y *Para una crítica de Pablo Neruda,* por Roberto Salama, editorial Cartago, Buenos Aires. Realiza recitales en Montevideo. Es nombrado presidente de la Sociedad de Escritores de Chile. 18 de diciembre: *Tercer libro de las odas,* editorial Losada.

do Hernández. A. Uribe: *El engañoso Laúd.*
J. Teiller: *Para ángeles y gorriones.* R. Silva Castro: *Rubén Darío a los veinte años.*
Manuel Olguín: *Alfonso Reyes, ensayista.*
F. Alegría: *El poeta que se volvió gusano.*
C. León: *Las viejas amistades.*

AL: Lázaro Cárdenas recibe el Premio Stalin de la Paz. Juscelino Kubitschek, presidente del Brasil; Manuel Prado, presidente del Perú. El dictador Somoza es asesinado. Fidel Castro desembarca en Cuba con 82 guerrilleros. Los Presidentes del continente americano se reúnen en Panamá. Siles Suazo, presidente en Bolivia.

M. Benedetti: *Poemas de la oficina.* J. J. Arévalo: *La fábula del tiburón y las sardinas.* C. Pellicer: *Práctica de vuelo.* A. Chumacero: *Palabras en reposo.* V. Gerbasi: *Antología poética.* D. Viñas: *Los años despiadados.* J. Gelman: *Violín y otras cuestiones.* R. Martínez Estrada: *Sábado de Gloria.* M. A. Asturias: *Weekend en Guatemala.* Guimãraes Rosa: *Gran Sertón: Veredas.* A. Carpentier: *El acoso.* J. Cortázar: *Final del juego.*

bierno de Polonia. Represión militar soviética en Hungría.

L. D. White: *El estado de las ciencias sociales.* Purdy: *Color de la oscuridad.* V. Nabokov: *Lolita.* Barth: *La Opera flotante.* E. Ionesco: *Las sillas.* E. Sánchez Albornoz: *España; un enigma histórico.* J. Osborne: *Recordando con ira.* Aparecen los "Beatniks". Roger Vadim invade el cine con el "mito Bardot" (nacimiento de "B.B."). J. Ramón Jiménez es Premio Nobel de Literatura.

Ch: Demostraciones estudiantiles culminan con combates callejeros, saqueos y desórdenes. Violenta represión militar en abril.

J. Donoso: *Coronación.* M. Brunet: *María Nadie.* F. Alegría: *Caballo de copas.* L. Durand: *Un amor.* G. Mistral: *Recados contando a Chile;* M. Arteche: *Otro continente.* L. Guerrero: *La caleta.* J. Elliot: *Antología crítica de la nueva poesía chilena.* M. Serrano: *Quién llama en los hielos.* Muere G. Mistral.

AL: Huelga general en Colombia, renuncia Rojas Pinilla. Castillo Armas es asesinado en Guatemala. Castro y sus guerrillas

Depuración interna en la URSS, contra Molotov, Malenkov, Zhukov y otros. Los soviéticos lanzan el Sputnik al espacio; primer satélite artificial. En China se inicia la política de las "cien flores". Ghana obtiene la independencia. Renuncia Eden en Inglaterra y lo sucede McMillan. Tratado de Roma: creación del Mercado Común Europeo. Revuelta racista en Little Rock e intervención federal en favor de los negros. Proclamación de la República de Túnez.

S. F. Nadel: *Teoría de la estructura social.* Djilas: *La nueva clase.* M. Komatovsky (ed.): *Fronteras comunes de las ciencias sociales.* M. Lerner: *América como una civilización.*

457

| 1958 | Trabaja en la campaña política para la elección de Presidente, en Chile. Realiza giras y concentraciones populares. 18 de agosto: *Estravagario,* editorial Losada. |

combaten contra las fuerzas de Batista en la Sierra Maestra. Fuerte represión en Venezuela. Duvalier asume el poder en Haití (—71).

G. García Márquez: *El coronel no tiene quien le escriba.* J. Lezama Lima: *La expresión americana.* Castellanos: *Balún Canán.* Muere Lins do Régo.

Ch: El déficit asciende a setenta y un mil millones de pesos. Baja el precio del cobre y se produce una huelga de 51 días en Chuquicamata. Las elecciones presidenciales del 4 de septiembre terminan con el estrecho triunfo de Jorge Alessandri sobre Salvador Allende. Un candidato pintoresco, llamado el Cura de Catapilco, impide el triunfo de Allende al obtener más de cuarenta mil votos en las barriadas de Santiago y otras ciudades.

J. Guzmán Cruchaga: *Altasombra.* J. Teiller: *El cielo cae de las hojas.* M. Rojas: *Mejor que el vino.* Pablo García: *Los muchachos y el Bar Pompeya.* Jaime Laso: *El cepo.* E. Lafourcade: *Para subir al cielo.* J. M. Vergara: *Cuatro estaciones.* J. Valdivieso: *El muchacho.* N. Parra: *La cueca larga.* Mahfud Massís: *Sonatas del gallo negro.* M. Aguirre: *El huésped.* Encuentros de Escritores en la Universidad de Concepción.

AL: Huelga general en Venezuela; huye Pérez Jiménez y R. Betancourt es electo presidente. El Vice-Presidente de los Estados Unidos, Richard Nixon, visita ocho países sudamericanos en el mes de mayo. Se producen violentas manifestaciones populares en su contra en Lima y Caracas. Se acusa a los Estados Unidos de imperialismo económico y de ayudar a corruptos dictadores militares y civiles. Ante la gravedad de los ataques a Nixon, el Presidente Eisenhower declara que mandará infantes de ma-

J. Hautala: *Introducción a los conceptos básicos de la ciencia del folklore* (Helsinki). Durrell: *Justine.* Butor: *La modificación.* J. Kerouac: *En el camino.* B. Pasternak: *El doctor Zivago.* Malamud: *El dependiente.* T. de Chardin: *El medio divino.* I. Bergman: *Cuando huye el día.* E. Kazan *Un rostro en la muchedumbre.* A. Camus es Premio Nobel de Literatura.

Conflicto chino-soviético; Mao renuncia a la presidencia estatal, no a la del P.C. Bombardeos a Quemoy por nacionalistas chinos. Constitución de la República Arabe Unida (Egipto y Siria). De Gaulle al gobierno en la V República en Francia. Muere el Papa Pío XII, lo sucede Juan XXIII. Estados Unidos lanza un satélite, el Explorer I. Conferencia de Ginebra para suspensión de pruebas atómicas. En Africa, Primera Conferencia de Estados Africanos Independientes. Guinea se pronuncia contra los franceses y se declara estado independiente, pasa a ser miembro de la ONU. En la URSS Jruschov asume la presidencia estatal; el sistema escolar se transforma por la fusión de la enseñanza y el trabajo productivo. Nuevos enfrentamientos entre Grecia y Turquía por los derechos sobre Chipre. Los Estados Unidos intervienen el Líbano para aplastar la naciente insurrección; reemplazan al jefe de Estado C. Chamoun por F. Chead, Comandante en Jefe del Ejército. La monarquía cae en Irak; A. K. Kassen toma el poder. Son disueltos, en Pakistán, el gobierno y el Parlamento, gobierno de Ayub Khan. Gobierno militar en Birmania. En España se crea la *Euzkadi Ta Aztazuna* (ETA). La República Federal de Alemania y la URSS firman un tratado comercial y un acuerdo sobre devolución de prisioneros. La URSS apoya a China en su conflicto con occidente acerca de Formosa. A causa de los acontecimientos en Argelia dimite el gobierno francés; De Gaulle

| 1959 | Viaja por Venezuela durante cinco meses, donde recibe grandes honores. 5 de noviembre: *Navegaciones y regresos,* editorial Losada. 5 de diciembre: *Cien sonetos de amor,* edición privada por suscripción. Comienza a edificar en Valparaíso "La Sebastiana". |

rina a rescatarlo. Colombia y Chile reciben préstamos de los Estados Unidos.

N. Guillén: *La Paloma de vuelo popular.* C. Fuentes: *La región más transparente.* A. Carpentier: *Guerra del tiempo.* J. Ma. Arguedas: *Los ríos profundos.* D. Viñas: *Los dueños de la tierra.* J. Amado: *Gabriela, clavo y canela.*

es elegido presidente con poderes extraordinarios. Se suspenden los créditos soviéticos a Yugoslavia.

El submarino nuclear *Nautilus* pasa bajo el casquete polar ártico.

Melville Jacobs y F. S. Herskovits: *Narrativa Dahomean.* S. Bellow: *El rey de la lluvia.* G. T. de Lampedusa: *El Gatopardo* (póstumo). Goytisolo: *Las afueras.* Kerouac: *El ángel subterráneo.* S. de Beauvoir: *Memorias de una joven formal.* A. Aalto: edificio de la cultura en Helsinki, Finlandia. Stockhausen: *Tres grupos para orquesta.* A. Wajda: *Cenizas y diamantes.* L. Malle: *Los amantes.* Muere J. R. Jiménez.

Ch: La administración de Alessandri es calificada por la izquierda como "gobierno de los gerentes". Comienza la concentración de capitales en manos de grupos exclusivos. S. Allende viaja a Cuba con motivo del triunfo de la revolución. Se entrevista con Castro, el Che Guevara y C. Cienfuegos.

A. Cruchaga Santa María: *Anillo de jade.* E. Barquero: *Enjambre.* C. Rozas Larraín: *Isla Negra.* J. Godoy: *Sangre de murciélagos.* I. Izaguirre y M. Rojas: *Población Esperanza.* F. Debessa: *Mamá Rosa.* S. Vadanovic: *Deja que los perros ladren.* A. Sieveking: *Parecido a la felicidad.*

AL: México rompe relaciones con Guatemala. Eisenhower y López Mateos se reúnen en Acapulco. En México mueren José Vasconcelos y Alfonso Reyes. Huye Batista de Cuba. La OEA se reúne en Santiago de Chile para discutir los problemas políticos derivados del triunfo de Castro.

M. Benedetti: *Montevideanos.* A. Roa Bastos: *Hijo de hombre.* S. Garmendia: *Los*

Conflicto chino-hindú. Tropas chinas invaden territorio de la India. Protesta de Nasser ante la ONU; en la XIV Asamblea General, Jruschov expone un plan para el desarme total en un plazo de 4 años; continúan las conversaciones sobre las dos Alemanias. Lin-Piao es Ministro de Defensa en China. La URSS envía su primer cohete a la Luna. Se realiza la entrevista Eisenhower-Jruschov-McMillan-Adenauer. Guerrillas producen disturbios en Laos; se decreta el estado de excepción en todo el país. Sukarno se afirma como dictador en Indonesia. En el Tíbet se produce un levantamiento armado anti-comunista; es aplastado y el Tíbet se convierte en "región autónoma" de la República Popular China. Se hace una rebaja aduanera del 10% entre los miembros de la Comunidad Defensiva Europea. Alaska y Hawai se incorporan como estados a Estados Unidos. Sukarno en Indonesia. De Gaulle concede a Argelia el derecho a la autodeterminación; no se acepta negociar con los rebeldes; continúan las luchas. Makarios es presidente de Chipre, una vez convertida en

1960   Sale de viaje. 12 de abril: a bordo del "Louis Lumière" finaliza *Canción de gesta.* Jean Marcenac traduce su poema *Toros,* que ilustra, con 16 aguafuertes, Pablo Picasso. Recorre la Unión Soviética, Polonia, Bulgaria, Rumania, Checoslovaquia, y reside el resto del año en París. De regreso, pasa a Italia y de allí se embarca para La Habana. Se publica en Cuba *Canción de gesta,* edición de 25.000 ejemplares. 14 de diciembre: edición definitiva de *Cien sonetos de amor,* Losada.

pequeños seres. J. R. Medina: *La nueva poesía venezolana.* J. Marinello: *Meditación americana.* J. Gelman: *El juego en que andamos.* S. Buarque de Holanda: *Visión del Paraíso.*

República independiente; las bases inglesas permanecen en la isla. Se producen disturbios en Leopoldville. Los belgas abandonan la colonia. Se celebra el XXI Congreso del P. C. S.; se presenta un plan septenal de producción. Son restauradas en Pakistán las principales instituciones democráticas.

C. Wright Mills: *La imaginación sociológica.* Melville Jacobs: *El contenido y el estilo en la literatura oral.* Sillitoe: *La soledad del corredor de fondo.* G. Grass: *El tambor de hojalata.* I. Calvino: *El caballero inexistente.* P. P. Passolini: *Una vida violenta.* E. Ionesco: *Rinoceronte:* García-Hortelano: *Nuevas amistades.* J. L. Godard: *Sin aliento.* A. Resnais: *Hiroshima, mi amor.* F. Fellini: *La dolce vita ("La buena vida").* M. A. Antonioni: *La aventura.*

Ch: Catastrófico terremoto destruye el sur de Chile en el mes de mayo.

C. Droguett: *Eloy.* J. Valle: *Del monte en la ladera.* Egon Wolff: *Parejas de trapo* (teatro). R. del Valle: *El corazón escrito.* H. Díaz Casanueva: *Los penitenciales.* E. Barquero: *El pan del hombre.* L. Merino Reyes: *La última llama.* Armando Cassigoli: *Angeles bajo la lluvia.* Poli Délano: *Gente solitaria.* I. Aguirre: *La pérgola de las flores.* F. Cuadra: *Rancagua 1814.* C. Giaconi: *Gogol.*

AL: Osvaldo Dorticós, Presidente de Cuba, visita México. El pintor David Alfaro Siqueiros es encarcelado. Conferencia de cancilleres americanos en Costa Rica. Cuba nacionaliza los bancos. John Kennedy es elegido Presidente de los Estados Unidos y rápidamente implanta el embargo económico contra Cuba. Golpes militares derrocan a Fuentes en Guatemala y a Lemus en El

Se agudiza el conflicto chino-soviético; la URSS propone la "coexistencia pacífica" con el occidente, repudiada por China; los jefes de los respectivos partidos comunistas se reúnen en Moscú para tratar el problema. Expulsión de técnicos soviéticos de China. La URSS derriba un avión norteamericano "en misión de espionaje"; los Estados Unidos admiten la existencia de vuelos de "reconocimiento" sobre la URSS como "medida defensiva". Conferencia de 81 Partidos Comunistas en Moscú. Fracasa la conferencia cumbre de las cuatro potencias convocada en París. Se firma un convenio sobre la implantación de una zona europea de libre comercio. Se crea el F.L.N. en Vietnam del Sur. J. F. Kennedy es electo presidente de los Estados Unidos: decreta el bloqueo económico a Cuba. "Año Africano": Independencia del Congo, Ghana, Katanga, Camerún, Togo, Somalia, Tschad, República de Africa Central, Madagascar, Dahomey, Alto Volta, Costa de Marfil, Ga-

Salvador. Explosión terrorista contra el barco francés "La Coubre" en La Habana. Paz Estensoro es presidente de Bolivia y Velasco Ibarra del Ecuador. Kubitschek inaugura Brasilia, nueva capital federal del Brasil.

J. Revueltas: *Dormir en tierra.* M. Benedetti: *La tregua.* R. Silva Herzog: *Breve historia de la revolución mexicana.* M. A. Asturias: *Los ojos de los enterrados.* G. Cabrera Infante: *Así en la paz como en la guerra.*

bón, Nigeria y Mauritania. La URSS concede a la RAU un préstamo para la construcción de la represa de Assuán. El presidente hindú, Nehru, exige el retiro de las tropas de China Roja de los territorios de Lajad y Cachemira. Se produce la colectivización de la agricultura en la República Democrática Alemana; se prohíbe a los alemanes occidentales entrar en Berlín oriental sin autorización. En el Congo, P. Lumumba es derrocado por J. Kasavubu, en alianza con el coronel Mobuto. En Bagdad, con la participación de Irán, Kuwait, Arabia Saudita, Venezuela e Irak, se crea la OPEP.

Sahling & Service: *Evolución y cultura.* H. L. Shapiro: *Hombre, cultura y sociedad.* Ad. E. Jensen: *Mito y culto entre los pueblos primitivos* (Alemania). M. Duspire: *Situación de la mujer en una sociedad pastoril.* J. P. Sartre: *Crítica de la razón dialéctica.* C. Wright Mills: *Escucha, yanqui.* Cassola: *La muchacha de Bube.* Huberman y Sweezy: *Anatomía de una revolución.* J. Updike: *Corre, conejo.* Ferlinghetti: *La cuarta persona del singular.* L. Visconti: *Rocco y sus hermanos.* Belognini: *La viacchia.* Década de los Beatles. Florecen la *Nouvelle vague* (nueva ola) —Goddard, Truffaut, Chabrol— y el *Cinéma vérité* (cine verdad) —Rouch, Reichenbach, Merker— en Francia; el cine *underground* —McBride, Cassavetes, Warbol, Mailer— en Estados Unidos, y el *free-cinema* (cine libre) —Reisz, Richardson, Anderson— en Inglaterra. Década del *Pop* y del *Op* arte en artes plásticas.

| 1961 | Febrero: regresa a Chile. *Canción de gesta,* ediciones Austral de Santiago de Chile. 26 de julio: *Las piedras de Chile,* edición Losada. 31 de octubre: *Cantos ceremoniales,* edición Losada. El Instituto de Lenguas Romances de la Universidad de Yale (EE. UU.) lo nombra miembro correspondiente. Este cargo ha sido concedido, entre otros poetas, a Saint-John Perse y T. S. Eliot. Se publica el millonésimo ejemplar de *Veinte poemas de amor y una canción desesperada.* Edición en París de *Tout l'amour,* traducción de Alice Gascar. En Estados Unidos: *Selected poems of Pablo Neruda.* |

| 1962 | Enero: *O Cruzeiro Internacional* inicia "Memorias y recuerdos de Pablo Neruda: *Las vidas del poeta"* (10 números). 30 de marzo: lo nombran miembro académico de la Facultad de Filosofía y Educación de la Universidad de Chile. Abril: sale de viaje y visita la URSS, Bulgaria, Italia y Francia. 6 de septiembre: *Plenos poderes,* editorial Losada. Regresa a su casa de Valparaíso. |

Ch: Las elecciones parlamentarias indican que el gobierno ha perdido apoyo popular. S. Allende es elegido senador por Aconcagua y Valparaíso.

M. Valdivieso: *La brecha.* J. Teiller: *El árbol de la memoria.* O. Hahn: *Esta rosa negra.* Jorge Díaz: *El cepillo de dientes* (teatro). Luis A. Heiremans: *Versos de ciego* (teatro). P. de Rokha: *Acero de invierno.* E. Barquero: *El regreso.* A. Uribe Arce: *Los obstáculos.* R. Ruiz: *La ciudad se construye de noche.* M. Rojas: *Punta de rieles.* C. Rozas L.: *Barco negro.* D. Belmar: *Los túneles morados.*

AL: Estados Unidos rompe relaciones con Cuba. Fracasa una invasión contra Cuba de elementos anti-castristas apoyados públicamente por el gobierno de Kennedy, quien, en reunión celebrada en Nueva York, les hace entrega de una bandera cubana. Castro declara que Cuba es un país socialista. Trujillo muere asesinado. Kennedy da a conocer los preceptos de su doctrina de "Alianza para el progreso". Velasco Ibarra es derrocado en el Ecuador. Quadros renuncia en Brasil y asume Goulart.

J. C. Onetti: *El astillero.* J. Sábato: *Sobre héroes y tumbas.* R. Dalton: *La ventana en el rostro.* J. C. Lispector: *Una manzana en la oscuridad.* M. Otero Silva: *Oficina Nº 1.* G. García Márquez: *El coronel no tiene quien le escriba.*

En la URSS, dura crítica a la política y a las figuras de Stalin, Malenkov y Molotov. Crítica al revisionismo soviético en Albania. Construcción del muro de Berlín. Kennedy envía 15.000 consejeros a Vietnam. Lumumba es asesinado en el Congo; continúa la guerra interna. Kennedy y Jruschov se reúnen en Viena; la tensión entre ambas potencias aumenta. Sudáfrica se separa del Commonwealth. Primera insurrección urbana en Angola, encabezada por A. Neto. Se agudiza el conflicto ítalo-austríaco por la pertenencia del Tirol del sur. Comienza el ciclo de conferencias franco-argelinas. Israel e Irán firman una alianza militar; fuerte tensión con los árabes. La India termina de integrar a su territorio, por la fuerza, los restos coloniales portugueses.

Gagarín, cosmonauta soviético, realiza el primer vuelo orbital tripulado.

Leach: *Repensando la antropología.* O. Lewis: *Los hijos de Sánchez.* E. E. Evans-Pritchard: *Clanes y totems Zande.* R. M. Dorson: *Investigación del folklore alrededor del mundo.* Thomas: *La Guerra Civil Española.* Heller: *Trampa 22.* E. Ionesco: *El rey se muere.* L. Buñuel: *Viridiana.* F. Truffaut: *Jules et Jim.* Kawalerovicz: *Madre Juana de los Angeles.* A. Saura: *Dama* (plástica). D. Chostakovitch: *12ª sinfonía.*

Ch: En abril Chile rompe relaciones con Bolivia a causa de los problemas que provoca la distribución de las aguas del Río Lauca. En diciembre se aprueba una Ley de Reforma Agraria.

E. Aguita: *El poliedro y el mar.* N. Parra: *Versos de salón:* E. Barquero: *Maula.* M.

Se firma el armisticio de Evián: independencia de Argelia, que se incorpora a la ONU; Ben Bella es presidente del nuevo país. Crisis de los cohetes en el Caribe; la URSS los retira de Cuba. En Israel, Eichmann es ejecutado por "crímenes contra la humanidad", etc. Se reúne el XXII Congreso Ecuménico. Hay problemas fron-

1963   *Obras completas,* segunda edición. Losada. *Sumario,* impreso por Tallone, en Alpignano, Italia. Este libro se incorporará después al *Memorial de Isla Negra.* En la revista *BLM (Bormiers Litterata Magasia)* de Estocolmo, Arthur Lundkvist, de la Academia Sueca, publica un extenso artículo: *Neruda.* Diciembre: Pablo Neruda ilustra los sonetos de Homero Arce publicados con el título de *Los íntimos metales.*

Jara: *Surazo.* J. M. Vergara: *Don Jorge y el dragón.* J. A. Palazuelos: *Según el orden del tiempo,* P. Délano: *Amaneció nublado.* A. Sieveking: *Animas del día claro* (teatro). Y. Moretic y C. Orellana: *El nuevo cuento realista chileno.* Congreso Latinoamericano de Escritores en la Universidad de Concepción.

AL: Kennedy se entrevista con López Mateos en la capital de México. El Consejo de la OEA acepta las resoluciones de Punta del Este y procede a excluir a Cuba del sistema americano. A. Frondizi es derrocado en Argentina. Cuartelazo militar en el Perú. Jamaica declara su independencia. Kennedy declara bloqueo naval contra Cuba y se produce una crisis entre los Estados Unidos y la Unión Soviética. La Unión Soviética firma un pacto de ayuda militar con Cuba. Bosch presidente de Repúblcia Dominicana.

C. Fuentes: *La muerte de Artemio Cruz.* A. Carpentier: *El siglo de las luces.* G. García Márquez: *La mala hora.* J. C. Onetti: *El infierno tan temido.* M. Mujica Láinez: *Bomarzo.* Sabines: *Recuento de poemas.* Guimarães Rosa: *Primeras historias.* Drummond de Andrade: *Lección de cosas.* O. Trejo: *También los hombres son ciudades.*

terizos entre India y China. Estados Unidos y la URSS son artífices de la reunión de una "Comisión de desarme de las 18 naciones", en Ginebra. Holanda pierde sus últimas posesiones (Nueva Guinea) en el sudeste asiático. "Apertura a la izquierda" en Italia. Terrorismo de derecha, por problema argelino, en Francia: según cálculos de este país, en la guerra habrían muerto 17.000 pro-colonialistas y 141.000 argelinos independentistas. Se nacionalizan empresas extranjeras en Irak. España solicita su ingreso al Mercado Común. Se produce un cambio en la política económica china: fomento a la agricultura.

U. Eco: *Obra abierta.* C. Lévy-Strauss: *El pensamiento salvaje.* Tremo Nettl: *Introducción a la música folklórica en los Estados Unidos.* A. Solzjenitzin: *Un día en la vida de Iván Dennisovich.* E. Albec: *¿Quién le teme a Virginia Woolf?* H. Pinter: *La colección.* Porter: *El barco de los locos.* Plath: *Campanas de cristal.* F. Fellini: *Ocho y medio.* J. L. Godard: *Vivir su vida.* Welles: *El proceso.* P. Hindemith: *La larga cena de navidad* (ópera de cámara). Muere W. Faulkner.

Ch: Sube el costo de la vida en un 36%, pero los índices de producción muestran un saludable ascenso. La vida política gira alrededor de las elecciones presidenciales de 1964.

J. M. Varas: *Porai.* E. Lihn: *La pieza oscura.* I. Aguirre: *Los papeleros* (teatro). Egon Wolff: *Los invasores* (teatro). J. Teiller: *Poemas del país Nunca Jamás.* Instituto de Literatura de la Universidad de Chile: *Antología del cuento chileno.*

Muere el Papa Juan XXIII; Pablo VI es su sucesor. Se funda la Organización para la Unidad Africana. Acciones de la ONU contra Katanga, que es dividida en varias provincias. En la URSS se firma un tratado de limitación de armas nucleares; prohibición de las pruebas en la atmósfera, el espacio y bajo el agua. Se crea un enlace directo por teletipo entre Washington y Moscú. Asesinato de Ngo-Dinh Diem en Vietnam del Sur e intervención norteamericana contra el Vietcong. Kennedy es ase-

1964

Raúl Silva Castro, crítico y académico de la Lengua, publica *Pablo Neruda,* extenso libro biográfico y crítico. La Biblioteca Nacional de Chile conmemora el sexagésimo aniversario del poeta. Palabras del director don Guillermo Feliú Cruz al iniciar el ciclo nerudiano. Pablo Neruda: *Cómo veo mi propia obra.* Conferencias de Fernando Alegría, Mario Rodríguez, Hernán Loyola, Hugo Montes, Nelson Osorio, Luis Sánchez Latorre, Volodia Teitelboim, Manuel Rojas, Jaime Giordano y Federico Schopf. Se publican, dedicadas a Neruda, las siguientes revistas chilenas: *Alerce, Aurora y Mapocho.* 12 de ju-

G. Rojas: *Contra la muerte*. C. Droguett: *Patas de perro*. M. Rojas: *Sombras contra el muro*. M. Aguirre: *La culpa*. G. Blanco: *Gracia y el forastero*. J. Edwards: *El peso de la noche*. L. E. Délano: *El rumor de la batalla*. F. Alegría: *Mañana los guerreros*. F. Rivas: *Los últimos días*. Jorge Díaz: *Variaciones para muertos de percusión* (teatro).

AL: Cae Víctor Paz Estensoro en Bolivia y lo reemplaza René Barrientos. Gustavo Díaz Ordaz, es nuevo Presidente de México, elegido en un ambiente de marcada prosperidad económica. Bajo la Presidencia de Fernando Belaúnde se aprueba una Ley de Reforma forma Agraria en el Perú. Formación de ADELA (Atlantic Community Development Group for Latin America) con el propósito de importar capitales por valor de cuarenta millones de dólares desde Europa, Estados Unidos y Japón. Perón trata de regresar a la Argentina, pero las autoridades de este país no se lo permiten. Insurrección militar contra Goulart en Brasil. Asciende al poder Humberto Castello Branco. En Panamá ocurren violentas manifestaciones de protesta contra los Estados Unidos; mueren veinte personas. Manuel Robles es elegido Presidente en Panamá y Raúl Leoni en Venezuela. La OEA aprueba la decisión de cortar relaciones con Cuba. México se opone. Cuba mantiene activo tratado comercial con Francia e Inglaterra.

G. Cabrera Infante: *Tres tristes tigres*. J. M. Arguedas: *Todas las sangres*. A. Carpentier: *Tientos y diferencias*. H. Aridjis: *Mirándola dormir*. Leñero: *Los albañiles*. Salazar Bondy: *Lima la horrible*.

China no participa en la conferencia mundial de los PC; detona su primera bomba atómica. Francia y la República Popular China establecen relaciones diplomáticas. Además, reconocen a la República Popular China: Gran Bretaña, Dinamarca, Noruega, Holanda, 12 estados socialistas y 30 países "neutrales". Muere Togliatti en Italia, lo sucede Longo en el PC. Saragat es presidente de Italia. Los laboristas ganan las elecciones en Inglaterra. Muere Nehru. Martin Luther King es Premio Nobel de la Paz. Tropas de la ONU intervienen, a causa del conflicto greco-turco, en Chipre. Zanzíbar (socialista) y Tanganica forman la Federación de Tanzania.

R. Barthes: *Ensayos críticos*. Sebag: *Marxismo y estructuralismo*. H. Marcusse: *El hombre unidimensional*. P. Delaure y M. L. Teneze: *El cuento popular francés*, t. II (Delaure: t. I, 1957). S. Bellow: *Herzog*. N. Mailer: *Un sueño americano*. J. P. Sartre: *Las palabras*. C. Alvarez: *Palabras como latigazos*. McCarthy: *El grupo*. M. A. Antonioni: *El desierto rojo*. S. Kubrick: *Doctor Insólito*. *Barbarella*, de Jean-Claude Forest. J. P. Sartre rechaza el Premio Nobel de Literatura.

| 1965 | Febrero: viaja a Europa. Junio: se le otorga el título de doctor *honoris causa* en Filosofía y Letras de la Universidad de Oxford, título que se da por primera vez a un sudamericano. Julio: vive en París. Luego viaja a Hungría, donde en colaboración con Miguel Angel Asturias escribe *Comiendo en Hungría,* libro que se publicará en cinco idiomas simultáneamente. Asiste a la reunión del PEN Club, en Bled (Yugoslavia), y al Congreso de la Paz en Helsinki (Finlandia). Viaja a la URSS como jurado del Premio Lenin, que se le otorga al poeta español Rafael Alberti. Diciembre: pasando por Buenos Aires unos días, regresa a Chile. |

Ch: Las elecciones parlamentarias constituyen nueva victoria para la Democracia Cristiana. Huelga del cobre. Terremoto y tormentas causan problemas económicos al gobierno de Frei.

G. Atías: *A la sombra de los días.* P. de Rokha: *Epopeya de las comidas y bebidas de Chile: Canto del macho anciano.* J. Teiller: *Poemas y secretos.* L. A. Heiremans: *El toni chico* (teatro). M. Wacquez: *Toda la luz del mediodía.* J. L. Palazuelos: *Muy temprano para Santiago.* L. Domínguez: *El extravagante.*

AL: Golpe militar en la República Dominicana. El Presidente de Estados Unidos, L. Johnson declara que su gobierno debe intervenir para derrocar una conspiración comunista; treinta mil infantes de marina llegan a Santo Domingo. Sigue un período de violencia e indecisión política y una guerra civil en la cual mueren tres mil personas. El país vive con una cesantía del 50%. Conferencia de la OEA, en Río de Janeiro, aprueba modificaciones a esa organización. Mientras tanto, en Brasil, el gobierno militar controla estrictamente el funcionamiento de las universidades. Una huelga general es aplastada por el gobierno de Bolivia. Ernesto Che Guevara desaparece de Cuba y corren rumores de un rompimiento con Castro. Guerrillas en Perú y Guatemala.

M. Vargas Llosa: *La casa verde.* O. Trejo: *Depósito de seres.* E. Desnoes: *Memorias del subdesarrollo.* L. Marechal: *El banquete de Severo Arcángel.* A. Candido: *Literatura y sociedad.* Muere M. Picón Salas.

Reelección de De Gaulle en Francia. Continúa la intervención de Estados Unidos en Vietnam: el país es estragado por la guerra. Prosiguen los disturbios raciales; formación del "Poder Negro". Malcolm X, líder del movimiento negro, es asesinado. Más proezas espaciales: rusos y norteamericanos caminan en el espacio. Independencia de Rodhesia. Muere Churchill. Derrocamiento de Ben Bella en Argelia; lo sucede Boumedienne. Desaparición del líder izquierdista marroquí, Ben Barka, exiliado en Francia.

T. Todorov: *La herencia metodológica del formalismo.* A. Dundes: *El estudio del folklore.* Malcolm X: *Autobiografía.* Leroi Jones: *El sistema del infierno de Dante.* Weiss: *Marat Sade.* L. Althusser: *Pour Marx.* J. L. Godard: *Pierrot el Loco.*

1966	Junio: viaja a Estados Unidos como invitado de honor a la reunión del PEN Club. Da recitales en Nueva York, presentado por Archibald Mac-Leish, decano de los poetas americanos, en Washington y Berkeley; graba para la Biblioteca del Congreso de Washington. Viaja luego a México, donde da recitales en la Universidad; al Perú, recitales en el Teatro Municipal, en la Universidad de San Marcos y en la Universidad de Ingeniería; recital en Arequipa. A pedido de la Asociación de Escritores Peruanos, que preside Ciro Alegría, es condecorado con el Sol del Perú. Louis Aragon publica *Elegie a Pablo Neruda,* Gallimard. Emir Rodríguez Monegal, *El viajero inmóvil,* editorial Losada. 28 de octubre: legaliza en Chile su matrimonio con Matilde Urrutia, celebrado antes en el extranjero. Se publica *Arte de pájaros,* edición privada, por la Sociedad Amigos del Arte Contemporáneo, ilustrada por Antúnez, Herrera, Carreño y Toral. Audiciones semanales de radio con recuerdos y lectura de su poesía (10 audiciones). Pablo Neruda escribe una obra de teatro: *Fulgor y muerte de Joaquín Murieta.* La editorial Lumen, de Barcelona, publica *La casa en la arena,* textos del poeta y fotografías de Sergio Larraín.

Ch: Frei anuncia su plan de "chilenización del cobre". En la reunión del PEN Club en Nueva York, Pablo Neruda debate contra el escritor italiano Ignazio Silone sobre las condiciones de los escritores soviéticos que se oponen al gobierno.

Hernán Valdés: *Cuerpo creciente.* J. Donoso: *El lugar sin límites.* L. Rivano: *Bajo el signo de Espartaco.* A. Alcalde: *El auriga Tristán Cardenilla.* E. Lihn: *Poesía de paso.* Hernán Loyola: *Ser y morir en Pablo Neruda.* F. Lamberg: *Vida y obra de Pablo de Rokha.* H. Díaz Casanueva: *El sol ciego.* E. Alvarado: *El desenlace.* Poli Délano: *Cero a la izquierda.*

AL: Conferencia Tricontinental en La Habana. Un golpe militar en Argentina derroca al Presidente Illía; sube J. C. Organía. Carlos Lleras Restrepo Presidente de Colombia. Johnson visita México en dos ocasiones. Camilo Torres muere en la guerrilla. Independencia de Barbados.

A. Uslar Pietri: *Pasos y pasajeros.* S. Garmendia: *Doble fondo.* J. Lezama Lima: *Paradiso.* C. Fuentes: *Zona Sagrada.* E. Cardenal: *El estrecho dudoso.* Quino: *Mafalda.* Alicia Alonso gana el Grand Prix de ballet en París.

Sostenida huelga de los obreros del transporte en Nueva York, pérdidas cuantiosas. Se inicia la Revolución Cultural china: purga contra influencias burguesas extranjeras. Arrecian las manifestaciones contra la guerra del Vietnam en Estados Unidos; bombardeos masivos de Estados Unidos sobre Hanoi y Haiphong; tortura sistematizada a prisioneros norvietnamitas. Indira Gandhi llega al poder en la India. B. Russell convoca y constituye el Tribunal de las Naciones Unidas para la guerra del Vietnam. Reveses norteamericanos en Vietnam. Represión a rebeldes budistas chinos. Sukarno capitula ante Suharto en Indonesia. El protectorado de Bechuanalandia se constituye en estado independiente de Botswana. Auge, en el mundo occidental, del consumo de alucinógenos. En París, se da por muerto a Ben Barka, líder marroquí: Escándalo político. Victoria electoral de H. Wilson, laborista, en Inglaterra. Se registran en casi todos los países occidentales sistemáticas manifestaciones estudiantiles contra la guerra de Vietnam. En Indonesia estalla una larga guerra civil. Las inundaciones en el norte de Italia ocasionan muchas víctimas y pérdidas artísticas irreparables.

Alunizaje del Lunik 9. En órbita el primer satélite francés.

J. Pouillon: *El análisis de los mitos.* Renaud Santerre: *El método de análisis en las ciencias del hombre.* L. Goytisolo: *Señas de identidad.* E. Wolfe: *Campesinos.* T. Capote: *A sangre fría.* S. Lewis: *La vida.* J. Lacan: *Escritos.* M. A. Antonioni: *Blowup.* L. Buñuel: *Bella de día.* Art-minimal: Flavin, Judd, Kosuth. Mueren B. Keaton, A. Giacometti, A. Breton y W. Disney.

1967	En abril sale de viaje. 22 de mayo, asiste al Congreso de Escritores Soviéticos celebrado en Moscú. 20 de julio: se le otorga el premio Viareggio-Versilia, instituido este año por primera vez para personalidades mundiales que trabajen por la cultura y el entendimiento entre los pueblos. Visita Italia, Francia, Inglaterra y regresa a Chile en el mes de agosto. 14 de octubre: se estrena en Santiago *Fulgor y muerte de Joaquín Murieta* por el Instituto de Teatro de la Universidad de Chile, bajo la dirección de Pedro Orthous y con música de Sergio Ortega. La editorial chilena Zig-Zag edita la primera edición de esta obra. El poeta escocés Alastair Reid publica y presenta en Inglaterra una traducción de poemas de Neruda. El pintor austríaco Hundertwasser fabrica con *Alturas de Machu Picchu* un libro-objeto, cuyos 66 ejemplares de la edición son vendidos en París. El estudioso de la obra nerudiana, Hernán Loyola, publica su ensayo *Ser y morir en Pablo Neruda,* editorial Santiago.

Ch: La Democracia Cristiana pierde terreno en las elecciones municipales de este otoño. En noviembre el país vive en ambiente de violencias políticas. Huelga general. Se suicida Violeta Parra.

E. Anguita: *Venus en el pudridero.* N. Parra: *Canciones rusas.* E. Barquero: *El viento de los reinos.* J. Guzmán: *Job-Boj.* J. Donoso: *Este domingo.* C. Droguett: *El compadre.* H. Lavín Cerda: *Cambiar de religión.*

AL: Reunión de Presidentes en Punta del Este; se echan las bases del Mercado Común. Sube al poder Costa e Silva. Ley del Petróleo en Argentina. La poderosa CGT aparece dividida. El general Gestido al poder en Uruguay. Se estrechan las relaciones entre Brasil, Argentina, Paraguay y Bolivia. Muere Gestido y lo sucede Pacheco Areco. La noticia dramática del año es la muerte del Che Guevara en Bolivia, donde ha combatido a la cabeza de escasas fuerzas guerrilleras. Regis Debray es sometido a juicio y el gobierno de Francia intercede a su favor. Terremoto en Caracas.

G. García Márquez: *Cien años de soledad. El Diario* de Guevara, en Bolivia, se convierte en un documento histórico internacional. Miguel Angel Asturias recibe el Premio Nobel de Literatura.

N. Guillén: *El gran zoo.* J. E. Pacheco: *Morirás lejos.* J. Cortázar: *La vuelta al día en ochenta mundos.* J. Amado: *Doña Flor y sus dos maridos.* M. Vargas Llosa recibe el "Premio Rómulo Gallegos" por su novela *La casa verde.*

Estalla la Guerra de los Seis Días entre Israel y los países árabes. Israel ocupa Jerusalén y el Sinaí; predominio militar israelí, asistido por Estados Unidos. Estalla la guerra de Biafra. El Papa visita Constantinopla por primera vez en la historia. La agitación estudiantil va en aumento en Estados Unidos; oposición a la guerra del Vietnam y violencia racial cotidiana. Dictadura de los coroneles en Grecia. Encíclica *Populorum Progressio.* 1.300 toneladas de napalm son descargadas en una sola batalla por los Estados Unidos. El Tribunal Russell considera al gobierno norteamericano culpable de crímenes de guerra. Referéndum norteamericano para la anexión de Puerto Rico. Primera bomba H china. Encuentro Johnson-Kosygin. Muere C. Adenauer.

Una estación observatorio es colocada en suelo de Venus por la URSS, que realiza el primer acople automático de dos naves. Primer trasplante de corazón.

G. Lantéri Laura: *Historia y estructura en el conocimiento del hombre.* Teigo Yoshida: *Retribución mística, posesión del espíritu y estructura social en una villa japonesa.* R. D. Abrahams: *Chistes políticos en el Este alemán* y *Formación de las tradiciones folklóricas en las Indias Occidentales británicas.* Chun Chiang yen: *Investigación del folklore en China comunista.* J. Pérez Vidal: *La vivienda canaria, datos para su estudio.* A. Malraux: *Antimemorias.* W. Gombrowicz: *Cosmos.* Sontag: *Death Kit.* R. Debray: *Revolución en la revolución.* Ivens, Godard, Lelouch, Resnais y Klein: *Lejos del Vietnam.* Movimiento *hippie* en Estados Unidos. *Protest-song* (canción-protesta): Seger, Guthrie, Dylan. Muere Carson McCullers.

1968	En julio de este año la editorial Losada publica la tercera edición de sus *Obras Completas*, ahora en dos volúmenes; en esta edición se incluye una Bibliografía completa de todas las obras de Neruda, por Hernán Loyola. Losada publica también *Las manos del día,* libro no incluido en las *Obras* antes mencionadas.

Ch: El valle central sufre sequía de catastróficas proporciones. En el Congreso de la Democracia Cristiana triunfa la corriente que apoya al Presidente Frei.

A. Skarmeta: *Desnudo en el tejado.* J. Barrenechea: *Ceniza viva.* J. Teiller: *Crónica del forastero.* Eugenia Echeverría: *Las cosas por su nombre.* F. Alegría: *Los días contados.* R. E. Scarpa y H. Montes: *Antología de la poesía chilena.* M. Littín: *El chacal de Nahueltoro* (filme).

AL: El Papa Pablo VI llega a Bogotá para participar en el Congreso Eucarístico. Mientras tanto la Reina Isabel II visita Chile y Brasil. Revueltas estudiantiles en Brasil y campañas de Dom Helder Cámara. Belaúnde es derrocado en Perú por un movimiento militar comandado por Juan Velasco Alvarado. Nacionalización de la refinería de petróleo de Talara. Rafael Caldera presidente de Venezuela. Poco antes de iniciarse los Juegos Olímpicos en México, una manifestación estudiantil es disuelta violentamente y mueren centenares de jóvenes. Octavio Paz renuncia a su cargo de Embajador en la India y escribe un poema en protesta contra la masacre de Tlatelolco. El Presidente Johnson se reúne con los Presidentes centroamericanos en San Salvador. El Embajador norteamericano en Guatemala es asesinado.

V. Gerbasi: *Poesía de viajes.* D. Alizo: *Griterío.* S. Garmendia: *La mala vida.* A. González León: *País portátil.* J. Agustín: *Inventando que sueño.* M. Puig: *La traición de Rita Haywort.* A. Girri: *Casa de la mente.* A. Cisneros: *Canto ceremonial para un oso hormiguero.* Solana-Getino: *La hora de los hornos.*

"Primavera de Praga": los tanques soviéticos (fuerzas del Pacto de Varsovia) entran en Checoslovaquia; renuncia de Dubcek. En Estados Unidos asesinato de Robert Kennedy, candidato demócrata a la presidencia, y de Martin Luther King; ascenso de R. Nixon a la presidencia. 1968 es declarado "Año de los Derechos Humanos". Victorias del Vietcong en Vietnam; entrada del FLN en Saigón y ocupación de la embajada de los Estados Unidos; comienzan las conversaciones de paz en París. "Mayo francés": rebelión estudiantil, cierre de las universidades, huelgas, prestigiosos intelectuales adhieren activamente. Se extiende la actitud contestataria a otros países de Europa y América Latina. El pueblo griego aprueba la nueva constitución por referéndum. Se declara la independencia de Guinea Ecuatorial. Conferencia en Ginebra; Estados Unidos y la URSS firman un tratado de no proliferación nuclear. Desaparecen 3 submarinos nucleares en servicio. Agresión israelí a Jordania y bombardeo de las refinerías del Canal de Suez; condena del Consejo de Seguridad de la ONU. Se crea la federación de los nueve emiratos del Golfo Pérsico. Pablo VI condena la agitación estudiantil. En Inglaterra es aprobado un proyecto de ley de discriminación racial. Se acuerda libre circulación de mano de obra entre los países del Mercado Común. Marcelo Caetano es el nuevo jefe de Estado en Portugal. Plan de austeridad en Francia.

M. Harris: *El despertar de la teoría antropológica.* N. Poulantzas: *Poder político y clases sociales.* L. Althusser y E. Babilar: *Para leer El Capital.* Sills editor: *Enciclopedia Internacional de Ciencias Sociales.* Styron: *Las confesiones de Nat Turner.* S. Kubrick: *2001, Odisea del Espacio.* P. P. Passolini: *Teorema.* Yasunari Kawabata es Premio Nobel de Literatura. Mueren M. Duchamp, R. Menéndez Pidal y Thomas Merton.

1969

Publica *Fin del mundo* y *Aún*. Agosto: Exposición Bibliográfica de la obra de Neruda realizada en la Biblioteca Nacional. 30 de septiembre: el Comité Central del Partido Comunista lo designa candidato a la presidencia de la república. En tal condición recorre todo el país y llega a las conversaciones que materializan la formación de la Unidad Popular. Posteriormente se retira para dar lugar a la designación de Salvador Allende como candidato único.

Ch: La Democracia Cristiana continúa perdiendo apoyo popular. Las elecciones parlamentarias revelan aumento de fuerzas del Partido Comunista y del Partido Nacional. En manifestación de protesta en Puerto Montt, mueren ocho personas. Un nuevo grupo revolucionario comienza a surgir en Santiago: el MIR. Roberto Viaux intenta un golpe militar que fracasa.

N. Parra: *Obra gruesa.* E. Lihn: *La musiquilla de las pobres esferas.* J. Valdivieso: *País sin nombre.* Sergio Macías: *Las manos del leñador.*

AL: Junta Militar en Brasil. Sube al poder Garrastazú Médici. Carlos Marighela, quien ha venido combatiendo a la cabeza de las guerrillas urbanas, muere en una emboscada. Se firma el Pacto Andino en Cartagena. Doce obispos brasileños protestan contra las medidas dictatoriales del gobierno de su país. En Uruguay se intensifica la lucha de los Tupamaros. Omar Torrijos domina la situación política en Panamá. En Bolivia, Barrientos muere en un accidente de helicóptero; lo reemplaza el general Ovando, quien nacionaliza la Gulf Oil Company y establece relaciones con la Unión Soviética. En Perú se dicta una ley de Reforma Agraria y se nacionaliza el servicio de teléfonos. Guerra entre El Salvador y Honduras; calificada en un comienzo como la "guerra del fútbol", este conflicto reveló poco a poco serios problemas económicos y políticos en ambos países. Censura de cines, teatros y radios en Argentina. Huelga general en Córdoba.

M. Vargas Llosa: *Conversación en La Catedral.*

J. Revueltas: *El apando.* T. Halperín-Donghi: *Historia contemporánea de América Latina.* Muere Rómulo Gallegos. Se suicida J. M. Arguedas.

Se producen graves conflictos entre católicos y protestantes en Londonderry. Suecia reconoce oficialmente a la República Democrática del Vietnam del Norte. Es asesinado E. Mondlane, jefe del FLN en Mozambique. El primer ministro británico disuelve el parlamento de Irlanda del Norte. Incidentes fronterizos graves entre la URSS y China. Golda Meier es Primer Ministro de Israel. Ley marcial y gobierno de Yahia Khan en Pakistán. Crisis Universitaria en Estados Unidos. Kosigin y Chou-En-lai se entrevistan en Pekín. Pompidou asume el gobierno en Francia. Muere Ho Chi-Minh en Vietnam; Ton-Duc-Thang lo sucede. Primer hombre en la Luna: éxito norteamericano. En la URSS se realiza un congreso de 75 Partidos Comunistas. Juan Carlos de Borbón es elegido para suceder a Franco en el gobierno de España. W. Brandt, en Alemania, es canciller.

Acoplamiento en el espacio de las naves soviéticas Soyuz 4 y Soyuz 5.

E. Mondlane: *La pugna por Mozambique.* Roth: *El lamento de Portnoy.* R. Garaudy: *El gran viraje del socialismo.* N. Mailer: *Ejércitos de la noche.* L. Visconti *La caída de los dioses.* Festival de música *Pop* en Woodstock: multitudes se agrupan durante varios días. Samuel Beckett es Premio Nobel de Literatura. Mueren B. Karloff, K. Jaspers y W. Gombrowicz.

1970

Ch: Difícil situación política en Chile: los militares conspiran, los campesinos ocupan las tierras con el apoyo del MIR. En las elecciones presidenciales triunfa Salvador Allende, socialista, candidato de la Unidad Popular, coalición de partidos de izquierda. Terroristas de derecha tratan de impedir que asuma el poder; secuestran al general René Schneider. El Congreso Pleno proclama a Salvador Allende Presidente de Chile. En noviembre se restablecen las relaciones con Cuba.

J. Donoso: *El obsceno pájaro de la noche.* F. Alegría: *Amérika, Amérikkka, Amérikkka.* A. Calderón: *Toca esa rumba don Aspiazú.* E. Herrera: *Oscuro fuego.*

AL: Cae el general Onganía en Argentina. El general Aramburu es secuestrado y asesinado por terroristas. Ovando es derrocado en Bolivia y el nuevo gobierno de Juan José Torres se inclina hacia la izquierda. Crece la oposición terrorista al gobierno brasileño y se obtiene la liberación de presos políticos por medio de secuestros. Los Tupamaros intensifican su lucha contra el gobierno. Dan A. Mitrione, funcionario policial norteamericano, es asesinado en Uruguay. Raúl Sendic, jefe de los Tupamaros, es capturado. El Embajador de Alemania es secuestrado y asesinado en Guatemala. Muere M. A. You Sosa, dirigente guerrillero. Luis Echeverría nuevo presidente de México; Misael Pastrana Borrero nuevo presidente de Colombia. El gobierno peruano dicta la Ley de la Prensa y la Ley Industrial. Muere Lázaro Cárdenas en México.

M. Otero Silva: *Cuando quiero llorar no lloro.* M. Scorza: *Redoble por Rancas.* E. Cardenal: *Homenaje a los indios americanos.* O. Varsavsky: *Ciencia, política y cientificismo.* S. Bagú: *Tiempo, realidad social y conocimiento.* Muere L. Marechal.

Finaliza la guerra de Biafra. Mueren Ch. De Gaulle y G. A. Nasser. Anwar el Sadat es el nuevo Premier egipcio. Estados Unidos se va retirando de Vietnam pero invade Camboya, donde la guerra se generaliza. Los Khmers Rojos controlan las tres cuartas partes del territorio. Conflicto entre Palestina y Jordania y genocidio de miembros de la resistencia palestina. Heath queda a la cabeza de los conservadores en el gobierno de Inglaterra. Un golpe de Estado lleva al poder, en Siria, al general Assad. R. Garaudy es expulsado del PC francés. China comunista es admitida en la ONU. Huelgas de correos (7 días) y de los obreros de la G.M.C., en Estados Unidos; la Casa Blanca reconoce oficialmente al nuevo gobierno camboyano. Recrudecimiento de los enfrentamientos entre católicos y protestantes en Irlanda del Norte. Huelga de transportes, hotelería y periódicos en Roma. El Partido Liberal triunfa en las elecciones en Quebec. Violenta represión contra la nueva izquierda en Francia; se firma un acuerdo de cooperación militar entre Francia y España. A. Dubceck es expulsado del PC checoslovaco. Huelga ilimitada de obreros portuarios en Inglaterra. Nueva York es declarada en estado de emergencia a causa de la polución atmosférica. Guerra civil en Jordania; represión contra los palestinos; firma de un tratado entre Hussein y Y. Arafat. En la URSS se celebra el centenario del nacimiento de Lenin.

Primer vuelo comercial de un Boeing 747. Aluniza el vehículo automotor investigador *Lunajod 1,* de la URSS.

Barthelme: *City Life.* Rossanda: *El Manifiesto.* Mishima: *El mar de la fertilidad.* B. Bertolucci: *El conformista.* Rafelson: *Cinco piezas fáciles.* Década del cine independiente norteamericano (Nichols, Altman, Coppola, Pollack, Pakula, Penn, Arkin).

1971	21 de octubre: obtiene el Premio Nóbel de Literatura. El estado de su salud comienza a deteriorarse. Se somete a dos operaciones de cáncer en la próstata. Sin embargo participa activa y brillantemente en las negociaciones de la deuda externa de Chile (Club de Paris) y en las campañas contra el embargo del cobre. Eliana S. Rivero, escritora e investigadora cubana, publica: *El gran amor de P.N.: estudio crítico de su poesía.* Madrid: Plaza Mayor Ed., 1971)

Auge de la nueva canción española: Raimón, P. Ibáñez, J. M. Serrat, Pi de la Serra. A. Solzjenitzin es Premio Nobel de Literatura. Mueren B. Russell. R. M. du Gard, F. Mauriac y E. M. Remarque.

Ch: Se firma tratado de cooperación con Rusia. Allende visita Argentina, Ecuador, Perú, China. La Unidad Popular nacionaliza los bancos, el cobre, el carbón, el hierro, nitratos y teléfonos. Como resultado de la Reforma Agraria, el gobierno toma más de un millón de hectáreas en cinco meses. El líder demócrata-cristiano Pérez Zujovich es asesinado. Fidel Castro hace una prolongada visita a Chile.

P. Délano: *Vivario.* H. Lavín Cerda: *La conspiración, La crujidera de la viuda.* M. Valdivieso: *Las noches y un día.* F. Alegría: *La maratón del Palomo.* H. Valdés: *Zoom.* J. M. Varas: *Chacón.* A. Peralta P.: *El mito de Chile.* F. Coloane: *El chilote Otey.* Editorial Quimantú comienza su serie *Nosotros los chilenos.*

AL: Alejandro A. Lanusse derroca a R. M. Levingston en Argentina y Hugo Bánzer a Torres en Bolivia. Continúan los secuestros políticos en Brasil. En Uruguay es secuestrado el embajador británico. Ciento sesenta y seis tupamaros escapan de una prisión, entre ellos Raúl Sendic. J. M. Bordaberry nuevo presidente de Uruguay. Muere Papá Duvalier en Haití, no sin antes haber designado como sucesor a su hijo Jean-Claude, de 19 años de edad. En México un grupo paramilitar llamado Los Halcones ataca a los estudiantes.

F. Pérez Perdomo: *Huéspedes nocturnos.* H. Conti: *En vida.* C. Monsivais: *Días de guardar.* E. Galeano: *Las venas abiertas de*

China Popular tomar su lugar en las Naciones Unidas, Pakistán aplasta una insurrección del pueblo bengalí. Inglaterra entra en el Mercado Común Europeo. Haile Selassie de Etiopía, el Negus, en España en visita oficial. Tres cosmonautas soviéticos mueren al regresar del espacio por mal funcionamiento de la cápsula; después de ensamblar con un laboratorio, habían batido el récord de permanencia en el espacio. Inflación en Estados Unidos. En Laos la lucha entre los partidarios del Vietcong y los survietnamitas y estadounidenses se torna más cruenta que nunca. Recrudecen los enfrentamientos en Camboya. Primeras dificultades monetarias internacionales. Reconciliación con Pekín. En Uganda, feroz dictadura de Idi Amín Dada. Recrudece la lucha jordano-palestina. XXIV Congreso del PC de la URSS. Huelga general en Italia. Se celebra en Polonia la primera reunión cumbre Iglesia-Estado desde 1960. Violentas manifestaciones callejeras de los campesinos del Mercado Común Europeo, en Bruselas, en el sur de Francia y en Italia. En la India el Partido del Congreso se escinde. Indira Gandhi es confirmada en su ministerio. Huelga de Correos en Gran Bretaña: 47 días de inactividad. Pleno auge del movimiento "feminista". Extraña manifestación del cuerpo de policía francés, dirigida a la población: "somos seres humanos, no golpeamos por gusto". Atentado contra el ministro del empleo británico. Egipto, Sudán, Libia y Siria realizan una reunión cumbre para estudiar un proyecto de federación. Huelga general en Polonia. Ola inter-

1972	Viaja a Nueva York, invitado por el PEN Club Internacional, y pronuncia el discurso inaugural, denunciando en esa oportunidad el bloqueo norteamericano contra Chile. Losada publica *Geografía infructuosa*. Inicia la redacción final de sus *Memorias*. Renuncia a su cargo de embajador en Francia y regresa a Chile en noviembre. El gobierno y el pueblo lo reciben en un gran acto de masas en el Estadio Nacional de Santiago.

América. C. Vitier: *Crítica sucesiva.* Debate internacional sobre el caso del poeta cubano H. Padilla.

nacional de atentados, personales y con bombas. 92 penas de muerte se decretan en Guinea; estado de sitio. Acuerdo de los Seis sobre la progresiva unificación monetaria y económica de Europa. Gran Bretaña adopta totalmente el sistema decimal. Argelia nacionaliza el gas del Sahara y el 51% del capital de las petroleras francesas. Matanza en My Lay.

Se sintetiza la hormona del crecimiento humano.

M. Swadesh: *Origen y diversificación del lenguaje.* C. Lévy-Strauss: *Mitológicas:* Mueren M. Chevalier e I. Stravinsky.

Ch: Elecciones complementarias indican que la Unidad Popular pierde terreno. El congreso hostiga a Allende. Se producen choques armados entre la UP y grupos de derecha. El periodista norteamericano Jack Anderson revela las maniobras de la ITT para impedir el acceso de Allende a la Presidencia. La compañía cuprífera Kennecott trata de embargar cargamentos de cobre chileno en Europa. Huelga de transportes, comerciantes y LAN. Allende llama a representantes de las Fuerzas Armadas a su ministerio. Viaja, luego, a Perú, Panamá, México, Cuba, Argelia, Rusia. Pronuncia un dramático discurso en las Naciones Unidas, acusando la conspiración de las compañías multinacionales contra su gobierno.

O. Lara: *Los buenos días.* Hernán Cañas: *Canción de la nueva alegría.* Carmen Abalos: *El dedo en la llaga.* J. Donoso: *Historia personal del boom.* M. Silva Acevedo: *Lobos y ovejas* (inédito hasta 1976). G. Atías: *...Y corría el billete.* Poli Délano: *Lo primero es un morral.*

AL: Perón, de 77 años de edad, regresa a

Kurt Waldheim ocupa la secretaría general de la ONU. Margarita sucede a Federico en el trono dinamarqués. Gran Bretaña, Dinamarca y Noruega ingresan al Mercado Común Europeo. Visita de Nixon a China Popular y reelección triunfal en los Estados Unidos. Huelga total de mineros en Gran Bretaña; estado de emergencia en todo el país. Muertos en Irlanda del Norte, del lado civil. Actos terroristas: bombas, secuestros, etc., en Francia, Italia y España. En las Olimpíadas de Munich, comandos árabes masacran atletas israelíes. Líbano se convierte en el escenario de ataques y ocupaciones de Israel. Evacuación de tropas norteamericanas del Vietnam. Invasión masiva del Sur por Norvietnam. Se descubren intentos de espionaje por parte del gobierno en la sede del Partido Demócrata de Norteamérica. Bangladesh recupera la soberanía con ayuda de la India. Primera Conferencia Internacional para el Medio Ambiente, en Estocolmo. Se descubre tráfico de esclavos negros entre Francia e Italia.

N. Chomsky: *Lenguaje y significado.* E. Terray: *El marxismo ante las sociedades primi-*

1973

La *Revista Iberoamericana,* órgano oficial del Instituto Internacional de Literatura Iberoamericana, le dedica un gran homenaje (371 pp.) en sus números 82-83, enero-junio. La editorial Quimantú publica *Incitación al nixonicidio* y *Alabanza de la revolución chilena.* A mediados de año dirige un llamado a los intelectuales de todo el mundo para evitar la guerra civil en Chile. Losada publica la cuarta edición de sus *Obras completas* (tres tomos). 11 de septiembre: un golpe militar derriba al gobierno de la Unidad Popular; muere el Presidente Salvador Allende. 23 de septiembre: muerte de Pablo Neruda en Santiago de Chile. El año siguiente Editorial Losada publica ocho libros póstumos de Neruda: *La rosa separada, Jardín de invierno, 2000, El corazón amarillo, Libro de las preguntas, Elegía, El mar y las campanas, Defectos escogidos.* La misma editorial lanza la primera edición de *Confieso que he vivido, memorias.*

la Argentina después de diecisiete años de exilio. Un terremoto destruye la ciudad de Managua. Brasil extiende su esfera de influencia económica con ayuda a Bolivia, Paraguay y Guatemala. Los Estados Unidos confieren la más alta ayuda militar de Latinoamérica a Bolivia. Velasco Ibarra es derrocado en Ecuador y el general Rodríguez Lara asume el gobierno. Paraguay parece convertido en centro de contrabando de drogas. El gobierno peruano pone radio y televisión bajo control estatal. Bordaberry es confirmado como Presidente de Uruguay. Fidel Castro viaja extensamente por Europa y Africa.

UNESCO: *América Latina en su literatura.* D. Viñas: *Jauría.* S. Garmendia: *Los escondites.* J. L. González: *Mambrú se fue a la guerra.* Monterroso: *Movimiento perpetuo.* J. Elizondo: *El grafólogo.* G. García Márquez gana el "Premio Rómulo Gallegos" por *Cien años de soledad.*

tivas. A. Solzjenitzin: *Agosto 1914.* Derrida: *La diseminación.* H. Böll: *El honor perdido de Catherina Bloom.* I. Bergman: *Gritos y susurros.* Rossi: *El caso Mattei.* H. Böll es Premio Nobel de Literatura. Es rota parte de *La Piedad* de Miguel Angel por un atacante mentalmente insano. Mueren Max Aub, Gabriel Ferrater, Américo Castro y Ezra Pound.

Ch: Allende recibe el Premio Lenin de la Paz. Fracasa el proyecto de Reforma Educacional del gobierno. Huelga en El Teniente. Nacionalización de la mayor parte de las posesiones de la ITT en Chile. Un grupo de militares intenta un golpe de Estado que fracasa al no contar con mayor respaldo de regimientos en Santiago. Huelga de camioneros. Allende forma un gabinete con el apoyo de las Fuerzas Armadas. Se deteriora la situación política. Económicamente el país está paralizado. Se cierran los créditos internacionales para el gobierno de Allende. El general Carlos Pratts, que le ha prestado leal apoyo, renuncia ante la creciente presión de sus compañeros de armas. El 11 de septiembre las Fuerzas Armadas se rebelan contra el gobierno, bombardean La Moneda y aplastan la resistencia popular y

Se firma en París el acuerdo de alto al fuego "para poner fin a la guerra y lograr la paz con honor en el Vietnam y el sudeste de Asia". Es asesinado el líder de la insurrección en Guinea y Cabo Verde, Amílcar Cabral. Estalla el mayor escándalo político de la historia de Estados Unidos: Watergate. Renuncian el vicepresidente Agnew y el presidente R. Nixon; Gerald Ford ocupa la presidencia. Mueren L. B. Johnson. W. Ulbricht y Ben Gurión. Guerra de Kipur entre árabes e israelíes. Golpe de Estado en Grecia. El ejército, al mando del Tte. Gral. Fedon Gizikis, se hace cargo del poder. Crisis mundial de energía. En Etiopía 1.000 personas mueren semanalmente de hambre. La crisis irlandesa se hace particularmente aguda. Se restablecen relaciones entre China Popular y España. En Beirut,

Salvador Allende muere combatiendo en La Moneda.

Poli Délano: *Cambio de máscara*. Después del golpe militar del 11 de septiembre cinco millones de libros son destruidos por las Fuerzas Armadas en la Editorial Quimantú.

AL: Los militares controlan el gobierno uruguayo. H. J. Cámpora, elegido Presidente de Argentina, renuncia y entrega el poder a Perón. Comienza una era de tremenda violencia terrorista en Argentina. Carlos Andrés Pérez nuevo Presidente de Venezuela. Disturbios estudiantiles y guerrillas rurales en México.

E. Galeano: *Vagamundo*. J. C. Onetti: *La muerte y la niña*. A. Azuela: *El tamaño del infierno*. Yáñez: *Las vueltas del tiempo*. Elizondo: *Contexto*. L. Rozitchner: *Freud y los límites del individualismo burgués*.

comandos israelíes asesinan varios dirigentes palestinos y libaneses. Carrero Blanco es nombrado presidente del gobierno español; perece poco después de un atentado de la ETA. Se producen atentados con explosivos en varios lugares de España; entre ellos: el diario *Madrid* (íntegramente destruido) y la central telefónica de Barcelona. W. Brandt visita Israel en la primera visita de un canciller alemán a dicho Estado. El trono sueco es ocupado por el rey Carlos Gustavo. Muertes multitudinarias por hambre y sed en Africa.

P. White: *El ojo de la tempestad*. Donleavy: *Cuentos de hadas en Nueva York*. L. Goytisolo: *Recuentos*. F. Truffaut: *La noche americana*. P. White es Premio Nobel de Literatura. Mueren P. Picasso y P. Casals.

INDICE

CRONOLOGIA